Normenkonflikte in pluralistischen Gesellschaften

Normative Orders

Schriften des Exzellenzclusters »Die Herausbildung normativer Ordnungen« an der Goethe-Universität, Frankfurt am Main

Herausgegeben von Rainer Forst und Klaus Günther

Band 21

Susanne Schröter ist Professorin für Ethnologie an der Universität Frankfurt.

Susanne Schröter (Hg.)

Normenkonflikte in pluralistischen Gesellschaften

Campus Verlag
Frankfurt/New York

Diese Publikation geht hervor aus dem DFG-geförderten Exzellenzcluster
»Die Herausbildung normativer Ordnungen« an der Goethe-Universität
Frankfurt am Main.

ISBN 978-3-593-50791-0 Print
ISBN 978-3-593-43703-3 E-Book (PDF)

Das Werk einschließlich aller seiner Teile ist urheberrechtlich geschützt. Jede Verwertung ist ohne
Zustimmung des Verlags unzulässig. Das gilt insbesondere für Vervielfältigungen, Übersetzungen,
Mikroverfilmungen und die Einspeicherung und Verarbeitung in elektronischen Systemen.
Trotz sorgfältiger inhaltlicher Kontrolle übernehmen wir keine Haftung für die Inhalte externer Links.
Für den Inhalt der verlinkten Seiten sind ausschließlich deren Betreiber verantwortlich.
Copyright © 2017 Campus Verlag GmbH, Frankfurt am Main
Umschlaggestaltung: Campus Verlag GmbH, Frankfurt am Main
Gesetzt aus: Garamond
Druck und Bindung: Beltz Bad Langensalza GmbH
Printed in Germany

www.campus.de

Inhalt

Vorwort 7
Susanne Schröter

Sinn und Unsinn kultureller Rechtfertigung vor Gericht 11
Alison Dundes Renteln

Eine Kritik des essentialistischen Paradigmas 43
Elham Manea

Der neue Kalte Krieg der Ideen zwischen den
Zivilisationen und Alternativen dazu 77
Bassam Tibi

Gender Clash in der Einwanderungsgesellschaft?
Debatten um Rassismus, Sexismus und Kultur nach
den Ereignissen der Silvesternacht 2015/2016 133
Susanne Schröter

Toleranz und Pluralität am Beispiel von
Kopftuch und Burka 173
Rudolph Steinberg

Außergerichtliche Streitbeilegung und »Paralleljustiz«
in Deutschland unter kulturell-religiösen Vorzeichen 195
Mathias Rohe

Anwendung und Regulierung muslimischen
Familienrechts in nichtmuslimischen Demokratien:
Die Rolle der Ziviljustiz bei Scharia-Reformen 221
Yüksel Sezgin

Die Islamisierung des Rechts in Malaysia 255
Kerstin Steiner

Die staatliche Verfolgung von »Magiern« in
Brunei Darussalam und Saudi-Arabien 291
Ondřej Beránek / Dominik M. Müller

Normenkonflikte in einer Erstaufnahmeeinrichtung
für Geflüchtete – Psychoanalytische Überlegungen
aus dem Pilotprojekt STEP-BY-STEP 325
Marianne Leuzinger-Bohleber / Mariam Tahiri / Nora Hettich

Autorinnen und Autoren 349

Danksagung 353

Vorwort

Susanne Schröter

Kulturelle Vielfalt ist ein wesentliches Merkmal moderner Gesellschaften, und sie fordert sowohl den einzelnen Menschen als auch die Politik und Zivilgesellschaft heraus. Dafür gibt es mehrere Ursachen. Durch Flucht und Migration verschieben sich demographische Strukturen und erschüttern normative Gewissheiten. Lokale Bevölkerungen werden dazu genötigt, ihre eigenen Werte zu überdenken und die Grenzen des Akzeptierbaren auszuloten, Migranten/innen mit der Zumutung konfrontiert, sich nicht nur räumlich, sondern auch sozial und kulturell neu zu orientieren. Hybridkulturen entstehen, ungewohnte soziale Bezugsrahmen und Identitäten, die fluid und spielerisch, aber auch starr und repressiv sein können. In der Diaspora kann die kulturelle Verunsicherung so groß sein, dass Gemeinschaften sich jeglicher Veränderung entziehen und die Bewahrung von Normen einfordern, die in den jeweiligen Herkunftsregionen längst erodiert sind. Auch lokale Bevölkerungen sind durch rasante Diversifizierungsspiralen häufig überfordert und wünschen sich eine vermeintlich heile Vergangenheit zurück. Rechtspopulistische und nationalistische, aber auch fundamentalistische Bewegungen sind Ausdruck der emotionalen Überlastung. Doch es ist nicht allein die Pluralisierung durch Migration, die bewältigt werden muss. Moderne Gesellschaften verändern sich ebenso durch Wissen, die Globalisierung der Arbeit und den Einfluss verbesserter Kommunikationsstrukturen, dabei insbesondere durch die sozialen Medien, die neue Ideen, Trends und Lifestyle-Angebote in Echtzeit über den Globus verbreiten. Einen dritten Antrieb für Pluralisierungen stellen Freiheitsrechte für Frauen, Kinder und sexuelle Minderheiten dar, die in den letzten Jahren über internationale Organisationen im Top-Down-Verfahren in den Nationalstaaten implementiert wurden. Sie kollidieren gleichermaßen mit vertrauten verwandtschaftlichen Hierarchien als auch mit überlieferten Wertbeständen und sorgen für einen rapiden sozialen Wandel, der mitunter Gegenreaktionen bei denjenigen hervorruft, die die patriarchalische Familie zur unabdingbaren Keimzelle von Staat und Nation stilisieren. Vielfalt ist konfliktiv – das ist gewiss –, und sie muss gestaltet werden. Schon in der Vergangenheit gab es unterschiedliche Ansätze, um Menschen mit diversen ethnischen und weltanschaulichen Hintergründen sozial und politisch zu organisieren. Einige Systeme waren relativ tolerant und gestanden Minoritäten bestimmte Freiheiten zu, erlaubten beispielsweise das ungehinderte Praktizieren der eigenen Religion und erkannten die Sprachen an. Andere waren restriktiv, versuchten Minderheiten zur Übernahme der hegemonialen Normen zu bewegen und vertrieben kulturelle Praxen ins Verborgene. In einigen Gesellschaften konnten Vertreter von Minoritäten in höchste Ämter aufsteigen, in anderen wurde ihnen die Teilhabe an der Macht strikt untersagt. Einige Gesellschaften waren durchlässig, erlaubten freie Wahlen des Berufs und der Heiratspartner, andere schrieben vor, womit der Lebensunterhalt verdient und wer geheiratet werden durfte. In einigen Gesellschaften wurden Gruppen anhand bestimmter Merkmale festgeschrieben, in anderen führte die Pluralität zur Auflösung kollektiver Grenzen.

Auch heute noch existieren alle genannten Modelle weiter, wenngleich durch die Menschenrechte im Prinzip ein einheitlicher normativer Rahmen vorgegeben ist. Nicht immer wird diese Grundlage jedoch von politischen Akteuren/innen akzeptiert. So wird beispielsweise immer wieder der Vorwurf erhoben, die Menschenrechte seien eigentlich westliche Normen, die dem Rest der Welt mit fragwürdigen Mitteln aufgenötigt werden. Die »Organisation der Afrikanischen Einheit« beschloss aus diesem Grund 1981 die »Afrikanische Charta der Menschenrechte und der Rechte der Völker«, die »Organisation für Islamische Zusammenarbeit« verabschiedete 1990 die »Kairoer Erklärung für Menschenrechte im Islam« und die »Arabische Liga« entwarf 2004 die »Arabische Charta der Menschenrechte«. In diesen alternativen Erklärungen erhalten Religion und Kultur ein besonderes Gewicht und legitimieren mit dem Verweis auf kollektive Regelsysteme die Einschränkung individueller Rechte.

Unterschiedliche Rechtsnormen führen sowohl auf staatlicher als auch globaler Ebene zu komplizierten Aushandlungsverfahren. Das gilt auch für Europa und für Deutschland. Wenn das Recht auf die eigene Kultur oder auf freie Religionsausübung die Rechte von Einzelnen verletzt, muss im Einzelfall abgewogen werden. In der Praxis ist dies aber alles andere als einfach.

Der vorliegende Sammelband befasst sich mit diesen Grenzphänomenen, die aus unterschiedlichen disziplinären Perspektiven beleuchtet werden. Da das Thema politisch stark aufgeladen ist, sind diese Perspektiven naturgemäß von den individuellen Überzeugungen der Autoren/innen geprägt. Die politische Brisanz, die Normenkonflikten inhärent ist, spiegelt sich auch in den Beiträgen dieses Buches wieder. Es geht in den Aufsätzen dieses Sammelbandes nicht um akademische Betrachtungen eines randständigen Spezialthemas, sondern um wissenschaftlich fundierte Erörterungen und Bewertung gegenwärtiger gesellschaftlicher Prozesse, die auch in Deutschland viele Menschen umtreiben. Die Autoren/innen dieses Buches setzen sich unter anderem damit auseinander, ob kulturelle Prägungen von Tätern vor Gericht berücksichtigt werden sollten (Renteln), wo Toleranz Grenzen hat (Steinberg), ob Kulturrelativismus zu essentialistischem Totalitarismus führt (Manea) und was Rechtspluralismus von Paralleljustiz unterscheidet (Rohe). Sie gehen der Frage nach, ob die sexuellen Übergriffe der Silvesternacht 2015/16 einen »Clash of Cultures« bedeuten (Schröter) und welche Lösungsoptionen die Psychoanalyse für die Bearbeitung kultureller Missverständnisse in der Flüchtlingsarbeit anbietet (Leuzinger-Bohleber/Tahiri/Hettich). Immer wieder geht es aus gutem Grund um den Islam, der die säkularen Ordnungen weltweit herausfordert (Tibi). Islamisch gegründete Ordnungen können sukzessive durch säkular verbriefte Rechte eingeschränkt werden (Sezgin), doch es lassen sich, gerade in Ländern mit islamischen Mehrheiten, auch Entwicklungen beobachten, in denen religiöse Normen säkulare verdrängen (Steiner) oder in denen volkstümliche Praktiken als Verstöße gegen religiöse Normen sanktioniert werden (Müller/Beránek).

Normenkonflikte können auf unterschiedliche Weise gelöst werden, und diese Lösungen sind abhängig von der politischen Verfasstheit der Gesellschaften, in denen sie ein Problem darstellen. In Europa sind die Bedingungen aufgrund der langen Traditionen demokratischer Konfliktbewältigung vergleichsweise gut, doch es ist nicht selbstverständlich, dass es gelingt, ein tragbares Miteinander zu schaffen, das Vielfalt als Chance und weniger als Behinderung versteht. Letztendlich geht es bei all dem um nichts Geringeres als darum, neue Totalitarismen, seien sie religiös oder weltlich begründet, zurückzuweisen und Demokratie, Freiheit und Rechtsstaatlichkeit auch durch Zeiten normativer Erschütterungen unbeschadet zu bewahren. Kultureller Pluralismus kann eine produktive Ressource sein, die die Zukunft einer Gesellschaft bereichert, doch dafür müssen Bedingungen geschaffen werden. Der Sammelband stellt verschiedene, teils kontroverse Ansätze für Lösungen vor, verschweigt aber nicht die Probleme, die konfrontiert und bewältigt werden müssen, damit Vielfalt gelingt.

Sinn und Unsinn kultureller Rechtfertigung vor Gericht

Alison Dundes Renteln

Einleitung

Wenn Menschen kulturell motivierte Handlungen begehen, durch die sie mit dem Gesetz aneinandergeraten, ersuchen sie das Gericht bisweilen um Berücksichtigung der kulturellen Zwänge, die hinter der betreffenden Tat standen. Wenn sie sich zu ihrer Verteidigung auf solche Rechtfertigungsgründe berufen, möchten sie dem Gericht für gewöhnlich zum Beweis der Gültigkeit ihrer Behauptungen ein Sachverständigengutachten vorlegen. Leider halten Richter häufig nichts von der Vorlage solcher Beweismittel und lassen sie mit der Begründung nicht zu, sie seien »nicht rechtserheblich«. Diese Weigerung, kulturelle Beweismittel zuzulassen, ist äußerst bedauerlich, da sie zu Fehlurteilen führen kann. Meiner Ansicht nach sollte kulturelle Rechtfertigung zu einem Teil der öffentlichen Rechtsordnung gemacht werden, sofern zugleich ihrem Missbrauch vorgebeugt wird.[1]

Ich beginne diesen Aufsatz mit einer kurzen Darstellung der Gründe, die für eine Einführung in die Rechtsordnung sprechen. Anschließend stelle ich Fälle vor, in denen kulturelle Aspekte zu Unrecht bei Gerichtsverfahren unberücksichtigt geblieben sind, und gehe dann anhand einiger Beispiele auf einen möglichen Missbrauch solcher Rechtfertigungsgründe ein. Probleme, die in Zusammenhang mit der Zulassung kultureller Rechtfertigungsgründe entstehen können, müssen sorgfältig bedacht werden,

---

[1] Die Debatte über kulturelle Rechtfertigungsgründe wird weltweit in vielen Ländern geführt, so etwa in Australien, Belgien, Kanada, Großbritannien, den Niederlanden, Südafrika und den Vereinigten Staaten von Amerika. Siehe hierzu beispielsweise Van Broek 2001; Bronitt/Amirthalingam 1996; Poulter 1998; Philips 2003; Wong 1999; Woo 2004; Carstens 2004; siehe außerdem die Aufsätze im Teil »Folk Law in Conflict« des Sammelbandes Renteln/Dundes 1995.

denn eine solche Verteidigungsstrategie kann nur in Rechtssystemen funktionieren, die ihrem Missbrauch vorbeugen.

Argumente für kulturelle Rechtfertigung

Kulturelle Unterschiede verdienen Berücksichtigung in Gerichtsverfahren, da die Enkulturation die Wahrnehmung des Individuums prägt und Einfluss auf dessen Handeln hat. Die Aneignung kultureller Kategorien ist ein größtenteils unbewusster Prozess, sodass Menschen für gewöhnlich nicht wissen, dass sie diese verinnerlicht haben. Die Befürwortung kultureller Rechtfertigung beruht auf der Prämisse, dass Kultur starken Einfluss auf Individuen ausübt und sie dazu prädisponiert, sich so zu verhalten, wie es ihrer Erziehung entspricht. In theoretischer Hinsicht basiert kulturelle Rechtfertigung darauf, dass Individuen entsprechend bestimmter Kulturmuster denken und handeln.

Rechtssysteme müssen im Rahmen einer individualisierten Rechtsprechung dem Einfluss kultureller Zwänge Rechnung tragen. In den meisten Strafrechtssystemen stellt eine solche kulturübergreifende Rechtsprechung ohnehin keine radikale Abweichung von bereits bestehenden Verfahrensweisen dar. Grundsätzlich unterscheidet sich die Berücksichtigung des kulturellen Hintergrunds eines Menschen durch die Richter nicht von einer Berücksichtigung anderer sozialer Merkmale wie Geschlecht, Alter und Geisteszustand. Da individualisierte Rechtsprechung ein anerkannter Teil von Rechtssystemen ist, handelt es sich bei kulturellen Unterschieden lediglich um einen zusätzlichen Faktor, der bei der Verhängung einer angemessenen Strafe zu prüfen ist.[2]

Die Anwendung kultureller Rechtfertigungsgründe wird durch gängige Rechtsprinzipien gestützt. Dazu gehören das Recht auf einen fairen Prozess, Religionsfreiheit und gleicher Schutz für alle vor dem Gesetz. Wenn Menschen, die aus anderen Gesellschaften stammen, diese Rechte zustehen, dann haben juristische Akteure die Pflicht, kulturelle Unterschiede zu berücksichtigen.[3]

---

[2] Hierbei besteht die Schwierigkeit darin, Gerichte davon zu überzeugen, kulturelle Motive zu würdigen. Das Thema Kultur in Zusammenhang mit der Verteidigung in Strafsachen wird in Renteln 1993 ausführlich behandelt.

[3] Dies wird ausführlich in Renteln 2004a erörtert. Siehe auch Renteln 2004b.

Noch ein weiteres normatives Prinzip stützt die Anwendung kultureller Rechtfertigungsgründe: Die internationalen Menschenrechtsgesetze verpflichten sämtliche Staaten, das Recht auf Kultur zu schützen. Das Recht auf Kultur ist in verschiedenen internationalen Übereinkünften verankert, wobei sich die wichtigste Formulierung in Artikel 27 des Internationalen Pakts über bürgerliche und zivile Rechte (ICCPR) findet.[4] Dort heißt es:

»In Staaten mit ethnischen, religiösen oder sprachlichen Minderheiten darf Angehörigen solcher Minderheiten nicht das Recht vorenthalten werden, gemeinsam mit anderen Angehörigen ihrer Gruppe ihr eigenes kulturelles Leben zu pflegen, ihre eigene Religion zu bekennen und auszuüben oder sich ihrer eigenen Sprache zu bedienen.«[5]

Das Menschenrechtskomitee legt dieses Recht so aus, dass die Staaten verpflichtet sind, positive Schritte zum Schutz des Rechtes auf Kultur zu unternehmen.[6] Wie ich bereits an anderer Stelle ausgeführt habe, sollte dieses Recht zumindest bedeuten, dass Einwanderer vor Gericht erklären dürfen, was sie zu Handlungen veranlasst hat, die augenscheinlich mit den Gesetzen ihres neuen Aufenthaltslandes kollidieren (Renteln 2002a, 2002b). Wird das Recht auf Kultur solcherart ausgelegt, so berechtigt es zur Anwendung kultureller Rechtfertigungsgründe.

Der Hauptvorteil von kultureller Rechtfertigung als offiziellem Bestandteil der Rechtsordnung bestünde darin, dass dadurch die Würdigung kultureller Beweismittel vor Gericht gewährleistet wäre. Anstatt die Entscheidung darüber, ob solche Beweismittel zulässig sind, dem Gutdünken einzelner Richter zu überlassen, würde eine förmliche gesetzliche Verankerung sicherstellen, dass solche Informationen Eingang in die Gerichtssäle finden.[7] Das bedeutet natürlich nicht, dass diese Informationen sich zwangsläufig auf die Entscheidungen in diesen Fällen auswirken. Welches Gewicht kulturelle Rechtsfertigungsgründe haben sollten, ist eine gesonderte Frage. Richter und Geschworene müssten entscheiden, ob und inwieweit kulturelle Unterschiede das Strafmaß mildern, eine ethnische

---

4 19.12.1966, 999 U.N.T.S. 171, Can. T.S. 1976 No. 47, 6 I.L.M. 368 (in Kraft getreten am 23.03.1976, Beitritt Kanadas am 19.05.1976).

5 Ebd., Artikel 27.

6 Das Menschenrechtskomitee gibt in Form allgemeiner Kommentare Stellungnahmen ab, in denen es den Umfang von Rechten erläutert. Für die entsprechende Auslegung von Artikel 27 siehe *General Comment No. 23: The Rights of Minorities (Art. 27)*, OHCHR, 50. Sitzung, CCPR/C/21/Rev.1/Add.5 (1994).

7 Wie wichtig es ist, die Würdigung solcher Beweismittel zu gewährleisten, wurde schon in einem frühen Beitrag zu dieser Thematik hervorgehoben (Diamond 1978).

Gruppe von bestimmten rechtlichen Vorschriften ausnehmen oder zur Zubilligung eines höheren Schadenersatzes führen sollten.

Dimensionen der kulturellen Rechtfertigung

Kulturelle Rechtfertigungsgründe gelten zwar häufig als Strategie zur Minderung des Strafmaßes in Strafverfahren, tatsächlich werden sie aber auch in vielen anderen Prozessen herangezogen und haben auch Einfluss auf die entsprechenden Vorverfahren. Beim Familiengericht kann es um die Frage gehen, ob elterliche Rechte aufzuheben sind oder nicht. In Zivilverfahren wird bei den Richtern beantragt, die Schadenersatzsumme höher anzusetzen, weil eine bestimmte Tat – beispielsweise eine ungenehmigte Autopsie – eine zu einer Minderheit gehörende Familie aufgrund ihres religiösen Hintergrundes schwerer trifft als eine Familie, die zur Mehrheitsgesellschaft gehört. In Asylverfahren wiederum müssen sich die für Einwanderung zuständigen Richter eingehend mit kulturellem Brauchtum befassen, um beispielsweise zu ermitteln, ob Frauen zu Recht befürchten, bei Rückkehr in ihr Herkunftsland zum Befolgen eines grausamen Brauchs gezwungen zu werden; das heißt, auch Anträge auf politisches Asyl werden manchmal mit kulturellen Argumenten begründet.

In meinem Buch *The Cultural Defense* (Renteln 2004a) dokumentiere ich die Allgegenwärtigkeit von Fällen, bei denen es um kulturelle Konflikte geht, und vertrete die Auffassung, dass dieses weit verbreitete Phänomen mehr Aufmerksamkeit verdient. Ich habe mich dafür ausgesprochen, kulturelle Rechtfertigungsgründe zur Verteidigung zuzulassen, obwohl die Umsetzung dieses Grundsatzes zwangsläufig mit Schwierigkeiten verbunden ist. Wenn Gerichte zur Würdigung von Beweismitteln ermächtigt werden, die mit den kulturellen Traditionen ethnischer Gruppen und indigener Völker zusammenhängen, dann müssen die Richter unbedingt den Wahrheitsgehalt der vorgetragenen Behauptungen prüfen.

Um im Falle einer Zulassung kultureller Rechtfertigungsgründe deren Missbrauch so weit wie möglich einzuschränken, habe ich einen »Test« solcher Gründe vorgeschlagen, der bei Gericht zur Vorbeugung gegen Rechtsmissbrauch verwendet werden könnte. Gerichte müssten demnach drei grundsätzliche Fragen berücksichtigen:

1. Gehört die prozessführende Partei zu der betreffenden ethnischen Gruppe?
2. Gibt es in dieser Gruppe einen solchen Brauch?
3. Wurde die prozessführende Partei bei ihrer Tat von diesem Brauch beeinflusst? (Renteln 2004a: 207)

Wenn Gerichte nachdrücklich auf der Beantwortung dieser Fragen bestehen, sollte das zu einem Rückgang falscher Behauptungen führen und dem unrechtmäßigen Vortrag solcher Rechtfertigungsgründe entgegenwirken.

Ich werde anhand einiger Beispiele aufzeigen, wie sich dieser Test in Zusammenhang mit Fällen anwenden lässt, bei denen kulturelle Rechtfertigungsgründe scheinbar berechtigt vorgetragen werden. Anschließend werde ich auf andere Fälle eingehen, bei denen es versäumt wurde, kulturbezogene Behauptungen zu prüfen, was sich unter Umständen nachteilig auf eine Befürwortung dieser Verfahrensweise auswirkt.

Aufgrund der weitverbreiteten Befürchtung, dass kulturelle Rechtfertigungsgründe missbräuchlich vorgetragen werden könnten, möchte ich auch auf einige Beispiele eingehen, bei denen solche Gründe meiner Ansicht nach ungerechtfertigt vorgetragen wurden. Wie sich zeigen wird, erfüllen prozessführende Parteien in manchen Fällen nur eine einzige Voraussetzung des Tests.

Der Schwerpunkt dieses Beitrags liegt auf der Frage, wie an Prozessen beteiligte Parteien ihre Behauptungen begründen sollten. Allerdings möchte ich von vornherein darauf hinweisen, dass Gerichte kulturelle Rechtfertigungsgründe manchmal auch dann nicht gelten lassen, wenn die betreffende Partei ihre Behauptungen belegen kann. Wo kulturspezifische Bräuche Angehörigen benachteiligter Bevölkerungsgruppen (»vulnerable groups«) nicht wiedergutzumachenden Schaden zufügen, sollte eine kulturelle Rechtfertigung die richterliche Entscheidung nicht beeinflussen. Um einem missbräuchlichen Vortrag kultureller Rechtfertigungsgründe vorzubeugen, muss man zuallererst die Frage stellen, ob eine Behauptung in empirischer Hinsicht auf Tatsachen gründet. Danach sollte man jedoch entscheiden, ob andere wichtige Menschenrechte – wie etwa die Rechte von Frauen und Kindern – untergraben werden, wenn man die Behauptung gelten lässt, der betreffende Brauch sei durch das Recht auf Kultur legitimiert.

Zulässiger Vortrag kultureller Rechtfertigungsgründe

Ungeachtet der weit verbreiteten Ansicht, der Vortrag kultureller Rechtfertigungsgründe sei unzulässig, sind kulturelle Informationen oft entscheidend für ein Verständnis des jeweiligen Handlungskontextes. So geht es beispielsweise in vielen Rechtsfällen um Erwachsene, die Kinder im Genitalbereich berührt haben und daraufhin wegen Kindesmissbrauchs strafrechtlich belangt werden. Diejenigen, die dieses Verhalten beobachten, gehen automatisch davon aus, es handele sich um sexuelle Handlungen und nicht einfach nur um Zuneigungsbekundungen; dadurch sind schon Familien zerrüttet oder sogar völlig zerstört worden.[8] Im Fall *Krasniqi*[9] berührte ein muslimischer albanischer Vater seine vierjährige Tochter in einer öffentlichen Turnhalle. Der Staatsanwalt ging davon aus, dass er dies zum Zwecke sexueller Befriedigung getan habe, und musste das Motiv ermitteln, da es sich bei sexuellem Kindesmissbrauch um eine vorsätzliche Straftat handelt.[10]

Als Sam Krasniqis Fall vor einem Strafgericht in Texas verhandelt wurde, sagte ein Sachverständiger für albanische Kultur aus, dass dort durch Berühren Zuneigung ausgedrückt werde, woraufhin der Vater freigesprochen wurde (Downs/Walters 1995). Offenbar war das Gericht zu der Überzeugung gelangt, dass alle drei Elemente vorlagen, die für eine kulturelle Rechtfertigung erforderlich sind: Der Vater war Albaner, es gibt unter Albanern den Brauch, Kinder ohne erotisches Motiv anzufassen, und dieser Brauch veranlasste den Vater, seine Tochter zu berühren. Zwar entlastete das Strafgericht den Vater (Downs/Walters 1995), dies hatte aber leider keinen Einfluss auf eine zuvor getroffene Entscheidung des Familiengerichts, ihm seine elterlichen Rechte zu entziehen (Renteln 2004a: 59).[11]

---

8 Siehe beispielsweise den Fall *Der Staat gegen Kargar*, 679A 2d 81 (Me. 1996); siehe außerdem Wanderer/Connors 1997.

9 Ein Bericht über diesen Fall findet sich in Downs/Walters 1995.

10 Bei den meisten Straftaten müssen nur *mens rea* (kriminelle Absicht) und *actus reus* (objektiver Tatbestand) festgestellt werden. Bei vorsätzlichen Taten (im britischen Recht: *specific intent*) muss außerdem das Motiv oder der Grund für die Tat nachgewiesen werden. Um sich des Kindesmissbrauchs schuldig zu machen, muss ein Elternteil den Vorsatz haben, das Kind zu berühren, das Kind tatsächlich berühren und dies zum Zwecke sexueller Befriedigung tun.

11 Es sollte wahrscheinlich generell davon abgeraten werden, Kinder im Genitalbereich zu berühren, nicht nur, weil die Eltern dadurch Probleme mit dem Gesetz bekommen können, sondern auch, weil in zwei Kulturen lebende Kinder sich möglicherweise unbehaglich fühlen, wenn ihnen bewusst wird, dass dies in der Mehrheitsgesellschaft als ungehö-

Kulturelle Faktoren sollten auch in Fällen berücksichtigt werden, in denen es um Reaktionen auf Provokationen geht; hier kann unter Umständen eine Mordanklage in eine Anklage wegen Totschlags umgewandelt werden.[12] In solchen Fällen behaupten Angeklagte, eine verbale Beleidigung oder eine beleidigende Geste habe sie zu einer Gewalttat verleitet. Bei der Prüfung, ob eine Provokation vorgelegen hat, gibt es zwei »Nagelproben«: zum einen den subjektiven Aspekt, also die Frage, ob der Angeklagte tatsächlich provoziert wurde; zum anderen den objektiven Aspekt, also ob ein »vernünftiger Durchschnittsmensch« (*objective reasonable person*) sich provoziert gefühlt hätte. Selbst wenn Angeklagte nachweisen können, dass der erste Aspekt vorliegt, bereitet ihnen der zweite erhebliche Schwierigkeiten. Ein Beispiel ist die unveröffentlichte Entscheidung im Fall *Trujillo-Garcia gegen Rowland*.[13] Zwei Amerikaner mexikanischer Abstammung spielten miteinander Poker. Nachdem José Padilla 140 Dollar an Trujillo-Garcia verloren hatte, ging er nach Hause, kam dann aber vier Tage später wieder und wollte sein Geld zurück. Als sich Trujillo-Garcia weigerte, sagte Padilla »chinga tu madre«, eine im Spanischen äußerst beleidigende Aufforderung.[14] Trujillo zog eine Pistole aus seinem Gürtel und erschoss ihn.

Die Verteidigung versuchte vergeblich, Beweise dafür vorzulegen, dass sich der »Durchschnitts-Mexikaner« von diesem Ausdruck provoziert gefühlt hätte. Die Landesgerichte waren sich mit der Staatsanwaltschaft darüber einig, dass diese Beweise rechtlich unerheblich seien. Vor dem US-Bundesgerichtshof trug Trujillo-Garcia vor, sein Recht auf Gleichheit vor dem Gesetz sei durch die Weigerung des Gerichts verletzt worden, den kulturellen Kontext seiner Tat zu berücksichtigen. Für gewöhnlich können Geschworene gut nachvollziehen, warum eine Handlung eine Provokation darstellt. Im vorliegenden Falle jedoch fehlte ihnen die Information zum Kontext der Provokation gegenüber dem Angeklagten, nämlich die verbale Beleidigung auf Spanisch. Daher konnten die Geschworenen die Anstö-

---

riges Verhalten gilt. Allerdings sind die Inhaftierung von Eltern oder das Auseinanderreißen von Familien unrechtmäßige Mittel zur Vermittlung neuer Wertvorstellungen.

12 Kulturelle Gründe gelten als Teilrechtfertigung, durch die sich eine Mordanklage auf eine Anklage wegen Totschlags reduziert.

13 *Trujillo-Garcia v. Rowland*, U.S. 6199 (Dist. Ct., 1992) (Lexis); U.S. 30441 (App. Ct., 1993) (Lexis), 114 S Ct 2145; U.S. 4219 (Dist. Ct. 1994) (Lexis), 128 L. Ed 873, 62 USLW 3793.

14 Eine Erörterung des Verbs »chingar« findet sich bei Octavio Paz 1961. Siehe auch Renteln 2004a, S. 34–35. (»Chinga tu madre« bedeutet »fick deine Mutter«, Anm. d. Übers.)

ßigkeit der Beleidigung nicht nachvollziehen. Die Bundesgerichte hielten an der »objektiven« Prüfung fest, ob sich ein vernünftiger Durchschnittsmensch provoziert gefühlt hätte. Sie gingen davon aus, dass ein hinreichender Tatbestand der Provokation selbst dann nicht vorgelegen hätte, wenn das Gericht dem Angeklagten gestattet hätte, sich auf kulturspezifische Maßstäbe zu berufen und vorzubringen, der Ausdruck stelle für den Durchschnittsmexikaner eine Beleidigung dar.

Hätte das Gericht den Test bezüglich kultureller Rechtfertigungsgründe angewandt, so hätte es festgestellt, dass Trujillo-Garcia tatsächlich Amerikaner mexikanischer Abstammung ist, dass die vorliegende verbale Beleidigung nach den Maßstäben seiner ethnischen Gruppe äußerst provozierend ist und dass er aufgrund dieser Beleidigung den Mann umbrachte, der sie ihm gegenüber geäußert hatte. Durch die Nichtzulassung kultureller Beweismittel machte es ihm das Gericht praktisch unmöglich, sich zu seiner Verteidigung auf Provokation zu berufen.[15]

Selbst wenn sich ein Angeklagter erfolgreich auf Provokation beruft, zieht das keinen Freispruch nach sich; die Anklage reduziert sich lediglich von Mord auf Totschlag. Man könnte nun der Auffassung sein, dass Trujillo-Garcia zu Recht nicht gestattet wurde, sich zur Verteidigung auf kulturspezifische Provokation zu berufen, da sich Menschen angesichts von Provokationen in Selbstkontrolle üben sollten. Tatsächlich hat die Ansicht etwas für sich, Provokation sei als Rechtfertigungsgrund in sämtlichen Fällen abzulehnen, zumal sie für gewöhnlich von eifersüchtigen Männern vorgebracht wird, die ihre Ehefrauen oder Geliebten umgebracht haben. Manche sind daher der Meinung, sie solle als Einrede gänzlich abgeschafft werden, weil man wie erwähnt bei Provokationen Selbstkontrolle erwarten könne. Bezüglich des Status Quo gibt es aber das philosophische Problem, dass nur als hinlängliche Provokation akzeptiert wird, was den sogenannten »vernünftigen Durchschnittsmenschen« beleidigt; bei diesem handelt es sich aber um einen Angehörigen oder eine Angehörige der Mehrheitsgesellschaft. Daher kann Provokation als Rechtfertigungsgrund für eine Straftat *de facto* überhaupt nicht von Angehörigen anderer Kulturen vorgetragen werden, obwohl sich theoretisch jeder darauf berufen darf, denn sie werden durch andere Beleidigungen provoziert als der »objektive Durch-

---

15 Eine umsichtige Betrachtung des Dilemmas, mit dem Angeklagte aus anderen Kulturen konfrontiert sind, wenn sie sich zur Rechtfertigung auf Provokation beziehen möchten, findet sich in Yeo 1990–1991 und Yeo 1987.

schnittsmensch«. Das stellt einen schweren Verstoß gegen den Gleichheitssatz dar.

In manchen Mordfällen geht es darum, ob kulturelle Beweismittel zum Zwecke einer Strafmilderung während der Verhandlung des Strafmaßes (*sentencing phase*) vorgelegt werden müssen anstatt in der vorausgehenden Phase, in der die Schuldfrage geprüft wird (*guilt phase*).[16] Versäumt es ein Anwalt, Beweise für mildernde Umstände hinsichtlich des kulturellen Hintergrundes eines Angeklagten vorzulegen, so stellt dies unter Umständen eine Verletzung des verfassungsrechtlich garantierten Rechtes auf Rechtsbeistand dar, das im sechsten Zusatzartikel zur Verfassung der Vereinigten Staaten festgelegt ist. Dies war ein Stein des Anstoßes im Fall *Siripongs gegen Calderon*.[17] Jaturun »Jay« Siripongs, ein thailändischer Staatsbürger, wurde wegen zweifachen Mordes unter Vorliegen besonderer Schwere der Schuld verurteilt; es ging um seine Beteiligung an einem Raubüberfall auf einen Kiosk, bei dem zwei Menschen getötet wurden. Siripongs gab zu, bei der Straftat dabei gewesen zu sein, bestritt aber, dass er geschossen habe.[18] Während der Verhandlung des Strafmaßes zeigte er keinerlei Gefühlsregung und weigerte sich, den Namen der Person zu nennen, welche die Morde begangen hatte; die Geschworenen verurteilten ihn zum Tode. Sein Verteidiger versäumte es, die kulturellen Aspekte von Siripongs' Verhalten zu erläutern. Auf diesem Versäumnis basierte später die Berufung gegen die Verhängung der Todesstrafe. Obwohl es im Zuständigkeitsbereich desselben Gerichtes einen Präzedenzfall gegeben hatte, der das Argument stützte, ein Versäumen des Vorlegens kultureller Beweismittel verletze das durch den sechsten Zusatzartikel der Verfassung garantierte Recht auf wirksamen Rechtsbeistand, wies das Berufungsgericht des Neunten Bezirks die Berufung ab. Es gab überwältigende Unterstützung für Siripongs, und zwar sogar durch Angehörige der Opfer und den

---

16 Siehe hierzu beispielsweise Winkelman 1996; Clinton 1993; Holmquist 1997; Murray 1995.

17 *Siripongs v. Calderon*, 35 F. 3d 1308 (9th Cir. Ct. 1994), Ablehnung des *Certiorari* 512 US 1183 (1995); 133 F. 3d 732 (1998).

18 Da er anwesend war, als das Verbrechen begangen wurde, drohte ihm gemäß des *Felony Murder Rule* (beabsichtigte oder unbeabsichtigte Tötung im Verlauf bestimmter Schwerverbrechen wie Vergewaltigung, Einbruch, Raub oder Brandstiftung, Anm. d. Übers.) theoretisch die Todesstrafe, unabhängig davon, ob er den Abzug betätigt hatte oder nicht. Möglicherweise hätten es die Geschworenen aber trotzdem für angebracht gehalten, sein Leben zu schonen, wenn sie der Ansicht gewesen wären, jemand anders habe den Mord begangen.

Gefängnisleiter von San Quentin. Trotzdem wurde er hingerichtet, nachdem zwei Gouverneure Gnadengesuche abgelehnt hatten.

Wäre die Vorlage kultureller Beweismittel zugelassen worden, so hätte sich herausgestellt, dass Angehörige der Thai-Kultur dazu erzogen werden, keine Gefühle zu zeigen – noch nicht einmal, wenn sie unter enormem Stress stehen. Siripongs' stoisches Verhalten bedeutete daher nicht, dass er keine Reue empfand; gerade Reue erwarten amerikanische Geschworene aber häufig, wenn es darum geht, das Leben eines Angeklagten zu verschonen. Außerdem hätte das Thai-Konzept von »*boon*« und »*baap*« erörtert werden müssen; dann hätten die Geschworenen sicherlich besser verstanden, warum Siripongs nicht durch Preisgabe des Namens der Person, die für die Morde verantwortlich war, noch mehr Schande über sich bringen wollte – nicht einmal, wenn sein eigenes Leben dabei auf dem Spiel stand.[19] Hätten den Geschworenen diese kulturbezogenen Informationen vorgelegen, dann wäre ihnen bewusst geworden, dass Siripongs aus Thailand stammte, dass zur thailändischen Weltanschauung ein anderes Verständnis von Verantwortungsbewusstsein gehört, sodass selbst in traumatischen Situationen stoisches Verhalten erwartet wird, und dass sein Verhalten von diesen Prinzipien geleitet war. Es ist schwer zu sagen, ob unter diesen Umständen die Todesstrafe abgewendet worden wäre, aber in jedem Falle wäre das Verfahren fairer gewesen. Ohne die Vorlage kultureller Beweismittel während der Verhandlung des Strafmaßes besteht erhebliche Gefahr, dass über einen Angeklagten eine unverhältnismäßig strenge Strafe verhängt wird.

Auch bei Zivilprozessen ist der »Test« bezüglich kultureller Rechtfertigungsgründe nützlich, wie sich am Fall *Friedman gegen den Staat* zeigt.[20] Die sechzehnjährige Ruth Friedman unternahm einen Ausflug in die Berge, um dort mit einem Freund zu picknicken. Der Skiliftbetreiber hatte zwar ein Schild mit dem Hinweis aufgestellt, dass der Lift an jenem Tage früh den Betrieb einstellen würde, das Schild war aber ungeschickt aufgestellt, sodass die beiden es nicht sahen. So befanden sie sich spätnachmittags gerade auf der Rückfahrt mit dem Lift, als dieser plötzlich anhielt. Sie saßen auf halbem Wege bergabwärts in dem Sessellift fest. Als es dunkel wurde, bekam Friedman hysterische Zustände aus Angst, gegen die religiösen Gesetze zu verstoßen, weil sie nach Dunkelheit mit einem Mann allein war. Also sprang sie aus dem Sessellift. Im Gerichtsverfahren gegen den Skilift-

---

19 Weitere Informationen über diesen Fall finden sich in Renteln 2004a, S. 43.
20 *Friedman* v. *State*, 282 N.Y.S. 2d 858 (1967), 54 Misc. 2d 448.

betreiber musste sie nachweisen, dass sie zur Gemeinschaft der orthodoxen Juden gehörte, dass sich das jüdische Gesetz dahingehend interpretieren lässt, junge Mädchen dürften nicht ohne Anstandsperson mit einem Mann zusammen sein, da dies ihren guten Ruf ruiniert, und dass sie aufgrund dieser Überzeugung aus dem Sessellift gesprungen war. In diesem Falle entschied das Gericht zu ihren Gunsten, nachdem ein Rabbi ein Sachverständigengutachten vorgetragen hatte, und sprach ihr Schadensersatz in Höhe von fast 40.000 Dollar zu.

Diese Fälle zeigen, wie wichtig es ist, zur Vermeidung schwerwiegender Fehlurteile kulturelle Hintergründe zu berücksichtigen. Richter, die mit den Gebräuchen unterschiedlicher ethnischer Gruppen nicht vertraut sind, lassen solche Beweismittel oft nicht zu, da sie diese nicht für rechtserheblich halten. Würden sie den »Test« bezüglich kultureller Rechtfertigungsgründe anwenden, so könnten sie sich von der Richtigkeit kulturbezogener Behauptungen überzeugen. Weil Richter aber intuitiv befürchten, übereifrige Anwälte könnten absurde kulturelle Rechtfertigungsgründe ins Feld führen, neigen sie dazu, solche Beweismittel von vornherein überhaupt nicht zuzulassen. Das ist bedauerlich, denn derartige Anträge sind manchmal durchaus gerechtfertigt, weil das Gericht ohne Berücksichtigung der Beweismittel hinsichtlich des kulturellen Kontextes, in dem die Tat begangen wurde, die Geschehnisse nicht nachvollziehen kann.

Missbrauch kultureller Rechtfertigungsgründe

Kritiker kultureller Rechtfertigung versuchen bisweilen, sie ins Lächerliche zu ziehen, und nehmen dabei Bezug auf Fälle, in denen kulturelle Aspekte in einer derart widerwärtigen Weise ins Feld geführt werden, dass sogar Befürworter kultureller Verteidigungsgründe damit nicht einverstanden wären. So verweisen sie gerne auf einen Fall,[21] in dem ein wegen sexueller Nötigung angeklagter Afroamerikaner ein Gutachten vorlegen wollte, demzufolge »Schwarze« »kulturell anders« seien.[22] Der Angeklagte, der sich selbst verteidigte, legte Wert auf die Feststellung, dass er laut gesprochen habe, als er das Opfer in seine Wohnung einlud. Er behauptete, dies sei im

---

21 *People v. Rhines*, 131 Cal. App. 3d 498 (1982).
22 Einen weiteren Fall, bei dem es um Rassismus ging, beschreibt Fournier 2002.

Hinblick darauf relevant, ob er davon ausgehen konnte, das Opfer sei mit Geschlechtsverkehr einverstanden:

»Er trägt vor, er hätte die Geschworenen davon überzeugen wollen, dass sie sich bei seiner lauten Stimme nichts dachte, weil es für Schwarze ganz normal ist, laut miteinander zu sprechen. Daher konnte er davon ausgehen, dass sie dem keine Bedeutung zumaß, weil sie ja so lautes Sprechen gewöhnt war.«[23]

Der Angeklagte setzt hier nicht nur Kultur und ethnische Zugehörigkeit gleich, er macht auch noch einen viel schlimmeren Fehler, weil er eine bizarre Verallgemeinerung über Afroamerikaner vorträgt. Hätte er sich vor Gericht nicht selbst verteidigt, wäre es wahrscheinlich nicht zu dem Versuch gekommen, ein so offenkundig absurdes Argument vorzubringen.

Bei einem anderen Fall zweifelhafter kultureller Rechtfertigung ging es um einen iranischen Juden, der zu seiner Verteidigung vorbrachte, er sei von seiner Frau misshandelt worden. Als »kulturelle« Beweise führte er an, seine Frau habe ihn unter dem Pantoffel gehabt, ihn gezwungen, auf dem Boden zu schlafen und ihn um Geld für Zigaretten betteln lassen (Mrozek 1993). In den Medien las sich diese »kulturelle Rechtfertigung« wie folgt:

»Moosa Hanoukai, 55, gab zu, seine 45-jährige Ehefrau Manijeh zu Tode geprügelt zu haben [...], behauptete aber, sie hätte ihn während ihrer ganzen 25-jährigen Ehe misshandelt. Bei seiner auf Farsi vorgetragenen Aussage brach Hanoukai immer wieder in Schluchzen aus und sagte, nachdem das Paar 1982 in die USA gekommen sei und ein Damenbekleidungsgeschäft aufgemacht habe, hätte seine Frau ihn gezwungen, auf dem Boden zu schlafen, ihm verboten, Geld auszugeben und ihn vor Verwandten unentwegt als ›Dummkopf‹ und ›Abfall‹ verhöhnt.« (Tugend 1994)

Außerdem behauptete der Anwalt, aus der Ehe auszubrechen sei im kulturellen Umfeld des Angeklagten keine Option gewesen: »Aus kulturellen und religiösen Gründen konnten sie sich nicht scheiden lassen« (Mrozek 1994a). Selbst Menschen aus der kulturellen Gemeinschaft des Paares äußerten sich skeptisch hinsichtlich des Arguments, eine Verunglimpfung der Männlichkeit des Ehemannes verletze »die Normen der persischen jüdischen Kultur, in welcher der Mann die dominante Rolle einnimmt«.[24] Obwohl dieses Argument fragwürdig war, befanden die Geschworenen den

---

23 *People v. Rhines*, 131 Cal. App. 3d 498 (1982), 507.
24 Einer von Mrozeks Interviewpartnern kommentierte: »Ich halte das für einen blödsinnigen Trick des Anwalts« (Mrozek 1994a).

Ehemann nicht des Mordes für schuldig, sondern lediglich des Totschlags.[25]

Würden kulturelle Rechtfertigungsgründe ausschließlich in solchen Fällen ins Feld geführt, so ließen sich für den Vorschlag, kulturelle Rechtfertigung zum Teil der Rechtsordnung zu machen, kaum Befürworter finden. Zur Vorbeugung gegen einen Missbrauch dieser Rechtfertigungsgründe ist es hilfreich, einige kulturell begründete Behauptungen zu spezifizieren, die offenkundig unberechtigt sind.

In Fällen, in denen ein kultureller Beweisgrund *prima facie* berechtigt vorgetragen wird, erhebt sich als allererstes die Frage, ob die Person, die sich darauf beruft, tatsächlich der Gruppe angehört, in welcher der betreffende Brauch vorkommt. Jemand könnte nämlich vorgeben, einer Gruppe anzugehören, um in den Genuss von Privilegien zu kommen, die dieser Gruppe zugestanden werden. So äußern in Lehrveranstaltungen manchmal Studierende, die sich mit dem *kirpan* nicht auskennen – einen Dolch mit religiöser Bedeutung, den getaufte Sikhs tragen müssen –, die Befürchtung, dass sich Nicht-Sikhs als Sikhs verkleiden könnten, um in der Öffentlichkeit Messer tragen zu dürfen. Dass Nicht-Sikhs fälschlicherweise behaupten, der Sikh-Religion anzugehören, um in der Öffentlichkeit Messer tragen zu dürfen, ist zwar grundsätzlich vorstellbar, aber höchst unwahrscheinlich. Außerdem müssen getaufte Sikhs auch noch andere religiöse Symbole tragen; dadurch wird es noch fraglicher, ob sich jemand die Mühe macht, sich als Sikh zu verkleiden, nur um in der Öffentlichkeit einen Dolch tragen zu können.

Allerdings ist die Frage, ob ein Angeklagter tatsächlich einer bestimmten Gruppe angehört, durchaus bereits aufgekommen. In dem Fall *Der Staat gegen Bauer*[26] wurde beispielsweise Rastafaris nicht gestattet, sich auf religiöse Rechtfertigungsgründe zu berufen, als sie wegen des Besitzes von Marihuana und der Verabredung zur Betreibung einer Marihuana-Plantage angeklagt waren, bei der es um Millionenbeträge ging.[27] Zwar ist bekannt, dass Rastafaris »ganja« in religiösen Zeremonien verwenden; im vorliegen-

---

25 Mrozek 1994b. Zwar ließen sich die Geschworenen davon überzeugen, dass Totschlag vorlag, aber einige von ihnen erzählten der Presse, sie seien »nicht durch die kulturelle Rechtfertigung umgestimmt worden«; siehe Burke 1994.

26 *U.S. v. Bauer*, 84 F. 3d 1549 (9th Cir. Ct. 1996).

27 Die Richter waren der Ansicht, dass die Angeklagten sich bezüglich des Marihuanabesitzes auf kulturelle Rechtfertigungsgründe berufen dürften, aber sie zweifelten daran, dass die Rastafari-Religion die Betreibung der Plantage im Wert von mehreren Millionen Dollar vorschrieb.

den Fall hinterfragten jedoch die Richter, ob es in Montana überhaupt Rastafaris gebe.[28] Das Gericht erklärte ausdrücklich, dass die Angeklagten sich zwar »auf eine Religion als Deckmantel berufen«[29] wollten, dass aber weder die Staatsanwaltschaft noch das Gericht »dies allein aufgrund der bloßen Behauptung der Angeklagten«[30] gelten lassen müssten. Ausgehend von der Annahme, dass die Beklagten dieser Religion angehörten, beschlossen die Richter, religiöse Rechtfertigungsgründe zuzulassen, aber nur bezüglich des Besitzes von Marihuana und nicht hinsichtlich der Anklage wegen Verabredung zu dessen Vertrieb, Besitz zum Zwecke des Vertriebes und Geldwäsche.[31]

In manchen Fällen erfüllen prozessführende Parteien nur einen Teil des »Tests« bezüglich kultureller Rechtfertigungsgründe. Wenn beispielsweise jemand einer bestimmten Gruppe nicht angehört, kann er oder sie sich nicht darauf berufen, aus einem kulturellen Zwang heraus gehandelt zu haben, selbst wenn es in der Gruppe den betreffenden Brauch gibt. Daher erfüllt eine solche Person nicht die Kriterien 1 und 3. Auch wenn eine Person der Gruppe *bona fide* angehört, es in dieser den betreffenden Brauch aber nicht gibt, kann er oder sie sich nicht auf kulturelle Zwänge berufen. Während also theoretisch der Vortrag kultureller Rechtfertigungsgründe bereits unzulässig ist, wenn die Erfüllung eines der Kriterien nicht nachgewiesen wird, kommt es auch vor, dass Personen aus mehr als nur einem Grund bei dem Versuch scheitern, auf unlautere Weise solche Rechtfertigungsgründe für sich in Anspruch zu nehmen. Im Folgenden gehe ich auf Fälle ein, bei denen es sich meiner Ansicht nach um eklatanten Missbrauch kultureller Rechtfertigungsgründe handelt.

---

28 Das Berufungsgericht befand, dass die Angeklagten im Falle eines Wiederaufnahmeverfahrens »nachweisen müssten, dass sie tatsächlich Rastafaris sind und dass der Gebrauch von Marihuana zur Religionsausübung gehört«, *U.S. v. Bauer*, 84 F. 3d 1549 (9th Cir.Ct. 1996), 1559.
29 Ebd.
30 Ebd.
31 »Bezüglich der Anklagepunkte Verabredung zum Vertrieb, Besitz mit dem Vorsatz des Vertriebes und Geldwäsche wurden die religiösen Rechte der Angeklagten nicht verletzt. Es liegen uns keinerlei Hinweise dafür vor, dass die Rastafari-Religion ein solches Verhalten vorschreibt« (ebd., 1559).

Adelaide Abankwah und ihr Asylantrag wegen geschlechtsspezifischer Verfolgung

In einem Fall, der enorme Medienaufmerksamkeit erfuhr, stellte die Ghanaerin Adelaide Abankwah in den USA einen Antrag auf politisches Asyl, um dem Brauch der sogenannten »weiblichen Genitalverstümmelung« (WGV) zu entgehen. Sie erzählte den Beamten bei der Einwanderungsbehörde, sie sei die älteste Tochter der Königin des Nkummsa-Stammes und ihre Mutter sei kürzlich gestorben. Da sie Thronfolgerin, aber keine Jungfrau mehr sei, müsse sie beschnitten werden, damit dieser Makel nicht ans Licht käme. Um nicht zur WGV gezwungen zu werden, sei sie in die USA geflohen und habe dort um politisches Asyl ersucht. Von Seiten der Politik bekam sie dort viel Unterstützung. Prominente Feministinnen wie Gloria Steinem und Hilary Clinton, die tonangebende Frauenrechtsorganisation *Equality Now*, die Schauspielerinnen Julia Roberts und Vanessa Redgrave sowie Abgeordnete scharten sich um sie und sahen sie als Opfer einer grausamen kulturellen Sitte.[32] Die Zeitschrift *Marie Claire* ließ T-Shirts mit der Aufschrift »Freiheit für Adelaide« drucken. Ihr Asylantrag aufgrund geschlechtsspezifischer Verfolgung schien aussichtsreich, da bereits der Antrag einer anderen Frau positiv beschieden worden war: Fausiya Kasinga aus Togo erhielt in den USA Asyl, nachdem sie vor demselben Brauch geflohen war.[33]

Zunächst lehnte die US-Einwanderungsbehörde (*Immigration and Naturalization Service*, INS) Abankwahs Asylantrag ab, weil sie nicht nachgewiesen habe, dass ihre Befürchtung, es werde ihr nach einer Abschiebung nach Ghana Gewalt angetan, begründet sei.[34] Während des Berufungsverfahrens wurde sie zwei Jahre lang in einem Auffanglager im New Yorker Stadtteil Queens interniert. Schließlich schenkte das US-Berufungsgericht für den Zweiten Bezirk ihrer Darstellung Glauben und wies die Entscheidung des *Board of Immigration Appeals* (BIA) zurück. Das Berufungsgericht ordnete die Zurückverweisung des Falles an und verfügte, dass das BIA ihrem Asylantrag stattgeben solle (Waldman 1999; Hu 1999). Richter Sweet war über-

---

[32] Eine ausführliche Schilderung des Prozesses gibt Martin 2005.
[33] Kasinga wies nach, dass ihre Furcht vor Verfolgung begründet war und ihre Befürchtung darauf beruhte, dass sie Angehörige einer bestimmten Gesellschaftsgruppe war (*re Fauziya Kasinga*, B.I.A. 15 1996 [Lexis]); siehe auch Kassindja/Bashir 1998.
[34] Außerdem beantragte sie Aussetzung der Abschiebung, wozu wiederum andere Voraussetzungen erfüllt sein müssen.

zeugt, dass Abankwah dem Stamm der Nkummsa in Zentral-Ghana angehörte, und glaubte ihre Geschichte:

»Die Tradition der Nkummsa verlangt, dass das Mädchen oder die Frau, die der Königinmutter nachfolgen wird, bis zu ihrer ›Inthronisation‹ Jungfrau bleiben muss. Während der Inthronisationszeremonie für eine neue Königinmutter muss die designierte Königinmutter mit ihren Händen eine Schale bilden, in die Wasser gegossen wird. Den Stammeslegenden zufolge kann die Frau das Wasser nicht in ihren Händen halten, wenn sie Tabus des Stammes gebrochen hat, einschließlich des Verbotes von Geschlechtsverkehr vor der Ehe. Dann tropft das Wasser auf den Boden. Aber selbst wenn die Frau das Wasser in ihren Händen behält, suchen die Dorfältesten nach der Inthronisation einen Ehemann für sie aus, der unweigerlich feststellt, ob sie Jungfrau ist oder nicht. In jedem Falle wird die Frau zur WGV gezwungen, wenn man der Ansicht ist, sie sei keine Jungfrau mehr.«[35]

Das Bundesberufungsgericht ließ Zweifel unberücksichtigt, die in diesem Fall von der Einwanderungsbehörde geäußert worden waren.[36] Die INS hatte festgestellt, dass WGV zwar in Nordghana praktiziert wird, aber nicht in Zentralghana, woher Abankwah kam, und dass Abankwah eingeräumt habe, WGV »werde vom Stamm der Nkummsa nicht gewohnheitsmäßig praktiziert«.[37] Das Ergebnis des Verfahrens löste bei Menschenrechtsaktivisten/innen Jubel aus.

Kurz nachdem das Berufungsgericht die Entscheidung gefällt hatte, Abankwahs Antrag auf Asyl stattzugeben, kamen Informationen ans Licht, denen zufolge ihre Behauptungen falsch waren. Adelaide Abankwah »soll Einzelheiten ihres Hintergrunds erfunden haben, um sich als Opfer von Menschenrechtsverletzungen darzustellen« (Marzulli 2002). Eine gründliche Untersuchung durch den INS und ein Bericht in der *Washington Post* bestätigten, dass Abankwah tatsächlich eine Schwindlerin war (Murphy 2000; Branigin/Farah 2000). Sie hieß in Wirklichkeit Regina Norman Danson und war keineswegs ein Mitglied der Königsfamilie: Sie war eine ehemalige Hotelangestellte und hatte die Identität Adelaide Abankwahs gestohlen (DeStefano 2002).[38] Darüber hinaus war ihre Mutter noch am Leben, und aus den Medienberichten ging nicht eindeutig hervor, ob es

---

35 *Abankwah v. INS*, 183 F. 3d 18, 1999 U.S. App. 15545 (Lexis).
36 Der Einwanderungsrichter hatte ihre Behauptungen offenbar nicht gelten lassen, weil Ghana WGV im Jahre 1994 verboten hatte und es keinerlei Berichte darüber gab, dass diese in Abankwahs Herkunftsregion praktiziert wurde (*Abankwah v. INS*, 185 F. 3d 18, 20 (2d Cir. 1999).
37 Ebd.
38 Ihr Vorname »Regina« war somit das einzig Königliche an ihrer Identität.

sich bei den beiden Frauen um Angehörige des Nkummsa-Stammes handelte (Malkin 2002). Der Brauch, erwachsene Frauen vor Erhebung in den Rang einer Königin zu beschneiden, existierte in Ghana nicht, ebenso wenig wie die Beschneidung von Frauen als Strafe. Kurzum: Regina Danson hatte eine falsche Identität angenommen[39] und in betrügerischer Absicht behauptet, bei Abschiebung nach Ghana drohe ihr WGV. Einem Fernsehbericht zufolge wies auch ein Stammesführer ihre Behauptung zurück: »Nach Aussage des Stammeshäuptlings Nan Kwa Boko gehört Danson nicht zur königlichen Familie des Stammes, und Verstümmelung wird in dieser Gegend Ghanas nicht praktiziert« (CBS Los Angeles 2003). Regierungsbeamte in Ghana waren erstaunt darüber, dass man den Behauptungen unhinterfragt Glauben geschenkt hatte:

»Die ghanaische Regierung war über Abankwahs Behauptungen empört. Ghanas Beauftragter für Menschenrechte und Verwaltungsgerichtsbarkeit, Emile Short, mahnte ausländische Regierungen zur Vorsicht, wenn es um die Angaben illegaler Einwanderer geht, die ihren Aufenthaltsstatus legalisieren möchten. ›Wir hatten schwere Bedenken gegen diese Behauptungen, als sie erhoben wurden, und waren überrascht, wie sich Politiker und Frauenrechtsgruppen in den USA derart leidenschaftlich für sie [Danson] einsetzen konnten, ohne in Ghana ordentlich nachzuforschen, um den Wahrheitsgehalt der Geschichte zu überprüfen.‹« (Odediran n.d.)

Ein Großes Geschworenengericht klagte sie daraufhin in neun Punkten an, darunter Meineid, Passvergehen und bewusste Falschaussage gegenüber einem Einwanderungsrichter.[40] Die INS erstattete gerade noch rechtzeitig Strafanzeige, bevor die Verjährungsfrist auslief. Im Januar 2003 wurde Danson vor dem Bundesgericht mehrerer Vergehen für schuldig befunden (Glaberson 2003). Im September 2003 wurde sie zu der bereits in Haft verbrachten Zeit sowie zwei Jahren Haft auf Bewährung und einer Geldstrafe (Sonderumlagegebühr) in Höhe von 900 Dollar verurteilt.[41]

Es ist erstaunlich, dass dieser Schwindel nicht bereits während des Gerichtsverfahrens aufflog. Eine mögliche Erklärung ist, dass Richter die Wahrheit von Behauptungen ungern nachprüfen, um nicht als kulturell unsensibel oder womöglich rassistisch dazustehen. Wenn es das Gericht

---

39 Die echte Adelaide Abankwah, das Opfer des Identitätsdiebstahls, meldete den Diebstahl ihres Passes offenbar aus Angst vor Abschiebung nicht. Durch die Zusammenarbeit mit dem INS hoffte sie dann auf eine Legalisierung ihres Aufenthaltsstatus.
40 *U.S. v. Danson*, Anklageschrift, F#2002R01952, (FindLaw); Anonym 2003.
41 Mitteilung von David Martin in einem persönlichen Gespräch in der Geschäftsstelle des Gerichts, Bezirksgericht Brooklyn, 4.10.2004; siehe auch Martin 2005.

aber versäumt, kulturbezogenen Behauptungen auf den Grund zu gehen, dann kann dies zu Betrugsfällen wie dem oben beschriebenen führen. Die Zuständigen in diesem Fall hätten die Behauptung der Frau, sie sei Adelaide Abankwah, auf ihre Richtigkeit überprüfen und ihre Schilderungen über Genitalverstümmelung in Ghana begutachten lassen müssen.[42] Interessant ist, dass andere in den Vereinigten Staaten lebende Ghanaer/innen sicher von dem Fall gehört hatten, über den sehr viel in den Medien berichtet wurde; sie hätten die falschen Behauptungen aufdecken können, entschieden sich aber offenbar dagegen.[43]

Der Fall war ein Schlag ins Gesicht für Feministinnen, die in bester Absicht gehandelt hatten, und für Frauen mit begründeten Asylansprüchen.[44] Dieser Einzelfall war nicht nur dazu angetan, das Eintreten für Frauenrechte der Lächerlichkeit preiszugeben, er weckte auch Zweifel daran, ob Gerichte in der Lage sind, Beweismittel hinsichtlich kultureller Unterschiede richtig einzuschätzen. Besonders beunruhigend ist dabei der Gedanke, dass berechtigte Asylanträge möglicherweise abgelehnt werden, weil die Behörden Angst haben, mit betrügerischen Behauptungen hereingelegt zu werden. Ein Wissenschaftler äußerte sich besorgt darüber, dass die Aufmerksamkeit, die dem Fall in den Medien zuteilwurde, »öffentliches Misstrauen« ausgelöst haben könnte, und fügte hinzu, »dass die kritische öffentliche Aufarbeitung im Gefolge der Nachuntersuchung durch den INS einen Schatten des Zweifels auf die Annahme der Gerichte geworfen hat, die Angaben von Asylbewerbern seien glaubwürdig« (Chisolm 2001). Durch unzureichende Nachforschungen gerät eine ordentliche kulturübergreifende Rechtsprechung ins Wanken, mit schlimmen Folgen für viele Personen, deren Menschenrechte bedroht sind.

Im vorliegenden Fall hatten Abankwahs Behauptungen viele Schwachstellen. Erstens gibt es in der betreffenden ethnischen Gruppe den Brauch nicht, auf den sie sich in ihrem Asylantrag berief. Zweitens ist nicht klar, ob sie überhaupt eine Angehörige dieser Gruppe ist. Und drittens war ihr Entschluss, aus Ghana zu fliehen, ganz offenkundig nicht auf den fraglichen Brauch zurückzuführen. Der ungeheuerlichste Aspekt des Falles ist

---

42 Dieser Brauch existiert in verschiedenen Ausprägungen. Eine gründliche Erörterung unterschiedlicher Formen findet sich in Gruenbaum 2001.
43 Für diesen Hinweis danke ich Gordon Woodman, Professor für Jura an der Universität Birmingham und Experte für Ghana.
44 »Bei ihrer Entlarvung als Schwindlerin wurde Amerikas Konservativen und notorischen Hillary-Clinton-Hassern warm ums Herz« (Kettle 2000); siehe auch Malkin 2002.

aber, dass sie noch nicht einmal die Person war, für die sie sich ausgab, sondern einer anderen Frau die Identität gestohlen hatte. An diesem Fall zeigen sich ganz eindeutig die möglichen Risiken einer Zulassung kultureller Beweismittel in Gerichtsverfahren, ohne dass die nötigen Schritte zur Ermittlung des Tatsachengehalts solcher Behauptungen unternommen werden.[45]

Der Fall Reddy und Sexhandel

Eine andere Verdrehung »kultureller Tatsachen« vor Gericht besteht darin, eine gesellschaftliche Praxis so darzustellen, als sei sie ein anerkannter und ganz normaler kultureller Brauch, während es sich in Wirklichkeit um eine traurige Folge wirtschaftlicher Not handelt. Ein Fall, der diese Art zweifelhafter Darstellung verdeutlicht und Gegenstand zahlreicher Veröffentlichungen war, ist derjenige von Lakireddy Bali Reddy,[46] der strafrechtlich verfolgt und vor Gericht gestellt wurde, weil er junge Mädchen aus Indien zu unerlaubten Zwecken in die USA brachte: Sie mussten Zwangsarbeit leisten und wurden sexuell ausgebeutet (Lee/Lewis 2003; Wang 2001).[47]

Reddy war ein sehr wohlhabender Geschäftsmann und lebte in Berkeley, Kalifornien. Er brachte junge Mädchen in die Vereinigten Staaten, damit sie in den riesigen Wirtschaftsunternehmen seiner Familie arbeiteten, die schätzungsweise 70 Millionen Dollar wert waren. Die illegalen Machenschaften kamen 2001 ans Licht, als eines der jungen Mädchen, die siebzehnjährige Chanti Prattipati, tragisch durch eine Kohlenmonoxidvergiftung umkam; die Ursache war ein defekter Heizkörper in einem Mietobjekt, das Reddy gehörte. Dieser Tod durch Unfall wurde entdeckt, weil eine Einwohnerin Berkeleys, Marcia Poole, vier Inder dabei beobachtete, wie sie einen grünen Teppich aus der Seitentür eines heruntergekommenen Apartmenthauses trugen. Sie erinnerte sich: »Dann sah ich dieses Bein heraushängen [...]. Mir wurde klar, dass sie eine Leiche trugen, und dann

---

45 David Martin zufolge fiel einem Richter auf, dass ihr Name auf Pass und Visum »Adelaide« geschrieben wurde, sie ihn aber auf vielen bei Gericht eingereichten Formularen »Adeliade« schrieb (Martin 2005: 14).
46 Eine Erörterung dieses Falls findet sich bei Lee/Lewis 2003.
47 Wang (2001) vergleicht den Fall Reddy mit dem Fall O. J. Simpson und stellt fest, dass ethnische Zugehörigkeit (*race*) im ersteren Fall ausdrücklich zum Thema gemacht, im letzteren aber heruntergespielt wurde.

warfen sie sie kurzerhand in den Lieferwagen« (Chabria 2001).[48] Als die Beamten eintrafen, sagten Feuerwehrleute zu Poole, sie würde verhaftet, wenn sie den Tatort nicht verließe:

»Die Polizisten erzählten Poole immer wieder, der Vater des Mädchens würde sagen, es sei nichts Schlimmes passiert. Später stellte sich heraus, dass er sich nur als der Vater ausgab, es ging dabei um ein gefälschtes Visum. ›Ich wusste instinktiv, dass er nicht ihr Vater war‹, sagt Poole. ›Er weinte nicht. Ihre Schwester schon.‹« (Morse 2002)

Gegen Lakireddy Bali Reddy und seine Verwandten wurde vor dem Bundesgericht ein Strafverfahren eingeleitet. Danach wurden sie in einem Zivilverfahren unter dem Vorwurf angeklagt, andere zu Sklavenarbeit gezwungen zu haben.[49] Zwar kam es in keinem der Fälle zum Prozess, weil die Strafsachen dadurch endeten, dass sich die Angeklagten für schuldig erklärten, und die Zivilsachen außergerichtlich geregelt wurden. Kulturelle Argumente waren aber trotzdem Teil des Verfahrens. Sie wurden erörtert und finden sich beim Strafverfahren in den Aktennotizen aus der Phase vor der Verhandlung des Strafmaßes.[50] Letztlich wurde Reddy zu einer mehr als achtjährigen Gefängnisstrafe verurteilt und musste 2 Millionen Dollar Entschädigung an drei Opfer sexuellen Missbrauchs und die Familie der jungen Frau zahlen, die gestorben war (Marech 2004; Anonym 2004).[51]

---

48 Reddy ließ Sithas Leichnam entsprechend hinduistischem Brauch einäschern, obwohl ihre Eltern Christen waren.
49 *U.S. v. Reddy*, Anklageschrift (25.10.2000).
50 Mitteilung von Scott Kirkland in einem persönlichen Gespräch, 29.07.2004. Die Hauptfragen bezogen sich darauf, inwieweit sexueller Missbrauch Minderjähriger in Indien akzeptiert ist und welchen Einfluss das Verhältnis zwischen Kasten auf die Parteien hatte; siehe Griffey 2001.
51 Reddy ging anfangs von fünf Jahren Haft aus, der Richter erhöhte die Haftstrafe aber auf acht Jahre; siehe Yi 2001a, 2001b. Einer seiner Söhne, Viljay Lakireddy, wurde wegen Visabetrugs zu zwei Jahren Gefängnis und einer Geldstrafe in Höhe von 40.000 Dollar verurteilt. Sein Onkel Jayapakash Lakireddi wurde wegen desselben Vergehens zu 366 Tagen Haft verurteilt (Holstege 2004). Ein weiterer Sohn, Prasad Lakireddy, wurde lediglich zu einem Jahr Hausarrest und einer Geldstrafe von 20.000 Dollar verurteilt (Berton 2004). Von einigen Seiten wurde angezweifelt, dass die Strafen für die Familie Lakireddy hoch genug ausgefallen seien (siehe beispielsweise Kim/Hreshchyshyn 2004). In dem interessanten Artikel von Kim und Hreshchyshyn werden Prozesse wegen Menschenrechtsverletzungen erörtert, die unter dem *Alien Tort Claims Act* (Gesetz zur Regelung von ausländischen Ansprüchen) gegen Reddy angestrengt wurden, sowie die mögliche Anwendung des *Trafficking Victims Protection Reauthorization Act* (TVPRA) von 2003, der Personen, die durch Menschenhandel in die USA gebracht wurden, das Recht auf Privatklage einräumt.

Das Zivilverfahren endete mit einem Vergleich über fast 9 Millionen Dollar (Kurhi 2004). Es kam zum Vorschein, dass Reddy »betrügerische Visa, Scheinehen und gefälschte Identitäten« benutzt hatte, »um mindestens 33 Männer, Frauen und Kinder in die USA zu bringen« (Chabria 2001: 22). Die meisten jungen Mädchen, die auf diese Weise in die USA gelangten, waren *dalits*, »Unberührbare«; sie gehörten also einer Gesellschaftsschicht an, die traditionell Arbeiten verrichtet, deren Ausübung Hindus für unter ihrer Würde halten, beispielsweise die Reinigung von Latrinen (Dundes 1997). Sie sahen den Umzug in die USA als einmalige Chance, sodass manche von ihnen Reddys Machenschaften für wesentlich menschenfreundlicher hielten, als diese auf den ersten Blick erscheinen: »Sogar amerikanische Ermittler räumen ein, dass viele der angeblichen Opfer Reddy nicht als Menschenhändler, sondern viel eher als ihren Retter sehen« (Chabria 2001: 23). Die Eltern, die ihre Töchter verkauften, »konnten ihre Töchter kaum ernähren«.[52] Insgesamt beruhte die Rechtfertigung für die Taten auf der Vorstellung, dass Menschen in Indien sich nichts sehnlicher wünschen, als in die USA einzureisen.[53]

Die kulturelle Rechtfertigung bestand in Reddys Fall aus zwei unterschiedlichen Behauptungen. Zum einen wurde vorgebracht, dass Sex mit Mädchen, die in den USA als »minderjährig« gelten, »in anderen Ländern nicht notwendigerweise unsittlich ist, wenn die Volljährigkeit dort früher einsetzt«.[54] Die zweite Behauptung bestand im Wesentlichen darin, es sei in Indien üblich, *dalits* bzw. »Unberührbaren« niedere Arbeiten aufzutragen und sie dafür nur nominell zu bezahlen. Dahinter steckte offenbar die Vorstellung, dass sexuelle Sklaverei für Mädchen aus solch einer niedrigen Gesellschaftsschicht in Indien akzeptabel sei. Außerdem hieß es, die Familie Reddy übe in dem Herkunftsdorf der Mädchen so große wirtschaftliche Macht aus, dass die gesamte Dorfgemeinschaft keine realistische Chance hatte, sich gegen diese Art und Weise der Behandlung zur Wehr zu setzen.

Es mag zwar stimmen, dass Mädchen in Indien und anderen Ländern sexuell ausgebeutet werden, aber diese gesellschaftliche Praxis gilt dort gemeinhin nicht als wünschenswert. Viele sehen sie weitaus zutreffender

---

52 Persönliche Mitteilung des US-Anwalts Stephen Corrigan, 29.07.2004.
53 Diana Russel schreibt darüber, wie Chanti Prattipati und ihre Schwester von ihren »bitterarmen« Eltern an Reddy übergeben wurden und vor ihrem Umzug nach Kalifornien in Indien als Putzfrauen in seinen Immobilien gearbeitet hatten (Russell 2000).
54 Laut Lee (2002) sollen dies die Verteidiger vorgetragen haben.

als Resultat extremer wirtschaftlicher Not. Außerdem existieren zwar ungeachtet von Versuchen, dieses gesellschaftliche Klassifikationssystem abzuschaffen, immer noch Kastenunterschiede in Indien. Die Behauptung, Angehörige höher Kasten dürften diejenigen niedrigerer Kasten nach Belieben ausbeuten, dürfte in Indien aber kaum auf Zustimmung treffen.

Einige Beobachter waren der Ansicht, Reddys sogenannte kulturelle Rechtfertigungsgründe seien wenig überzeugend gewesen, weshalb er und seine Komplizen sich einverstanden erklärt hätten, sich schuldig zu bekennen und die Zivilsache außergerichtlich zu regeln. Den Angeklagten sei klar geworden, dass ihre kulturellen Argumente nicht gut ankommen würden. Die öffentliche Reaktion auf eine mögliche Zulassung kultureller Rechtfertigungsgründe war in diesem Fall durchweg ablehnend (siehe beispielsweise Johnson 2001). Fast ein Dutzend Bürger schrieben an den für das Strafverfahren zuständigen Richter und verlangten, dass Reddy die Höchststrafe von 38 Jahren Haft erhalten solle.

Wenn die Rechtfertigungsgründe so dürftig waren, stellt sich allerdings die Frage, warum die Staatsanwaltschaft nicht darauf bestand, die Fälle vor Gericht zu bringen. Möglicherweise waren die Opfer durch die Belästigung und andere Arten von Missbrauch bereits so traumatisiert, dass sie vor Gericht nicht aussagen wollten (Chabria 2001: 40). Ein anderes Problem war das ungebührliche Verhalten der Dolmetscherin, die die Opfer dazu angehalten haben soll, ihre Geschichten auszuschmücken (Chorney 2001). Warum sie ihnen riet, die ihnen drohenden Gefahren zu übertreiben, ist nicht bekannt, es wurde aber vermutet, dass die Geschichte dadurch für »westliche Ohren« glaubwürdiger klingen sollte (Chabria 2001: 40).

Was ist von den sogenannten kulturspezifischen Argumenten zu halten, die in diesem Fall ins Feld geführt wurden? Ein Wissenschaftler, nämlich Gerald Berreman, Professor für Ethnologie an der University of California in Berkeley, stellte den »kulturellen« Aspekt der Rechtfertigung in Frage. Seiner Ansicht nach ging es bei der Sache viel eher um wirtschaftliche Umstände als um indische Kultur (Johnson 2001). Man würde die kulturelle Rechtfertigung im Fall Reddy zwar in der Tat gerne als »wirtschaftlich« und nicht »kulturell« bewerten und somit abtun. Es lässt sich aber nicht leugnen, dass Handelsgeschäfte ein Teil von Kultur sind. Das Pro-blem mit den in diesem Falle vorgebrachten kulturellen Rechtfertigungsgründen ist, dass die Existenz gesellschaftlicher Hierarchien nicht bedeutet, dass die Ausbeutung von Unberührbaren in Indien als akzeptabel gilt. Dass die indische Gesellschaft diese Praxis ändern möchte, zeigt sich am Erlass von

Gesetzen, die der Diskriminierung ein Ende bereiten sollen. Am wichtigsten ist aber, dass *dalits* zwar in Indien schlecht behandelt werden, der Handel mit Mädchen als Sexsklavinnen aber mitnichten Teil der indischen Kultur ist.

Im Fall Reddy stellt sich die Frage, ob der »Test« hinsichtlich kultureller Rechtfertigungsgründe bestanden worden wäre. Da Reddy ursprünglich aus Indien stammt, gehört er zur Gruppe der Inder. Die nächste Frage ist, ob es sich beim Verkauf junger Mädchen in die Sklaverei und bei der Versklavung Unberührbarer um akzeptierte kulturspezifische Bräuche handelt. Zwar kommen Verletzungen der Rechte von Töchtern und derjenigen von *dalits* bekanntermaßen vor, sie sind aber Ausdruck wirtschaftlichen Elends beziehungsweise familiärer Armut. Die im Fall Reddy vorliegenden Handlungen — sexuelle Sklaverei und Zwangsarbeit — sind keine gesellschaftlichen Praktiken, die Wertschätzung genießen, sondern Ausdruck von Verzweiflung seitens der Familien. Wenn man dem Argument Glauben schenkt, es gebe in Indien diese spezifischen Bräuche nicht, dann kann Reddy nicht behaupten, seine Taten seien von kulturellen Zwängen geleitet gewesen.

Selbst wenn man den Tatsachenbehauptungen bezüglich gesellschaftlicher Praktiken in Indien Glauben schenken würde, könnte man immer noch die Zulassung kultureller Rechtfertigung aus normativen Gründen ablehnen. Wenn die Anerkennung eines kulturspezifischen Brauchs die Menschenrechte benachteiligter Bevölkerungsgruppen beeinträchtigen würde, dann sollte sie nicht gewährt werden. Eine Billigung von Sexhandel mit Mädchen verletzt fraglos die Rechte von Frauen und Kindern und ist noch schärfer zu verurteilen, wenn dadurch jemand zu Tode kommt. Selbst wenn also das Recht auf Kultur ein Menschenrecht ist, das Angeklagten die Möglichkeit geben muss, ihre Sichtweise auf den kulturellen Kontext ihres Handelns vorzutragen, heben unter diesen Umständen andere Menschenrechte eindeutig das Recht auf Kultur auf.

Das normative Argument

Zwar sollten Gerichte prozessführenden Parteien gestatten, zu ihrer Verteidigung kulturelle Rechtfertigungsgründe ihrer Wahl vorzubringen, aber die Beweislast bezüglich der Richtigkeit dieser Behauptungen sollte bei denjenigen liegen, die sich auf diese Rechtfertigung berufen. Nehmen wir einmal an, jemand kann nachweisen, dass ein bestimmter Brauch zu seiner oder ihrer kulturellen Lebensweise gehört. Das klärt noch lange nicht die Frage, ob dieser Rechtfertigungsgrund zulässig oder unzulässig ist. Selbst wenn Sexhandel in manchen Ländern völlig akzeptiert wäre, sollten Menschen, die in ein anderes Land auswandern, dort vor Bräuchen Zuflucht finden, die ihnen nicht wiedergutzumachenden Schaden zufügen. Es besteht überhaupt kein Zweifel daran, dass Verkauf in die Sklaverei jungen Mädchen nicht wiedergutzumachenden Schaden zufügt. Ebenso wenig steht außer Frage, dass WGV für Mädchen, die sich diesem Eingriff nicht unterziehen möchten, tatsächlich eine Verstümmelung darstellt. Meiner Ansicht nach wäre es daher ein Missbrauch kultureller Rechtfertigungsgründe, wenn Richter Angeklagte freisprechen, die sich in derartigen Fällen auf diese Art der Rechtfertigung berufen.

Sonstige Erwägungen

Kulturelle Rechtfertigung wird häufig mit der Begründung kritisiert, sie würde Kultur »essentialisieren«. Das beruht auf dem Grundgedanken, das Rechtssystem sei für eine Interpretation kulturspezifischer Bräuche schlecht gerüstet, weshalb Richter das, was »die Kultur« ausmacht, oft fehlinterpretieren. Dass diese Befürchtung nicht aus der Luft gegriffen ist, zeigt sich an der in Großbritannien gefällten Entscheidung im Fall *R. gegen Adesanya*.[55] Dort hatte eine Yoruba-Frau das Gesicht ihres Sohnes mit den stammesüblichen Narbentatauierungen versehen, um ihre und seine kulturelle Identität zu wahren. Der Richter wies ihren Standpunkt mit der Begründung zurück, der »nigerianische Brauch« sei keine Rechtfertigung hinsichtlich des Vorwurfs der Körperverletzung. Es ist eigentümlich, dass er von einem »nigerianischen« Brauch sprach, wo Frau Adesanya doch Angehörige des Volkes der Yoruba war, einer von hunderten ethnischer Gruppen in Nigeria. Der Verweis des Richters auf einen »nigerianischen« Brauch erweckt den Eindruck, er habe die unzähligen kulturspezifischen Bräuche der vielen Völker Nigerias nicht auseinanderhalten können. Obwohl er ihre Beweisführung explizit ablehnte und die Geschworenen an-

---

55 Nähere Hintergrundinformationen und Zitate finden sich in Renteln 2004a, S. 48–51.

wies, Frau Adesanya zu verurteilen, setzte er die Strafe zur Bewährung aus. Man fragt sich daher, ob die kulturelle Rechtfertigung womöglich doch Wirkung gezeigt hatte.

Da kulturelle Zwänge zumindest vordergründig nicht berücksichtigt wurden, sah der Richter möglicherweise keine Veranlassung, der rituellen Narbentatauierung auf den Grund zu gehen. Wissenschaftlern, die anschließend über den Fall schrieben, fiel auf, dass Frau Adesanya die Ritzungen in einer Weise anbrachte, die in zweierlei Hinsicht von der Tradition abwich: sie tat dies zu Neujahr, was nicht dem Brauch entspricht, und ihre Söhne waren dabei viel älter als gewöhnlich (Lloyd 1974). Daher stellt sich die Frage, ob ein Angeklagter oder eine Angeklagte einen Brauch exakt so befolgen muss, wie es in der Vergangenheit üblich war, damit eine kulturelle Rechtfertigung stichhaltig ist. Da keine Kultur statisch ist und sich Traditionen häufig weiterentwickeln, wäre es nicht gerecht, darauf zu bestehen, dass Bräuche exakt so ausgeübt werden wie einst im Herkunftsland.

Adesanya stand unter anderem vor dem Problem, dass rituelle Narbentatauierung in Nigeria angeblich »im Aussterben begriffen« war. Zwar wäre es aus den oben erwähnten Gründen falsch, auf einer »traditionellen« Ausübung eines Brauches zu bestehen; wenn der Brauch aber im Herkunftsland gar nicht mehr existiert, ist es äußerst fraglich, ob ein Rechtssystem eine kulturelle Rechtfertigung akzeptieren sollte, die sich auf einen inzwischen aufgegebenen Brauch bezieht.

Eine weitere Problematik besteht im Umgang mit kulturellen Rechtfertigungsgründen, bei denen es um einen Brauch geht, der zwar noch nicht ausgestorben ist, aber im Herkunftsland unter Beschuss steht. Es wird häufig kommentiert, Kultur sei »umstritten«, und es lohnt sich, dies ein wenig zu vertiefen. Selbst wenn in einer Gruppe Uneinigkeit darüber besteht, ob ein gläubiger Sikh einen *kirpan* tragen muss oder Mädchen einen operativen Eingriff an den Genitalien benötigen, um heiratsfähig zu sein, bestreiten Angehörige der betreffenden Gruppe für gewöhnlich nicht, dass solch ein Brauch in ihrer Kultur existiert.[56] Uneinigkeit besteht darüber, ob der betreffende Brauch weiterhin Teil der Lebensweise sein sollte. Es ist gut möglich, dass ein kultureller Zwang weniger zwingend ist, wenn die Zustimmung zu ihm schwindet; die kulturelle Beweisführung wird aber

---

56 Eine Erörterung der Bedeutung des *kirpan* für Sikh-Gemeinschaften in den USA und Kanada findet sich bei Lal 1996; siehe auch Wayland 1997.

nicht dadurch unzulässig, dass es interne Meinungsverschiedenheiten über die Ausübung eines Brauchs gibt.

Ein ernst zu nehmender Einwand gegen kulturelle Rechtfertigungsgründe ist, dass sie Klischees über ethnische Gruppen verstärken können. Die Frage der Kultur muss daher mit Fingerspitzengefühl angegangen werden, damit bei einem Fall nicht der Eindruck entsteht, jeder innerhalb einer bestimmten kulturellen Gemeinschaft verhalte sich gesetzeswidrig. Es besteht die Gefahr, dass manche Menschen nicht erkennen, dass es kulturelle Muster gibt, von denen Einzelne unweigerlich abweichen. Handlungsweisen sind nicht mit spezifischen sozialen Identitäten gleichzusetzen. Die Beteiligten in Fällen, bei denen kulturelle Rechtfertigungsgründe vorgetragen werden, sollten daher deutlich machen, dass der betreffende Brauch von manchen, aber nicht von allen Angehörigen der Gruppe ausgeübt wird. Wird dies nicht hervorgehoben, so kann in der öffentlichen Wahrnehmung der Eindruck entstehen, dass sich die betreffende Gruppe insgesamt kriminell verhält, obwohl tatsächlich nur ein Angeklagter oder eine Angeklagte einen ganz bestimmten Brauch befolgt hat.

Unpassende Verallgemeinerungen können Probleme aufwerfen, wenn der kulturspezifische Brauch, um den es in einem bestimmten Fall geht, bizarr anmutet. Als beispielsweise in Long Beach, Kalifornien, lebende Kambodschaner einen Hund schlachteten, um ihn zu verspeisen, kam die Befürchtung auf, dies könne die Bevölkerung gegen Asiaten aufbringen (Renteln 2004a: 104–105). Die Sorge vor einer solchen Negativwahrnehmung war so groß, dass eine kambodschanische Organisation leugnete, Kambodschaner hätten jemals Hunde gegessen, obwohl dies historisch unzutreffend ist. Da bei Fällen, in denen kulturelle Rechtfertigung geltend gemacht wird, auch die Berichterstattung in den Medien die Vorstellung festigen kann, Mitglieder einer ethnischen Gruppe seien »die anderen«, sind Sorgen bezüglich Klischeebildung berechtigt. Journalisten sollten daher bei ihrer Schilderung des Sachverhalts in solchen Fällen vorsichtig sein.[57]

Bei den meisten Fällen kultureller Rechtfertigung geht es um einen ganz bestimmten Brauch. Das bedeutet, dass der Vortrag kultureller Rechtfertigungsgründe nicht so ausgelegt werden darf, als stünde die betreffende Kultur selbst unter Anklage. Nur der spezifische Brauch, um den es in einem Prozess geht, steht im Mittelpunkt des Rechtsstreits; es muss klar sein, dass es sich dabei nur um einen einzigen Aspekt der kulturellen Le-

---

[57] Wang (2001) hebt in ihrer Analyse des Falles Reddy die Rolle der Medien bei der Verbreitung rassistischer Klischees hervor.

bensweise handelt. Wird nicht deutlich gemacht, dass der Brauch nur ein Aspekt der Kultur ist, so besteht die Gefahr, dass Außenstehende positive Züge der Kultur nicht wahrnehmen.

Voraussetzungen für richtige kulturübergreifende Rechtsprechung

Gerichte haben zunehmend mit Themen kulturübergreifender Rechtsprechung zu tun, wodurch ihr Vermögen, die Tatsachen innerhalb bestehender Gesetzesrahmen auszuwerten, an seine Grenzen stößt. Es steht außer Frage, dass die Beteiligten in Gerichtsverfahren besser für eine Einschätzung kultureller Beweismittel gerüstet sein sollten. Um die Gültigkeit kulturbezogener Behauptungen zu prüfen, sollten Berufsvereinigungen Listen von Mitgliedern erstellen, die auf die Erforschung bestimmter ethnischer Gruppen und religiöser Gemeinschaften spezialisiert sind. Die American Anthropological Association, die Society for Asian Studies, die Latin American Studies Association und andere Fachorganisationen könnten relativ mühelos Expertenlisten zusammenstellen. Fachleute, die sich als Ansprechpersonen zur Verfügung stellen möchten, könnten ihre Referenzen und Kontaktdaten auf den Websites dieser Organisationen zugänglich machen. Außerdem verfügen in vielen städtischen Räumen ethnische *Community Centers*, religiöse Einrichtungen und Universitäten über Ressourcen, auf die Gerichte bei der Einschätzung kulturspezifischer Bräuche zurückgreifen könnten.

Dies könnte Anlass zu der Befürchtung geben, dass Sachverständige sich bei solchen »Auftragsarbeiten« genötigt fühlen, ethnografische Informationen umzuinterpretieren oder zu verzerren, um ihren Klienten dadurch zu helfen. Zur Vermeidung dieser Art von Missbrauch sollte für Sachverständige ein Ethik-Kodex aufgestellt werden. Dadurch wäre nicht nur besser gewährleistet, dass dem Gericht korrekte Informationen vorgelegt werden, es würde auch den wissenschaftlichen Ruf der Sachverständigen schützen. Es müssen also Vorkehrungen getroffen werden, um die Integrität sowohl des Rechtssystems als auch der Wissenschaft zu wahren.

Ein weiterer Einwand gegen Sachverständige, bei denen es sich um »Außenstehende« handelt, ist, dass nur Mitglieder der jeweiligen ethnischen Gruppe Experten über ihre Lebensweise seien. Der Hang von Gerichten, eher auf externe Sachverständige als auf Angehörige kultureller Gemeinschaften zurückzugreifen, mag von manchen als kränkend empfunden werden.[58] Aber obwohl es politisch vielleicht gefälliger ist, kulturbezogene Informationen bei Angehörigen der Kultur einzuholen, um deren Bräuche es geht, könnten sich diese genötigt fühlen, einen Brauch verzerrt darzustellen, um einem Verwandten oder Freund beizustehen. Außerdem dürfen Angehörige der Gruppe unter Umständen kein religiöses Wissen preisgeben, beispielsweise die genauen Grenzen heiliger Stätten. Ein anderes Problem besteht darin, dass es innerhalb der Gruppe widersprüchliche Ansichten über den betreffenden Brauch gibt, sodass das Gericht nicht davon ausgehen kann, die vorgetragene Interpretation spiegele die Ansicht sämtlicher Angehöriger der Gruppe. Außerdem hört das Gericht möglicherweise eher auf einen Sachverständigen, der über die nötigen wissenschaftlichen Referenzen verfügt. Letztlich kommt es aber wohl weniger darauf an, wer die kulturellen Beweismittel vor Gericht vorlegt, als darauf, dass die entsprechende Information überhaupt zur Verfügung steht.

Oft leben viele Einwohner, die zu spezifischen kulturellen Gruppen gehören, in ganz bestimmten Gegenden. Anwälte und Richter können daher davon ausgehen, dass es kulturelle Konflikte gibt, und sollten sich zumindest mit den Kulturen der Bevölkerungsgruppen auskennen, die in ihren örtlichen Zuständigkeitsbereich fallen. Hierzu sollten an den juristischen Fakultäten Lehrveranstaltungen zu kulturübergreifender Rechtsprechung angeboten werden. Auch das Handwerkszeug, das für die Analyse von Kulturen erforderlich ist, sollte bei Anwaltsprüfungen eine Rolle spielen. Außerdem sollten Richter kulturwissenschaftliche Seminare besuchen und sich mit Fremdsprachen beschäftigen, um zu gewährleisten, dass sie sich mit ethnischen Gruppen auskennen, die einen großen Teil der Bevölkerung in ihrem Zuständigkeitsbereich ausmachen. Auch Handbücher mit Abrissen der Bräuche unterschiedlicher Gruppen sollten zur Verfügung stehen. Ein gutes Beispiel hierfür ist das *Handbook on Ethnic Minority Issues*, das vom Judicial Studies Board in London herausgegeben wurde (Judicial Studies Board 1994).

---

58 Es gibt natürlich keinen Grund, warum Gerichte nicht sowohl Außenstehende als auch Angehörige der betreffenden ethnischen Gruppe als Experten heranziehen sollten.

Zusammenfassung

Kulturelle Rechtfertigung muss in der Rechtsprechung verankert werden. Damit dies möglich wird, müssen Strategien entworfen werden, die eine sorgfältige Abwägung kulturbezogener Behauptungen gewährleisten. Dabei ist nicht nur von zentraler Bedeutung, dass die Tatsachenbasis der Behauptungen überprüft wird. Es muss auch unbedingt sichergestellt werden, dass Angehörigen benachteiligter Gruppen kein nicht wiedergutzumachender Schaden zugefügt wird. Das Recht auf Kultur ist zwar ein fundamentales Menschenrecht, es ist aber nur so lange schützenswert, wie es keine anderen Menschenrechte aushöhlt.

Literatur

Anonym (2004), *Hidden Slaves: Forced Labor in the United States*, Berkeley, CA.
Anonym (2003), »Federal Court Convicts Phony African ›Princess‹ of Falsehoods«, in: *International Law Update* 9(1), 1 (Lexis/Nexis).
Berton, Justin (2004), »But He Was Just Taking Orders«, in: *East Bay Express*, 16.06.2004, S. 17.
Branigin, William/Farah, Douglas (2000), »Asylum Seeker is Impostor, INS Says«, in: *Washington Post*, 20.12.2000, S. A2.
Broek, Jeroen van (2001), »Cultural Defence and Culturally Motivated Crimes (Cultural Offences)«, in: *European Journal of Crime, Criminal Law and Criminal Justice*, 9(1), S. 1–32.
Bronitt, Simon/Amitrhalingam, Kumaralingam (1996), »Cultural Blindness: Criminal Law in Multicultural Australia«, in: *Alternative Law Journal* 21(2), S. 58–63.
Burke, Anne (1994), »Man Who Said Wife Abused Him Guilty in Killing«, in: *Daily News*, 26.03.1994, S. 4.
Carstens, Pieter A. (2004), »The Cultural Defense in Criminal Law: South African Perspectives«, in: *De Jure* 2, S. 312–330.
CBS Los Angeles (2003), »Sexual Mutilation Horror, or Hoax«, in: Channel 2 CBS Los Angeles, 23.01.2003 (Associated Press).
Chabria, Anita (2001), »His Own Private Berkeley«, in: *Los Angeles Times Magazine*, 25.11.2001, S. 22–23, 40.
Chisholm, B. J. (2001), »Credible Definitions: A Critique of U.S. Asylum Law's Treatment of Gender-Related Claims«, in: *Howard Law Journal* 44, S. 427–480.
Chorney, Jeff (2001), »Investigation Into Interpreter in Landlord Sex Case: Translator May Have Encourages Alleges Victims to Exaggerate Testimony«, in: *The Oakland Tribune*, 7.11.2001, S. 1, 6.

Clinton, Olabisi L. (1993), »Cultural Differences and Sentencing Departures«, in: *Federal Sentencing Reporter* 5(6), S. 348–362.
DeStefano, Anthony M. (2002), »Fraud Charge in Genital Mutilation Asylum Case«, in: *Newsday*, 20.09.2002, S. A13.
Diamond, Bernard L. (1978), »Social and Cultural Factors as a Diminished Capacity Defense in Criminal Law«, in: *Bulletin of the American Academy of Psychiatry and the Law* 6, S. 195–208.
Downs, Hugh/Walters, Barbara (1995), »We Want Our Children Back«, in: *20/20*, 18.08.1995 (Fernsehsendung auf ABC, Transkription verfügbar über Nexis).
Dundes, Alan (1997), *Two Tales of Crow and Sparrow: A Freudian Folkloristic Essay on Caste and Untouchability*, Lanham, MD.
Fournier, Pascale (2002), »The Ghettoisation of Differences in Canada: ›Rape by Culture‹ and the Danger of a ›Cultural Defense‹ in Criminal Law Trials«, in: *Manitoba Law Journal* 29(1), S. 81–120.
Glaberson, William (2003), »Perjury Conviction in Asylum Case«, in: *New York Times*, 16.01.2003, S. B4.
Griffey, Virginia (2001), »Reddy to be Sentenced Today: Lawyer's Defense Utilizes Cultural Context«, in: *Daily Californian*, 19.06.2001, S. 1, 3.
Gruenbaum, Ellen (2001), *The Female Circumcision Controversy: An Anthropological Perspective*, Philadelphia, PA.
Holmquist, Kristen L. (1997), »Cultural Defense or False Stereotype? What Happens When Latina Defendants Collide with the Federal Sentencing Guidelines«, in: *Berkeley Women's Law Journal* 12, S. 45–72.
Holstege, Sean (2004), »Berkeley Sex-Slave Civil Suit Settled: Victim's Family Claimed Wrongful Death, Sister Alleged Emotional Suffering«, in: *Tribune*, 8.04.2004, S. 1, 6.
Hu, Winnie (1999), »Woman Fleeing Mutilation Savors Freedom«, in: *New York Times*, 20.08.1999, S. B4.
Johnson, Chip (2001), »Crimes Usual in India, Reddy Says«, in: *San Francisco Chronicle*, 16.06.2001, S. A11.
Judicial Studies Board (1994), *Handbook on Ethnic Minority Issues*, London.
Kassindja, Fauziya/Bashir, Layli Miller (1998), *Do They Hear When You Cry?*, New York, NY.
Kettle, Martin (2000), »Feminist Cause was Fraud«, in: *The Guardian*, 21.12.2000, S. 13.
Kim, Kathleen/Hreshchyshyn, Kusia (2004), »Human Trafficking Private Right of Action: Civil Rights for Trafficked Persons in the United States«, in: *Hastings Women's Law Journal* 16(1), S. 1–36.
Kurhi, Eric (2004), »Civil Suits against Lakireddy are Settled«, in: *The Berkeley Voice*, 9.04.2004, S. A1, A9.
Lal, Vinay (1996), »Sikh Kirpans in California Schools: The Social Construction of Symbols, Legal Pluralism, and the Politics of Diversity«, in: *Amerasia Journal* 22(1), S. 57–89.

Lee, Henry K. (2002), »Guilty Plea Seen in Sex Smuggling Case in Berkeley«, in: *San Francisco Chronicle*, 22.06.2002, S. A15.

Lee, Ivy C./Lewis, Mie (2003), »Human Trafficking from a Legal Advocate's Perspective: History, Legal Framework, and Current Anti-Trafficking Efforts«, in: *University of California Davis International Law & Policy* 10, S. 169–172.

Lloyd, Peter (1974), »The Case of Mrs. Adesanya«, in: *Royal Anthropological Institute News* 4(2), S. 7.

Malkin, Michelle (2002) »Mutilating the Truth«, in: *The Washington Times*, 20.09.2002, S. A20.

Marech, Rona (2004), »Slavery Abounds in U.S., Rights Group Says«, in: *San Francisco Chronicle*, 24.09.2004, S. A3.

Martin, David A. (2005), »Adelaide Abankwah, Fauziya Kasinga, and the Dilemmas of Political Asylum«, in: David A. Martin und Peter H. Schuck (Hg.), *Immigration Stories*, New York, NY, S. 245–277.

Marzulli, John (2002), »Her Mutilation Tale is a Fake, say Feds«, in: *Daily News*, 10.09.2002, S. 10.

Morse, Rob (2002), »Whistle-Blower Ready for Justice«, in: *San Francisco Chronicle*, 27.01.2002, S. A2.

Mrozek, Thom (1994a), »Cultural Defense in Wife's Death«, in: *Los Angeles Times*, 4.03.1994, S. B3.

— (1994b), »Prosecutors Say Accused Killer Lied«, in: *Los Angeles Times*, 18.03.1994, S. B34

— (1993), »Accused Wife Killer to Claim Mental Abuse«, in: *Los Angeles Times*, 7.05.1993, S. B1.

Murphy, Dean E. (2000), »I.N.S. Says African Woman Used Fraud in Bid for Asylum«, in: *New York Times*, 21.12.2000, S. B3.

Murray, Yxta Maya (1995), »The Battered Woman Syndrome and the Cultural Defense«, in: *Federal Sentencing Reporter* 7(4), S. 197–200.

Odediran, Tunde Chris (n.d.), »The Adelaide Abankwah Immigration Furore«, in: *TransSahara News* (befindet sich in den Unterlagen der Verfasserin).

Paz, Octavio (1961), »The Sons of La Malinche«, in: Octavio Paz, *The Labyrinth of Solitude: Life and Thought in Mexico*, New York, NY, S. 65–88.

Philips, Anne (2003), »When Culture Means Gender: Issues of Cultural Defense in English Courts«, in: *Modern Law Review* 66(4), S. 510–531.

Poulter, Sebastian (1998), *Ethnicity, Law, and Human Rights: The English Experience*, Oxford.

Renteln, Alison Dundes (2004a), *The Cultural Defense*, New York, NY.

— (2004b), »Visual Religious Symbols and the Law«, in: *American Behavioral Scientist* 47, S. 1573–1596.

— (2002a), »Cultural Rights«, in: Paul Baltes und Neil Smelser (Hg.), *International Encyclopedia of Social and Behavioral Sciences*, Oxford, S. 3116–3121.

— (2002b), »In Defense of Culture in the Courtroom«, in: Rick Shweder, Martha Minow und Hazel Rose-Markus (Hg.), *Engaging Cultural Difference: The Multicultural Challenge in Liberal Democracies*, New York, NY, S. 194–215.

— (1993), »A Justification of the Cultural Defense as Partial Excuse«, in: *Southern California Review of Law and Women's Studies* 2(2), S. 437–526.

Renteln, Alison Dundes/Dundes, Alan (1995) (Hg.), *Folk Law: Essays in the Theory and Practice of Lex Non Scripta*, Madison, WI.

Russell, Diana (2000), »Why Did Chanti Die?«, in: *Off Our Backs* 30, S. 10–11, 13.

Tugend, Tom (1994), »Cultural Defense Plea Gets Sentence Lowered«, in: *The Jerusalem Post*, 29.03.1994, S. 3.

Waldman, Amy (1999), »Woman Fearful of Mutilation Wins Long Battle for Asylum«, in: *New York Times*, 18.08.1999, S. B4.

Wanderer, Nancy A./Connors, Catherine R. (1999), »Culture and Crime: Kargar and the Existing Framework for a Cultural Defense«, in: *Buffalo Law Review* 47, S. 829–873.

Wang, Anna (2001), »Beyond Black and White: Crime and Foreignness in the News«, in: *Asian American Law Journal* 8, S. 187–196.

Wayland, Sarah V. (1997), »Religious Expressions in Public Schools: Kirpans in Canada, Hijab in France«, in: *Ethnic and Racial Studies* 20(3), S. 545–561.

Winkelman, Michael (1996), »Cultural Factors in Criminal Defense Proceedings«, in: *Human Organization* 55(2), S. 154–159.

Wong, Charmaine M. (1999), »Good Intentions, Troublesome Applications: The Cultural Defence and Other Uses of Cultural Evidence in Canada«, in: *Criminal Law Quarterly* 42(2-3), S. 367–396.

Woo, Deborah (2004), »Cultural ›Anomalies‹ and Cultural Defenses: Towards an Integrated Theory of Homicide and Suicide«, in: *International Journal of the Sociology of Law* 32(4), S. 279–302.

Yeo, Stanley M. H. (1990–1991), »Recent Australian Pronouncements on the Ordinary Person Test in Provocation and Automatism«, in: *Criminal Law Ouarterly* 33(3), S. 280–297.

— (1987), »Provoking the ›Ordinary‹ Ethnic Person: A Juror's Predicament«, in: *Criminal Law Journal* 11, S. 96–104.

Yi, Metthew (2001a), »Berkeley Landlord Jailed for 8 Years«, in: *San Francisco Chronicle*, 21.06.2001, S. A15.

— (2001b), »Guilty Plea in Smuggling of Girls: Landlord Gets 5 Years in Prison«, in: *San Francisco Chronicle*, 8.03.2001, S. A21.

Eine Kritik des essentialistischen Paradigmas

Elham Manea

Einleitung[1]

Akademische Diskurse wirken sich auf unser tägliches Leben aus. Sie haben Konsequenzen. Sie sind nicht einfach nur abstrakte Diskussionen auf Konferenzen, wo man unter sich ist, oder in Zeitschriften und Büchern, die durch ein Peer-Review-Verfahren gegangen sind und nur von einigen wenigen Privilegierten gelesen werden. Meinungen auf akademischer Ebene formen unsere Handlungen auf gesellschaftlicher Ebene. Sie beeinflussen Politik, Gesetzgebung, Entwicklungshilfe und Sozialwesen – und prägen dadurch unseren Alltag. Daher haben die Sozialwissenschaften eine Funktion und eine Verantwortung.

Diese Verantwortung zeigt sich nirgends so deutlich wie bei der Rolle, die das *essentialistische Paradigma* in unserem Leben spielt. Dieses Denkparadigma ist mittlerweile kennzeichnend für den postkolonialen und postmodernen akademischen Diskurs in der westlichen Welt und hat ihn viel zu lange beherrscht.

Das essentialistische Paradigma

Zunächst müssen wir uns des Paradigmas bewusst werden, es benennen und seine Merkmale erkennen, denn sobald wir dies tun, sehen wir seine Spuren überall, nicht nur in akademischen Kreisen oder bei einem bestimmten Thema – zum Beispiel der Einführung islamischen Rechts in westlichen Rechtssystemen –, sondern auch darin, wie bestimmte Arten

---

[1] Dieses Kapitel ist eine überarbeitete Fassung von Kapitel 1 aus Manea 2016.

politischen Handelns auf internationaler und nationaler Ebene ins Gespräch gebracht und umgesetzt werden.

Wir sehen die Spuren des Paradigmas in den ständigen Versuchen von Intellektuellen, Akademiker/innen und Politiker/innen (sowohl aus dem liberalen als auch aus dem linken Lager), Menschenrechte im Namen von Respekt für die Rechte einzelner Gruppen und religiöser Rücksichtnahme zu schwächen, zu relativieren und zu beschneiden. Wir sehen sie in Versuchen, die Meinungs-, Rede- und Pressefreiheit in Europa und Nordamerika einzuschränken, wie beispielsweise anlässlich der Kontroversen über die Mohammed-Karikaturen. Wir sehen sie in der Weigerung der britischen National Union of Students, die Taten des IS zu verurteilen – aus Angst, das könnte als »islamfeindlich« ausgelegt werden. All diese Vorstöße erfolgten im Namen des Respekts für die »religiösen Gefühle« einer Gruppe. Sie lassen jedoch außer Acht, dass es ohne freie Meinungsäußerung Freiheit überhaupt nicht gibt. Wenn wir uns die vielen autoritären und theokratischen Staaten auf der Welt ansehen, dann wird uns bewusst, dass sie außer ihren Menschenrechtsverletzungen noch etwas anderes gemein haben, nämlich das Fehlen jeglicher Meinungsfreiheit (Manea 2015).

Außerdem gehen diese Vorstöße am Ziel vorbei. Wenn wir anfangen, die Meinungs- und Redefreiheit einzuschränken, ist das kein Zeichen von Respekt für »Muslime«, von denen zwar viele mit Karikaturen ihres Propheten nicht einverstanden sind oder sie sogar abstoßend finden, diesen Gefühlen aber auf friedliche Weise Ausdruck verleihen. Wir handeln vielmehr ganz im Sinne gewalttätiger Islamisten, die eine Schreckensherrschaft verbreiten und Künstler und Intellektuelle umbringen, die es wagen, gegen ihre Ansichten aufzubegehren.

Auch in Großbritannien hat das Paradigma Spuren hinterlassen. Dort hat es sehr an Einfluss gewonnen, seit es den Essentialisten gelungen ist, eine Politik der Differenz und der Gruppenrechte einzuführen. Sie verloren den Glauben an weltlichen Universalismus und an die Vernunft- und Humanismusgedanken, die auf das Zeitalter der Aufklärung zurückgehen. Stattdessen setzten sie sich für einen Multikulturalismus ein, bei dem es um Gruppenrechte und Einzigartigkeit geht, und errichteten dabei symbolische Mauern um abgeschottete geschlossene Gemeinschaften. Heute kommt Großbritannien diese Politik der Differenz teuer zu stehen.

Und ja – wir sehen die Spuren des Paradigmas auch in den Vorschlägen mancher Akademiker/innen, westliche Länder sollten einen schwachen Rechtspluralismus einführen, einschließlich islamischen Rechts zur Regelung der Angelegenheiten der muslimischen Minderheit. Und wir sehen sie im leidenschaftlichen Aufruf des ehemaligen Erzbischofs von Canterbury, Rowan Williams, wir sollten alle »etwas gründlicher über die Rolle von Recht und Rechtsstaatlichkeit in einer pluralistischen Gesellschaft nachdenken, in der sich Identitäten überlappen« (Williams 2008: 1–2).

Dies sind keineswegs nur vereinzelte Stimmen. Die oben skizzierten Vorstöße sind die Spitze eines Eisbergs und Ausdruck eines Paradigmas, das die postkolonialen und postmodernen Diskurse viel zu lange beherrscht hat. Ich bezeichne es als das *essentialistische Paradigma*. Es hat vier spezifische ideologische Merkmale, auf die ich in den folgenden Abschnitten eingehen werde. Das erste Merkmal ist eine Kombination aus Multikulturalismus und Rechtspluralismus im gesellschaftlichen Kontext. Das zweite sind Gruppenrechte, das dritte Kulturrelativismus und das vierte »die Bürde des weißen Mannes«.

Das erste Merkmal: Kombination von Multikulturalismus und Rechtspluralismus im gesellschaftlichen Kontext

Um dieses Merkmal zu veranschaulichen, greife ich auf einen kurzen Artikel eines Professors für Sozialanthropologie an der Universität Freiburg zurück. Die Schweizer Eidgenössische Kommission gegen Rassismus widmete die Dezemberausgabe ihres Bulletins TANGRAM im Jahre 2008 dem Thema »Multikulturelle Gesellschaft«. In diesem Heft veröffentlichte Professor Christian Giordano einen Beitrag mit dem Titel »Rechtspluralismus: ein Instrument für den Multikulturalismus?« Darin vertritt Professor Giordano die Ansicht, dass

»sich Europa angesichts der starken Migrationswellen an einem Wendepunkt befindet: Es hat die Wahl, entweder auf der Einzigartigkeit und Unabänderlichkeit des bestehenden Rechtssystems zu beharren, das ausschließlich auf dem positiven Recht basiert; oder es pluralisiert dieses Rechtssystem und erkennt dadurch offiziell an, dass es unterschiedliches Rechtsempfinden und verschiedene Rechtskulturen gibt.« (Giordano 2008: 76)

Schon im Titel von Giordanos Artikel »Rechtspluralismus: ein Instrument für den Multikulturalismus?« sind zwei wichtige Wörter enthalten: *Rechtspluralismus* und *Multikulturalismus*. Kombiniert man diese miteinander, so führen sie zu einer relativistischen Herangehensweise an grundlegende

Menschenrechte und Geschlechtergerechtigkeit. Die Forderung, diese beiden Konzepte in einem gesellschaftlichen Kontext miteinander zu kombinieren, ist eines der Grundelemente des essentialistischen Paradigmas.

Wie Kenan Malik – ein linker, in Indien geborener englischer Denker – unterscheide ich gerne zwischen zwei Arten von Multikulturalismus. Die eine Art nennt Malik »gelebte Vielfalt«: »Gelebtes Leben in einer Gesellschaft, die weniger abgeschottet als vielmehr pulsierend und kosmopolitisch ist« (Malik 2013: 7–8). Diese Art Multikulturalismus begrüße ich voll und ganz. Menschen mit unterschiedlichen Wurzeln und unterschiedlicher Herkunft erfahren darin Wertschätzung, ihr Miteinander beruht auf gegenseitigem Respekt und gegenseitiger Akzeptanz. Niemand ist aufgrund seiner/ihrer Herkunft, Hautfarbe, ethnischen Zugehörigkeit, Religion oder seines/ihres Geschlechts weniger wert als andere. Wir sind gleich, weil wir alle Menschen sind. Punkt. Um es mit den Worten von Anne Phillips, einer britischen Professorin für politische Theorie und Gendertheorie, zu sagen, ist es eine Art Multikulturalismus, der auf den Rechten der Individuen und nicht auf denjenigen der Gruppen beruht (Phillips 2007: 162–163).[2]

Problematisch und kritikwürdig finde ich demgegenüber die zweite Art von Multikulturalismus. Es handelt sich dabei um die Form, die Malik »Multikulturalismus als politischer Prozess« nennt. Dabei geht es darum, diese Unterschiedlichkeit zu verwalten, was zu politischen Strategien führt, die auf eine Institutionalisierung von Unterschiedlichkeit abzielen. Diese Art Multikulturalismus steckt Menschen in ethnische und kulturelle Schubladen, definiert die Bedürfnisse und Rechte des Einzelnen über die Schublade, in der er oder sie sich befindet, und benutzt diese Schubladen als Grundlage für politisches Handeln (ebd.). Eine solche Politik wird in Großbritannien umgesetzt.

Wenn Multikulturalismus als politischer Prozess mit dem Grundsatz von rechtlichem Pluralismus kombiniert wird, werden Menschen ebenfalls in Schubladen gesteckt: nach Herkunft, Kultur, Religion und nicht zuletzt auch nach Geschlechtszugehörigkeit. Sie werden auseinanderdividiert und parallel nebeneinander existierenden rechtlichen Enklaven zugeordnet. Jede dieser Enklaven unterliegt anderen Regeln. Manchmal richten sich diese Regeln nach den Vorstellungen von Recht und Gerechtigkeit, die in

---

2 Mir ist bewusst, dass Phillips die Scharia-Gerichte in Großbritannien befürwortet; das ist für mich aber kein Grund, ihre nuancierte und ausgezeichnete Erörterung von Multikulturalismus nicht zu berücksichtigen.

der Gesellschaft als Ganzes gelten, manchmal nicht. Daher werden Menschen nicht als individuelle Mitglieder einer Gesamtgesellschaft oder eines Staates definiert, in dem für alle die gleichen Regeln und Gesetze gelten. Sie werden vielmehr vor allem als Angehörige einer kulturellen oder religiösen Gruppe definiert. Jeder Gruppe werden angeborene und essenzielle kulturelle Merkmale zugeschrieben. Damit diese weiterbestehen, braucht jede Gruppe eine Sonderbehandlung und spezielle Gesetze. Dieser letztgenannte Aspekt wird häufig als Gruppenrechte bezeichnet.

Das zweite Merkmal: Gruppenrechte

Das zweite Merkmal des essentialistischen Paradigmas ist das Konzept der Gruppenrechte, das bekanntermaßen von Charles Taylor, dem kanadischen Philosophen und Vater des Rechtspluralismus, verfochten wurde. Mir ist bewusst, dass auch andere Philosophen und Wissenschaftler/innen den Diskurs über Gruppenrechte beeinflusst haben. Ich verwende hier seine Arbeiten dennoch als Beispiel, vor allem, weil sein Konzept einer Politik der Anerkennung, das er erstmals in seinem Sammelband *Multiculturalism: Examining the Politics of Recognition* vorgestellt hat, sich auch durch das Denken von Verfechtern des Rechtspluralismus zieht. Auch er nimmt Bezug auf die Politik des Multikulturalismus, allerdings im Hinblick auf Forderungen nach Anerkennung, die von Minderheiten oder benachteiligten Gruppen erhoben werden:

»In den letztgenannten Fällen ist die Forderung nach Anerkennung aufgrund der Annahme besonders dringlich, es bestehe ein Zusammenhang zwischen Anerkennung und Identität, wobei sich letztere auf das Selbstverständnis einer Person bezieht, auf die elementaren Merkmale, die sie zu einem Menschen macht. Die These lautet, dass unsere Identität zum Teil von Anerkennung oder fehlender Anerkennung, oft aber von *Ver*kennung durch andere geprägt wird, sodass ein Mensch oder eine Gruppe von Menschen tatsächlich Schaden nehmen, tatsächlich zu einem Zerrbild werden kann, wenn die Menschen in ihrer Umgebung oder die Gesellschaft ein einengendes, erniedrigendes oder verachtenswertes Bild ihrer selbst zurückspiegelt. Nichtanerkennung oder Verkennung kann Schaden zufügen, kann eine Form von Unterdrückung sein, kann den anderen in einem falschen, verzerrten und eingeschränkten Dasein einsperren.« (Taylor 1994: 25; Hervorhebung im Original)

Um seinen Gedanken zu veranschaulichen, führt Taylor mehrere Beispiele an. So schreibt er, schwarze Menschen hätten in weißen Gesellschaften Leid erfahren, die ein herabwürdigendes Bild auf sie zurückspiegelten – und manche Schwarzen hätten dieses Bild verinnerlicht. Ganz ähnlich verhalte es sich bei Frauen; in manchen Gesellschaften habe man sie dazu gebracht, sich selbst als minderwertig zu sehen, und dieses Bild der eigenen Minderwertigkeit hätten sie verinnerlicht. Die Selbstverachtung beider Gruppen wird zu einem der mächtigsten Instrumente ihrer Unterdrückung. Daher müssen sie sich von dieser aufgezwungenen, zerstörerischen Identität befreien. Taylor zufolge bezeugt die Nichtanerkennung der Identitäten dieser Gruppen nicht nur einen Mangel an Respekt seitens der Gesellschaft; sie fügt zugleich Schaden und schmerzhafte Verletzungen zu und bürdet den Opfern lähmenden Selbsthass auf: »Angemessene Anerkennung ist nicht einfach nur eine Höflichkeitsbezeigung, die wir Menschen schuldig sind. Sie ist ein menschliches Grundbedürfnis.« (ebd.: 26)

Tatsächlich kann die Gesellschaft aufgrund von Hautfarbe, Geschlecht und/oder Religion dem Individuum ein entwürdigendes Bild seiner selbst zurückspiegeln, aber dieser Vorgang ist kompliziert und verläuft keineswegs so geradlinig, wie Taylor ihn beschreibt.

Um dies zu verdeutlichen, möchte ich ein Beispiel aus meinem eigenen Leben erzählen.

Ich erinnere mich noch gut daran, wie ich mich fühlte, als ich vor 21 Jahren in die Schweiz kam. Plötzlich wurde ich mir meiner Hautfarbe sehr bewusst. Ich bin Araberin mit jemenitischen und ägyptischen Wurzeln und hatte mir vorher noch nie Gedanken über meine Hautfarbe gemacht; sie ist bronzefarben beziehungsweise hellbraun. Ich war sogar stolz auf mein Aussehen. Vielleicht wundern Sie sich über den Ausdruck »stolz«, aber ich bin in einer liebevollen Familie aufgewachsen, die mir das Gefühl gab, ich sei nicht nur kostbar, sondern auch schön. Dieses Gefühl hatte ich auch noch, als ich mit einem Fulbright-Stipendium nach Washington, DC, zog, um dort meinen Masterabschluss zu machen. Ich lebte dort in einer multikulturellen Umgebung und fühlte mich sehr geschätzt. Außerdem merkte ich, dass mich unter anderem meine Hautfarbe ein wenig »exotisch« machte, was meiner Beliebtheit als junge Single-Frau großen Auftrieb gab.

In der Schweiz lag es nicht an einem Mangel an Anerkennung, dass ich mir meiner Hautfarbe bewusst wurde. Mein Mann und ich leben und verkehren für gewöhnlich mit Schweizern, die so sind wie wir: gebildete Menschen mit Berufen, durch die sie in direkten Kontakt mit der Außenwelt kommen. Die Nachbarn, neben denen wir seit fast zwanzig Jahren wohnen, sind offen und herzlich. Mit einigen bin ich eng befreundet. Anerkennung war also nicht das Problem. Was mich meiner Hautfarbe bewusst machte, war vielmehr das Gefühl, dass ich damit unter den anderen Menschen auffiel. Ich fühlte mich also nicht andersartig, weil die Gesellschaft mir ein abschätziges Bild meiner selbst zurückspiegelte, was ja nicht der Fall war, sondern weil ich in einer komplett weißen Gesellschaft »farbig« war. Es dauerte eine Weile, bis ich mich an dieses Gefühl des Unbehagens über meine Hautfarbe herantraute. Dann aber ging ich der Frage auf den Grund, wo es herkam; ich machte mir bewusst, dass »Anderssein« nicht gleichbedeutend mit »weniger wert sein« ist, und zum Schluss kam ich wieder zu der Überzeugung: Das ist meine Hautfarbe, und sie ist schön.

Als ich ein Mädchen war und in einem jemenitischen gesellschaftlichen Kontext lebte, versuchten mir manche Leute auch einzureden, ich sei ein »minderwertiges Geschöpf« und »solle mich benehmen wie andere Mädchen«. Es versteht sich von selbst, dass ich mich nicht so benahm, wie ich es ihrer Meinung nach sollte.

Ich habe bereits erwähnt, dass ich in einer liebevollen Familie aufwuchs. Meine Eltern liebten und respektierten mich beide. Vor allem aber hatte ich im patriarchalen und von Stammeskulturen geprägten Nordjemen einen Vater, der nicht die Auffassung teilte, ein Mädchen sei weniger wert als ein Junge. Das war bei ihm allerdings nicht immer so gewesen; diese Einstellung reifte erst im Laufe seines Lebens in ihm. Eine entscheidende Rolle spielten dabei sicher seine gute Ausbildung und später seine Reisen als Diplomat. Er war es, der mir immer das Gefühl gab, ein freier, unabhängiger Mensch zu sein. Er vermittelte mir, dass ich sein darf, wie ich will. Diese Einstellung schlug sich auch auf meine Erziehung nieder und führte dazu, dass ich Dinge tun durfte, die andere Mädchen auf seiner Seite der Familie nicht taten.

In herbem Kontrast zum sicheren Schoß meiner Familie standen manche Signale aus dem Rest der Gesellschaft. Ich erinnere mich noch lebhaft an einen Zwischenfall, der passierte, als ich elf Jahre alt war. Ich war am Rand des Viertels unterwegs, in dem wir wohnten. Eine Gruppe Jungen begann, Steine nach mir zu werfen und mich als »Hure« zu beschimpfen, weil ich Hosen trug und meine Haare nicht bedeckte. Diese Jungen gaben eine Botschaft weiter, die sie in ihrer eigenen Familie und ihrer gesellschaftlichen Umgebung verinnerlicht hatten: Mädchen tragen erst ein Kopftuch und später einen *sharshaf*. Bei letzterem handelt es sich um ein zweiteiliges Kleidungsstück, das die Frau von Kopf bis Fuß verhüllt, ergänzt durch ein weiteres Tuch, hinter dem ihr Gesicht verborgen ist. Jedes Mädchen, das nicht erst das Kopftuch und dann den *sharshaf* trägt, ist kein »anständiges« Mädchen. Ich vermute, sie verwendeten das Wort »Hure«, weil dies ihre kindliche Überzeugung von der Richtigkeit dieser Aussage am besten ausdrückte.

Obwohl dieser Zwischenfall für mich schmerzlich war, habe ich aber absichtlich das Wort »manche« verwendet, als es um die Signale ging, die ich von der Gesellschaft insgesamt empfing. Das ist wichtig, denn manche dieser Signale waren zwar negativ – und sogar äußerst negativ, wie bei dem oben beschriebenen Zwischenfall –, aber andere waren positiv und wiederum andere neutral. Meine Familie unterhielt gesellschaftliche Beziehungen zu Gruppen anderer Familien, in denen die gleichen Normvorstellungen bezüglich Mädchen und ihrer Rechte herrschten. Von diesem Umfeld bekam ich vermittelt, dass ich akzeptiert wurde. Ein Mädchen zu sein war kein Grund für Scham oder eine Last. Die väterliche Seite meiner Familie hatte wiederum gelernt, mein »Anderssein« so zu akzeptieren, dass ihre Haltung dazu »neutral« wurde: »Du teilst zwar nicht unsere Ansichten darüber, wie sich Mädchen in unserem gesellschaftlichen Umfeld verhalten sollten, aber wir akzeptieren dich trotzdem.«

Daher stimme ich Taylor zu, dass die Gesellschaft dem Individuum manchmal durchaus ein entwürdigendes Bild seiner selbst zurückspiegelt. Meiner Ansicht nach ist die Angelegenheit allerdings vielschichtiger. Gesellschaften sind nicht homogen; sie sind komplex und bestehen oft aus Untergruppen. Auch die Haltung, die mir aus der Gesellschaft als Ganzes entgegenschlug, war nicht homogen oder statisch, und sie unterschied sich je nach den gesellschaftlichen Untergruppen, mit denen ich in Kontakt kam.

Vor allem kann aber einer Person manchmal eine auf Religion, Geschlecht oder Kultur beruhende Identität aufgezwungen werden, selbst wenn diese Person sich selbst nicht in dieser Weise wahrnimmt. Stellen Sie sich beispielsweise jemanden vor, der oder die als Muslim bezeichnet, »wahrgenommen« und »behandelt« wird, obwohl er oder sie möglicherweise überhaupt nicht religiös ist oder eine Bezeichnung vorziehen würde, die sich auf seine oder ihre Staatsangehörigkeit bezieht. Hier in der Schweiz möchte ich als Bürgerin wahrgenommen werden, als Schweizerin arabischer Herkunft. Schließlich machen wir genau das auch mit anderen Menschen, die anderen Religionen angehören: Wir benennen sie nach ihrer

Staatsangehörigkeit, nicht nach ihrer Religion. Warum sollte man mich also unbedingt auf eine religiöse Identität reduzieren wollen?

Auf dieses Argument will Charles Taylor jedoch offenbar nicht hinaus. Er sieht nicht nur die Haltung der Gesamtgesellschaft als homogen, er neigt auch dazu, Identität – und damit auch Kultur und Gesellschaft – als etwas Statisches zu sehen, das sich nicht verändert, als ein Ganzes, das inhärente und vorgegebene Eigenschaften besitzt.

Für ihn ist Identität »wer wir sind, wo wir herkommen« und damit »der Hintergrund, vor dem unsere Vorlieben, unsere Wünsche, Ansichten und Hoffnungen Sinn ergeben«. In seinem Paradigma existiert Identität aber nicht in einem luftleeren Raum. Es ist eng mit dem Konzept dessen verknüpft, was er als *Authentizität* bezeichnet: »Es gibt eine bestimmte Art, Mensch zu sein, die *meine* Art ist. So soll ich mein Leben leben und nicht als Nachahmung des Lebens eines anderen.« (Taylor 1994: 30) Angesichts dieser »Vorstellung ist es wichtig, mir selbst treu zu sein. Bin ich es nicht, dann verpasse ich das, worauf es in meinem Leben ankommt; ich verpasse, was Menschsein für *mich* bedeutet.« (ebd.: 30–33; Hervorhebungen im Original)

Diese Vorstellung von einer authentischen Identität hat zu etwas geführt, das er als »Politik der Differenz« bezeichnet; sie macht Unterscheidungen zur Grundlage unterschiedlicher Behandlung: »Das Ziel ist, Verschiedenheit zu pflegen, nicht nur jetzt, sondern immer. Wenn uns nämlich Identität ein Anliegen ist – was wäre berechtigter als die Hoffnung, dass sie niemals verlorengeht?« (ebd.: 40)

Um Verschiedenheit zu pflegen, bedarf es der Einführung einer Politik »kollektiver Ziele«, die auf »kulturelles Überleben« ausgerichtet sind. Taylor beharrt darauf, dass eine Gesellschaft mit ausgeprägten kollektiven Zielen nach wie vor liberal sein könne, sofern sie

»außerdem in der Lage ist, Unterschiedlichkeit zu respektieren, vor allem im Umgang mit denjenigen, welche die gemeinsamen Ziele nicht teilen; eine weitere Voraussetzung ist, dass sie Grundrechte angemessen schützen kann.« (ebd.: 61)

Abgesehen von den Grundrechten hält es Taylor also durchaus für möglich, dass die Rechte Einzelner beschnitten werden, wenn der Staat sein Hauptaugenmerk auf den Schutz der kollektiven Ziele legt; außerdem gibt er zu, dass zum Verfolgen des gemeinsamen Ziels wahrscheinlich eine unterschiedliche Behandlung von »Insidern« und »Outsidern« gehört.

In Charles Taylors Identitätskonzept geht es nicht um Identität auf der individuellen Ebene. Er konzentriert sich auf die kollektive Identität einer kulturellen Gruppe. Bei solchen kulturellen Gruppen kann es sich um kleine Grüppchen von Ureinwohner/innen handeln, aber auch um Frankokanadier, vor allem um Quebecer. Es können aber auch Gruppen sein, die über ihr Geschlecht zugeordnet werden, beispielsweise Frauen. Es kann eine religiöse Gruppe sein, wie die Muslime. Die wichtigste Antriebsfeder bei Taylors Ausführungen über die Politik der Anerkennung ist seine Befürchtung, der Kultur einer Minderheit könne eine hegemonische Kultur »aufgezwungen« werden. Hervorzuheben ist, dass es Taylor darum geht, die Rechte von Minderheiten zu schützen und abzusichern sowie zu gewährleisten, dass diese Rechte nicht verletzt werden. Unter diesem Gesichtspunkt verfolgt er zweifellos ein erhabenes Ziel.

Das Problem ist sein Versuch, das Überleben der kollektiven Identität einer kulturellen Gruppe sicherstellen zu wollen. Er geht dabei in eine essentialistische Falle: Wenn man das Hauptaugenmerk auf die authentische Identität einer Kulturgruppe legt, dann geht man davon aus, dass diese Gruppe grundlegende, unveränderliche Merkmale besitzt. Diese Annahme lässt aber die Tatsache außer Acht, dass Kulturen sich verändern, dass sie nicht statisch sind. Was wir gestern noch für einen Teil unserer kulturellen Normen und unserer Identität hielten, finden wir heute möglicherweise schon ziemlich scheußlich.

Außerdem sind Minderheitengruppen im Gegensatz zu Taylors Annahme nicht homogen. Sie bilden keinen soliden kulturellen Block, dessen Angehörige alle ähnliche und standardisierte Merkmale aufweisen. Angehörige von Minderheitengruppen verfügen oft über ein komplexes Sortiment von Identitäten, die sie in unterschiedlichen Zusammenhängen jeweils unterschiedlich ausdrücken.

Taylor lässt auch die Machtstrukturen innerhalb von Minderheitengruppen außer Acht. Durch diese wird die Sache noch komplizierter, vor allem dann, wenn einige Menschen sich zu Repräsentanten einer bestimmten kulturellen Gruppe erklären und daraus für sich das Recht herleiten, zu definieren, welche Identität ihrer Gruppe authentisch ist und welche nicht.

Taylor wollte ein bestimmtes Recht bestimmter Gruppen von Menschen schützen, aber es ist dabei ein Fiasko herausgekommen. Warum »Fiasko«? Weil wir, wenn wir das Konzept der Gruppenrechte verfechten, Menschenrechtsverletzungen innerhalb von Minderheitengruppen damit rechtfertigen, es handle sich eben um einen Ausdruck unterschiedlicher kultureller Vorstellungen von Recht und Gesetz. Genau mit dieser Begründung sind Frauenrechte ungestraft verletzt worden. Auf internationaler Ebene machen sich unterdrückerische, tyrannische Regimes genau dieses Argument zu Eigen. Die Folgen, die eine Propagierung dieses Denkmodells nach sich zieht, machen sich daher nicht nur auf nationaler, sondern auch auf internationaler Ebene bemerkbar.

Kultur verändert sich. Falls Sie das vergessen haben, möchte ich es Ihnen ins Gedächtnis zurückrufen.

Denken Sie beispielsweise an das Jim-Crow-Kastensystem, das von 1877 bis in die 1960er Jahre in den Südstaaten der USA durchaus als akzeptabel galt. Dieses System behandelte Schwarze wie eine heruntergekommene Kaste und als Bürger/innen zweiter Klasse; es schloss sie von der öffentlichen Personenbeförderung und öffentlichen Einrichtungen aus, sie durften nicht als Geschworene fungieren, bestimmte Berufe nicht ausüben und manche Viertel nicht betreten. Außerdem waren die sozialen Interaktionen zwischen den »Rassen« streng geregelt. Zu jener Zeit war es ziemlich normal, dass es jeweils eigene Krankenhäuser, Gefängnisse, Schulen, Kirchen, Friedhöfe und öffentliche Verkehrsmittel für Schwarze und Weiße gab. Diese Gesetze und die dazugehörige Politik wurden von einer ganzen Reihe religiöser, bildungspolitischer und »wissenschaftlicher« Diskurse gestützt und aufrechterhalten. Die vorherrschende christliche Ansicht lautete damals, dass »Weiße das auserwählte Volk waren, Schwarze dazu verdammt, Bedienstete zu sein, und Rassentrennung gottgewollt sei« (Pilgrim 2002). Wissenschaftler (Kraniologen, Eugeniker, Hirnforscher und Sozialdarwinisten) nährten auf sämtlichen Ebenen des Bildungswesens die Auffassung, Schwarze seien Weißen von Natur aus unterlegen, sowohl intellektuell als auch kulturell. Die Medien trugen zu diesem Bild bei, indem sie Schwarze regelmäßig als »Niggers, Coons und Darkies« bezeichneten und in »ihren Artikeln negative Stereotype über Schwarze bestärkten« (ebd.).

Sowohl für Schwarze als auch Weiße galten damals kulturelle Normen, die ihre Interaktionen miteinander bestimmten. Ein männlicher Schwarzer durfte beispielsweise einem weißen Mann nicht die Hand geben, denn diese Geste hätte gesellschaftliche Gleichstellung impliziert. Ein schwarzer Mann durfte unter keinen Umständen anbieten, einer weißen Frau Feuer für ihre Zigarette zu geben; das hätte zugleich auf Intimität schließen lassen, und jegliche Art Intimität zwischen einem schwarzen Mann und einer weißen Frau rief damals die Lynchjustiz auf den Plan (ebd.).

Vor fünfzig Jahren galt diese Kultur der Rassendiskriminierung in einigen Südstaaten der USA als durchaus akzeptabel. Für viele Weiße war das Jim-Crow-Kastensystem, in Taylors Worten, »wer wir sind, woher wir kommen«, und dadurch »der Hintergrund, vor dem unsere Vorlieben, unsere Ansichten und Hoffnungen Sinn ergeben«. Als andere begannen, Änderungen in diesen Gesetzen – und damit auch in diesem Bestandteil des Südstaaten-Lebens – zu fordern, empfanden dies Weiße so, als solle ihnen die »Nachahmung des Lebens eines Anderen« aufgezwungen und ihre »bestimmte Art des Menschseins, die meine Art ist« (Taylor 1994: 26–30) kaputt gemacht werden.

Mir ist bewusst, dass meine Ausführungen provokativ sind. Wenn wir aber Taylor in seinen Ausführungen über Authentizität, Identität und Kultur beim Wort nehmen, würde das bedeuten, dass die Menschen in den Südstaaten »geborene Rassisten« waren und möglicherweise auch heute noch sind. Das wäre, »wer sie sind«. Rassismus und die Ansicht, sie seien mehr wert als Schwarze, wären also »inhärent in der Art und Weise, in der sie ihrem Leben Sinn geben«, und deshalb sollten wir ihre »Verschiedenheit pflegen, nicht nur jetzt, sondern immer«. Schließlich »war das ihre Kultur« – sollte uns also das »Überleben« dieser Kultur am Herzen liegen?

Hätte sich diese Art der Argumentation nicht schrecklich angehört?

Aber sie stimmt ja auch überhaupt nicht, oder? Menschen werden nicht als Rassisten geboren. Sie werden zu Rassisten gemacht, und zwar von einer ganzen Reihe von Institutionen, darunter Religion, Wissenschaft, die Medien und das Bildungswesen. Diese Institutionen und ihre Diskurse haben das Jim-Crow-System der Rassendiskriminierung untermauert und aufrechterhalten. Ich benenne sie absichtlich konkret, denn Kulturen sind nicht in einem luftleeren Raum am Werk. Sie werden aufrechterhalten oder verändert, je nach den Kontexten, in denen sie bestehen, und den Systemen, die sie stützen. Es war daher kein Zufall, dass die Kultur des Kastensystems und mit ihr die Normen, auf denen sie beruhte, sich aufzulösen begann, als Männer und Frauen, schwarz und weiß, aus den Süd- und aus den Nordstaaten, die geistigen Grundlagen der Diskriminierung in Frage stellten und sich schließlich dagegen zur Wehr setzten.

Was für die »hegemoniale« Kultur gilt, trifft auch auf die »Minderheiten«-Kultur zu: Auch eine Minderheitenkultur verändert sich und existiert nicht in einem luftleeren Raum. Auch sie kann aufrechterhalten oder verändert werden, je nach dem Kontext, in dem sie besteht, und den Systemen, die sie stützen. Dies wird weiter unten noch deutlicher, wenn ich auf die pakistanischen und bangladeschischen Gemeinschaften in Großbritannien eingehe, die später zu muslimischen Gemeinschaften erklärt wurden. Zudem ist eine Minderheitengruppe nicht einheitlich. Die Verschiedenheit innerhalb einer Minderheitengruppe drückt sich auf unterschiedliche Weise aus, sowohl auf der individuellen Ebene als auch auf der Gruppenebene.

Nehmen wir als Beispiel eine junge Frau, der ich im Januar 2013 bei einem Treffen mit Mitgliedern einer kleinen muslimischen Unterstützergruppe für Lesben, Schwule, Bisexuelle und Transsexuelle in London begegnete. Die Gruppe nennt sich Imaan, was auf Arabisch »Glaube« bedeutet.[3]

Die junge Frau ist südasiatischer Abstammung, Atheistin, lesbisch und trägt ein Kopftuch. Ich nenne sie hier Leila. Sie trägt das Kopftuch aufgrund des Drucks, den die Gemeinschaft in ihrem Viertel in Birmingham ausübt. Sie selbst möchte es nicht tragen, aber sie lebt in einer geschlossenen Gemeinschaft, in der ein Bruch der auferlegten Regeln sie und ihre Familie in Gefahr bringen würde. Daher geht sie den Weg des geringsten Widerstands und trägt es. Dadurch, dass sie das tut, wird sie aber sofort in eine religiöse Schublade gesteckt: Muslimin. Ihr Aussehen als Frau mit Kopftuch verwandelt sie von einer Frau in eine Muslimin, und eine Muslimin gilt für gewöhnlich als religiös. Leila ist aber Atheistin. Dieser Teil von ihr bleibt für die Gesamtgesellschaft unsichtbar: Wenn sie das Kopftuch trägt, muss sie schließlich gläubig sein. Ihr Glaube, oder eher dessen Nichtvorhandensein, ist natürlich ein Geheimnis, das sie innerhalb ihrer Gemeinschaft für sich behält. Aber damit nicht genug – sie ist auch noch lesbisch. Wie passt das in unser ethnisches Schubladendenken? Sie passt in keine der kulturellen oder ethnischen Schubladen, in die wir sie gerne stecken würden, weder in ihrer Gemeinschaft, die ihren Mitgliedern ihre Werte auferlegt, noch in der Gesellschaft insgesamt. Sie ist ein komplexer Mensch mit mehreren Identitäten. Aber alles, was wir sehen, wenn wir sie anschauen, ist eine religiöse Identität, an die sie nicht glaubt.

---

3 Imaan unterstützt lesbische, schwule, bisexuelle und transsexuelle Musliminnen und Muslime sowie deren Familien und Freunde dabei, Fragen sexueller Orientierung im Islam zu thematisieren. Die Gruppe bietet einen sicheren Raum und ein Unterstützungsnetzwerk, in dem Menschen sich über ihre Erfahrungen und institutionelle Ressourcen austauschen und dadurch Themen zur Sprache bringen, die sie alle betreffen. Nähere Informationen finden sich auf der Website http://www.imaan.org.uk/about/about.htm.

Auf der individuellen Ebene kann daher ethnisches oder religiöses Schubladendenken einen Menschen aus zwei Gründen nicht erfassen: zum einen, weil jeder Mensch mehrere Identitäten hat; zum anderen, weil die Zugehörigkeit zu einer religiösen Gruppe einen Menschen noch lange nicht religiös oder zu einem Teil dieser Gruppe macht.

Auch auf der Gruppenebene ist eine Minderheit keineswegs homogen. Ein Beispiel ist »die muslimische Gemeinschaft« (Singular) in Großbritannien. In den 1960er Jahren nannte man diese Menschen »South Asian communities« (Plural). Diese setzten sich aus mehreren Einwandererwellen aus Pakistan, Indien und Bangladesch zusammen. Innerhalb dieser Nationalitätengruppen gab es damals noch Unterschiede hinsichtlich Religionszugehörigkeit und ethnischer Herkunft. Viele meiner Interviewpartner/innen erzählten mir, es habe damals kaum Frauen gegeben, die ein Kopftuch oder womöglich eine Burka getragen hätten. Die Menschen identifizierten sich zu jener Zeit über ihre Nationalität, manchmal auch über ihre Herkunftsregion, beispielsweise Mirpur; dieser Name bezeichnet sowohl einen Distrikt als auch eine der größten Städte in der Kaschmir-Region Pakistans. Zwar übten sie ihre Religion aus, sie war aber nicht ausschlaggebend für ihre Interaktion mit dem Rest der Welt. Sie trugen ihre Religion nicht ständig auf dem Präsentierteller vor sich her. Ihre Religion war nicht die Identität, die sie betonten.

Aus Gründen, die ich anderswo ausgeführt habe,[4] leitete Großbritannien eine multikulturelle Politik ein, die Gemeinschaften (Plural) letztendlich eine religiöse Identität aufzwang. Ohne dass dies beabsichtigt gewesen wäre, ermöglichte diese Politik die Entstehung der muslimischen Gemeinschaft (Singular). Es handelt sich dabei um eine erfundene, nicht um eine imaginierte Gemeinschaft im Sinne der Terminologie von Benedict Anderson. Die Regierung schuf diese erfundene Gemeinschaft nicht, um innerhalb eines britischen Kontextes Diversität zu feiern. Vielmehr wurde eine Gruppe lautstarker Islamisten in den Rang auserwählter »Gemeindesprecher« erhoben. Sie repräsentierten nicht die Mehrheit in ihren Gemeinschaften. Das wurde von mehreren meiner Interviewpartner betont, Menschen, die sich mit Islamismus und Extremismus in Großbritannien auskennen. Weder suchte die »Gemeinschaft« diese sogenannten Wortführer aus, noch genossen diese damals den Rückhalt der Angehörigen der Gemeinschaft. In den Forderungen der Wortführer drückte sich ihre eigene

---

4 Manea 2016, Kapitel 3 und 6.

politische Agenda aus: die Verbreitung ihres politischen Kurses, eines politischen Islam. Durch die Erhebung in diesen Rang versetzte die Regierung sie in die Lage, die kulturellen und religiösen Bedürfnisse ihrer Gruppe zu definieren. Sie waren die Torhüter der »muslimischen Minderheit«.

Mithilfe des Geldes, der Ressourcen und sonstigen Unterstützung, die nicht nur von der Regierung, sondern auch aus den Golfstaaten flossen, konnten sie eine Unmenge Bildungseinrichtungen sowie religiöse und Wohltätigkeitseinrichtungen schaffen. Nun verfügten sie über das Rüstzeug, ihren islamistischen politischen Kurs unter den Mitgliedern ihrer Gemeinschaften zu verbreiten. Vor allem trug die Politik der Regierung zur Schaffung von Gemeinschaften bei, die ich als »geschlossen« bezeichne, mit patriarchalen Strukturen, die über die Angehörigen der Gemeinschaft soziale Kontrolle ausüben und diejenigen einschüchtern, die die von ihnen festgelegten gesellschaftlichen Regeln ablehnen. Die geschlossene Gemeinschaft, in der Leila lebt, ist ein Beispiel dafür. Sie trägt das Kopftuch nicht, weil sie will, sondern weil sie muss. Sie traut sich weder sich als Lesbe zu outen noch sich zu ihrem Atheismus zu bekennen, denn sie weiß, dass ein derartiges Aufbegehren gegen Vorstellungen vom Benehmen einer anständigen Muslimin sie teuer zu stehen kommen würde.

Ich bin mir ziemlich sicher, dass Taylor nicht ahnte, wohin seine Gedankengänge führen würden. Er schrieb zwar, dass die Rechte einzelner möglicherweise aufgrund des staatlichen Bestrebens beschnitten würden, kollektive Ziele zu schützen; aber er ging nicht davon aus, dass Menschen entweder eine Gemeinschaft erfinden oder die elementaren Menschenrechte der Mitglieder dieser Gemeinschaft verletzen würden. Leider hat sein theoretischer Ansatz aber genau dazu geführt – ein Ansatz, der die politischen und gesellschaftlichen Kontexte dessen, was beschrieben wird, außer Acht lässt. Vorgestellt wird lediglich eine Idee ohne den dazugehörigen Kontext. Dabei werden die Mechanismen und Institutionen ausgeklammert, die entweder erhaltend wirken oder Veränderungen herbeiführen. Dies bringt mich zum dritten Merkmal des essentialistischen Paradigmas: dem Kulturrelativismus.

Das dritte Merkmal: Kulturrelativismus

Kulturrelativismus ist mittlerweile ein tief verwurzelter Bestandteil des essentialistischen Paradigmas. Taylor regt in seinem Artikel an, dass wir uns bei der Erforschung bestimmter Kulturen von der Voraussetzung ihrer Werthaftigkeit leiten lassen sollten. Seine Prämisse ist, dass wir »allen Kulturen den gleichen Respekt« schulden und »unter dieser Ausgangshypothese an die Erforschung jeder anderen Kultur herangehen sollten«. Eine Weigerung, von dieser Voraussetzung auszugehen, ist Taylor zufolge nichts anderes als das Ergebnis von Vorurteilen oder Böswilligkeit. Dies könne sogar »auf ein Verleugnen von Gleichwertigkeit hinauslaufen«.

Die Anwendung dieser Prämisse ist Taylor zufolge eine logische Erweiterung der Politik der Würde:

»Genauso, wie alle Menschen ungeachtet ihrer ethnischen Zugehörigkeit und Kultur die gleichen Bürgerrechte und gleiches Wahlrecht besitzen müssen, sollte für alle die Voraussetzung gelten, dass ihre traditionelle Kultur Wert besitzt.« (Taylor 1994: 68)

Als ich diesen Teil von Taylors Kapitel las, war ich von seiner Formulierung irritiert. Vor allem aber war ich überrascht über mich selbst, denn natürlich bin ich auch der Ansicht, dass wir alle Kulturen in gleichem Maße respektieren sollen. Dann wurde mir aber klar, dass ich ein Problem mit seiner Argumentation hatte. Ich schließe mich zwar der Forderung an, dass wir *Individuen* aus anderen Kulturen mit Respekt und auf der Grundlage von Gleichwertigkeit und Würde behandeln sollen. Ich glaube aber nicht, dass man bei der Erforschung oder Annäherung an eine *Kultur* so vorgehen sollte. Natürlich behandle ich den Gegenstand meiner Forschung respektvoll, aber ich gebe kein Werturteil ab, bevor ich ihn untersucht und gesehen habe, was es für Menschen bedeutet, in seinem gesellschaftlichen und politischen Kontext zu leben. Erst wenn ich all das verstehe, traue ich mir ein Urteil zu.

Nehmen wir beispielsweise den Brauch des »Zwillingsfluches« auf Madagaskar. In der Stadt Mananjary an der abgelegenen Ostküste Madagaskars wird das Leben von Stammesangehörigen von einer Reihe Tabus bestimmt, die seit Generationen überliefert werden. Diese Vorschriften werden von Stammeshäuptlingen beziehungsweise Königen eingeführt und lebendig erhalten. Einem dieser Tabus zufolge gelten Zwillinge als Fluch, als ein Gräuel, weil sie großes Unglück und sogar den Tod bringen. Wenn eine Frau Zwillinge gebiert, wird von ihr erwartet, dass sie die Neugeborenen aussetzt. Weigert sie sich, so wird sie von ihrer Gemeinschaft ausgestoßen und muss aus ihrem Zuhause und Dorf fliehen. Früher ließ man neugeborene Zwillinge im Busch sterben. Auch heute noch werden die meisten ausgesetzt. Einige Mütter haben sich aber getraut, sich diesem Tabu zu widersetzen, und leben zusammen in einem »Zwillings-Flüchtlingslager«, wie es die Channel-4-Reporterin Kiki King genannt hat (King 2014).[5]

Wie soll ich als Kulturwissenschaftlerin an diesen Brauch herangehen? Ich kann ihn erklären, seine historischen Wurzeln, seinen Kontext, das zugrundeliegende Wertesystem und natürlich auch die Machtstrukturen, die zu seinem Fortbestehen führen: Es sind die Stammeshäuptlinge, die diesen Tabus Geltung verschaffen und von denen man glaubt, dass sie mit den verstorbenen Ahnen kommunizieren und deren Erlaubnis haben, die Tabus zu ändern. All das kann ich sicherlich erklären. Aber sollte ich außerdem sagen, dass ich diesem Brauch Wertschätzung entgegenbringe? Ganz ehrlich: nein. Ich bringe weder diesem Brauch Wertschätzung entgegen noch den kulturellen Normen, die ihn hervorgebracht haben, denn er führt dazu, dass Menschen Neugeborene aussetzen und sterben lassen. Hier traue ich mich, ein Urteil abzugeben. Ich gebe aber nur dann ein Urteil ab, wenn ich die Auswirkungen eines Brauches gesehen habe. In diesem Fall lautet es, dass wir es mit einem schädlichen Brauch zu tun haben, der ein elementares Menschenrecht verletzt.

Ich stelle mich dabei wohlgemerkt nicht auf einen hegemonialen ethnozentrischen Standpunkt, von dem aus man auf andere herabblickt. Ich behaupte nur, dass es viele kulturelle Praktiken gibt, die schädlich sind und im Namen von Religion, Kultur und Tradition ausgeübt werden. Ich gebe ein Werturteil über sie ab, weil sie Schaden zufügen. Es sind ihre Auswirkungen, auf die es ankommt.

Diese Auswirkungen scheinen die Verfechter des essentialistischen Paradigmas nicht zu kümmern. Gruppenrechte werden häufig mit zwei Varianten des Kulturrelativismus verknüpft: starker und schwacher Kulturrelativismus. Die Vertreter des starken Kulturrelativismus vertreten die Auffassung, dass

»Kultur die *wichtigste* Quelle für die Gültigkeit eines moralischen Anspruchs oder moralischer Regeln ist [...]. Die Grundannahme ist hierbei, dass Rechte (und an-

---

[5] Siehe außerdem die Dokumentation *Unreported World. The Cursed Twins of Madagascar*, Channel 4, ausgestrahlt am 9.05.2014, sowie IRIN News 2011.

dere soziale Praktiken, Werte und moralische Regeln) kulturell determiniert sind.« (Donnelly 1984: 401)

Die Vertreter des schwachen Kulturrelativismus behaupten demgegenüber, dass

»Kultur *eine wichtige* Quelle für die Gültigkeit eines moralischen Anspruchs oder moralischer Regeln sein kann. Anfangs wird zwar von Universalität ausgegangen; aber die Relativität der menschlichen Natur sowie diejenige von Gemeinschaften und Rechten schiebt möglichen Übertreibungen von Universalismus einen Riegel vor.« (ebd.)

Beide Versionen von Kulturrelativismus ziehen sich durch die Forderungen nach Gruppenrechten und somit auch nach Rechtspluralismus. Giordanos Argumentation enthielt sogar beide Versionen gleichzeitig: Einerseits erwartet er von Muslimen nicht, dass sie sich an die Rechtstradition der Schweiz halten, weil die *kulturelle Distanz* zu groß sei. Andererseits besteht er darauf, dass bei der Anwendung islamischen Rechts in Zivilsachen keine Menschenrechte verletzt werden dürfen. Diese doppelte Forderung lässt sich schwer erfüllen.

Wieder sind es die Auswirkungen, auf die es ankommt. Die Essentialisten haben gleichzeitig das Konzept der Gruppenrechte und eine kulturrelativistische Herangehensweise an Rechte und Würde propagiert und dadurch Menschenrechtsverletzungen innerhalb von Minderheitengruppen und in autoritären Regimes gerechtfertigt – als Ausdruck unterschiedlicher kultureller Vorstellungen von Recht und Gerechtigkeit.

Diese Auswirkungen sind fatal und drohen, die Menschenrechte auf internationaler Ebene auszuhöhlen. Ein Beispiel ist die vor allem auf Betreiben Russlands eingebrachte und im September 2012 vom Menschenrechtsrat der Vereinten Nationen verabschiedete Resolution. Sie fordert eine «Förderung der Menschenrechte und Grundfreiheiten durch eine bessere Verständigung über traditionelle Werte der Menschheit«; darüber hinaus fordert sie eine Studie über die besten traditionellen Bräuche und erklärt, dass »alle Kulturen und Zivilisationen in ihren Traditionen, Bräuchen, Religionen und Glaubenssystemen die gleichen Werte teilen«.[6] Als ich diese

---

6 Text der Resolution 16/3, »Promoting Human Rights and Fundamental Freedoms Through a Better Understanding of Traditional Values of Humankind«, Human Rights Council, 8.04.2011, http://daccess-dds-ny.un.org/doc/RESOLUTION/GEN/G11/124/92/PDF/G1112492.pdf?OpenElement (letzter Zugriff am 15.07.2015).

Resolution las, wurde mir klar, warum ich ein Problem mit Taylors Forderung habe, sämtliche Kulturen sollten gleichrangig sein.

Human Rights Watch erkannte die Bedeutung dieser Resolution. Die Organisation stellte ihrem *Human Rights Report* von 2013 sogar einen Artikel mit dem Titel »Ärger mit den Traditionen: Wenn Werte auf Rechten herumtrampeln« (»The Trouble with Tradition: When Values Trample over Rights«) voran. Darin wird davor gewarnt, sich auf »ein einziges Wertesystem« zu berufen,

»über das sich angeblich alle einig sind, das wie eine Planierraupe über Diversität hinwegrollt, die dynamische Beschaffenheit traditioneller Praktiken und Gewohnheitsrechte außer Acht lässt und jahrzehntelange Fortschritte bezüglich Achtung der Rechte unter anderem von Frauen und Angehörigen der lesbischen, schwulen, bisexuellen und Transgender-Communities (LGBT) zunichtemacht.« (Reid 2013)

In dem Artikel wird die Ansicht vertreten, dass traditionelle Werte vor allem auch »pervertiert werden können und dann in den Händen von Regierungen zu einem willkommenen Unterdrückungswerkzeug werden«. Kurz gesagt: Tradition, Kultur und Religion sind schon dafür benutzt worden, in autoritären Regimes die Menschenrechte auszuhöhlen.

Dafür gibt es viele Beispiele.

Eines davon ist der Iran. Er hat sich häufig in seinen Beziehungen zu internationalen Menschenrechtsgremien eines kulturrelativistischen Diskurses bedient und das Recht auf kulturelle Einzigartigkeit geltend gemacht. Dabei führte das Land »authentische kulturelle und religiöse« Rechtfertigungsgründe für seine beschämende Menschenrechtsbilanz ins Feld. Das wird in der Stellungnahme des iranischen Repräsentanten vor der Menschenrechtskommission sehr deutlich:

»Die Menschenrechtskommission und andere Organe der Vereinten Nationen berücksichtigen religiöse Werte nicht; man könnte sogar sagen, dass unter verschiedenen Vorwänden eine Art Kampf gegen religiöse Werte und Vorstellungen geführt wird. Sie nehmen moralische Gebote nicht ernst. Auch ziehen sie nicht ernsthaft die Möglichkeit in Erwägung, die Freiheit des Einzelnen zugunsten gerechter Anforderungen der Moral einzuschränken, wie es auch in der Allgemeinen Erklärung der Menschenrechte vorgesehen ist (Artikel 29-2). Keine Regierung würde je dafür getadelt werden, dass sie unbegrenzte Freiheiten gewährt, die gegen moralische Gebote und richtige religiöse Werte verstoßen. Wenn eine Regierung ihren Bürgern aber um des Schutzes der öffentlichen Moral willen Beschränkungen auferlegt, wird sie in Frage gestellt und in UN-Resolutionen gerügt.« (Afshari 2011: 5)

Der Iran mag zwar behaupten, er schütze »öffentliche Moral und richtige religiöse Werte«; aber Reza Afshari, der in seiner maßgeblichen Studie *Human Rights in Iran: The Abuse of Cultural Relativism* den Menschenrechtsdiskurs und die Menschenrechtsbilanz im Iran dokumentiert hat, weist überzeugend nach, dass es nicht um »den Islam als persönlichen Glauben von Individuen« geht. Es geht vielmehr darum, »was Staatsbeamte mit einem islamischen Autoritätsanspruch über die Behandlung von Bürgern durch den Staat zu sagen haben.« (ebd.: xvi)

Afshari recherchierte in iranischen Regierungsdokumenten, Menschenrechtsberichten und Archiven der Vereinten Nationen. Dabei trug er zahlreiche Belege dafür zusammen, dass sich die Regierung des Iran bei ihren Menschenrechtsverstößen auffallend autoritär verhalten hat: Sie hat Dissidenten ohne ordentliche Gerichtsverfahren systematisch gefoltert, ins Gefängnis geworfen und hingerichtet, politische Gegner außerhalb der Staatsgrenzen ermorden lassen und diese Handlungen immer wieder mit der Begründung verteidigt, es handele sich um »authentische kulturelle Praktiken«.

Angesichts der Verfolgung, der sich die Minderheit der Baha'i – die größte nichtmuslimische Minderheit des Landes – im Iran ausgesetzt sieht, klingen »authentische kulturelle Praktiken« und »richtige religiöse Werte« wie hohle Phrasen. Da die Baha'i nicht anerkannt sind und daher offiziell nicht existieren, kann man ihre Anzahl nur schätzen. Die Schätzungen schwanken zwischen 150.000 und 500.000. Die Baha'i-Religion, eine monotheistische Glaubensrichtung, entstand im Jahre 1840 in Shiraz, gilt im Iran aber als »falsche« Offenbarung und ihre Anhänger werden als Glaubensabtrünnige behandelt.

Bei ihrer Verfolgung wird darauf abgezielt, die Bedingungen zu zerstören, die sie zu einem Überleben als Gemeinschaft brauchen; einzelne Baha'i-Angehörige werden unter allen möglichen Vorwänden und in sämtlichen Lebensbereichen aufs Korn genommen. Zu ihrer Unterdrückung gehören Hinrichtung, Folter, willkürliche Inhaftierung, Vorenthaltung von Bildung und Arbeitsstellen, willkürliche Beschlagnahmung von Häusern und Eigentum, Konfiszierung von Vermögen, das der Glaubensgemeinschaft gehört, sowie die Beschlagnahmung, Entweihung und Zerstörung ihrer heiligen Stätten (ebd.: 124).

Schikanen und Verfolgung sollen Baha'i dazu bringen, zum Islam zu konvertieren. Aufschlussreich ist in diesem Zusammenhang ein offizieller

Brief, den eine iranische Behörde an einen Baha'i schickte, der nach der islamischen Revolution keine Rente mehr bekam:

»Nach den uns vorliegenden Informationen sind Sie Baha'i und haben daher keinen Anspruch auf Rentenzahlungen. Sollten Sie jedoch zum Islam übertreten und Reue dafür zeigen, dass Sie ein Baha'i gewesen sind, und sollten Sie außerdem vor dieser Behörde den Nachweis erbringen, dass Sie den Islam angenommen haben, dann werden Schritte unternommen, damit Sie wieder Ihre Rente erhalten.« (Zitiert in ebd.: 123)

Wenn einem Bürger oder einer Bürgerin die Rente vorenthalten wird, dann kann das sicherlich niemand damit rechtfertigen, dass dadurch »die öffentliche Moral und authentische religiöse Werte« geschützt werden.

Saudi-Arabien ist ein weiteres Regime, in dem Religion als Mittel zur Rechtfertigung sämtlicher Maßnahmen herangezogen wird, die der Regierung in den Sinn kommen – ein wenig innovatives Mittel der Legitimation. So haben sich saudische Obrigkeiten beispielsweise auf religiöse Lehrmeinungen und kulturelle Normen berufen, um Frauen und Mädchen das Recht vorzuenthalten, an sportlichen Aktivitäten teilzunehmen. Ein religiöser Führer bezeichnete diese als »Schritte des Teufels« auf dem Weg zur Sittenlosigkeit (Reid 2013).

Diese Verletzung der Rechte eines Mädchens wurde im Bericht von Human Rights Watch für 2013 angeführt. Dank internationalen und innenpolitischen Drucks änderte sich die saudische Politik im Jahre 2014. Nach jahrzehntelangem Beharren darauf, dass islamische Lehrmeinungen Mädchen sportliche Betätigung verbieten, erfuhren diese Lehrmeinungen plötzlich eine wundersame Wandlung. Zur Rechtfertigung ihres Kurswechsels berief sich die Regierung auf ein religiöses Edikt, das ein verstorbener *mufti* erlassen hatte (CNN Arabic 2014). Die neue politische Linie ist zwar begrüßenswert, aber dieses Beispiel zeigt deutlich, wie Religion und Kultur zu Zwecken der Rechtfertigung instrumentalisiert werden.

Saudische Obrigkeiten haben sich auch häufig auf die Religion berufen, um politische Kritik an ihrem autoritären Regierungsstil zum Verstummen zu bringen. Ein berühmt-berüchtigtes Beispiel ist der Fall von Raif Badawi, einem saudischen Blogger und Intellektuellen, dem Glaubensabtrünnigkeit (Apostasie) vorgeworfen wird. 2006 rief er das Saudi Liberal Network ins Leben, eine Plattform für ernsthafte Diskussionen über liberales Gedankengut, religiöse Obrigkeiten und die wahhabitische Auslegung des Islam im Königreich. Daraufhin wurde er im Juni 2012 inhaftiert und verbüßt nun eine zehnjährige Haftstrafe. Zu seiner Strafe gehören zusätzlich tausend Peitschenhiebe und eine Geldbuße in Höhe von 366.631 US-Dollar. Außerdem darf er nach Verbüßung seiner Haftstrafe zehn Jahre lang nicht reisen oder sich in den Medien äußern. Er wurde der Glaubensabtrünnigkeit angeklagt und in den Worten des Strafgerichts von Jeddah für schuldig befunden, »etwas geschaffen zu haben, das eine Störung der öffentlichen Ordnung, der religiösen Werte und der Moral« darstellt; er habe »Sünde, Aggression und der Beleidigung dessen, was Muslimen heilig ist«, Tür und Tor geöffnet und sich außerdem »über religiöse Persönlichkeiten des Islam lustig gemacht«. Eine internationale Kampagne, an der auch ich beteiligt bin, setzt sich für seine Freilassung ein.[7]

Zu bemerken ist in diesem Zusammenhang, dass Badawi sich niemals von seiner Religion losgesagt hat. Seine Religion frei zu wählen – oder sich gegen Religion zu entscheiden –, ist ein grundlegendes Menschenrecht. Im vorliegenden Fall geht es aber nicht nur einfach um eine Verletzung dieses Rechts; es geht um die Strategie der saudischen Obrigkeiten, alle Oppositionellen der Glaubensabtrünnigkeit zu bezichtigen, um sie zu diskreditieren. Amnesty International hat dieses Urteil als »empörend« und Badawi als »politischen Häftling« bezeichnet. Seine einzige Schuld bestehe darin, es gewagt zu haben, ein öffentliches Diskussionsforum zu schaffen und friedlich das Recht auf Meinungsfreiheit auszuüben.[8]

Heute berufen sich Länder wie der Iran und Saudi-Arabien auf traditionelle Werte, Kultur und Religion, um ihre Menschenrechtsverletzungen und die von ihnen ausgeübte Unterdrückung zu rechtfertigen. Daher überrascht es vielleicht, dass es in der Mitte des zwanzigsten Jahrhunderts die Kolonialmächte waren, die den Kulturrelativismus als Strategie einsetzten, um die allgemeine Gültigkeit der Menschenrechte abzustreiten. Wie heute der Iran und Saudi-Arabien benutzten sie den Kulturrelativismus als Rechtfertigung für die Verletzung der Rechte von Bürgern ihrer Kolonien.

Anfang der 1950er Jahre waren die Kolonialmächte sogar die treibende Kraft hinter dem Kulturrelativismus, während sich die wenigen Entwicklungsländer, die damals in den Vereinten Nationen vertreten waren, strikt dagegen aussprachen. Es war also das genaue Gegenteil dessen, was die akademischen Verfechter des Kulturrelativismus als korrekte Lehrmeinung propagieren. Roland Burke hat zu dieser Tatsache geforscht und die Er-

---

[7] Text des Gerichtsurteils N. 34184394 (7.05.2014), auf Arabisch, Strafgerichtshof von Jeddah, Saudi-Arabien; siehe auch Amnesty International 2014.
[8] Ebd.

gebnisse in seinem beeindruckenden Buch *Decolonization and the Evolution of International Human Rights* vorgestellt. Er schreibt:

»Zu Beginn der 1950er Jahre war Kulturrelativismus die Sprache der westlichen Kolonialmächte, die sich gegen sämtliche Versuche zur Wehr setzten, die Menschenrechte auf ihre Kolonien auszudehnen. Diplomaten aus Großbritannien, Frankreich, Belgien und den Niederlanden erklärten dem Dritten Komitee der Vereinten Nationen, warum bestimmte Menschenrechtsabkommen nicht auf die von ihnen beherrschten Kolonien anwendbar seien. Ein Beispiel für diese Strömung war René Cassin, ein Nobelpreisträger, [...] der 1950 bei einer Debatte über Menschenrechtsvereinbarungen bemängelte, es sei unangebracht, ›Ländern, die von unterschiedlichen Menschen bewohnt sind, einheitliche Verpflichtungen aufzuerlegen‹, vor allem denen, ›die sich auf der untersten Entwicklungsstufe befinden‹. Und der Vertreter Belgiens beteuerte im Oktober 1950, Menschenrechte seien für entwickelte, ›zivilisierte‹ Länder, nicht für Afrikaner.« (Burke 2010: 114)

Delegationen westlicher Kolonialmächte versuchten, sich ihrer Menschenrechtsverpflichtungen durch »geheuchelte Ehrerbietung für die traditionelle Kultur indigener Einwohner« (ebd.) zu entziehen.

Diese letztgenannte Beobachtung ist wichtig, denn sie widerspricht einer der Hauptannahmen des essentialistischen Paradigmas: dass die Menschenrechte etwas sind, das anderen von imperialen Mächten aufgezwungen wird. Das bringt mich zum letzten Merkmal dieses Paradigmas.

Das vierte Merkmal: Die Bürde des weißen Mannes

Weiter oben habe ich geschrieben, Taylors Absichten seien edel gewesen, da es ihm eigentlich um den Schutz der Rechte von Minderheiten ging. Dieser Gerechtigkeitssinn ist eng verknüpft mit ausgeprägten Gefühlen von Schuld und Scham. Sie sind die Bürde westlicher Vorherrschaft und der kolonialen Vergangenheit, das heißt, die »Bürde des weißen Mannes«[9].

---

9 Der Begriff »Bürde des weißen Mannes« tauchte erstmals 1899 als Titel eines Gedichtes von Rudyard Kipling auf. Darin wurde der weiße Mann zur Kolonisierung von Ländern aufgerufen, um den in diesen Ländern lebenden Menschen zu helfen. Der Begriff wurde zum Sinnbild für europäischen Rassismus und Bestrebungen des Westens, die Entwicklungsländer zu beherrschen. William Easterly verwendete ihn als Titel für sein 2007 erschienenes Buch, in dem er Entwicklungshilfe kritisiert und sich tadelnd über die selbstgefällige und bevormundende Haltung des Westens äußert, der Lösungen »von oben« aufstülpen möchte.

Durch Taylors Text spukt zweifellos die Bürde des weißen Mannes, und die beiden Elemente – der Wunsch zu schützen und Schuldgefühle – kommen zusammen, wenn er seine Vorstellung von Gruppenrechten sowie gleicher Anerkennung der Werthaftigkeit unterschiedlicher Kulturen rechtfertigt:

»Das bringt mich zum Thema Multikulturalismus, über das heute häufig debattiert wird; es hat viel mit dem Überstülpen mancher Kulturen auf andere und der vermeintlichen Überlegenheit zu tun, von der dieses Überstülpen angetrieben wird. In dieser Hinsicht gelten westliche liberale Gesellschaften als äußerst schuldbeladen, teils wegen ihrer kolonialen Vergangenheit, teils weil sie Teile ihrer Bevölkerungen marginalisieren, die aus anderen Kulturen stammen. In diesem Zusammenhang kann sich die Antwort ›so machen wir es hier eben‹ roh und unsensibel anhören. Selbst wenn es in der Natur der Sache liegt, dass ein Kompromiss so gut wie unmöglich ist – entweder man verbietet Mord oder man erlaubt ihn –, schließt man aus der Antwort auf Verachtung. Diese Vermutung stimmt auch häufig. So gelangen wir wieder zur Frage der Anerkennung.« (Taylor 1994: 63–64)

Die Kombination dieser zwei Elemente – des Wunsches, die Rechte von Minderheiten oder von Menschen in ehemaligen Kolonien zu schützen, und des ausgeprägten Gefühls von Schuld und Scham wegen der kolonialen und imperialen Vergangenheit des Westens und seines politischen Gebarens – führt zu einer Annahme, die dem essentialistischen Paradigma zugrunde liegt: Menschenrechte sind ein Projekt des Westens und werden anderen von den Mächtigen aufgezwungen.

Außerdem sei es ein westliches Konstrukt, das nur begrenzt anwendbar ist, schrieben Adamantia Pollis und Peter Schwab bekanntermaßen in ihrem 1979 erschienenen Sammelband *Human Rights: Cultural and Ideological Perspectives*. Für sie sind Menschenrechte keineswegs universal, und Bestrebungen, diese Rechte aufzuerlegen, werten sie als Zeugnis »von moralischem Chauvinismus und ethnozentrischer Voreingenommenheit« und somit »zum Scheitern verurteilt«. Ihrer Ansicht nach spielen Menschenrechtsgrundsätze wie diejenigen, die in der Allgemeinen Erklärung der Menschenrechte enthalten sind, für nichtwestliche kulturelle Traditionen oder eine sozialistische Ideologie überhaupt keine Rolle; paradoxerweise gehören zu ihrem Konzept nichtwestlicher Staaten Spanien, Portugal und Griechenland. Für diese Autoren waren ökonomische, kulturelle und kollektive Rechte genauso gültig und legitim wie individuelle zivile und politische Rechte (Pollis/Schwab 1979: 1–17).

Diese Einstellung zieht sich durch das essentialistische Paradigma. Die »anderen« – sei es eine »Minderheit« oder ein »Land der Dritten Welt« –

gelten als die »Unterdrückten« und Menschenrechte als »Werkzeug« des »Unterdrückers«. Und die Schuld, die Last der westlichen kolonialen Vergangenheit und des heutigen Imperialismus, ist die treibende Kraft hinter dem Wunsch, diese Minderheiten von der westlichen Vorherrschaft zu befreien. Aus Sicht der Essentialisten ist ein Kampf, ein Ringen im Gange, und sie stehen dabei auf der Seite der Unterdrückten gegen den westlichen Unterdrücker.

Ein wesentlicher Bestandteil dieser Einstellung ist der Authentizitäts-Gedanke und die Frage, wer als authentischer Vertreter des »anderen« fungieren kann.

Pollis und Schwab haben sich erdreistet, Menschenrechte kategorisch als elitär und die Verfechter dieser Werte als verwestlicht abzutun:

»Sofern die westlichen Vorstellungen von Menschenrechten von politischen Eliten der Dritten Welt artikuliert werden, sind sie Ausdruck der Verwestlichung dieser Eliten. Man kann nicht davon ausgehen, dass die breite Masse der Bevölkerung diese Ansichten vertritt.« (ebd.: 12)

Taylor tut genau dasselbe, allerdings subtiler, wenn er sich auf Frantz Fanons Roman *Les Damnés de la Terre* (*Die Verdammten dieser Erde*) bezieht. Darin vertrat Fanon die Auffassung,

»eine der mächtigsten Waffen der Kolonisatoren sei die, den von ihnen Unterworfenen ihr eigenes Bild vom Kolonisierten aufzuprägen. Die Unterworfenen müssen sich also, wenn sie frei werden wollen, zuallererst von diesem erniedrigenden Selbstbild befreien.« (Taylor 1994: 65)

Taylor zufolge führt dies zu »einem Ringen um ein verändertes Selbstbild, das sich sowohl im Unterworfenen selbst als auch gegen den Beherrschenden abspielt.« (ebd.)

Ungeachtet der edlen Absichten formuliert die essentialistische Denkweise unvermeidlich eine ethnozentrische Obsession mit dem eigenen »Selbst« ihrer Verfechter: mit dem westlichen Selbst. Ethnozentrismus ist ein zweischneidiges Schwert. Die eine Klinge wird von denen geführt, die die Welt durch die Linse des Rassismus sehen. Das ist jedoch nicht der Blickwinkel der Essentialisten. Sie repräsentieren die andere Schneide, eine Gemütsverfassung, die derartig mit sich selbst und ihren Unzulänglichkeiten befasst ist, dass sie die Hoffnungen, Wünsche und Forderungen anderer Menschen nicht getrennt von ihren eigenen sehen kann.

Außerdem grenzt die essentialistische Einstellung an Arroganz oder sogar Überlegenheitsdenken: Essentialisten gehen davon aus, dass sie über die Bedürfnisse von Entwicklungsländern und deren Kulturen sowie über diejenigen ethnischer Minderheiten besser Bescheid wissen als andere. Damit aber nicht genug: Sie gehen auch davon aus, dass sie wissen, wer diese Gesellschaften repräsentieren *sollte*, nämlich jemand, der ihre Kriterien hinsichtlich Authentizität erfüllt: das folkloristische Konstrukt eines indianischen Eingeborenen mit einer Feder auf dem Kopf. Die Essentialisten benehmen sich – wenn auch unabsichtlich – genauso wie ihre Vorgänger, die Kolonisatoren, welche die Lokalbevölkerung in ihren Kolonien als unzivilisierte Menschen behandelten, die nicht für sich selbst entscheiden können. Auch die Essentialisten gehen davon aus, dass sie besser wissen, was für die Lokalbevölkerung gut ist. Wer die Welt nicht durch die Linse ihres Paradigmas sieht, wird von ihnen wie ein unmündiges Kind behandelt, das nicht weiß, was in seinem Interesse ist.

Wäre die Bürde des weißen Mannes als Merkmal des essentialistischen Paradigmas einfach nur ein ethnozentrischer und arroganter theoretischer Diskurs, dann hätte ich mich daran nicht weiter gestört. Sie ist aber nicht nur theoretisch: Dieser akademische Diskurs hat gravierende Folgen. Er ist dazu benutzt worden, Verletzungen grundlegender Menschenrechte zu rechtfertigen sowie Gewalt gegen Frauen, Minderheiten, Lesben, Schwule, Bisexuelle und Transsexuelle und Menschen mit unliebsamen politischen oder ideologischen Ansichten. Das lässt sich anhand zweier Beispiele verdeutlichen.

Erstes Beispiel: Mit ihrer scharfen Attacke gegen das Aufzwingen westlicher Werte und ihrem Bestehen darauf, dass Menschenrechte nicht universal gelten, haben Pollis und Schwab letztendlich eine Rechtfertigung für Totalitarismus geliefert. Im Hinblick darauf, dass Kolonien wirtschaftliche Entwicklung und eine nationale Identität brauchen, nahmen sie Staaten in Schutz, die ungestraft Menschenrechtsverstöße begingen:

»Eine traditionelle Kultur, die das Individuum über die Zugehörigkeit zu einer Gruppe definierte, in Zusammenhang mit der Notwendigkeit, diese Gruppenidentität auf die Ebene des Nationalstaats zu übertragen, einer Definition von Modernisierung als wirtschaftliche Entwicklung und der Herausbildung des Konzeptes eines Einparteienstaats als Personifikation des Volkes machte die Umsetzung von Erlassen möglich, welche die Redefreiheit einschränkten, sowie die Umsetzung von Gesetzen zur Sicherheitsverwahrung, das Verbot politischer Konkurrenzparteien, den Übergang der Justizgewalt in die Hände der Partei und die Einverleibung sämtlicher freiwilligen Zusammenschlüsse unter das Dach einer einzigen Partei. Diese Handlungen wurden nicht als antidemokratisch gesehen, sondern als Mittel, durch das ethnisch diverse, extrem arme Staaten den einheitlichen politischen

Rahmen schaffen konnten, der für wirtschaftliche Entwicklung unerlässlich ist. Wie Nkrumah und Nyerere oft gesagt haben: Wenn man zuließe, dass der Staat von politischen Differenzen beherrscht wird, dann käme die Wirtschaft nicht voran, da die für Entwicklung nötige Einheit fehlen würde.« (Pollis/Schwab 1979: 10)

Dass die Autoren in diesem Zusammenhang wirtschaftliche Rechte anführen, ist sehr problematisch. Meiner Ansicht nach muss man sich nicht zwischen politischen und wirtschaftlichen Rechten entscheiden. 1996, als ich zu einem Schweizer Fernsehteam gehörte, das eine Dokumentation über die Wasserknappheit im Jemen drehte, traf ich Amina, eine Frau, die in einem entlegenen Dorf am Rande von Taizz lebte. Für Amina sind Rede- und Versammlungsfreiheit belanglos. Sie sind Quatsch. Ihre Prioritäten sind Wasser, Essen, Gesundheit und Bildung für ihre Kinder. Ein Leben in Würde, beruhend auf wirtschaftlichen Rechten.

Das bedeutet aber nicht, dass Rede- und Versammlungsfreiheit nicht respektiert werden müssen. Jemenitinnen wie Arwa Othman und Amal Al-Basha, bekannte Bürger- und Menschenrechtsaktivistinnen, setzen sich für diese Rechte ein, denn sie bieten ihnen Schutz vor der Willkürherrschaft der Regierung. Dank dieser Rechte können sie für Transparenz und verantwortungsvolle Regierungsführung mobil machen.

Wirtschaftliche Rechte stehen auch nicht in Widerspruch dazu, dass es faire Gerichtsverhandlungen und Folterverbote geben muss. Feras Shamsan, ein junger jemenitischer Journalist, wurde 2014 in einem ägyptischen Polizeigefängnis festgehalten. Er weiß genau, dass diese Rechte nicht entbehrlich oder theoretischer Natur sind.

Shamsan wurde inhaftiert, weil er einfach nur versucht hatte, einen Streit zwischen zwei Frauen zu schlichten. Sie stritten sich über Abdel Fattah Sissi, den früheren ägyptischen Verteidigungsminister und jetzigen Präsidenten. Shamsan wurde 35 Tage lang zusammen mit dreißig anderen Insassen in eine kleine Zelle gesperrt. Die Zustände in dieser Zelle waren unvorstellbar. Die meiste Zeit musste er stehen, konnte seine Beine nicht spreizen und musste die kräftigsten Schlägertypen in der Zelle dafür bezahlen, dass sie ihm einen Platz zum Schlafen gaben. Noch schlimmer war aber, dass er zusammen mit anderen Aktivisten, die in der Zelle einsaßen, jeden Tag Versuche der Schläger abwehren musste, die jüngsten und schwächsten Insassen zu vergewaltigen. Er war wie zwischen zwei Mühlsteinen eingeklemmt: auf der einen Seite Mitglieder des ägyptischen Sicherheitsapparats, die ihn verhörten und ihm mit Folter und Vergewaltigung drohten, falls er nicht kooperierte; auf der anderen ein brutales, von kriminellen Schlägern beherrschtes Machtsystem in der Zelle.[10]

Für Shamsan bedeutet das Fehlen dieser Rechte den Unterschied zwischen vergewaltigt werden und nicht vergewaltigt werden. Das hat nichts mit »westlich« zu tun. Für alle Gefangenen – seien sie Amerikaner, Jemeniten oder Chinesen – duldet die Diskussion über Haftbedingungen, bei denen ihre Würde und ihre Rechte respektiert werden, keinen Aufschub. Für Othman und Al-Basha bedeutet das Fehlen dieser Rechte den Unterschied zwischen Freiheit und Gefängnis. Auch dies hat nichts mit »westlich« zu tun. Für sie handelt es sich um grundlegende Menschenrechte, die gleichermaßen für Menschen aus der westlichen Welt und für Menschen gelten, die nicht im Westen leben. Für sie ist das Fehlen dieser politischen Rechte undemokratisch.

Das ist aber nicht die Aussage von Pollis und Schwab. Sie sagen, wenn eine Bevölkerung afrikanisch und arm ist, müssen *per definitionem* die Menschenrechte der Bürger verletzt werden. Diktaturen und autoritäre Regimes eignen sich für diese Entwicklungsländer am besten, weil die wirtschaftliche Entwicklung Vorrang hat. Es überrascht nicht, dass viele autoritäre Führerfiguren sich der von Pollis und Schwab vorgetragenen theoretischen Argumentation bedient haben, von marxistischen panafrikanischen Anführern wie Nkrumah in Ghana über den panarabischen Nationalisten Jamal Abdel Nasser in Ägypten bis hin zum militärischen Machthaber Abdel Fattah Sissi in Ägypten. Allzu oft haben es diese Anführer weder geschafft, wirtschaftliche Entwicklung herbeizuführen, noch eine demokratische Ordnung, in der die Menschenrechte respektiert werden.

Dieser eklatante Missbrauch ihrer Argumentation veranlasste Pollis 1996, das Thema noch einmal aufzugreifen. Sie war zwar immer noch fest von der Gültigkeit ihrer früheren Behauptung überzeugt, dass »in vielen Gesellschaften – in Asien, Afrika, Osteuropa (einschließlich Russlands) und dem Nahen Osten – die liberale Doktrin der Menschenrechte nicht dem Weltbild der Menschen entspricht« (Pollis 1996: 316). Sie gestand aber ein, dass das »Argument der kulturellen Diversität oft dem Staat in die Hände spielt und dazu benutzt wird, eine Begründung für Willkürherrschaft zu liefern.« (ebd.: 320)

Zweites Beispiel: Die Vorstellung von der Bürde des weißen Mannes und die zwanghafte Besessenheit mit Imperialismus und der hegemonialen

---

10 Telefoninterview der Autorin mit Feras Shamsan über Skype, 18.05.2014.

Macht des Westens wurden häufig auch dazu benutzt, sämtliche Stimmen zum Verstummen zu bringen, die Gewalt gegen Frauen, Minderheiten, Lesben, Schwule, Bi- und Transsexuelle und Menschen mit unliebsamen politischen oder ideologischen Anschauungen anprangern.

Meredith Tax, eine amerikanische Autorin, politische Aktivistin und Leiterin des Centre for Secular Space, hat dies in ihrem Buch *Double Bind* beredt formuliert:

»Jede Feministin in Großbritannien oder Nordamerika, die das Thema Geschlechterpolitik in Ländern mit einer muslimischen Bevölkerungsmehrheit zur Sprache bringt, wird sich höchstwahrscheinlich anhören müssen, sie sei Anhängerin des Orientalismus. [...] Ist sie weiß, so sagt man ihr, sie sei Kolonialistin; ist sie farbig oder Feministin aus dem globalen Süden, dann wird ihr unterstellt, es fehle ihr an Authentizität. Man bezichtigt sie, den politischen Islam zu ›essentialisieren‹ und die Unterschiede darin zu ignorieren; sie würde nicht nuancieren und kontextualisieren; sie habe Vorstellungen von westlicher Überlegenheit verinnerlicht; [...] sie sei eine Verräterin an ihrer Gemeinschaft und Kultur.« (Tax 2012: 99)

Tax erkannte schnell die Auswirkungen dieses akademischen Diskurses, vor allem in Zusammenhang mit der Besetzung des Irak durch die USA und mit dem irakischen Widerstand.

Zu den Aufständischen im Irak gehören Gruppen, die mit al-Qaida verbündet sind. Die Bewegung besteht aus militanten Sunniten, die mit sektiererischer Gewalt gegen die Schia vorgehen. Sie deponieren Bomben auf Marktplätzen und in zivilen Vierteln und setzen in ihrem fanatischen Bestreben, einen islamischen Staat zu errichten, mit Zwang einen reaktionären Verhaltenskodex durch.

Obwohl Linke und Feministinnen im Irak gegen diese irakische Widerstandsbewegung sind, haben linke Akademiker/innen und einige Antikriegskoalitionen in den Ländern des Nordens sie gutgeheißen, da sie gegen ausländische Invasoren und den Imperialismus kämpfe.

Die Aufständischen haben ihre Gewalttaten jedoch vor allem gegen die eigene Bevölkerung und nicht gegen die USA gerichtet; insbesondere Frauen waren dabei die Zielscheiben. Die von der irakischen Widerstandsbewegung verübten Gräueltaten hat Anissa Hélie deutlich gemacht; sie ist feministische Wissenschaftlerin mit algerischen Wurzeln und ehemalige Koordinatorin der Organisation Women Living Under Muslim Laws. Sie schrieb 2005:

»Eine extremistische Gruppe namens Mujahideen Shura (Kämpferrat) kündigte beispielsweise an, sie werde jede Frau umbringen, die sich unverschleiert auf der

Straße zeigt. Dass dies keine leere Drohung ist, hat sich unlängst im Fall von Zeena Al Qushtaini gezeigt. Zeena war eine Frauenrechtsaktivistin und Geschäftsfrau und dafür bekannt, dass sie ›westliche‹ Kleidung trug. Sie wurde von einer anderen bewaffneten islamistischen Gruppe, Jamaat al Tawhid wa'l Jihad, entführt und hingerichtet. Als man ihren Leichnam fand, trug sie eine traditionelle Abaya; sie hatte sich zu Lebzeiten geweigert, dieses Kleidungsstück zu tragen. An die Abaya war eine Botschaft geheftet: ›Sie war eine Kollaborateurin gegen den Islam.‹ Inzwischen haben muslimische Extremisten schon angefangen, Friseurinnen und Friseure zu ermorden, denen sie vorwerfen, für ›westliche‹ Mode zu werben. Zu ihren bevorzugten Zielscheiben gehören außerdem Gewerkschaftsführer sowie Schwule und Lesben. Auch religiöse Minderheiten sind ihren Angriffen ausgesetzt, so etwa Christen in Mosul im Nordirak, wo Frauen aus der christlichen Gemeinde gezielt als Opfer für eine Massenvergewaltigung herausgegriffen wurden.« (Zitiert in Tax 2012: 74)

Diese gegen viele unterschiedliche Iraker/innen – Frauen, Minderheiten, Friseure/innen sowie Schwule und Lesben – gerichteten Gräueltaten wurden von Corinna Mullin, einer Lehrbeauftragten an der School of Oriental and African Studies, in ihrer Antwort auf Anissa Hélies Text kurzerhand beiseitegeschoben. Ihre Argumentation ist beispielhaft für die zwanghafte Besessenheit der Essentialisten mit dem Imperialismus:

»Es ist nicht klar, womit Hélie ein Problem hat: mit bewaffnetem Widerstand im Allgemeinen oder mit bewaffnetem Widerstand von Menschen, die einen anderen Glauben haben als sie selbst. Sie hat sicherlich Recht, dass es ›viele unbewaffnete Zivilisten und Gruppen jeglicher politischen Couleur gibt, die gegen die US-Besatzung sind und trotzdem keine Gewalttaten oder Menschenrechtsverletzungen begehen‹, wie auch im algerischen Unabhängigkeitskrieg, auf den sie Bezug nimmt. Hélie wird sich aber auch erinnern, dass damals willkürliche Angriffe beziehungsweise ›Terrorismus‹ von vielen in der europäischen Linken kritisch diskutiert wurden. Wie Hélie waren sie des Arguments überdrüssig, der ›Zweck heilige die Mittel‹, vielleicht, weil sie die Eigenschaften asymmetrischer Kriegsführung nicht verstanden und/oder weil sie wenig über die Art Verzweiflung wussten, die aus den von Kolonialismus/Besatzung hervorgerufenen ausbeuterischen und unmenschlichen Bedingungen erwächst. [...] Die Eigenschaften sektiererischer Gewalt sind zugegebenermaßen ein wenig anders, aber wie ›Terrorismus‹ muss auch sie im Kontext von Kolonialismus/Neokolonialismus und Besatzung gesehen werden.« (Zitiert in Tax 2012: 96)

Zivilisten werden umgebracht, weil sie sich ihre Bekleidungsregeln selbst aussuchen, weil sie als Friseure/innen arbeiten, weil sie Christen/innen, Juden oder Jesiden, Gewerkschaftsführer, lesbisch oder schwul sind. Die Ermordung dieser Menschen lässt sich unter keinen Umständen rechtfertigen. Für mich ist es völlig unbegreiflich, dass Kolonialismus/Neokolonialismus und Besatzung auf einer wissenschaftlichen Konferenz zur Rechtfertigung solcher Gräueltaten benutzt wurden. Aber genau das ist ja der springende Punkt: Für diejenigen, die um Verständnis für solche Gräueltaten werben, ist diese Diskussion rein akademisch. Die Diskussion würde sofort aufhören, theoretischer Natur zu sein, wenn diese Akademiker/innen oder ihre Familien Ziel solcher Anschläge würden. Im Angesicht von Schmerz und Entsetzen würde eine solche Diskussion beschämend sein. Die Auswirkungen wären glasklar.

Wieder sind es die Auswirkungen, auf die es ankommt.

Es sollte erwähnt werden, dass Menschenrechtsverletzungen sowohl individuelle wie auch kollektive Folgen haben. Die Dichotomie zwischen Individuum und Gruppe, die ein zentraler Bestandteil des essentialistischen Paradigmas ist, hat in diesem Zusammenhang keine Bedeutung. Individuum und Gruppe haben gegenseitige Auswirkungen aufeinander.

Wie oben erwähnt, verbüßt Raif Badawi gerade eine zehnjährige Haftstrafe. Er ist seiner Freiheit beraubt und darf seine Frau und seine drei Kinder nicht sehen. Wenn er aus dem Gefängnis entlassen wird, darf er weitere zehn Jahre weder reisen noch in irgendeiner Weise mit den Medien zusammenarbeiten; dazu gehören Schreiben und Reden. Sowohl er als auch seine Familie spüren die Auswirkungen der Verletzung seines Rechts auf freie Meinungsäußerung. Raif Badawi ist aber nur einer von vielen politischen Gefangenen in Saudi-Arabien und der Golfregion. Dem Gulf Forum for Civil Societies zufolge sitzen etwa 40.000 politische Gefangene in den Gefängnissen der sechs Golfstaaten, die meisten davon in Saudi-Arabien und Bahrain. Es handelt sich bei ihnen vorwiegend um Autoren/innen, Ärzte/innen, politische Aktivisten/innen usw. (Agence France Presse 2014). Das Elend jedes dieser Menschen ist Ausdruck eines in diesen Ländern herrschenden Klimas von Angst und Schrecken und ein beredtes Zeugnis des despotischen Charakters und Machtmissbrauchs der entsprechenden Regimes.

Wie ich zu Beginn dieses Aufsatzes geschrieben habe, ist Giordanos Argumentation nur die Spitze des Eisbergs; das zugrundeliegende Paradigma hat die postkolonialen und postmodernen Diskurse viel zu lange beherrscht.

Es kombiniert Multikulturalismus als politischen Prozess mit einer Politik des Rechtspluralismus, teilt Menschen nach kulturellen, religiösen und ethnischen Gesichtspunkten ein, dividiert sie auseinander und steckt sie in parallel nebeneinander existierende Rechtsenklaven. Es betrachtet Rechte aus der Perspektive der Gruppe – die Gruppe besitzt die Rechte, nicht die Einzelnen in ihr – und beharrt darauf, jede Gruppe habe eine kollektive Identität und Kultur – eine essentielle Identität und Kultur –, die es zu schützen und zu erhalten gilt, selbst wenn dies die Verletzung der Rechte individueller Angehöriger der Gruppe bedeutet. Das Paradigma wird von einer kulturrelativistischen Einstellung gegenüber Rechten beherrscht und geht deshalb davon aus, Rechte – wie auch andere gesellschaftliche Praktiken, Werte und moralische Vorschriften – seien kulturell determiniert. Außerdem spukt die Vorstellung von der Bürde des weißen Mannes darin herum – eine Vorstellung, die ausgeprägten Schuld- und Schamgefühlen wegen der kolonialen und imperialen Vergangenheit des Westens sowie dem paternalistischen Wunsch entspringt, Minderheiten oder die Bevölkerung ehemaliger Kolonien zu beschützen. Vor dem Hintergrund dieser Geisteshaltung gilt der oder das andere – sei es ein Angehöriger einer Minderheit oder ein gesamtes Entwicklungsland – als der Unterdrückte und Menschenrechte als ein vom westlichen Unterdrücker aufgezwungenes Instrument. Diejenigen, die in ihren eigenen Gesellschaften für die Allgemeingültigkeit der Menschenrechte kämpfen, gelten nicht als authentische Vertreter/innen ihrer Länder. Dabei werden schwere Menschenrechtsverletzungen ignoriert oder gerechtfertigt, die im Namen von Gruppenrechten oder kulturellen und religiösen Rechten begangen werden.

Diese Geisteshaltung ist das essentialistische Paradigma.

Literatur

Afshari, Reza (2011), *Human Rights in Iran. The Abuse of Cultural Relativism*, Philadelphia, PA.
Agence France Presse AFP (2014), »A Human Rights Organization Demands the Release of Prisoners of Conscience in Gulf Countries«, in: *Swissinfo*, 16.05.2015 (auf Arabisch), http://www.swissinfo.ch/ara/detail/content.html?cid=38599094 (letzter Zugriff am 15.07.2015).
Amnesty Inernational (2014), »A Thousand Lashes and 10 Years in Prison for Online Saudi Arabian Activist«, Pressemitteilung, 7.05.2014, http://www.amnestyusa.org/news/news-item/a-thousand-lashes-and-10-years-in-prison-for-online-saudi-arabian-activist (letzter Zugriff am 14.07.2015).
Burke, Roland (2010), *Decolonization and the Evolution of International Human Rights*, Philadelphia, PA.

CNN Arabic (2014), »Saudi Arabia. Shura Council Approves Sport for Girls Based on the Fatwa [Edict] of Sheikh Ibn Baaz and Postpones [the Issue of] Female Teachers Teaching Boys«, in: *CNN Arabic*, 9.04.2014 (auf Arabisch), http://arabic.cnn.com/middleeast/2014/04/07/saudi-shura-sport-vote (letzter Zugriff am 14.07.2015).

Donnelly, Jack (1984), »Cultural Relativism and Universal Human Rights«, in: *Human Rights Quarterly* 6, Heft 4, S. 400–419.

Easterly, William (2007), *The White Man's Burden*, Oxford.

Giordano, Christian (2008), »Der Rechtpluralismus: Ein Instrument für den Multikulturalismus? Eidgenössische Kommission gegen Rassismus«, in: *Bulletin TANGRAM*, Nr. 22.

IRIN (2011), »Madagascar. Twins Taboo Splits a Community«, in: *Irin News*, UN Office for the Coordination of Humanitarian Affairs, 3.11.2011, http://www.irinnews.org/report/94124/madagascar-twins-taboo-splits-a-community (letzter Zugriff am 14.07.2015).

King, Kiki (2014), »The Cursed Twins of Madagascar«, in: *Huffington Post*, Blogeintrag, 9.05.2014, http://www.huffingtonpost.co.uk/kiki-king/unreported-world-twins-in-madagascar_b_5293247.html?utm_hp_ref=uk&ir= UK&just_reloaded=1 (letzter Zugriff am 14.07.2015).

Malik, Kenan (2013*)*, *Multiculturalism and its Discontents*, London.

Manea, Elham (2016), *Women and Shari'a Law. The Impact of Legal Pluralism in the UK*, London.

— (2015), »We Are All in This Together, Like it or Not«. On Raif Badawi, Charlie Hebdo and Non-Violent Islamism«, in: *Qantara.de*, 22.01.2015, http://en.qantara.de/content/on-raif-badawi-charlie-hebdo-and-non-violent-islamism-we-are-all-in-this-together-like-it-or (letzter Zugriff am 23.07.2015).

Phillips, Anne (2007), *Multiculturalism without Culture*, Princeton/Oxford.

Pilgrim, David (2002), *What was Jim Crow?*, überarb. 2012, http://www.ferris.edu/jimcrow/what.htm (letzter Zugriff am 14.07.2015).

Pollis, Adamantia (1996), »Cultural Relativism Revisited. Through a State Prism«, in: *Human Rights Quarterly* 18, Heft 2, S. 316–344.

Pollis, Adamantia/Schwab, Peter (1979), *Human Rights. Cultural and Ideological Perspectives*, New York, NY.

Reid, Graeme (2013), »The Trouble with Tradition. When ›Values‹ Trample over Rights«, in: *HRW World Report* 2013, http://www.hrw.org/world-report/2013/essays/trouble-tradition (letzter Zugriff am 14.07.2015).

Tax, Meredith (2012*)*, *Double Bind. The Muslim Right, the Anglo-American Left, and Universal Human Rights*, London.

Taylor, Charles (1994), »The Politics of Recognition«, in: Amy Gutmann (Hg.), *Multiculturalism. Examining the Politics of Recognition*, Princeton, S. 25–74.

Williams, Rowan, Erzbischof (2008), »Civil and Religious Law in England: A Religious Perspective«, Vortrag an den Royal Courts of Justice, 7.02.2008, S. 1–2, http://rowanwilliams.archbishopofcanterbury.org/articles.php/1137/arc...recivil-and-religious-law-in-england-a-religious-perspective#Lecture (letzter Zugriff am 16.07.2015).

Der neue Kalte Krieg der Ideen zwischen den Zivilisationen und Alternativen dazu

Bassam Tibi

Das Hauptmerkmal des Konfliktes zwischen den Zivilisationen in unserer heutigen Welt ist der *harb al-afkar* (»Krieg der Ideen«).[1] Der Konflikt hat seinen Ursprung unabhängig vom Islam in Spannungen, die mit Werten zu tun haben. Allerdings formulieren Islamisten die Spannungen aus einer kulturellen Verteidigungshaltung heraus, da sich ihrer Wahrnehmung nach der Islam in einem Belagerungszustand befindet.[2] Der größere Zusammenhang, in dem sich der Konflikt abspielt, sind die Bedingungen der Post-Bipolarität in einem neuen Kalten Krieg zwischen dem »Sakralen« und dem Säkularen. Der Konkurrenzkampf besteht dabei zwischen politisierten religiösen und säkularen Wertesystemen. Allerdings geht es bei der religionisierten Politik,[3] die sich heutzutage auf die internationale post-bipolare Landschaft auswirkt, nicht um das elementare Menschenrecht der Glaubensfreiheit. In einem kulturell-religiösen Konkurrenzkampf, der Spannungen, die mit Weltanschauungen und Werten zusammenhängen, in einen politischen Konflikt verwandelt, entsteht ein Konflikt zwischen den

---

1 Dieses Kapitel ist eine Übersetzung von Kapitel 3 (»The New Intercivilizational Cold War of Ideas and Alternatives to It«) aus dem Buch *Islam in Global Politics* (Tibi 2012a), © 2012 Routledge, übersetzt und veröffentlicht mit freundlicher Erlaubnis der Copyright-Inhaber Taylor & Francis Books UK. Da der Text unverändert übersetzt und hier veröffentlicht wurde, blieben die zeitlichen Bezüge und Verweise auf damalige politische Gegebenheiten und Entwicklungen erhalten.
2 Zu dieser Wahrnehmung, die sich unter Muslimen ausbreitet, siehe Fuller 1995. Islamisten bauschen diese Ängste von Muslimen zu der Beschuldigung auf, Islamfeindlichkeit werde in einem Krieg der Ideen als Instrument eingesetzt. Dadurch verbietet sich jegliche Kritik am Islamismus. Eine eingehende Diskussion dieses Themas findet sich Tibi 2010a.
3 Das Konzept der Religionisierung von Politik wurde in Tibi 2009a geprägt (siehe dort v.a. Kapitel 5) und anhand der Politisierung des Islam in der Weltpolitik verdeutlicht. Zu politischer Religion allgemein siehe Gentile 2006.

Zivilisationen.[4] Dieser aufkeimende Konflikt dreht sich nicht um spirituelle Glaubenswerte, sondern um die Ordnung der Welt und um die Werte, die diese Ordnung stützen sollen. Deshalb möchte ich gleich hinzufügen, dass Religion und religiöse Kultur nicht *per se* eine Quelle von Konflikten sind; sie werden hier nicht im Hinblick auf Glauben, Religionsausübung und Kultursystem thematisiert, sondern bezüglich ihrer Funktion als Werkzeuge innerhalb einer Ideologie religionisierter Politik. Daraus folgt, dass sich der Konflikt nicht zwischen Religionen abspielt, sondern inhärent zwischen Weltordnungsvorstellungen, und dass es dabei um Zukunftsvisionen einer Neuordnung der Welt geht.

In ihrer Eigenschaft als Glaube und Kultursystem muss Religion geachtet werden. Religionsausübung in diesem Sinne wird auch als Teil der Menschenrechte gewürdigt; auf diese haben Menschen im Kontext der Anerkennung kultureller Verschiedenartigkeit ein Anrecht. Politisierte Religion ist demgegenüber etwas, das eigentlich »politische Religion« heißen müsste. Ein typisches Beispiel ist der Islamismus, der Konflikte zwischen den Kulturen entstehen lässt. Im vorliegenden Fall spielt sich der Konflikt nicht zwischen Islam, Christentum und dem Westen ab, sondern zwischen dem Islamismus, der säkularen Moderne und ihrer offenen Gesellschaft sowie der »Synthese« des Westfälischen Systems, auf dem die gegenwärtige Weltordnung beruht. Islamisten verschleiern diese Problematik jedoch mit dem Vorwurf einer Islamfeindlichkeit, die sie selbst erfunden haben; dadurch lassen sie in einem Krieg der Ideen die Debatte unscharf werden und können ihre Kritiker als »Feinde des Islam« verunglimpfen. Ein fortschrittlicher Islam ist sicherlich ein besserer Verhandlungspartner, weil er Teilhabe am Streben nach einem demokratischen Frieden zulässt und Brückenschläge zwischen den Zivilisationen ermöglicht. Dieses Kapitel plädiert für Brückenschläge im Bemühen um eine

---

4 Zu diesem post-bipolaren Konflikt zwischen den Zivilisationen, der mit »religionisierter Politik« zusammenhängt (siehe vorangehende Anmerkung sowie Kapitel 1 in Tibi 2012a) und in Forschungsarbeiten zu internationalen Beziehungen meist zu kurz kommt, siehe den 2009 erschienenen Sonderband der britischen Fachzeitschrift *Totalitarian Movements and Political Religions*. Zuvor hatte bereits das Hannah-Arendt-Institut für Totalitarismusforschung (HAIT) in Dresden ein ähnliches Forschungsprojekt über »politische Religionen« durchgeführt. Die Ergebnisse finden sich in Besier/Lübbe 2005. Der HAIT-Band enthält auch meine Fallstudie der AKP in der Türkei als Beispiel für institutionellen Islam, bei dem es sich auch um eine politische Religion handelt (Tibi 2005a). Zum Verhältnis zwischen politischer Religion und Zivilisationen siehe Tibi 2007a sowie die dazugehörigen Anmerkungen auf S. 201–206.

friedliche Konfliktlösung. Das Buch, aus dem das vorliegende Kapitel stammt (Tibi 2012a), soll der Wiederbelebung eines islamischen rationalistischen Humanismus Vorschub leisten, um Möglichkeiten für einen »Frieden« der Ideen als Alternative zum neuen Kalten Krieg der Ideen zu schaffen. Der Islamismus, ein politischer Islam,[5] tut das genaue Gegenteil: Er führt einen Propagandakrieg. Konsens über die Werte der kulturellen Moderne würde wahrscheinlich dazu beitragen, zu verhindern, was manche als »Zusammenprall der Kulturen« bezeichnen.

Kurzum: Der Krieg der Ideen, um den es hier geht, dreht sich um Werte und ist daher Ausdruck eines Wertekonflikts. Natürlich sind christliche, westlich-säkulare und islamische Werte nicht identisch und können miteinander in Konflikt geraten. Aber solch ein Konflikt hat nichts mit den Religionen Christentum und Islam selbst zu tun, sondern mit der Einbeziehung dieser Weltreligionen in einen Prozess der Politisierung von Glauben, der dadurch zu einer politischen Religion wird. Der Konflikt hat außerdem damit zu tun, dass etwas, das als religiös gesehen wird, in ein Spannungsverhältnis zum Säkularen gesetzt wird. Bei dieser Art Politik, die auf Religion basiert, werden strittige Themen religiös formuliert, und die Politik wird religionisiert. Die Bezeichnung »religionisierte Politik«, die ich in meinen Arbeiten geprägt habe, bezieht sich auf eine Kombination aus konstruierter Religion und Realpolitik. Manche glauben, es gehe einzig und allein um eine Instrumentalisierung von Religion. Man erliegt aber einer Illusion, wenn man die Bedeutung einer konstruierten und politisierten Religion herunterspielt, die in die Weltpolitik eingebettet ist. In Wirklichkeit benutzen beispielsweise Islamisten keineswegs den Islam als Vorwand zur Verschleierung eigentlich säkularer Anliegen. Das zu vermuten ist nicht nur falsch, diese Denkweise ist auch irreführend. Die Aktivisten auf dem Feld der »politischen Religion« glauben, dass sie als »wahre Gläubige« in einem Krieg der Ideen kämpfen, und sehen sich als die »Verteidiger Gottes« (siehe Lawrence 1989; Hofer 2002). Das bekannteste Beispiel für den heutigen globalen Krieg der Ideen ist der Islamismus. Allerdings wurde der Begriff »Krieg der Ideen«,[6] der nach dem 11. September 2001 verwendet wurde, nicht im Westen geprägt; in islamistischen Schriften hat er als *harb al-afkar* schon lange vor dem 11. September existiert.

---

5 Zum Islamismus als politisiertem Islam siehe Tibi 2008a sowie die darauf aufbauende Monographie desselben Autors (Tibi 2012b).

6 Siehe Phares 2007, der eine andere Meinung vertritt, sowie den pluralistischer ausgerichteten von Patterson/Gallagher 2010 herausgegebenen Band.

Einleitung

Dieses Kapitel greift die Debatte über den gegenwärtigen Konflikt zwischen Zivilisationen auf, um den es bereits zuvor ging (Tibi 2012a, Kapitel 1), auch in Zusammenhang mit Globalisierung und Kommunikation (Tibi 2012a, Kapitel 2). Dabei geht es durchgehend darum, wie Brücken geschlagen werden können. Die Hauptannahme ist, dass sich der fragliche Konflikt zwischen Säkularismus und politischer Religion abspielt. Das ist der Kern des Krieges der Ideen beim Streben nach einer Erneuerung der Weltordnung. Es handelt sich daher nicht um eine intellektuelle Debatte. Der Krieg der Ideen lässt vielmehr eine »Rückkehr des Sakralen« in einem politischen und konfliktträchtigen Kontext erkennen. Die damit zusammenhängenden Themen werden religionisiert, und das führt zu einem Konflikt. Ungeachtet verbreiteter irriger Annahmen liegt hier keinerlei religiöse Renaissance vor. Es geht vielmehr um das Aufkommen politischer Religionen und die Konflikte, die diese im Kontext der Post-Bipolarität auslösen. Allerdings ist das Hauptthema im Krieg der Ideen nicht Demokratie kontra Jihadismus, wie nach dem 11. September häufig behauptet wurde. Der Konflikt birgt viel mehr als nur einen »missionarischen Kreuzzug für die Demokratie«, wie ihn der ehemalige US-Präsident George W. Bush geführt hat. Tatsächlich ist der Krieg der Ideen Bestandteil eines Versuches, die Weltordnung zu erneuern.

Das umstrittene Thema Demokratisierung in einem Krieg der Ideen ist nicht einfach nur ein westliches Anliegen, das auf den 11. September zurückgeht, denn die institutionelle Richtung des politischen Islam täuscht ebenfalls Demokratiefreundlichkeit vor. In Wirklichkeit sind aber die Ansichten des Vaters des Islamismus, Sayyid Qutb, und seiner heutigen Anhänger, die in seine Fußstapfen treten – verkörpert durch die islamistische Bewegung – für den interzivilisatorischen Konflikt zwischen dem Westen und der islamischen Welt verantwortlich. Ihrer Ansicht nach ist der Konflikt weder sozioökonomischer noch politischer Natur, sondern es handelt sich um eine Schlacht »zwischen den Ideen von Gläubigen und denjenigen von Ungläubigen« (Qutb). In seinen eigenen Worten ausgedrückt geht es dabei um einen kompromisslosen Kampf:

»Es ist ein Kampf zwischen Gläubigen und ihren Feinden. Dem Wesen nach geht es dabei um eine Glaubenslehre/Idee (*aqidah*) und um nichts anderes. [...] [Anders ausgedrückt] geht es bei dem Kampf weder um Politik noch um wirtschaftliche Interessen. [...] Wäre letzteres der Fall, so wäre eine Konfliktlösung möglich. Weil es vom Wesen her aber ein Krieg von Ideen ist, die mit Religion zusammenhängen (*ma'rakat aqidah*), ist Glauben/*Iman* kontra *kufr* (Unglaube) der strittige Punkt. Es gibt daher folgende Optionen: Entweder siegt der Islam oder es findet ein Rückfall in *jahiliyya* (vorislamische Unwissenheit/Unglaube) statt. [...] Die Feinde der Gläubigen haben durch Schwindelein versucht, den Kampf/Krieg (*ma'rakah*) als politisch, wirtschaftlich oder ethnisch hinzustellen. Das stimmt aber nicht. Gläubige sollten diese Schwindeleien des Welt-Kreuzzüglertums (*salibiyya alamiyya*) nicht beachten.« (Qutb 1989: 201–202)[7]

Das Qutb-Zitat ist eine lehrbuchmäßige Definition religionisierter Politik, wie sie bei einer Rückkehr des Sakralen vorkommt. Das geschieht unter den Bedingungen dieses Krieges der Ideen, in dem ein Jihad gemäß der neuen, von Qutb vorgelegten Interpretation geführt wird. Die von ihm verwendeten Begriffe verraten eindeutig marxistisch-leninistische Ursprünge, besonders dann, wenn Qutb von einer »Weltrevolution« spricht[8] und eine imaginierte *umma* an die Stelle des Proletariats setzt. Qutb macht unmissverständlich klar, dass islamische Forderungen nicht verhandelbar sind, und lässt dadurch keinen Spielraum für einen Dialog oder eine Debatte. Sein Standpunkt lässt Versöhnung nicht zu und definiert das, worum es bei dem Konflikt geht, im Sinne eines Krieges. Wenn es um Brückenschläge geht, kann man also den Islamismus von der Liste streichen. Der Vergleich zwischen Islamismus und Marxismus-Leninismus sollte allerdings nicht von der Tatsache ablenken, dass religionisierte Politik nicht säkular ist; sie ist eine politische Religion. Wenn man das nicht versteht, dann versteht man auch nicht den Krieg der Ideen zwischen dem Säkularen und dem Sakralen in einem interzivilisatorischen Konflikt; er bleibt unbegreiflich.

Islamismus und der Westen: Warum ist dies ein Krieg und keine Kontroverse?

Zum islamistischen Krieg der Ideen gehört der Versuch, das Verhältnis zwischen dem Islam und dem Westen zu einem Konflikt zwischen den

---

7 Zu Qutb als Autorität in Sachen politischer Islam siehe Euben 1999, Kapitel 3, und Cook 2005, S. 202–206.
8 Sayyid Qutb (1992, S. 173–173) präsentierte den Jihad in einem modernen Sinne und erfand dabei eine Tradition islamischer Weltrevolution.

Zivilisationen zu machen (Qutb 1988). Der Islamismus stellt die bestehende säkulare Weltordnung in Frage. Unter diesem Gesichtspunkt sind die folgenden vier Themenfelder von zentraler Bedeutung.

Das erste ist die Legitimierung der Verwendung des Begriffs »Krieg« als Bezeichnung für den Konkurrenzkampf zwischen säkularen und religionisierten Entwürfen bezüglich der Weltordnung. Islamisten selbst verwenden den Begriff »Krieg« in einer anderen Bedeutung als der, die in der Forschung über internationale Beziehungen üblich ist. In diesem Zusammenhang erfindet der Islamismus den Islam neu, indem er ihn um ein Weltordnungskonzept ergänzt, damit der politische Islam einen ideologischen Krieg führen kann, dessen Regeln er selbst vorgibt; dies gilt häufig als Jihad. Der Islamismus überträgt den traditionellen islamischen Allgemeingültigkeitsanspruch auf einen Aktivismus im Rahmen eines neuen politischen Internationalismus. Warum handelt es sich dabei um einen Konkurrenzkampf zwischen Ideen/Konzepten, der als Krieg gesehen wird, und nicht einfach nur um eine Debatte oder sogar erbitterte Kontroverse zwischen rivalisierenden Parteien, die unterschiedlichen, miteinander konkurrierenden Anschauungen anhängen? Die Antwort ist, dass Islamisten gegen die Westfälische Weltordnung kämpfen, weil sie sich in einem Krieg gegen *kufr* (»Unglauben«) wähnen und daher nicht geneigt sind, sich in »eine Debatte« oder in einen Wettbewerb einzulassen. Wie aus dem obigen Qutb-Zitat deutlich wird, handeln Islamisten als »wahre Gläubige« und führen einen Krieg, der von dem Gedanken »ich gewinne, du verlierst« geleitet wird: entweder Islam oder *kufr*; dazwischen gibt es nichts. Vor dem Hintergrund dieser Denkweise wollen Islamisten »kämpfen« und nicht debattieren oder sich in einen Wettbewerb begeben. Qutb sagt, der »Westen« sei erledigt und es sei jetzt an der Zeit, dass der Islam das Heft in die Hand nehme. Punktum. Keine Debatte. In Qutbs Texten zeigt sich diese Geisteshaltung in all ihrem Absolutismus:

»Die Menschheit steht heute am Rande des Abgrunds. [...] Bankrott [...] ist das offenkundigste Merkmal des Westens. [...] Im Zuge dieses Bankrotts hat auch die Demokratie ausgespielt. [...] Die Führungsriegen des Westens sind im Verschwinden begriffen. [...] Einzig der Islam – und nichts sonst – verfügt über die Werte, die (für die Rettung der Menschheit) erforderlich sind. [...] Es ist jetzt an der Zeit, dass der Islam in diesen von Krisen und Umbrüchen geschüttelten Zeiten die Macht übernimmt. [...] Die Vormachtstellung der umma muss wiederhergestellt werden, damit der Islam die Führungsposition über die Menschheit wiedererlangt, die von ihm erwartet wird. [...] Das ist es, was islamische Erneuerung/ba'th Islami bedeutet.« (Qutb 1989: 5–9)

In Qutbs Vorstellungen über das, was er als islamische Erneuerung bezeichnet, zeigt sich der Anspruch auf eine »Wiederholung der Geschichte«, die als eine Rückkehr zur *siyadat al-Islam* (»islamische Vormachtstellung«) verstanden wird. Dieser Drang, das Rad der Zeit zurückzudrehen, ist offenkundig kein Anzeichen für den Sieg westlicher Werte, wie Fukuyama einmal behauptet hat.[9] Er ist vielmehr Zeichen einer starken transnationalen Bewegung. Der Zusammenbruch des Kommunismus zog keineswegs ein »Ende der Geschichte« nach sich, sondern das Aufkommen des Islamismus, der das genaue Gegenteil erreichen will: eine Wiederholung der Geschichte. Es muss noch einmal betont werden, dass der Islamismus eine starke transnationale Bewegung ist und nicht nur – wie manche »Wissenschaftspäpste« in ihrer Unwissenheit behaupten – »takfirisch-jihadistische Zellen«, also unbedeutende, angeblich randständige extremistische Splittergruppen. Manche Leute glauben, man könne sie verfolgen und vor Gericht stellen. Das ist Selbstbetrug und hat schwerwiegende Folgen, wenn es um Fragen der Sicherheit geht (siehe Inbar/Frisch 2008).

In ihrem Krieg der Ideen behaupten Islamisten, der Westen habe einst eine *Ghazu al-fikri* (»Invasion von Ideen«) in einem Krieg gegen den Islam unternommen, gegen den man jetzt zurückschlagen müsse. Sie wähnen sich in einem Krieg gegen die Kreuzzügler (*salibiyyun*), die »Handlanger des Weltjudentums« sind.[10] Wenn es nach Qutb geht, dann ist jetzt der Islam an der Reihe, die bestehenden Machtverhältnisse umzukehren. Muslime sind dazu aufgerufen, »westliche Wertesysteme« durch Entwestlichung zu bekämpfen. Dadurch möchten Islamisten die Vormachtstellung des Islam wiederherstellen. Eine hetzerische Kombination aus Amerikafeindlichkeit und Antisemitismus kommt einer Kriegserklärung gleich (Tibi 2008b); dies ist nicht im Sinne eines Dialogs, der auf Versöhnung ausgerichtet ist, oder einer Debatte, die beim Umgang mit Spannungen auf Brückenschläge setzt. Daher ist die Bezeichnung »Krieg der Ideen« nach islamistischen Maßstäben völlig gerechtfertigt und rechtens.

Das zweite Thema – neben der Rechtfertigung des Konzeptes eines Krieges der Ideen – bezieht sich auf den Konflikt über die staatliche Ordnung und den daran anschließenden Konflikt über die Gestalt des interna-

---

9 Zu dieser Debatte siehe Tibi 2008a, Einführung und Kapitel 5.
10 Diese antisemitische Behauptung wurde von den saudischen Professoren Ali Mohammed Jarisha und Mohammed Zaibaq (1987) auf nahezu jeder Seite ihres Buches aufgestellt. Zu weiteren Informationen über islamistischen Antisemitismus siehe Kapitel 3 in Tibi 2012b.

tionalen Systems an sich. Der Krieg der Ideen ist Teil eines Krieges, in dem zwischen den Zivilisationen ein Konflikt über die Neuordnung der Welt ausgefochten wird. Diesbezüglich stellt John Kelsay die richtigen Fragen:

»Im Ringen bei den Begegnungen zwischen dem Westen und dem Islam geht es darum, wer die vorrangige Definition der Weltordnung liefern wird. Wird es der Westen sein […] oder der Islam? […] Bereits in dieser Frage klingt ein Konkurrenzkampf zwischen kulturellen Traditionen mit charakteristischen Vorstellungen von Frieden, Ordnung und Gerechtigkeit an.« (Kelsay 1993: 117)[11]

In einem Buch, das Kelsay zwei Jahrzehnte später veröffentlichte, thematisiert er die Möglichkeit einer Neugestaltung der Welt durch Jihad und verweist dabei auf das Wiederaufleben islamischer Argumentation, die sich auf die Scharia beruft (Kelsay 2007).

Während Kelsay den Sachverhalt richtig sieht, gibt es immer mehr Literatur über islamisches Recht von einer Schar selbsternannter »Islam-Experten«, die anders als Kelsay nicht über fundiertes Fachwissen verfügen. Sie schreiben über ein Wiederaufleben der Scharia und wissen dabei nicht, dass der »schariaisierte« Islam eine islamistische Erfindung dieser Tradition ist. Das ist der Kern der Sache. Bei der klassischen Scharia und der darauf basierenden Argumentation geht es um richtiges Verhalten und manchmal auch um gerechten Krieg, aber niemals um die Weltordnung. Das islamistische Projekt stellt sich den Werten der kulturellen Moderne in einem Krieg der Ideen entgegen; dessen aggressiver Ton verrät eine sehr kompromisslose Haltung, die auf eine Erneuerung der Weltordnung aus ist. Der Krieg der Ideen gegen Außenstehende offenbart ein Dilemma im Islam, das sich auf dessen Verhältnis zur Moderne bezieht (Tibi 2009a). Beim islamistischen Krieg der Ideen geht es also nicht nur um ein binäres Weltbild bezüglich der Zivilisationen, das die Menschheit in »sie« und »uns« unterteilt. Auch innerhalb des Islam selbst tun sich im Rahmen einer inneren zivilisatorischen Krise Gräben auf.

Drittens: In einer Debatte und sogar in einer erbitterten Kontroverse sowie bei jedem auch noch so harten Konkurrenzkampf kann man sich immer einen Dialog vorstellen. Dieser könnte darauf abzielen, eine Brücke zu schlagen und zumindest einen »Burgfrieden«, womöglich aber sogar eine Übereinkunft zu schließen, die es möglich macht, dauerhaft friedlich miteinander zu leben. Dies setzt allerdings voraus, dass die Bürgerkultur des Pluralismus akzeptiert wird. Die Islamisten sind selbstgerecht und

---

11 Eine Diskussion von Kelsays Buch findet sich in Tibi 2011.

vertreten ihre Ansichten im Sinne eines kompromisslosen Jihad gegen diejenigen, die als Feinde des Islam gesehen werden. Es scheint daher, dass ein Einvernehmen zwischen islamistischem Jihadismus und dem Kantschen Konzept eines demokratischen Weltfriedens nicht möglich ist. Ehrliche Islamisten, die Klartext reden, schließen einen Dialog aus. Die Islamisten Jarisha und Zaibaq sind ehrlich und schreiben unter anderem:

»Die Vorstellung, man könne durch eine verstandesmäßige Annäherung zwischen den Religionen einen Burgfrieden zwischen Muslimen, Christen und Juden herbeiführen, ist ein Gedanke, der aus dem Orientalismus hervorgegangen ist. Ein solcher Dialog kann nur auf Kosten des Islam geführt werden, denn der Islam ist die einzig wahre Religion. […] Wenn man diesen Anspruch aufgibt, um sich auf einen Dialog einzulassen, fügt man dem Islam schweren Schaden zu.« (Jarisha/Zaibaq 1987: 202)

Ein anderer, bekannterer Islamist, Anwar al-Jundi, argumentiert in dieselbe Richtung und warnt sogar vor der »Dialog-Falle«, die das »Weltjudentum« aufgestellt habe, um den Islam zu schwächen (al-Jundi o. J.: 284–188; siehe dazu auch Tibi 2008b). Angesichts dieser binären Sichtweise wird in diesem Kapitel eine Ausstiegsstrategie vorgestellt, mit der eine Polarisierung vermieden und Brücken geschlagen werden könnten. Zuallererst schlage ich vor, eine deutliche Unterscheidung zwischen Islam und Islamismus vorzunehmen (siehe Tibi 2008a).[12] Zweitens plädiere ich dafür, das Vermächtnis des humanistischen Islam wieder aufleben zu lassen, um einen gemeinsamen Nenner zu finden.[13]

Das vierte Themenfeld ist die islamistische Wahrnehmung des Krieges gegen den Terror. Wegen der schlecht konzipierten Politik des ehemaligen US-Präsidenten George W. Bush wurde dieser Krieg zunehmend als Krieg gegen den Islam wahrgenommen, was zu pauschaler Amerikafeindlichkeit geführt hat. Der auf Bush folgende US-Präsident Barack Obama hat sein Möglichstes getan, um diese Scharte wieder auszuwetzen. Er hat bestätigt, dass eine jihadistische Bedrohung besteht, ohne diese aber mit dem Islam zu verwechseln, obwohl auch er ohne genauere Spezifizierungen generell vom »Islam« sprach. Anders als manche »schlauen Köpfe« wie etwa John Esposito beschränkte sich Obama außerdem nicht auf einen Kuschelkurs, sondern zählte in seiner historischen Rede in Kairo am 4. Juli 2009 sieben

---

12 Islam und Islamismus sind auch in Sicherheitsfragen unterschiedliche Themen; siehe hierzu die Analyse von Tibi 2002a.
13 Siehe Kapitel 4 in Tibi 2012a.

»Quellen der Spannungen« zwischen dem Islam und dem Westen auf.[14] Die vereitelten Anschläge von al-Qaida auf ein im Landeanflug auf Detroit befindliches US-Flugzeug haben aber offenbar Obamas löblichem Ansatz einen Strich durch die Rechnung gemacht.

Anders als Bush versorgt Obama Islamisten nicht mit Waffen für ihren Krieg der Ideen, sondern entwaffnet sie. Eine renommierte arabische Zeitung, *Al-Hayat*, ernannte Obama ohne jeglichen Anflug von Ironie zum »Kalifen der Muslime«, weil er in Kairo fachkundig und passend aus dem Koran zitiert hatte. Was kann der Westen aus den Patzern der Regierung Bush lernen? Und wie kann es Obama vermeiden, über dieselben Fallstricke zu stolpern wie Bush? Mit den folgenden sechs Überlegungen möchte ich Grundlagen für richtige Antworten auf diese Fragen schaffen.

1. Einer der folgenschwersten Fehler der Regierung Bush war das Versäumnis, im Krieg der Ideen einerseits eine Unterscheidung zwischen Islam und Islamismus und andererseits zwischen Jihad und Jihadismus vorzunehmen. In dem Dialog zwischen Westen und Islam, den Obama führen möchte, müssen grundlegende Unterschiede eingeräumt werden. Im Jahre 2002 nahm ich in Jakarta die USA in Schutz und ergriff Partei für den anwesenden US-Botschafter, als dort in diffamierender Weise geäußert wurde: Der »Krieg gegen den Terror ist ein Krieg gegen den Islam«.[15] Dieser Vorwurf wurde in Jakarta nicht nur von wütenden Islamisten erhoben, sondern auch von aufgebrachten ganz normalen muslimischen Teilnehmern. Zu meinem Leidwesen musste ich aber bald feststellen, dass ich mich irrte. Unter der Regierung Bush wurde mir die Rassifizierung von Muslimen jedes Mal bewusst, wenn ich in die USA einreiste und eine entwürdigende zweite Kontrolle über mich ergehen lassen musste. Der einzige Grund dafür ist, dass ich ein in Damaskus geborener Muslim bin, was in meinem deutschen Pass vermerkt ist. Meine Frau, eine blonde, gebürtige Deutsche, wurde besser behandelt, denn sie war von dieser unangenehmen Prozedur nicht betroffen. Wie sie verfüge ich über eine europäische Staatsbürgerschaft; das bewahrte mich aber nicht davor, aus Gründen der ethnischen Zugehörigkeit diskriminiert und wie jemand aus einem »Besorgnis erregenden Land« behandelt zu werden. Diese Diskriminie-

---

14 *New York Times* 2009; *International Herald Tribune* 2009.
15 Siehe den Beitrag von Ralph Boyce, der 2002 US-Botschafter in Jakarta war, in Helmantia/Abubakar 2004; dieser Sammelband enthält auch einen Beitrag von Tibi (2004a).

rung machte mir deutlich, dass es die Regierung Busch nicht kümmerte, ob sie Freunde und Verbündete aus den Reihen der Muslime verprellte. Als liberaler Muslim bewundere ich die amerikanische Demokratie, aber ich stellte fest, dass sie durch die Art und Weise Schaden nahm, in der Muslime im »Krieg gegen den Terror« behandelt wurden. Mir ist bewusst, dass diese Rassifizierung von Muslimen nicht der Hauptgrund für Amerikafeindlichkeit ist, aber sie schafft Tatsachen, die von Islamisten in ihrem Krieg der Ideen zum Schüren bereits bestehender Amerikafeindlichkeit ins Feld geführt wurden.
2. Die Regierung Obama muss schnell begreifen, dass der beste Weg zur Bekämpfung von jihadistischem Terror darin besteht, diese Jihadisten nicht mit normalen Muslimen in Verbindung zu bringen, damit sie diejenigen Muslime mit Leib und Seele für sich einnehmen kann, die keine Islamisten sind. Das lässt sich nur erreichen, wenn man zwischen Islam und Islamismus unterscheidet. Ich befürchte, dass die neue Regierung das andere Extrem einschlägt, nämlich eine trügerische Beschwichtigungspolitik gegenüber dem Islamismus, dabei denselben Fehler in umgekehrter Richtung wiederholt und erneut den Unterschied zwischen Islam und Islamismus übersieht. Mit fehlte diese Unterscheidung in den ansonsten erstklassigen und herausragenden Reden, die Obama im Bemühen um einen Brückenschlag des Westens zur islamischen Kultur in Ankara und Kairo hielt.
3. Der von der Regierung Busch geführte unbesonnene »Kreuzzug für Demokratisierung« verlor bald sein Ziel aus den Augen und wurde orientierungslos. Dadurch half er – direkt oder indirekt – Islamisten dabei, im Namen der Demokratie an die Macht zu kommen.[16] Dies geschah an den Wahlurnen. Es gelang Islamisten, im Irak, in Gaza und in der Türkei an die Macht zu gelangen. Politische Entscheidungsträger müssen natürlich nicht nur zwischen Islam und Islamismus unterscheiden, sondern auch Unterscheidungen innerhalb des Islamismus selbst vornehmen. Es gibt jihadistische Islamisten, die sich dem Jihad verschrieben haben, den sie im Sinne von S. Qutb als »islamische Weltrevolution« verstehen. Mit diesen islamistischen Terroristen (zum Beispiel den Taliban) kann man nicht reden. Dann gibt es aber auch diejenigen institutionellen Islamisten, die sich bereit erklären, demokratischen Spielregeln zu folgen und zur Wahlurne gehen. Allerdings kann man ihre

---

16 Eine Kritik dieser politischen Linie findet sich in Tibi 2008c; siehe auch die Fallstudie von Tibi 2009b sowie Anmerkung 4 oben.

Behauptung, sie seien gemäßigt, nicht unbesehen glauben, wie es manche irregeleiteten US-amerikanischen Experten tun.[17] Doppelzüngige Spielchen zu spielen ist kein Zeichen von Gemäßigtheit. Man darf Folgendes nicht vergessen: Die sogenannten »gemäßigten« Islamisten haben mit Jihadisten gemeinsam, dass sie die Werte der kulturellen Moderne ablehnen, vor allem diejenigen, die sich auf politischen Pluralismus, Religionsfreiheit, Säkularismus und Aufteilung der Macht beziehen. Mit bestimmten Einschränkungen und aus Gründen der Zweckdienlichkeit kann man sich mit ihnen einlassen, aber man muss sich ständig vor dem Irrtum in Acht nehmen, sie seien Verbündete. Sie sind es nämlich nicht. Die AKP ist eindeutig eine islamistische Partei. Die islamistische Herrschaft in der Türkei (Baran 2008, 2010) kann daher für die islamische Welt keine Vorbildfunktion haben, vor allem nicht für Ägypten, wo die islamistischen Muslimbrüder nach dem Sturz Mubaraks nur darauf warten, die Macht zu übernehmen, und zwar möglichst mit dem Segen der USA. Im Krieg der Ideen kämpft die AKP an der antiwestlichen Front und unterstützt außerdem die Hamas. Präsident Obama braucht Berater, die ihm das nicht verheimlichen, wie es bei Bush der Fall war, der davon nichts wusste. Man muss den US-Präsidenten vor der folgenschweren naiven Annahme bewahren, dass beispielsweise die Muslimbrüder für einen »Islam ohne Angst« stehen, der mit demokratischen Lösungen in Einklang gebracht werden kann.[18] Das stimmt mit den Tatsachen nicht überein. Natürlich muss man sich in einer Demokratie mit islamistischen Bewegungen auseinandersetzen; diese Auseinandersetzung sollte aber nicht mit einer Stärkung ihrer Macht verwechselt werden.

4. In ihrem Krieg der Ideen bedienen sich Islamisten auch des *iham*, was so viel wie »vorsätzliche Täuschung« bedeutet. Dieser neue sunnitisch-muslimische Begriff wurde nach dem Vorbild des schiitischen Wortes *taqiyya* (»Verheimlichung«) geprägt. Zum *iham* gehört auch »Doppel-

---

17 Siehe die verkehrte und äußerst irreführende Einschätzung von Leiken/Brooke 2007.
18 Die nachstehenden Bücher über Ägypten geben Anlass zu Besorgnis, weil sie auf falschen Vorstellungen über die Bewegung der Muslimbrüder (MB) beruhen, die Werbetrommel für eine Unterstützung dieser islamistischen Bewegung durch die USA rühren und ihr dadurch indirekt Legitimität verleihen und an die Macht verhelfen: Baker 2003 und Rutherford 2003. Es ist bemerkenswert, wie diese Autoren einander den Rücken stärken: Der lobende Kommentar auf dem Rückendeckel von Rutherfords Buch stammt von Baker.

sprech«.[19] In Europa wurde Tariq Ramadan von Caroline Fourest des Doppelsprechs bezichtigt; trotzdem war er Mitglied einer vom damaligen Premierminister Tony Blair einberufenen Arbeitsgruppe geworden (Fourest 2008; Philipps 2006: 174–175). Ramadan beriet Blair in dessen Umgang mit dem Islam. Meiner Ansicht nach verschleiert Doppelsprech einen Konflikt zwischen den Kulturen.
5. Die Konflikte in Palästina, Kaschmir, Tschetschenien usw. sind keine Ursache für Islamismus. Allerdings leistet ihr Wiederaufflammen islamistischen Bewegungen gewaltigen Vorschub. Im Krieg der Ideen werden diese Konflikte dazu missbraucht, die Vorstellung von einem Islam im Belagerungszustand zu propagieren. Die Regierung Bush hat im Wesentlichen nichts unternommen, das in dieser Hinsicht zu einer Konfliktlösung oder zu einer Deeskalation des Krieges der Ideen beigetragen hätte. Der neue Präsident [Obama, Anm. d. Übers.] und seine Nachfolger könnten es besser machen. Er könnte Islamisten in deren Krieg der Ideen entwaffnen und dadurch zeigen, dass die USA einen Vorstoß in Richtung Brückenschlag unternehmen; das hat er bereits in Ankara und Kairo getan. Zusammenarbeit und Konfliktlösungen sollten die frühere Konfrontationspolitik ablösen, die dem Verhältnis zwischen den USA und dem Rest der Welt sehr geschadet hat. Sie hat außerdem einer Amerikafeindlichkeit Zündstoff geliefert, die in der Zukunft noch für geraume Zeit blühen und gedeihen wird.
6. Schließlich ist auch noch zu berücksichtigen, dass der Krieg der Ideen sich nicht auf den Kampf des Islamismus gegen den Westen beschränkt. Hindu-Ethnofundamentalisten sind genauso gefährlich und beunruhigend wie Islamisten. Eines kann man nicht oft genug betonen, nicht nur, damit es nicht in Vergessenheit gerät, sondern auch aus analytischen Gründen: Der Konflikt zwischen den Kulturen ist eine Tatsache. Es handelt sich dabei weder um einen konstruierten »Zusammenprall« noch um eine wutentbrannte Polarisierung. Ein Kampf lässt sich abwenden; er ist vermeidbar. Konflikte können gelöst werden.[20] In einer Doppelstrategie kann man Dialog und Sicherheitsdenken miteinander kombinieren.

---

19 Das Wort »Doppelsprech« ist aus George Orwells Roman *1984* entlehnt (Anm. d. Übers.).

20 Zu diesem Thema enthält das Buch des damaligen deutschen Bundespräsidenten Roman Herzog (Hg., 1999) einen Beitrag von Tibi (1999a).

Der Islamismus ist das Wertesystem zur Welterneuerung

Anders als der Islam, bei dem es sich um einen auf spiritueller Gläubigkeit gründenden Glauben handelt, ist der Islamismus eine religionisierte politische Ideologie. Seine Ursprünge lassen sich bis 1928 zurückverfolgen; damals war die Geburtsstunde des *al-Islam al-siyasi* (»politischer Islam«) im Zuge der Gründung der Muslimbruderschaft.[21] Der Islamismus ist ein Gegenwartsphänomen des zwanzigsten Jahrhunderts, das sich im einundzwanzigsten fortsetzt und ein Vorbote der Rückkehr des Islam in neuer Gestalt in die Weltpolitik ist.[22] Die Entpolitisierung, die sich nach Abschaffung des Kalifats hätte einstellen sollen, wird vom Islamismus in Frage gestellt. Die erneute Politisierung von Religion hängt mit einem historischen Hintergrund zusammen, der in den Kontext lokaler, regionaler und internationaler Entwicklungen eingebettet ist. Sie wurde früher von Bipolarität verschleiert und tritt heute im Zeitalter der Post-Bipolarität wieder zutage.

Seit Abschaffung der islamischen Ordnung des Kalifats 1924 und dem darauf folgenden Verfall und dem Ende des letzten islamischen Reichs[23] wurde die islamische Welt neu gestaltet und in weltliche Staaten unterteilt, die als solche in das internationale Westfälische System integriert werden sollten. Angesichts dieser Gegebenheiten und der säkularen kemalistischen Revolution in der Türkei ging man davon aus, dass der Islam nur noch als religiöse Gläubigkeit weiterbestand und daher im Weltgeschehen keine Rolle mehr spielte. Dieser Auffassung lag die Tatsache zugrunde, dass die einstigen Provinzen des Osmanischen Reiches, wie auch andere Teile der als *dar al-Islam* (»Haus des Islam«) bezeichneten Region, auf den Landkarten des internationalen Systems als »neue Staaten« eingetragen wurden. Die ehemaligen osmanischen Provinzen durchliefen eine Übergangszeit der Kolonialherrschaft und wurden dann formell nach internationalem Recht zu Nationalstaaten auf der Grundlage von Volkssouveränität, das heißt, auf einer säkularen Grundlage. Das ändert sich im einundzwanzigsten Jahr-

---

[21] Eine wichtige und immer noch gültige Einführung in dieses Thema gibt Ayubi 1994. Siehe auch Mitchell 1969.
[22] Auf dieses Thema wird ausführlich in drei Monographien des Verfassers über den Islam eingegangen (Tibi 1998a, 2008a sowie abschließend 2012b).
[23] Siehe hierzu den geschichtlichen Überblick von Fromkin 1989. Nach dem Niedergang des letzten islamischen Reiches wurde die Türkei auf der Grundlage einer säkularen Ordnung gegründet. Dieser Prozess wird in dem als Klassiker geltenden Buch von Lewis (1979) analysiert.

hundert. In der islamischen Welt erlebt der säkulare Nationalstaat eine zweifache Krise. Die eine Krise bezieht sich auf Legitimität, die andere auf Entwicklung. Der Islamismus entsteht aus diesem Kontext der Krise des säkularen Nationalstaats heraus und führt einen Krieg der Ideen gegen dessen Ordnung mit der Absicht, stattdessen einen islamistischen Scharia-Staat zu errichten. Dieser Angriff auf den säkularen Nationalstaat geschieht in Zusammenhang mit der Rückkehr des Islam in politischem Gewand. Dem säkularen Nationalstaat wird vorgeworfen, er sei gescheitert. Die Alternative, die dazu angeboten wird, ist der islamische Scharia-Staat. Die angestrebte Ordnung ist Totalitarismus. Es ist daher irrig, Islamismus so darzustellen, als sei er ein »Islam ohne Angst«. Islamismus richtet sich nämlich nicht nur gegen die westliche Vorherrschaft, sondern auch gegen »westliche Werte an sich« (Bull 1984: 223). Bull ist der Ansicht, dass »das anschaulichste Beispiel hierfür der islamische Fundamentalismus« sei. Das macht »deutlich, dass (der Islam) und westliche Gesellschaften (heute) weiter auseinanderliegen als in den Jahren der nationalen Befreiung oder Entkolonialisierung«. Das ist ein wichtiger Aspekt im andauernden Krieg der Ideen. Erschwert wird die Situation dadurch, dass es sich beim Islamismus nicht um eine vorübergehende Erscheinung handelt. Die Experten, die behaupten, ein »fin de l'Islamisme« (Ende des Islamismus) sei in Sicht, irren sich gewaltig.[24]

Die Repolitisierung des Islam hat Auswirkungen auf die Weltpolitik und haucht dem Krieg der Ideen neues Leben ein. Nach dem Sechstagekrieg von 1967 geriet der Nationalstaat in eine Krise, wodurch der politische Islam Auftrieb bekam. Islamismus existierte bereits vor dieser Entwicklung, da die Bewegung der Muslimbrüder schon 1928 in Kairo gegründet wurde.[25] Ihren Höhepunkt erreichte die Politisierung des Islam

---

[24] Einer davon ist Gilles Kepel, der sich beispielsweise in seinem Buch *Jihad. Le Fin de L'Islamisme* (2000) dem Selbstbetrug hingibt, es gebe ein »Ende des Islamismus«. Kepel ignoriert nicht nur sämtliche Fakten, die seiner irrigen Prophezeiung widersprechen, er kennt sich offenbar auch mit den Unterschieden zwischen jihadistischem und institutionalistischem Islam nicht aus.

[25] Siehe hierzu den Klassiker von Richard Mitchell 1969. In einem unter dem Titel »Misjudging the Muslim Brotherhood« (»Falsche Einschätzung der Muslimbruderschaft«) abgedruckten Brief an den Herausgeber der *Washington Post* nehmen John Esposito und John Voll diese Bewegung unberechtigterweise vor dem Vorwurf in Schutz, sie sei die Quelle von sämtlichem religiösen Extremismus im Nahen Osten. Darin irren sie sich genauso wie Robert Leiken (Leiken/Brooke 2007). Tatsache ist, dass beinahe alle islamistischen jihadistischen Gruppen aus der Muslimbruderschaft hervorgegangen sind.

jedoch in der krisengeplagten Situation nach 1967. Das Ergebnis ist eine Bewegung, die auf transnationaler Religion basiert, kombiniert mit der Forderung nach Entsäkularisierung als islamistische Antwort auf die Krise. Im arabischen Teil des Nahen Ostens geriet der säkulare Nationalstaat aufgrund des Legitimitätsverlustes, den der Panarabismus nach der vernichtenden Niederlage im Sechstagekrieg und deren Nachwirkungen erlitten hatte, in eine Krise.[26] Der politische Islam gedeiht im Kontext des Legitimitätsverlustes, den der Nationalstaat in einer schweren Krise der arabischen Politik erlebt.[27]

Die Gründung der Bewegung der Muslimbrüder in Kairo zu einem früheren Zeitpunkt war Vorbote einer neuen politischen Strömung. Diese breitete sich schon damals aus, aber immer noch eher am Rande der Gesellschaft. Der Krieg von 1967 verhalf dem Islamismus zum Durchbruch, denn er wurde zu einer Ideologie mit Mobilmachungspotenzial aufgewertet, welche die Forderung nach *al-hall al-Islami* (»die islamische Lösung«) erhob.[28] Darum geht es bei »islamistischer Politik«. Die Verfechter dieser Lösung predigen eine politische Theologie der *din-wa-dawla* (»Einheit von Religion und Staat«). In diesem Zusammenhang wird der Islam vom Islamismus als *nizam* (»System« beziehungsweise »Ordnung«) ausgelegt, das alle Aspekte des Lebens ohne Unterscheidung zwischen Öffentlichem und Privatem steuert. Das ist echter Totalitarismus. Vor allem sehen wir uns mit dem Anspruch konfrontiert: Nur der Islam bestimmt, wie der Staat auszusehen hat. Diese neue Forderung ist als politischer Islam formuliert worden, der den säkularen Staat dadurch in Frage stellt, dass er eine Alternative anbietet, nämlich die *nizam Islami* (»islamische Ordnung«), die auf *Hakimiyyat Allah* (»Allahs Herrschaft«) beruht. Das ist die Gegenoption zu Volkssouveränität, und es steht im Widerspruch zur Bürgerkultur des Pluralismus und der Machtteilung, die darin vorgesehen ist. All das geschieht

---

Es war der Gründer der Bewegung, al-Banna, der aus dem klassischen Jihad einen terroristischen Jihadismus gemacht hat.

26 Zu diesen Nachwirkungen siehe Dawisha 2003, Kapitel 10 über »1967 and After« (S. 252–281) sowie Tibi 1998b, Kapitel 3 und 4 über den Sechstagekrieg und dessen Nachwirkungen.

27 Siehe hierzu die neuen Kapitel, die der dritten Auflage (1997) meines Buches *Arab Nationalism in the 20th Century* hinzugefügt wurden.

28 Dieser Begriff wurde von Yusuf al-Qaradawi in seinem Buch *al-Hulul al-Mustawrada wa kaif Janat ala Ummatuna* (»Die importierten Lösungen und der Schaden, den sie unserer umma zugefügt haben«) geprägt, das unter dem Titel *al-Hall al-Islami* veröffentlicht wurde (al-Qaradawi 1970–1980, Bd. 1). Seine Buchtrilogie wurde vielfach neu aufgelegt. Qaradawi fungiert heute als der Erbe Sayyid Qutbs.

bei den neuen Vorstößen in Richtung Entsäkularisierung. Es wird argumentiert, nur Allah sei der wahre Herrscher, was zu der Folgerung führt, das westliche Konzept der Volkssouveränität – die Grundlage des Nationalstaats – sei ein Import aus dem Westen. Dieser wird als *kufr* (»Glaubensabtrünnigkeit«) verdammt, da er vom wahren Islam entfremde. Das ist nicht nur das Kernthema bei der Herausbildung des politischen Islam, sondern auch im Krieg der Ideen als neuem Kaltem Krieg, bei dem es um die Legitimität der bestehenden Nationalstaaten in der islamischen Welt geht. Das Kernkonstrukt dabei ist der »islamische Staat«, der auf der Scharia basiert.

Der Ursprung der Vorstellung von *Hakimiyyat Allah* (»Allahs Herrschaft«) liegt in den Arbeiten des geistigen Urhebers des politischen Islam, Sayyid Qutb, der den Jihad uminterpretierte und dem Wort als »islamische Weltrevolution« eine neue Bedeutung gab.[29] Dieser globale Jihad soll nicht nur als neuer irregulärer Krieg durch nichtstaatliche Akteure geführt werden, sondern er ist auch ein *harb al-afkar* (»Krieg der Ideen«). Es ist daher völlig falsch, diejenigen Islamisten, die auf Gewalt als Mittel in ihrem politischen Handeln verzichten, als gemäßigt zu betrachten, denn beim Islamismus geht es nicht um Gewalt, sondern um eine Erneuerung der Weltordnung. Man kann dies dahingehend auf den Punkt bringen, dass die Agenda der heutigen islamistischen Bewegungen, die auf transnationaler Religion als neuer Spielart des Internationalismus beruhen, auf die Errichtung einer neuen Weltordnung abzielt, in der sich der islamische Anspruch auf *siyadat al-Islam* (»islamische Vorherrschaft«) in einer Wiederholung der Geschichte materialisiert.

Der Islamismus kombiniert die Vorstellung von *Hakimiyyat Allah* mit derjenigen vom globalen Jihad als Rahmenbedingungen für die Durchsetzung der geplanten Ordnung. Dies geschieht in einem Krieg und nicht in einer intellektuellen Debatte, die in einem akademischen Umfeld geführt wird. Qutb übernimmt Teile des marxistisch-leninistischen Wortschatzes und spricht in Zusammenhang mit der erwähnten »islamischen Weltrevolution« von einer Erweckung der *umma*, die an die Stelle des Proletariats tritt. Der Einfluss von Qutbs Gedanken auf den heutigen politischen Islam

---

29 Zum Denken und Einfluss Sayyid Qutbs siehe Dharif 1992, S. 102–110 und Anmerkung 7. Sehr einflussreich war auch die Schrift *Risalat al-Jihad* (»Aufsatz über den Jihad«) von Hasan al-Banna (Neuauflage 1990). Eine englische Übersetzung einiger Schriften al-Bannas findet sich in Wendell 1978. Eine Analyse der Entwicklung vom klassischen Jihad zum Jihadismus gibt Tibi 2008a, Kapitel 1.

und den auf Hasan al-Banna zurückgehenden Jihadismus ist immer noch stark. Zu dieser Aufzählung kann man auch noch den Namen des Pakistaners Abu al-Ala al-Mawdudi hinzufügen. Anders als der klassische islamische Jihad beruht der Jihadismus neuer Prägung sowohl hinsichtlich der Schriftauslegung als auch historisch auf einer neuen Interpretation dieser islamischen Doktrin, um angesichts der Schwäche des Islam die neue Art irregulärer Kriegsführung gegen den militärisch überlegenen Westen zu rechtfertigen. Nur gemäß diesem Verständnis ist der Jihadismus eine moderne Form des Terrorismus und wird auch als Krieg der Ideen geführt.

Abschließend lässt sich festhalten, dass der jihadistische Islam in der Weltpolitik ganz zweifellos eine neue Art des Totalitarismus ist. Hannah Arendts Konzept von Totalitarismus im Sinne sowohl einer Bewegung als auch einer Herrschaftsform ist bereits auf den Islamismus angewandt worden.[30] Der europäische Faschismus und der stalinistische Kommunismus waren die früheren Formen totalitärer Herrschaft im zwanzigsten Jahrhundert. Gegenwärtig ist der jihadistische Islamismus eine Bewegung, aber noch keine Herrschaftsform; trotzdem kann er als der neue Totalitarismus des einundzwanzigsten Jahrhunderts gesehen werden. Die Islamisten – sowohl die institutionell aktiven als auch die Jihadisten – stellen für die Muslime selbst eine Herausforderung dar. Das gegenwärtige Dilemma des Islam in Bezug auf die Moderne ist ein Charakteristikum der heutigen islamischen Zivilisation, die sich an einem Scheideweg befindet, hin und her gerissen zwischen der Anziehungskraft, die von der mobilisierenden Ideologie des jihadistischen Islamismus ausgeht, und der Notwendigkeit, sich der Weltgemeinschaft auf dem Weg zu einem demokratischen Frieden anzuschließen.

Blickt man über die Probleme der islamischen Zivilisation hinaus, um einen Eindruck von den rivalisierenden Entwürfen für eine neue Weltordnung zu bekommen, so stößt man auf drei Themen in der Weltpolitik: erstens die zunehmende Bedeutung nichtstaatlicher Akteure in der internationalen Politik; zweitens der »cultural turn«, der transnationaler Religion und deren politischer Kultur eine wichtige Rolle im Weltgeschehen einräumt; und drittens ein Überhandnehmen irregulärer Kriegsführung, sowohl mittels Waffen als auch mittels Propaganda. In diesem Gesamtkontext können politisch-religiöse Ideen als Wertsysteme einen Fahrstuhleffekt

---

30 Zum totalitären Charakter des Islamismus siehe Tibi 2004b und 2007b.

haben und in ihrer Eigenschaft als mobilisierende Ideologie zu einem mächtigen Faktor im Konflikt über die Neuordnung der Welt werden.

Die Stellung des Krieges der Ideen in der post-bipolaren Politik des einundzwanzigsten Jahrhunderts

Der wichtigste Unterschied zwischen Bipolarität und Post-Bipolarität zeigt sich im Unterschied zwischen dem alten und dem neuen Kalten Krieg. Diese Unterschiede spielen eine Rolle beim Verständnis des Krieges der Ideen, um den es hier geht. Das bipolare Zeitalter wurde von der Existenz zweier in gewisser Weise rivalisierender Großmächte bestimmt, der Vereinigten Staaten und der Sowjetunion. Beide Mächte waren in die bereits zuvor bestehende globale Struktur des internationalen Staatensystems eingebettet, das sie nicht selbst geschaffen hatten. Auch in früheren, vormodernen Zeiten gab es echte Großreiche, aber damals existierten noch keine globalen Strukturen. Charakteristisch für die vormoderne Welt war eine Vielzahl rivalisierender Reiche/Zivilisationen, die strukturell nicht eng miteinander verbunden waren. Das moderne System überzieht demgegenüber den ganzen Erdball.

Trotz des Fehlens globaler Maßstäbe in der vormodernen Zeit gab es einst eine globale Geschichte von Zivilisationen, die Reiche schufen. Zwischen dem siebten und siebzehnten Jahrhundert existierten nacheinander mehrere islamische Reiche, und sie alle führten erfolgreich Jihad-Kriege, um die Herrschaft über große Teile der Welt zu erlangen.[31] Tatsächlich gelang es während dieser Zeitspanne von zehn Jahrhunderten drei Kalifaten, durch ihre islamischen Eroberungen das Modell des Islamikats teilweise zu globalisieren und es über den *dar al-Islam* hinaus auszuweiten. Diese geschichtlich belegte Tatsache legt die Annahme nahe, die Islamisierung der Welt zu jener Zeit sei eine Spielart der Globalisierung gewesen, die vor der westlichen existierte. Der Erfolg der islamischen Globalisierung hielt sich allerdings in Grenzen. Sie wurde von der europäischen Expansion verdrängt, die das moderne Projekt der Globalisierung ins Rollen brachte, und zwar mithilfe der in Europa stattfindenden »militärischen Revolution«. Der Aufstieg des Westens beruhte auf moderner Wissen-

---

31 Zu diesem Teil der Geschichte siehe Tibi 1999.

schaft und Technologie. Die erwähnte militärische Revolution ebnete dem sich herausbildenden Westen den Weg zur Stellung als neue Zivilisation, die nicht nur für den Islam eine Herausforderung darstellte, sondern auch das erreichte, worin der Islam gescheitert war: Die einheitliche Strukturierung der Welt im Verlauf eines einzigen Globalisierungsprozesses. Während der vergangenen fünf Jahrhunderte hat die westliche Globalisierung (1500–2000) die Welt beherrscht. Die Bipolarität war allerdings nur ein fünfzig Jahre währendes Zwischenspiel in der Weltgeschichte. Seit dem Zweiten Weltkrieg – dem Beginn des Zeitalters der Bipolarität – und auch noch nach dem Ende dieses Zeitalters werden von den Nichteuropäern die USA als Mittelpunkt der westlichen Zivilisation gesehen und nicht mehr Europa, wo diese Zivilisation einst entstand. Nichtsdestoweniger wurde die westliche Globalisierung eigentlich durch die europäische Expansion in Gang gesetzt. Zurzeit wird diese Geschichte in jeder Hinsicht durch einen Krieg der Ideen in Frage gestellt, bei dem zugleich das Rad der Zeit zurückgedreht werden soll; es geht um die imaginierte Wiederkehr einer Geschichte islamischer Herrlichkeit. Der Krieg der Ideen ist ein Krieg geschichtlicher Erinnerungen.

Die europäischen Eroberungen setzten Prozesse in Gang, in deren Verlauf die islamische Welt auf Europa traf, und zwar in Gestalt von Kolonialherrschaft. Der Erweckungsprediger al-Afghani rief damals zum Jihad gegen den Westen auf. Dabei handelte es sich um einen kulturellen und antikolonialen Verteidigungs-Jihad, der die Europäer von einer weiteren Expansion abschrecken sollte.[32] Anders als der frühere expansive und aggressive Jihad, der zwischen dem siebten und dem siebzehnten Jahrhundert geführt wurde, diente der Jihad im neunzehnten Jahrhundert ausschließlich der Verteidigung. Im zwanzigsten Jahrhundert wurde aus dem Jihad Jihadismus. Dieser dauert im gegenwärtigen Jahrhundert an. Der neue Jihad gleicht weder dem klassischen noch dem defensiven antikolonialen. Im neuen Jihadismus geht es nicht nur um Gewalt, er ist außerdem ein Krieg der Ideen im Zeitalter der Post-Bipolarität. Will man diese neue Erscheinung begreifen, die als Jihadismus bezeichnet wird, so darf man sie nicht mit schlichtem Terrorismus verwechseln. Um den Islamismus, dessen Stellung in einer religionisierten post-bipolaren Weltpolitik und seinen globalen Jihad im Zeitalter der Post-Bipolarität besser zu verstehen, muss man sich mit dem Westen und der bestehenden Weltordnung befassen.

---

32 Siehe die ausgewählten, von Nikki Keddie (1968) übersetzten und herausgegebenen Schriften al-Afghanis sowie die Monographie von Peters 1979.

Die Werte, gegen die der globale Jihad seinen Krieg der Ideen führt, bilden die Grundfesten der westlichen Zivilisation und der Westfälischen Weltordnung. Darum geht es bei dem Konflikt zwischen den Zivilisationen. Welche Brückenschläge zwischen den Zivilisationen braucht es unter diesen Umständen?

Islamismus ist die islamische Version des globalen Phänomens des religiösen Fundamentalismus; er schlägt keine Brücken, er führt Krieg mit sämtlichen Mitteln. Dazu gehört ein Krieg der Ideen und gewalttätiger irregulärer Krieg. Vor dem Ende des alten Kalten Krieges war der jihadistische Krieg gegen die sowjetischen Streitkräfte erfolgreich; er schwächte das Sowjetreich und trug sogar entscheidend zum Anfang von dessen Ende bei; damals wurde er außerdem vom Westen unterstützt. Heutige Islamisten glauben, dass durch die Bedrohung, die vom globalen Jihad ausgeht, ein solcher Niedergang auch dem US-»Reich« bevorsteht. So stellt sich nicht nur al-Qaida die Zukunft vor, sondern auch der sogenannte »gemäßigte Islam«.

Der Krieg der Ideen ist ein Krieg um die Zukunft der Welt; er enthält eine kulturelle Dimension, die in Analysen internationaler Beziehungen zu kurz kommt. Insbesondere die Einschätzung des Stellenwerts, der dem Islam in der Weltpolitik des einundzwanzigsten Jahrhunderts zukommt, wird den traditionellen Islamwissenschaften überlassen, die die Bedeutung des globalen Jihad nicht begreifen und sich nur wenig damit auskennen. Der Islamismus verwandelt Jihad in Jihadismus und verkauft seine islamistischen Ansichten als »Demokratie«.

Die Fragen bezüglich Wissen, vor allem über Krieg und Frieden und darüber, wie der nichtislamische Teil der Menschheit die Handlungsweise von Islamisten verstehen kann, sind wichtig; sie berühren sämtliche Herangehensweisen an die Islamisierung von Wissen.[33] Gibt es spezifisch islamisches Wissen? Genauso, wie ich den Aufruf zum globalen Jihad ablehne, erteile ich auch der Ansicht eine Abfuhr, die Geisteshaltung des politischen Islam sei eine Weltanschauung, die in ihrem Krieg der Ideen nach einem eigenen Schema des Wissens über die Welt funktioniert.

Meine Studien über Islamismus und Islam basieren auf der Erkenntnis, dass es keinen monolithischen, allumfassenden »Islam« gibt. Das möchten die Islamisten zwar gerne glauben machen, aber in Wirklichkeit ist die islamische Welt in sich (unter anderem) konfessionell unterteilt (Sunna und

---

33 Siehe Tibi 1995 und das Kapitel über Wissen in Tibi 2009a.

Schia usw.). Ein weiteres Merkmal ist, dass sie sich durch enorme kulturelle Vielfalt auszeichnet, wovon ich mich vor Ort überzeugen konnte. Diese Trennlinien wirken sich auch auf den Aufruf zum globalen Jihad und den dazugehörigen Krieg der Ideen aus. Gleichzeitig mit dieser Vielfalt existiert allerdings auch eine Einheit innerhalb der islamischen Zivilisation.

Der Jihadismus ist ursprünglich eine sunnitisch-arabische Bewegung, die gegenwärtig von nichtstaatlichen Akteuren im Kontext transnationaler Religion getragen wird. Bei der Islamischen Revolution im Iran im Jahre 1979 trat eine neue Dimension des Jihadismus in Form eines schiitischen Internationalismus zutage, der paradoxerweise auf einem Nationalstaat basiert. Die Islamische Republik Iran betrachtet sich als Mittelpunkt der Welt (Fuller 1991) und möchte in ihrem Streben nach Jihad ihr Modell der islamischen Revolution verbreiten; dabei ist der Iran aber nach wie vor ein Nationalstaat, was seiner Ideologie widerspricht. Der sunnitische und der schiitische Islamismus sind noch immer unterschiedliche Ausläufer des islamistischen Internationalismus. Jeder dieser Ausläufer führt seinen eigenen Krieg der Ideen, sie sind sich aber einig in ihrer Angriffslust auf den Westen und westlich gebildete, säkulare, liberale islamische Eliten. Die islamistischen Gegeneliten lehnen die kulturelle Moderne als westlichen Import ab, der Muslime vom rechten Weg, dem *sabil Allah* (»Weg Gottes«), abbringt. Gleichzeitig übernimmt der Islamismus aber die technologischen und wissenschaftlichen Instrumentarien des Westens. Er ist eine halbmoderne Weltanschauung.

Mir ist daran gelegen, dass auf islamischer Seite die kulturelle Moderne und entsprechend auch die Vorstellung von einem demokratischen Frieden aufgegriffen wird, der die mit dem islamistischen Krieg der Ideen einhergehenden Spannungen ablöst. Daher versuche ich, dieses Anliegen kulturell zu untermauern, damit es für Muslime annehmbar ist. Es wäre verkehrt, der islamischen Zivilisation ein fremdes Konzept überzustülpen, da es ihr dann an Legitimität fehlen würde. Dieser Versuch macht aber nur Sinn, wenn man – wie ich es im weiteren Verlauf dieses Kapitels tun werde – erläutert, dass das Kernproblem das Dilemma des Islam mit der Moderne ist. Die Spannungen zwischen dem globalen Jihad und demokratischem Frieden – als zwei miteinander konkurrierenden Optionen – beschäftigen die gesamte internationale Politik. Auch die Muslime selbst stehen vor der Herausforderung, sich für religiöse Reformen und Kulturwandel einzusetzen.[34]

Was die Gegenwart betrifft, so lässt sich feststellen, dass der islamistische Gedanke des *Hakimiyyat* eine der Problematiken bei Säkularisierung und Entsäkularisierung ist (Tibi 2000a; Tibi 2009a: Kapitel 6). Wenn es darum geht, in der islamischen Zivilisation Demokratisierung Einzug halten zu lassen, dann ist die Aufklärung von Muslimen über säkulare Demokratie ein Ziel, das den gegenwärtigen wahhabitischen Institutionen zuwiderläuft, die Bildung im Sinne des salafistischen Islam betreiben.[35] Dieses Bildungsmodell trägt dazu bei, den Krieg der Ideen zu verstärken, der zu einer Entfremdung zwischen Muslimen und dem als »nichtmuslimische Andere« geltenden Rest der Menschheit führt. Für diese Probleme mangelt es im Westen an Verständnis, weil das entsprechende Wissen fehlt. Außerdem brauchen wir konzeptionell ausgerichtete Untersuchungen über die Mechanismen der Islamisierung von Konflikten in einem Krieg der Ideen, um die religiöse Dimension zu verstehen, die jeder friedlichen Konfliktlösung einen Riegel vorschiebt. Die Politisierung von Religion wird zu einer Konfliktideologie, die auf einem Neo-Absolutismus basiert.

Wenn konfliktbeladene Themen religiös formuliert werden, dann sind sie nicht mehr verhandelbar, denn islamistische Neo-Absolutisten lassen nur eine Wahrheit zu: ihre eigene. Ein Beispiel hierfür ist die Zweite Intifada in Palästina. Sie formuliert einen politischen Konflikt in religiösen Worten. Diese »islamische Politik« (Milton-Edwards 1996) in Palästina trägt zur Entstehung neuer Bedingungen bei, unter denen die Herbeiführung einer Lösung schwierig wird. Die Erste Intifada war säkularer Natur und konnte daher durch Verhandlungen mit der säkularen PLO beendet werden, die schließlich zum Frieden von Oslo führten. Die Zweite Intifada ist religiös-islamistisch, und die Hamas verweigert sich jeglichem Kompromiss.[36] Wenn Konflikte unter solchen Bedingungen eines Krieges der

---

34 In Kapitel 4 von Tibi 2012a gehe ich auf muslimische Rationalisten des Mittelalters ein, denen es gelang, das Vermächtnis des Hellenismus in das islamische Erbe einzubeziehen. Daran lassen sich solche Traditionen im Islam gut aufzeigen.

35 Zu diesem wahhabitischen Einfluss siehe Schwartz 2002, vor allem Kapitel 8 über die wahhabitische Internationale. DeLong 2004 entkoppelt demgegenüber den Wahhabismus von Bin Laden; das ist nicht nur ein Irrtum, sondern eine regelrechte Verdrehung. Mit einer Apologetik saudischer wahhabitischer Ideologie erweist man einem Verständnis des heutigen Islam einen schlechten Dienst.

36 Zur PLO und dem Konkurrenzkampf zwischen den säkularen und religiösen Bewegungen in Palästina siehe Jamal 2005 und Lybarger 2007.

Ideen unlösbar werden, müssen sich die entsprechenden Fachdisziplinen, nämlich Internationale Beziehungen und Konfliktforschung, mit diesen neuen Gegebenheiten befassen und die bestehenden Ansätze überdenken. Die derzeit in den Islamwissenschaften in den USA vorherrschenden Denkansätze tragen weder zu einem besseren Verständnis der neuen Stellung des Islam als transnationale Religion in der internationalen Politik des einundzwanzigsten Jahrhunderts bei noch zu einem Verständnis des anhaltenden Krieges der Ideen. Stattdessen halten sie lieber an ihrer Orientalismus-Besessenheit fest, während um sie herum ein umgekehrter Orientalismus in Gang ist. Ich habe in der Vergangenheit vorgeschlagen, eine neue Unterdisziplin innerhalb des Faches Internationale Beziehungen zu schaffen, die von den Kulturwissenschaften und der Religionssoziologie profitieren würde. Ich bezeichne diesen Ansatz als »Islamologie«; es geht dabei um die sozialwissenschaftliche Untersuchung von Konflikten im Hinblick auf islamische Wirklichkeiten. Bei diesem Projekt stieß ich auf große Hindernisse und stand oft mit dem Rücken zur Wand.[37]

Zusammenfassend lässt sich sagen, dass die Islamwissenschaften im Westen im Hinblick auf ihre theoretischen Ansätze unzureichend aufgestellt sind und eine echte Ausrichtung auf Internationale Beziehungen sowie auf die Soziologie brauchen. Während meiner ganzen akademischen Laufbahn habe ich mich für eine Erforschung des Islam eingesetzt, die über einen auf die religiösen Schriften bezogenen Orientalismus und das kulturanthropologische Narrativ hinausgeht. Der Islam ist eine transnationale Religion. Die politische Natur des Islamismus ist heutzutage eine Quelle von Gegenwartskonflikten, denen man mithilfe des sozialwissenschaftlichen Rüstzeugs der Islamologie begegnen kann. Wenn man sich mit dem Islam so beschäftigt, wie es die meisten Kulturanthropologen in den USA tun, wird man den andauernden Krieg der Ideen nie richtig verstehen. Ihr Verständnis von »islamischer Politik« ist sehr mangelhaft und korrekturbedürftig.[38]

---

37 Zu diesem Islamologie-Projekt siehe Tibi 2009a, S. 7–11 und S. 21–24.
38 Ein sehr beunruhigendes Beispiel hierfür ist Eikelman/Piscatori 1996.

Ein Krieg der Ideen für die »Rückkehr des Sakralen«

Kultur und Religion sind in post-bipolaren internationalen Beziehungen hochaktuelle Themen, sodass ich noch einmal darauf eingehen möchte, wie sich die Islamwissenschaften in den USA mit dem Islam befassen und warum es nötig ist, die Sozialwissenschaften – und zwar vor allem die Fächer Internationale Beziehungen und Soziologie – in die Erforschung der »Rückkehr des Sakralen« einzubeziehen. Religiöse Fundamentalisten in der heutigen islamischen Zivilisation sind als nichtstaatliche Akteure am Werk, und sie agieren als Soldaten des Islamismus/politischen Islam. Der Islamismus ist heute die wichtigste Spielart des internationalen Phänomens des religiösen Fundamentalismus.[39]

Der »politische Islam« (also der islamistische Fundamentalismus) führt faktisch einen Krieg der Ideen gegen die säkulare internationale Ordnung, um die Rückkehr des Sakralen herbeizuführen. Die gegenwärtige Ordnung wird durch die Grundsätze des Westfälischen Friedens von 1648 legitimiert. Der Islamismus bedroht die Autoritätsstruktur des gegenwärtigen internationalen Systems. Hierzu gehören auch die Anschläge, die al-Qaida verübt.

In der islamischen Zivilisation steht das Aufkommen des Islamismus in Zusammenhang mit einem weltweiten Phänomen, nämlich der Politisierung der Religion im Rahmen einer »Rückkehr des Sakralen«. Dabei handelt es sich nicht um eine religiöse Renaissance. Die Bedrohung richtet sich gegen die säkulare Weltanschauung, welche die Grundlage des Westfälischen Systems ist; in westlichen Gesellschaften wird dieses System von der kulturellen Moderne gestützt. Ihm wird in einem Krieg der Ideen eine Kampfansage gemacht, der außerdem einen Prozess der Politisierung von Religion vorantreibt und dadurch die säkulare Ordnung des Staates und der Welt ins Visier nimmt. Dies geschieht im Kontext einer religiösen Formulierung internationaler Konflikte (zum Beispiel Jihad gegen den Westen). Diese Art von religiösem Fundamentalismus ist nicht einfach nur eine Form von Fanatismus oder Extremismus. Es geht dabei um ein Ordnungskonzept, das auf einer göttlichen Grundlage basiert.

Leider haben die Ergebnisse des *Fundamentalism Project* der American Academy of Arts and Sciences nie Eingang in die etablierten Islamwissen-

---

39 Siehe hierzu die fünf Bände mit den Ergebnissen des von der American Academy of Arts and Sciences durchgeführten »Fundamentalism Project« (Marty/Appleby [Hg.] 1991–1995).

schaften, in das Fach Internationale Studien oder in die entsprechenden Fachzeitschriften gefunden. Nur wenige Fachzeitschriften nehmen Artikel zur Veröffentlichung an, die den politischen Islam in Zusammenhang mit der post-bipolaren Krise der Weltordnung behandeln und der Tatsache Rechnung tragen, dass Kultur bei der Erforschung der veränderten Rahmenbedingungen im Krieg der Ideen eine Rolle spielt, der an die Stelle des alten Kalten Krieges getreten ist.[40]

Die damit zusammenhängenden Werte spielen eine Rolle in der internationalen Politik. Hedley Bull, ein zwischenzeitlich verstorbener Wissenschaftler von der Universität Oxford, hat diesbezüglich den Unterschied zwischen internationalem System und internationaler Gesellschaft in die Diskussion eingeführt. Bull zufolge

»besteht eine *Staatengesellschaft* (bzw. internationale Gesellschaft) dann, wenn eine Gruppe von Staaten in dem Wissen, dass sie bestimmte gemeinsame Interessen und *gemeinsame Werte* haben, eine Gesellschaft bilden [...], in der ihre Beziehungen zueinander von einem *gemeinsamen Regelwerk* zusammengehalten werden. [...] Eine internationale Gesellschaft in diesem Sinne setzt voraus, dass es ein internationales System gibt, aber ein internationales System kann auch existieren, ohne eine internationale Gesellschaft zu sein.« (Bull 1977: 13–14, Hervorhebungen B.T.)

Ein internationaler »Frieden« der Ideen scheint nur auf der Grundlage gemeinsamer Werte möglich zu sein, auf denen ein gemeinsames Verständnis von Frieden aufgebaut werden kann. Wenn dies nicht gelingt, dann wird der gegenwärtige islamistische globale Jihad, der um einen islamischen Frieden geführt wird – sei es mit friedlichen oder gewaltsamen Mitteln –, fortdauern und die Ordnung der Welt aus den Angeln heben. Natürlich lässt sich demokratischer Weltfrieden nicht mit den Werten und der Art von Frieden in Einklang bringen, um die es im Islamismus geht. Der strittige Punkt sind unterschiedliche Vorstellungen über die Probleme, die Konflikte auslösen. Diesen Konflikt als »Zusammenprall der Kulturen« zu bezeichnen ist falsch. Die erwähnte andere Auffassung von Krieg und Frieden findet sich in Sayyid Qutbs Buch *Weltfrieden und Islam*. Qutb wiederholt zwar den klassischen islamischen Anspruch, das Islamikat zu vergrößern, bis es sich über den ganzen Erdball erstreckt, aber er kleidet diese

---

40 Siehe Tibi 2000a. In diesem Zusammenhang tritt Kultur in den Vordergrund; eine diesbezügliche Diskussion findet sich in den Beiträgen zum »Culture Matters Research Project«, das von Lawrence Harrison geleitet und publiziert wurde (Harrison [Hg.] 2006).

Vorstellung in ein modernes Gewand, sodass es nun darum geht, eine islamische Weltordnung anzustreben.

Als Qutb in Aktion trat, war die zuvor – 1928 – gegründete Bewegung der Muslimbrüder noch unbedeutend. Nach dem Krieg von 1967 vollzog sich dann aber ein radikaler Wandel, in dessen Verlauf der Islamismus zu einer »Ideologie mit Mobilisierungskraft« wurde, die einen »mobilisierenden Islam« stützt. Das geschah in Zusammenhang mit der Krise der bestehenden säkularen Nationalstaaten. Dieser Prozess fachte den Krieg der Ideen an. Islamisten behaupten, der Islam sei mit einem westlichen Virus infiziert, und malen sich eine entwestlichte Welt des Islam aus, die sich schließlich über den ganzen Globus erstreckt. Unverdorbenheit und Authentizität spielen in dieser Identitätspolitik, die in einem Krieg der Ideen gegen den Westen verortet ist, eine zentrale Rolle. Der traditionelle islamische Universalismus wird in einer Krisensituation zu neuem Leben erweckt, diesmal aber in Gestalt eines politischen Internationalismus, der sich gegen die Vorstellung einer auf Pluralismus und demokratischem Frieden beruhenden internationalen Gesellschaft richtet.[41] Die islamische Zivilisation könnte sich eine pluralistische Sichtweise von Zivilisation zu eigen machen, wenn sie sich von den Trugbildern des Islamismus befreit. Muslime stehen vor der Herausforderung, sich mit der Zwickmühle auseinanderzusetzen, in der sich der Islam hinsichtlich der Moderne befindet (siehe Habermas 1987: 1–22).

Der neue Krieg der Ideen findet unter den Bedingungen einer »Rückkehr des Sakralen« statt.[42] Im Kontext der post-bipolaren Weltpolitik tobt ein Kampf zwischen drei Optionen, die sich in einem Konkurrenzkampf miteinander befinden: erstens die Pax Americana auf der Grundlage der einseitigen Vorherrschaft der USA; diesen Kurs hatte die Regierung Bush eingeschlagen. Zweitens das andere Extrem, nämlich die Zukunftsvision von einer *Pax Islamica*. Diese Zukunftsvision sollte man nicht kleinreden; sie ist weder islamistische Phrasendrescherei noch das Hirngespinst eines Einzelnen (beispielsweise des verstorbenen bin Laden) und kleiner Jihadistenzellen, die Anhänger von al-Qaida sind. Diese vermeintliche Phrasendrescherei ist viel mehr; sie ist politische Religion in Aktion. Die dritte Option ist ein echter pluralistischer demokratischer Frieden, also ein Frie-

---

41 Zum islamischen Internationalismus siehe Tibi 2008a, Teil 2.
42 Diese Debatte wird im neuen Kapitel 11 der zweiten Auflage (2005b) von Tibi 2001 aufgegriffen, das nach dem 11. September 2001 fertiggestellt wurde. Einen allgemeinen Überblick über dieses Thema an sich gibt Hanson 2006.

den, der weder auf westlicher Vorherrschaft noch auf einer angeblichen moralischen Überlegenheit des Islam beruht, sondern auf einem von gegenseitiger Achtung und Wertschätzung geprägten Zusammenleben. Damit dieses Ziel erreicht wird, müssen Muslime die gleichen Grundwerte – Freiheit, Demokratie und individuelle Menschenrechte – bejahen wie die nichtmuslimischen »kulturell Anderen«. Das ist die Voraussetzung für die Brückenschläge, die in diesem Beitrag angeregt werden.

Im gegenwärtigen Krieg der Ideen lehnen es Postmodernisten ab, für universale Werte Partei zu ergreifen. Sie sind Kulturrelativisten und leugnen die Universalität der kulturellen Moderne. Säkularität ist aber eine gesellschaftliche Wirklichkeit und kein Konstrukt. Die Kulturrelativisten übersehen, dass in westlichen Gesellschaften das Christentum einen echten gesellschaftlichen Prozess der Säkularisierung durchlaufen hat. In diesem Zusammenhang verlor die Religion ihren unmittelbaren Einfluss auf die Politik. Tatsächlich ist die kulturelle Moderne in sich säkular, weshalb der Westen und die islamische Kultur ihre Werte gemeinsam bejahen können. Jürgen Habermas, der bereits erwähnte führende westliche Philosoph und Theoretiker der kulturellen Moderne, bezeichnet in Anlehnung an den Soziologen Max Weber Säkularisierung als das Kennzeichen der Moderne und übernimmt zugleich Webers Formulierung bezüglich der »Entzauberung der Welt«.[43] Für Weber und nach ihm für Habermas ist die Trennung des Weltlichen vom Göttlichen eine Haupterrungenschaft der kulturellen Moderne. Habermas schreibt: »Weber beschrieb [...] den Prozess der Entzauberung, der in Europa zu einem Zerfall religiöser Weltanschauungen führte und in einer säkularen Kultur mündete, als vernunftbegründet.« (Habermas 1987: 1)[44] Ist dieses Wissen, das die Grundlage der Moderne bildet, spezifisch westlich oder universal gültig? Könnte dieses Wissen die Grundlage für eine Option sein, die für nicht-westliche Menschen annehmbar ist? Diese Fragen wurden bereits an anderer Stelle angesprochen, da sie sich auf einen Krieg der Ideen beziehen, in dem Islamisten den aggressiven Begriff »epistemologischer Imperialismus« verwenden, um die moderne Vernunft und das Wissen, das mit ihr einhergeht, in ein schlechtes Licht zu rücken.[45]

---

43 Zu Max Webers »Entzauberung der Welt« siehe Weber 1964, S. 317–320.
44 Nach dem 11. September 2001 änderte Habermas seine Meinung. Eine kritische Auseinandersetzung mit seinen Ansichten findet sich in Tibi 2002b.
45 Zur Frage des Wissens siehe Tibi 1995 und Tibi 2009a.

Das moderne rationale Wissen hat Vorgänger in der Geschichte des islamischen Rationalismus; dies kann dazu beitragen, Brücken zwischen den Kulturen zu schlagen und dem Krieg der Ideen ein Ende zu machen. In der Geschichte der Beziehungen zwischen den Zivilisationen lässt sich erkennen, dass zu früheren Zeiten Elemente aus anderen Kulturen übernommen wurden und Kulturen sich gegenseitig befruchteten. Dies geschah unter der Voraussetzung von Universalität. Die Hellenisierung des Islam im Mittelalter wird oft als klassisches Beispiel angeführt, das in Zusammenhang mit dem heutigen Krieg der Ideen wiederbelebt werden könnte. Der islamische Humanismus hat das Potenzial, eine Brücke zwischen den Zivilisationen zu schlagen. Daher rege ich nicht nur an, diesem Vermächtnis neues Leben einzuhauchen, sondern auch, es als Vorbild zu nehmen, da sich so möglicherweise das Gegensatzpaar Islam kontra Westen verhindern lässt.

Gegenwärtig liegt das Hauptaugenmerk immer noch auf dem politischen Islam und seinem gegenwärtigen Krieg der Ideen. Zunächst ist festzuhalten, dass sich die Vorhersage von Gilles Keppel (2000), es werde einen »decline de l'Islamisme« geben, als irrig erwiesen hat. Man kann viel eher sagen, dass die Rückkehr des Sakralen der Vorbote einer Kampfansage ist. Die islamische Variante dieser Rückkehr ist mit einem Plan für eine neue internationale Ordnung verknüpft. Es handelt sich dabei nicht um eine vorübergehende Erscheinung in der Tagespolitik, sondern um etwas, das uns begleiten wird, solange seine Randbedingungen weiterbestehen. Außerdem wird ein Krieg um die Universalität von Werten geführt. Deshalb fordere ich eine Neubelebung des klassischen islamischen Rationalismus, der einst bejahte, dass es universales Wissen gibt. Eine Neubelebung der Philosophie al-Farabis könnte Anregungen für einige Grundlagen in der internationalen Politik geben, auf denen sich ein »Frieden« der Ideen und kein Krieg der Ideen errichten lassen. Nur wenn das geschieht – und gleichzeitig strukturelle Probleme gelöst werden –, wird der Niedergang des Islamismus eingeläutet. Vorher wird auch sicherlich der Krieg der Ideen nicht aufhören. Die Phrase von der »postsäkularen Gesellschaft«, die gerade so in Mode ist, duldet die Rückkehr des Sakralen in der trügerischen Hoffnung, sie sei Vorbote einer religiösen Renaissance. Eine solche Vorstellung weicht die Werte der säkularen Moderne auf.

In Kapitel 2 [des Buches *Islam in Global Politics*, Anm. d. Übers.] führe ich einen Gedanken aus, bei dem es um das Spannungsfeld zwischen dem normativen Anspruch auf Universalisierung und der tatsächlichen strukturellen Globalisierung geht. In dem betreffenden Kapitel wird diese Frage im Hinblick auf ein »gleichzeitiges Bestehen kultureller Fragmentierung von Normen und Werten und struktureller Globalisierung« thematisiert. Die umstrittene Gleichzeitigkeit globalisierter Strukturen und die fehlende kulturelle Untermauerung dieser Globalisierung – die zu deren Legitimierung notwendig wäre – schafft den weltgeschichtlichen Rahmen, in dem sich die gegenwärtige Krise des säkularen Nationalstaats in der nichtwestlichen Welt entfaltet. Insbesondere das Haus des Islam (*dar al-Islam*) ist hierfür ein Paradebeispiel. Sämtliche Länder in jenem Teil der Welt sind Nationalstaaten, aber nur gemäß dem Rechtsbegriff des internationalen Rechts und nicht in Wirklichkeit. Die Institutionen und Werte, die das Fundament von Nationalstaaten bilden, sind nicht vorhanden. Diesbezüglich habe ich den Begriff »nomineller Nationalstaat« geprägt, um die Krise des Nationalstaats in der islamischen Welt deutlich zu machen. In einem »Aufstand gegen den Westen« stellt der Islamismus nicht nur die politische Vorherrschaft des Westens in Frage, sondern auch dessen Grundwerte einschließlich derjenigen der »Westfälischen Synthese«, auf der die gegenwärtige Weltordnung beruht. Hinter diesem Aufstand steckt eine Legitimitätskrise der internationalen Ordnung; diese weist zwar ein internationales System auf (Interaktion), es fehlen ihr aber die Gemeinsamkeiten, die für den Aufbau einer internationalen Gesellschaft erforderlich sind (Regeln, Normen und Werte). Diese Kampfansage des globalen Jihad wird häufig so dargestellt, als handele es sich dabei einfach nur um »Terrorismus«. Sie ist aber viel mehr als das, denn es geht dabei um eine politisierte Rückkehr des Sakralen, die dazu führt, dass die Welt aus den Fugen gerät.

Die islamistische Option, die derzeit fälschlich als islamische Erneuerung bezeichnet wird, erfindet den Entwurf eines islamischen Friedens, nämlich die Weltordnung namens *Hakimayyat Allah* (»Allahs Herrschaft«). Dieser Begriff wurde von Sayyid Qutb (1989: 169) geprägt. Er lehnte die Unterteilung der islamischen Welt in Nationalstaaten sowie die säkulare Weltordnung ab, in der diese Staaten verankert sind. Mit diesen Ansichten müssen wir uns unbedingt auseinandersetzen, damit wir begreifen, dass der von Qutb formulierte »Weltfrieden-und-Islam«-Gedanke darauf abzielt, »jede Macht der Welt zu Fall zu bringen, die verhindert, dass die ganze Erde unter dem Ruf des Islam/*Da'wa'* vereint wird«, und Muslime von anderen Menschen abzusondern. Das ist die Definition islamischer Missionierung in Zusammenhang mit Jihad. Entsprechend schließt Qutb seine Ausführungen mit den Worten:

»Der Islam braucht eine flächendeckende Revolution [...], nämlich einen *jihad*, wie er Muslimen aufgetragen ist, der diese Revolution zum Erfolg führt, sodass die *Hakimiyyat Allah*/Herrschaft Gottes errichtet werden kann.« (Qutb 1992)

Er fasst seinen Gedankengang knapp folgendermaßen zusammen:

»Der *jihad* fasst eine Weltrevolution/*thawra alamiyya* ins Auge [...], um (islamischen) Frieden [...] für die ganze Menschheit zu schaffen [...]. So sieht der Entwurf für Weltfrieden im Islam aus. [...] Das bedeutet nicht, dass man Krieg/*qital* um jeden Preis vermeiden muss. [...] Der Islam ist ein permanenter *jihad*, der so lange nicht aufhört, bis die Welt gemäß Allahs Auftrag regiert wird.« (ebd.: 172–173)

Aus den obigen Zitaten geht hervor, dass ein globaler Jihad im Sinne eines Krieges gegen die gegenwärtige Weltordnung ausgerufen wird. Die religiöse Bezeichnung hierfür ist *da'wa* (»Einladung«). Diese wird zwar als Friedensbotschaft in Worte gekleidet, aber eindeutig in der Sprache des Krieges vermittelt. Das ist eine islamistische Widersprüchlichkeit. Qutbs ideologischer »permanenter *jihad*« ist von einer Reihe jihadistischer Bewegungen – allen voran al-Qaida – zu einem gefährlichen »globalen *jihad*« gemacht worden. Der Jihadismus-Gedanke wird zum islamistischen irregulären Krieg des einundzwanzigsten Jahrhunderts. Wir erkennen hier einen Zusammenhang zwischen dem Krieg der Ideen und dem jihadistischen Krieg: Beide sind Merkmale eines politischen Islam, sie sind Kennzeichen einer einflussreichen Version der Rückkehr des Sakralen in politischem Gewand, von der die islamistische Agenda einer Erneuerung der Welt geleitet ist.

Zusammenfassend lässt sich sagen, dass der Islamismus weiterhin als Rückkehr des Sakralen in der islamischen Welt auf dem Vormarsch ist. Der strittige Punkt ist hierbei eine politische Religion, die Unterschiede vertieft und verhindert, dass die islamische Kultur sich in eine Welt einfügt, die sich global demokratisiert (Diamond 2008). Die miteinander rivalisierenden Entscheidungsmöglichkeiten in einem Krieg der Ideen zwischen Jihadismus und demokratischem Weltfrieden hängen mit kulturellen Konzepten des Sakralen und des Säkularen zusammen. Deshalb stelle ich die säkulare kulturelle Moderne in den Mittelpunkt meiner Argumentation und bringe sie in die Erforschung der Weltpolitik ein. Wenn die Angehörigen der islamischen Zivilisation ihr Denken grundlegend ändern und ihre Herzen öffnen, sich der kulturellen Moderne zuwenden und mit dem globalen

Jihad und der Schariatisierung der Politik[46] aufhören würden, dann wären Muslime in der Lage, aus ihrer Zwickmühle zu entkommen und Teil des demokratischen Weltfriedens zu werden. Dies sollte Gegenstand eines Dialoges sein, damit Brücken geschlagen werden und jeglicher Krieg der Ideen zwischen dem Islam und dem Westen von einem »Frieden« der Ideen abgelöst wird. In Zusammenhang mit diesem Gedankengang werde ich im Folgenden deutlich machen, in welchem Dilemma die islamische Zivilisation angesichts der Moderne steckt; dabei wird erkennbar, welche Hindernisse im Weg stehen.

Das Dilemma des Islam mit der Moderne: Probleme, Optionen, Illusionen und Hindernisse

Oft wird kritisiert, die Moderne sei europäischen Ursprungs und werde anderen Menschen aufgezwungen. Die Werte der kulturellen Moderne werden mit kulturrelativistischen Argumenten verworfen. Ist das der Grund, warum der Aufstand gegen den Westen zu einem Aufstand gegen die Werte der kulturellen Moderne geworden ist? Zum Zeitpunkt der Gründung der Vereinten Nationen als säkulare Organisation riefen die westlichen Werte, auf denen ihre Charta basiert, weder eine Kontroverse noch Ablehnung hervor. Die Autoritätsstruktur des Westfälischen Friedens, die das Fundament des internationalen Systems bildet, wurde damals akzeptiert. Dieser Konsens erlebt heute aufgrund der Rückkehr des Sakralen im Gewand politischer Religion einen Wandel. Der gegenwärtigen Ablehnung der säkularen Moderne, auf der die heutige Weltordnung beruht, liegt ein Aufbegehren zugrunde, das man in Bulls Worten als »Aufstand gegen den Westen« charakterisieren kann. Der Widerstand gegen die Ordnung des säkularen Nationalstaats ist ein Anzeichen für das, was Mark Juergensmeyer als »neuen Kalten« Krieg bezeichnet hat. Es ist ein Krieg der Ideen zwischen dem Religiösen und dem Säkularen. Weltfrieden, der für das einundzwanzigste Jahrhundert so wünschenswert wäre, lässt sich unter den gegenwärtigen Bedingungen der Rückkehr des Sakralen im politischen Gewand nicht erreichen. Politisierte transnationale Konflikte füh-

---

46 Zu diesem Scharia-Islamismus, den manche Menschen im Westen fälschlicherweise als Konstitutionalismus auffassen, siehe Tibi 2008d. Diese umstrittene Ansicht wird unter anderem von Feldman 2008 vertreten.

ren zu regionalen Konflikten, die religiöse Gestalt annehmen und unlösbar werden. Die Vorstöße in Richtung Entsäkularisierung basieren nicht nur auf einer Weltanschauung, sondern auch auf einer politischen Agenda, welche die Westfälischen Grundfesten der gegenwärtigen Weltordnung ins Wanken bringen möchte.

Die kulturelle Moderne ist ein säkulares Projekt, und das Gleiche gilt für die Grundlagen der gegenwärtigen Weltordnung. Ich bin wie Bull der Ansicht, dass der islamistische Aufstand gegen den Westen ein Aufstand gegen die Werte der Moderne ist. Dieser richtet sich nicht nur gegen die Vorherrschaft des Westens, sondern lehnt auch pauschal säkulare westliche Werte und die auf Vernunft beruhende Weltanschauung ab, die das Fundament der kulturellen Moderne bildet. Islamisten predigen nicht nur ein Patentrezept und verkaufen ihre Ansichten als Strategie für die Zukunft der islamischen Zivilisation, sie haben auch eine neue Ordnung für die ganze Welt im Sinn. Anders und in der Sprache des Faches Internationale Beziehungen ausgedrückt: Der islamistische Aufstand gegen den Westen ist ein globaler Jihad gegen die gegenwärtige Weltordnung und gegen die säkulare Autoritätsstruktur, auf der diese basiert. Dieser globale Jihad besteht nicht nur aus den Gewalttaten im jihadistischen irregulären Krieg; er ist auch ein Krieg der Ideen, der vom Islamismus äußerst erfolgreich geführt wird. Sogar im Westen ist es inzwischen riskant geworden, diese Agenda zu kritisieren, ohne sich dabei die Finger zu verbrennen.

Es sei daran erinnert, dass der kantsche Gedanke des ewigen »demokratischen« Friedens aus der kulturellen Moderne heraus entstanden ist. Diese Vorstellung ist säkularer Natur, da sie die Trennung von Religion und Politik voraussetzt. Wie wenn nicht auf einer säkularen Grundlage kann es Menschen unterschiedlicher Religionszugehörigkeit gelingen, sich miteinander zu arrangieren und in Freiheit und Frieden zusammenzuleben? Die islamische Vorstellung vom Weltfrieden setzt eine Unterwerfung sämtlicher Nichtmuslime voraus. Das ist heute genauso inakzeptabel wie in der Vergangenheit. Die Menschen brauchen ein gemeinsames Verständnis von Frieden und Ordnung, das über Religion hinausgeht. Der Islamismus ist nicht nur eine Spielart der Politisierung von Religion, er übt auch Zwang aus und läuft diesem Bedürfnis nach einem gemeinsamen Nenner entgegen. Sein Ziel ist eine totalitäre islamische göttliche Ordnung auf der Grundlage der Scharia. Unter Bezugnahme auf den Allgemeingültigkeitsanspruch des Islam behaupten Islamisten, auch die neo-islamische Weltordnung sei allgemeingültig. Für diese tragen sie im Namen von Freiheit und

Glauben ihren globalen Jihad aus. Die von Qutb und seinen Anhängern entwickelte, eindeutig fundamentalistische Vorstellung von der *Hakimiyyat Allah* (»Herrschaft Gottes«) soll für die gesamte Menschheit gelten. Die drei Viertel der Menschheit, die nicht zur islamischen Zivilisation gehören, werden aber der Forderung nach einem »islamischen Weltfrieden« auf der Grundlage einer globalen Ausdehnung des *dar al-Islam* und der Vereinigung der gesamten Menschheit unter dem göttlichen Scharia-Recht sicherlich nicht nachkommen. Das ist aber die islamistische Zukunftsvision, die ihren Ursprung in Sayyid Qutbs Werk hat. Millionen von Muslimen folgen in ihrem Handeln einer islamischen Ordnung; dadurch entsteht ein Konflikt mit Millionen anderen Muslimen, die nicht in einem auf der *Hakimiyyat Allah* basierenden politischen System leben möchten, sondern (auf der Grundlage der Werte der kulturellen Moderne) unter den Gegebenheiten eines säkularen demokratischen Friedens. Die Einbindung der islamischen Welt in den Rest der Menschheit ist ein Projekt des liberalen Islam. Dessen Standpunkt beruht auf der Ansicht, dass nur kulturübergreifende moralische Werte für die ganze Menschheit annehmbar sind. Hierfür ist ein Dialog erforderlich, der sich nicht nur vom globalen Jihad und dessen Absolutismus, sondern auch von der Politik des westlichen Alleingangs verabschiedet.

Die Kritik am politischen Islam und dessen Krieg der Ideen erfolgt keineswegs von einem areligiösen Standpunkt aus. Ganz im Gegenteil: Sie lässt religiöse Ethik durchaus zu. Mein Eintreten für die säkulare Moderne beschränkt sich darauf, Religion von Politik zu entkoppeln. Religion kann in ethischer Hinsicht mit Politik zusammenhängen, aber als Entwurf einer politischen göttlichen Ordnung hat sie in der Politik nichts zu suchen. Abgesehen von diesen Kritikpunkten darf Religion aber durchaus eine Quelle der Ethik bei der kulturellen Untermauerung der Moderne sein. Ich habe weiter oben bereits erwähnt, dass die hellenisierte Tradition des islamischen Rationalismus eine Vorgängerform dieses Gedankens ist. Unter dieser Prämisse vertrete ich die Ansicht, dass Religion – im Sinne von Ethik, *nicht* als Ordnungskonzept – in religions- und kulturübergreifende moralische Wertvorstellungen einfließen könnte, die zu einem Brückenschlag zwischen dem Islam und anderen Religionen und Kulturen beitragen. Hierzu eignet sich allerdings das gegenwärtige Wiederaufleben von Religionen in politischer Gestalt nicht, denn all diese politischen Religionen sind auf eine Neuordnung der Welt entsprechend ihres eigenen Ordnungskonzeptes ausgerichtet. Daher führt die Politisierung des Islam zu einer Kombination aus religiös-kulturellem Neo-Absolutismus und einer neuen politischen Spielart des Totalitarismus; beides ist weder für Menschen aus anderen Kulturen, noch für demokratisch gesinnte Muslime akzeptabel. Deshalb wird der Krieg der Ideen geführt.

Analog zu Karl Poppers Aufruf zur Verteidigung der »offenen Gesellschaft« (1945) plädiere ich im Sinne der islamischen Aufklärung für einen »offenen Islam«, um dem globalen Jihad entgegenzuwirken und binäre Gegensätze zwischen Zivilisationen zu überwinden. Dieser Standpunkt ist mit der Tradition von Averroes vereinbar, der den Islam mit der rationalen Weltanschauung des Hellenismus in Einklang brachte. Mir geht es darum, eine Analogie zwischen dem Hellenismus und der kulturellen Moderne herzustellen, um einer Geisteshaltung kultureller Erneuerung und religiöser Reformen zur Geltung zu verhelfen. Wie islamische Rationalisten des Mittelalters[47] für die Hellenisierung des Islam empfänglich waren, so könnten auch heutige Muslime die kulturelle Moderne bejahen, um deren Werte islamisch zu untermauern. Das würde im Sinne einer Wiederbelebung des islamischen Rationalismus ihrem Dilemma mit der kulturellen Moderne ein Ende bereiten. Es geht allerdings nicht nur um ein solches neues Zeitalter der Aufklärung; auch die Vorherrschaft des Westens sollte zur Sprache gebracht werden. Der islamistische Jihad entfremdet Muslime vom Rest der Menschheit. Was den Krieg der Ideen betrifft, so liefert der Jihad dafür die nötige Rechtfertigung. Islamisten kämpfen nicht gegen Phantome. Die westliche Vorherrschaft und die übergroße Macht des Westens sind Realitäten. Das darf man nicht verschweigen, denn es hieße, den Sachverhalt zu verkennen. Wenn über Brückenschläge gesprochen wird, dann lässt dies darauf schließen, dass eine tatsächliche strukturelle Kluft existiert. Aus dieser geht zwar der Wertekonflikt nicht hervor, sie trägt aber dazu bei, den Aufstand gegen den Westen zu rechtfertigen.

---

47 Siehe Kapitel 4 in Tibi 2012a sowie zur Tradition des islamischen Nationalismus Davidson 1992, Kapitel 6 über Averroes.

Islamologie als Forschung über Konflikte und den Krieg der Ideen

Ich komme hier noch einmal auf meine frühere Kritik an den traditionellen Islamwissenschaften zurück, die einer Auseinandersetzung mit den meisten in diesem Kapitel angesprochenen Themen aus dem Weg gehen. Sie nehmen Konflikte in der Politik nicht zur Kenntnis und tun kritische Analysen als »Orientalismus« ab. Um das Versäumte nachzuholen, wird angeregt, die Islamologie als Disziplin zur Konfliktforschung einzusetzen, und zwar diskursiv-kommunikativ und hermeneutisch. Diese Art der Forschung ist auf Konfliktlösung und Brückenschläge ausgerichtet, basierend auf einem besseren Verständnis islamischer Gesellschaften und ihrer Probleme. Die Islamologie ähnelt der früheren Sowjetologie, lehnt aber jegliche Kalter-Krieg-Mentalität ab und konzentriert sich stattdessen auf Brückenschläge zwischen den Zivilisationen.

Das Fach Islamologie ist ein relevanter neuer Ansatz zur Erforschung islamischer Realitäten in einem globalen Konflikt. Dieses neue Fach ist vor dem Hintergrund entstanden, dass weder die klassische orientwissenschaftliche Erforschung der islamischen religiösen Schriften noch das in der US-amerikanischen Ethnologie benutzte kulturrelativistische Narrativ sich für die Erforschung des heutigen Islam im Kontext der religionisierten bipolaren Politik eignet. Es steht außer Frage, dass Philologen, Historiker und Kulturanthropologen derzeit in den Islamwissenschaften den Ton angeben. Nur einige wenige Politikwissenschaftler sind in der Lage, sich qualifizierten Untersuchungen des Islam und internationaler Konflikte zu widmen. Der Notwendigkeit einer Erforschung des Islam – und zwar nicht als Glauben, sondern als politische Wirklichkeit –, die eine geschichts- und sozialwissenschaftliche Herangehensweise kombiniert, wird nicht Rechnung getragen. Das von Ethnologen verwendete Narrativ lokaler Kultur lässt außer Acht, dass die Welt, in der sich diese Kulturen zu einer islamischen Zivilisation zusammenfügen, global vom Instrumentarium der Moderne geprägt und durch dieses vernetzt ist. Sämtliche lokalen islamischen Kulturen haben die Anschauung gemeinsam, dass die Welt von Werten bestimmt sei, die mit einer Allgemeingültigkeit des Islam zusammenhängen; dem liegt der Glaube zugrunde, diese Werte seien von Allah offenbart worden. Im Gegensatz zur Haltung der herkömmlichen Islamwissenschaften geht die Islamologie davon aus, dass der Islam eine Zivilisation ist, die im Interesse internationaler Beziehungen eine Erforschung globaler

Konflikte erfordert. In der Schweiz hat die Universität von St. Gallen diesbezüglich eine Vorreiterrolle eingenommen und 2003/2004 eine »Gastprofessur für Islamologie« eingerichtet. Diese unterschied sich damals von den traditionellen Islamwissenschaften. Ich war der erste Inhaber dieser Professur. Als ich wieder ging, wurde sie nicht verlängert. An der Universität Göttingen in Deutschland, wo ich die Islamologie als sozialwissenschaftliche Erforschung von Islam und Konflikten im Fach Internationale Beziehungen ins Leben gerufen hatte, wurde der Lehrstuhl abgeschafft, als ich 2009 emeritiert wurde. Leider sind die Zukunftsaussichten für diese Art Forschung, die herkömmlichen Lehrmeinungen widerspricht, nicht sehr rosig.

Die Entpolitisierung und zugleich Entmilitarisierung des islamischen Jihad-Konzeptes oder sogar dessen Abschaffung ist eine Notwendigkeit, die in der akademischen Welt nur ungern thematisiert wird. Dasselbe gilt für das Dilemma des Islam mit der Moderne. Solange sich das nicht ändert, braucht man die Islamologie. Islamisten erfinden die Tradition des Islam neu und bringen ihre Kritiker zum Schweigen, indem sie sie der Islamfeindlichkeit und des »Islam-Bashing« verdächtigen und bezichtigen. Auch das gehört zu ihrem Krieg der Ideen.

Bei der islamologischen Erforschung der Verschiebung vom klassischen Jihad zum Jihadismus handelt es sich nicht einfach nur um eine Erforschung von Terrorismus im Kontext einer Sicherheitsanalyse. Es geht vielmehr um kulturelle Fragmentierung, die Ausdruck eines Dilemmas des Islam mit der Moderne ist; dieses Dilemma ist eine der Hauptquellen von Konflikten und des Krieges der Ideen. Anders als die herkömmlichen Islamwissenschaften ist sich die Islamologie in ihrer Herangehensweise dieses Problems bewusst und verortet den Forschungsgegenstand daher in der Fachdisziplin Internationale Beziehungen, weil es sich um ein zivilisationsbezogenes Thema handelt. Es sei hier noch einmal betont, dass es beim Krieg der Ideen nicht um einen »Zusammenprall«, sondern um einen Konflikt geht. Lange bevor Huntington die kontroverseste Debatte über dieses Thema in Gang setzte, hat Raymond Aron (1962) zu Recht die Relevanz von Zivilisationen für die Weltpolitik herausgestrichen. Niemand stellte damals Arons wissenschaftliche Arbeit in Frage. Heute lästern politisch korrekte Wissenschaftler/innen über Huntington und benutzen die despektierliche Sichtweise auf seine Arbeit dazu, auch einer Erforschung von Zivilisationen an sich eine Abfuhr zu erteilen. Ich kann zwar den Streit über Huntingtons Buch sehr gut verstehen, es ist aber fraglich, ob man jegliche Forschung über Zivilisationen einfach pauschal ablehnen darf. Daher rege ich an, die Islamwissenschaften bei der Erforschung von Islam und Konflikten in der post-bipolaren Politik durch die Islamologie als gedanklichen Leitfaden abzulösen. Natürlich schafft ein umgekehrter Orientalismus weder die tendenziöse Sichtweise Huntingtons aus der Welt noch den Orientalismus selbst. In den Worten Robert Spencers (2003: XIII):

»Die Themen, um die es hier geht, sind zu wichtig, um sie politisch korrektem Schweigen, Wunschdenken oder Lügen zu überlassen, die entweder Angst machen sollen oder Höflichkeitsfloskeln sind. Wir müssen der Wahrheit direkt ins Gesicht sehen.«

Diese Voraussetzungen sind eigentlich Grundlagen wissenschaftlicher Arbeit, werden aber von den etablierten Vertretern der Islamwissenschaften gerne außer Acht gelassen, weshalb sich diesbezüglich etwas ändern muss. Methodik *und* Denkweise der Islamologie machen eine Erforschung des Krieges der Ideen nicht nur zulässig, sondern versprechen auch Erkenntnisse, die zu einer Beendigung dieses Krieges durch einen »Friedensschluss« der Ideen führen können. Dieser Ansatz ist allerdings in der entsprechenden Fachwelt nicht willkommen.

Der Vorschlag, die Erforschung des Islam im Rahmen der Islamologie in die Disziplin Internationale Beziehungen einzuführen, wird durch drei weltpolitische Ereignisse der jüngsten Zeit gestützt, die alle in das vergangene Vierteljahrhundert fallen. Wie bereits wiederholt angesprochen hängt das Aufkommen des politischen Islam, der fälschlicherweise als »islamische Wiedererweckung« in einer Krisensituation bezeichnet wird, mit einem Dilemma dieser Zivilisation mit der Moderne zusammen, das zu einer Politisierung des Islam führt. Das Ergebnis ist eine politische Religion, bei der es sich nicht um eine »Wiedererweckung« handelt. Das Phänomen des religiösen Fundamentalismus insgesamt hat mit einem kulturellen System zu tun, nicht mit dem Islam als Religion und Glauben. Der strittige Punkt ist die Stellung der islamischen Zivilisation in der Weltpolitik. Ich vertrete die Auffassung, dass die meisten Probleme in diesem Zusammenhang auftreten. Für die Erforschung dieser Probleme und der Konflikte, die sie nach sich ziehen, wird die Herangehensweise der Islamologie vorgeschlagen. Von den acht Büchern, die ich in englischer Sprache veröffentlicht habe, behandelt eines der wichtigsten das Thema des Dilemmas, das Konflikte auslöst (Tibi 2009a, vor allem Kapitel 1 und 5). Nachstehend gehe ich auf die drei weltpolitischen Ereignisse ein, die in diesem Zusammenhang relevant sind:

Das erste war die islamische Revolution von 1979 im Iran; akademisch gesehen war sie der Auslöser für eine Erforschung des Islam im Weltgeschehen, allerdings meist nicht sachkundig im Sinne der Fachdisziplin Internationale Beziehungen.[48] Zu den Gründen für die weltpolitische Relevanz dieser Revolution gehörten die Ankündigung der Anführer, die Revolution werde in den Rest der islamischen Welt getragen, sowie der Anspruch, sie habe einen allgemeingültigen Platz in der Geschichte. Damit eiferten sie zwar dem Universalitätsanspruch der Französischen Revolution nach, nicht aber deren Werten. Die Führer der islamischen Revolution im Iran behaupteten, sie hätten eine Zukunftsvision für eine islamisch ausgerichtete Neuordnung der Welt. Das stellt eine Kampfansage des islamischen Fundamentalismus an die Weltordnung dar. In diesem Zusammenhang ist der iranische Präsident Ahmadinejad einer der erbittertsten Streiter im Krieg der Ideen.

Nach der schiitischen islamischen Revolution kam es zu einem weiteren, diesmal sunnitisch motivierten weltpolitischen Ereignis, als al-Qaida bei ihrer jihadistischen Aktion vom 11. September 2001 Großziele in New York und Washington angriff. Dabei handelte es sich um einen symbolischen Angriff auf die einzige verbliebene Supermacht, nachdem die afghanischen Mudschaheddin im ersten Afghanistan-Krieg die Sowjetunion in die Knie gezwungen hatten. Auf eine gewisse Weise stellte 9/11 eine Zäsur in der Weltpolitik dar. Der islamistische Internationalismus hatte für sich einen Platz in der Weltpolitik eingefordert. In dieser Hinsicht erinnert die Islamologie an die Sowjetologie. Man muss sich aber immer wieder den Unterschied vergegenwärtigen: Die Islamologie befasst sich mit der Bedeutung transnationaler Religion in der post-bipolaren Politik, wobei der Islam im Mittelpunkt steht; dies geschieht nicht im Geiste eines Kalten Krieges, sondern eines Brückenschlags.[49]

Das dritte Vorkommnis in der Ereigniskette einer universalen »islamischen Revolution«, die eine göttliche Ordnung schaffen und die gegenwärtige Ordnung ablösen soll, ist in den USA nicht gründlich rezipiert worden. Es handelt sich um die Kombination aus Anschlägen in Madrid, Amsterdam, London, Paris und Kopenhagen von 2004 bis 2006. Diese

---

48 Zu den wenigen Büchern, die den wissenschaftlichen Anforderungen im Bereich Internationale Beziehungen genügen, zählt Ramazani 1987.
49 Siehe Tibi 2012a, Kapitel 5 über den Islam in Europa und Brückenschläge.

Erscheinung, eine schrittweise Jihadisierung von Teilen der islamischen Diaspora in Europa, ist auch von europäischen Meinungsführern nicht gründlich rezipiert worden; sie sträuben sich sehr dagegen einzugestehen, dass es einen neuen Krieg gibt.

Diese drei weltpolitischen Ereignisse stellen alle auch einen Krieg der Ideen dar, den Islamisten führen und durch einen Islam in einem allgemeingültigen – das heißt, nicht konfessionsgebundenen – Gewand rechtfertigen. Ungeachtet dieses Anspruchs findet der Krieg der Ideen auch innerhalb des Islam statt. Die islamische Revolution im Iran bewegt sich eindeutig in einem schiitischen Rahmen, wodurch sie als Vorbild für die sunnitische Mehrheit (etwa 90 Prozent) der islamischen *umma* wenig Anziehungskraft besitzt. Dennoch dürfen wir die früheren, unübersehbaren Spillover-Effekte der Revolution nicht ignorieren; sie lassen sich nicht leugnen, beseitigen allerdings die Kluft zwischen Sunna und Schia nicht.

Der Sunna-Islam wurde von der schiitischen Revolution im Iran überrumpelt. Im ersten Afghanistankrieg trug der Einmarsch der sowjetischen Truppen zu einer Mobilmachung des sunnitischen Islam bei. Im Kampf gegen die »Ungläubigen«, zusammen mit der Einführung einer islamistischen Spielart des Wahhabismus in Zentralasien und später der Entstehung von al-Qaida, zeigte sich ein Rivalitätskampf zwischen der sunnitischen Art irregulärer globaler Jihad-Kriegführung auf der einen Seite und dem Terrorismus der iranischen Revolution auf der anderen. Es gibt rivalisierende sunnitische und schiitische Spielarten des globalen Jihad, aber beide verkörpern das weltpolitische Phänomen des islamistischen Internationalismus.[50]

Für die Erforschung des auf Religion beruhenden politischen Internationalismus in der Weltpolitik bedarf es der interdisziplinären Methodik der Islamologie. Es handelt sich dabei um einen disziplinübergreifenden und interdisziplinären Ansatz, der von der Geschichtssoziologie profitiert. Historisch gesehen gab es eine zweifache Einwirkung des Westens. In einer früheren Phase dieses Prozesses war der Islam zuerst der überlegenen militärischen Macht des Westens ausgesetzt, danach der kulturellen Moderne. Diese beiden unterschiedlichen Ebenen darf man nicht miteinander

---

50 Es gibt zwei Varianten des islamischen Internationalismus. Eine davon, der iranische schiitische Islamismus, wird in Tibi 2008a in Kapitel 4 über den Iran behandelt. Zum sunnitischen Internationalismus von al-Qaida siehe Berger 2001; dessen Konkurrenzkampf mit dem schiitischen Internationalismus behandelt Tibi 2008a, Kapitel 3. Zum jihadistischen Internationalismus in Europa siehe Vidino 2006.

verwechseln. Muslime mussten sich mit einer neuen Machtstruktur auseinandersetzen, aber auch mit den Herausforderungen, die durch die Werte der kulturellen Moderne entstanden. Das Ergebnis war das bereits erwähnte Dilemma, in dem sich der Islam und dessen Anhänger befinden. Es sei aber noch einmal betont, dass der Islam keine monolithische Einheit bildet, denn Muslime gehören sehr vielen unterschiedlichen lokalen Kulturen an. Trotz dieser großen Unterschiede betrachten sich aber sämtliche islamischen Kulturen als eine Art Familie und bilden aufgrund ihrer gemeinsamen Werte und Weltanschauungen eine Einheit, die als islamische Zivilisation bezeichnet wird. Ich möchte hierbei den Islam nicht essentialisieren oder den Fehler begehen, ihn in orientalistischer Weise als monolithisch zu sehen. Mir geht es vielmehr um das gleichzeitige Bestehen einer zivilisatorischen Einheit und lokal-kultureller Diversität innerhalb der islamischen Zivilisation. Leugnet man dies, so kann man den Islam nicht richtig begreifen. Auf die Krise des Islam in einer Zeit, in der die Zivilisationen wieder Einzug in die Weltpolitik halten und das Sakrale eine Wiederbelebung erfährt, gibt es unterschiedliche Reaktionen. Auch diesbezüglich lassen sich bei Muslimen gemeinsame Muster erkennen. Hier kommt die bewährte Geschichtsforschung über Zivilisationen zum Zuge, da zwischen Zivilisationen ein Wettstreit über eine neue Weltordnung besteht. Man sollte sich übrigens nicht dazu verleiten lassen, die Bezeichnungen »Kultur« und »Zivilisation« synonym zu verwenden; das wäre verkehrt, denn diese Wörter haben unterschiedliche Bedeutungen.

Dies ist auch relevant für ein Verständnis des Krieges der Ideen in Zusammenhang mit säkularem demokratischem Frieden und islamistischem Jihadismus. Dieser Wettstreit zwischen Zivilisationen ist Gegenstand der Islamologie. Dazu gehört der Krieg der Ideen, und es wird in der Islamologie zwischen den vielen lokalen Kulturen und der kulturübergreifenden Zivilisation des Islam unterschieden.

Die Erforschung des Krieges der Ideen zwischen dem Islamismus und den Werten der Moderne spielt sich auf verschiedenen Ebenen ab. Zwei Zivilisationen sind an dem Krieg beteiligt; jede davon hat eine Weltanschauung, für die sie Allgemeingültigkeit beansprucht. Es gibt andere Zivilisationen (Hinduismus), die einen solchen Anspruch nicht erheben, weil sie nicht universalistisch ausgerichtet sind. In dieser Hinsicht gelten Islam und Christentum als transnationale Religionen. Das Kernthema ist eine Geschichte gegenseitiger Eroberungen und gegenseitiger Bewunderung, die sich über fünfzehn Jahrhunderte erstreckt. Diese Tradition wird vom

Westen in Form des säkularisierten Christentums fortgeführt. Gegenwärtig gelangt der Islam durch die Migration von Muslimen nach Europa und durch die Vorstöße der AKP-islamistischen Türkei bezüglich einer Aufnahme in die Europäische Union zurück nach Europa. John Kelsay (1993: 118) hat dies so ausgedrückt, dass man heute nicht mehr vom »Islam *und* dem Westen« sprechen kann, »sondern vom Islam *im* Westen«. Die Existenz von al-Qaida-Zellen überall in Westeuropa sowie von anderen islamistischen Bewegungen trägt den politischen Islam mitten in die Alte Welt. Zu diesem Prozess gehört eine spezifische Komponente des Krieges der Ideen. Es handelt sich um einen Krieg zwischen den Werten, die für eine Integration muslimischer Migranten/innen als Bürger/innen nötig sind, und der Kultur der neuen »islamischen Enklaven«, die einen Keil zwischen diese Diaspora und Europa treiben.[51]

Wie bereits erwähnt kommt es in der Islamologie entscheidend darauf an, den Krieg der Ideen nicht als Krieg zwischen Westen und Islam zu sehen. Es liegt daher kein Aufeinanderprallen (*clash*) vor, sondern ein Konflikt. Als liberaler Muslim lehne ich die Auffassung ab, die angeblichen Gräben zwischen dem Islam und dem Westen seien unüberwindlich; es spielt dabei keine Rolle, ob Huntington oder die Islamisten selbst diese Gräben aufgeworfen haben. Daher ist die islamologische Erforschung der Weltpolitik vor dem Hintergrund eines bestehenden Konfliktes von anderen Motiven geleitet. Dazu gehört das Beharren darauf, dass ein auf einer gemeinsamen ethischen Basis beruhender Konsens gefunden werden muss. Solche Gemeinsamkeiten helfen beim Überbrücken der Gräben in einem Konkurrenzkampf zwischen globalem Jihad und globalem Weltfrieden. In diesem Zusammenhang schwebt mir ein Dialog zwischen den Zivilisationen vor; auch dieser gehört zur Islamologie, die nicht nur internationale Konflikte erforscht, sondern auch auslotet, wie sich Konflikte friedlich beilegen lassen. In diesem Zusammenhang würde ein echter Dialog dazu beitragen, dem Krieg der Ideen ein Ende zu setzen. Denjenigen Islamisten, die unbedingt die bestehende Weltordnung durch ihre eigene ersetzen wollen, kann man bei diesem Anlauf zu einem Brückenschlag allerdings nicht trauen.

An dieser Stelle komme ich in der islamischen Geschichte auf den historischen Präzedenzfall hinsichtlich des Experiments zurück, einen Brü-

---

51 Durch diese »Enklaven« entsteht eine Verbindung zwischen Einwanderung und Sicherheitsfragen, siehe Tibi 2002c und Weiner 1995, Kapitel 2. Diese Themen werden außerdem in Tibi 2008a (Kapitel 6), Tibi 2012a (Kapitel 5) sowie in Tibi 2010b angesprochen.

ckenschlag zu unternehmen. Dieser Präzedenzfall war die Hellenisierung des mittelalterlichen Islam. Sie bietet sich als Vorbild für die Vorgehensweise bei einem Brückenschlag zwischen den Zivilisationen im einundzwanzigsten Jahrhundert an.

Krieg und Frieden der Ideen

Zwischen Geschichte und Gegenwart: Islam, Hellenismus und Reform

Die Tradition des mittelalterlichen islamischen Humanismus gilt als mit der kulturellen Moderne und dem Rationalismus vereinbar, der das Primat der Vernunft anerkennt. Das mag für heutige Muslime zwar nicht immer akzeptabel sein, gehörte früher aber zum wesentlichen Vermächtnis der Geschichte ihrer Zivilisation. Anstatt Gräben aufzuwerfen – wie es der Islamismus tut –, gilt es, einen Brückenschlag zu versuchen. Dies habe ich in meinem Buch *Islam and Global Politics* (Tibi 2012a) unternommen, weil ich überzeugt bin, dass diese Herangehensweise vielversprechender ist. Das Vermächtnis des klassischen Griechenlands gilt nicht nur als einer der Grundpfeiler der Moderne im Westen, sondern auch der islamischen Zivilisation des Mittelalters. Heute verschweigen Islamisten die Tatsache, dass dieses hellenistische Erbe ein wesentlicher Bestandteil des klassischen Vermächtnisses des Islam ist, und das gilt auch für dessen Tradition des Rationalismus. Ich vertrete die Ansicht, dass es im Islam einen säkularen Humanismus gegeben hat, der auf der Übernahme des Vermächtnisses des Hellenismus basierte (Tibi 2009).[52] Diese Themen sind relevant für die Problematik des Krieges/Friedens der Ideen. […]

Heute assoziieren Islamisten die westliche Zivilisation mit den christlichen »Ungläubigen«. Das Konzept des »Westens« ist aber nicht aus dem Christentum hervorgegangen, sondern aus dem Hellenismus; es ist eine der Quellen der säkularen westlichen Zivilisation, die sich auf eine vernunftbasierte Weltanschauung gründete. In dieser Eigenschaft wurde der Hellenismus auch vom neunten bis einschließlich 14. Jahrhundert von mittelalterlichen Rationalisten gutgeheißen, so etwa von al-Farabi, Ibn Sina und Ibn Rushd bis hin zu Ibn Khaldun. Dieser Prozess ist als Hellenisierung des Islam bezeichnet worden. Eine Vergegenwärtigung der damit zusam-

---

52 Siehe hierzu auch Kapitel 4 in Tibi 2012a.

menhängenden geschichtlichen Ereignisse spielt eine Rolle für die internationalen Beziehungen der Gegenwart, denn sie hilft bei der Wiedererweckung der Tradition des islamischen Rationalismus und der säkularen politischen Staatsphilosophie, deren Begründer al-Farabi war.[53] Ich greife diesbezüglich auf Leslie Lipsons ausgezeichnete vergleichende Zivilisationsforschung zurück und lehne zwei wichtige Argumente und damit zusammenhängende Einsichten daran an, die für einen Frieden der Ideen relevant sind.

1. Die Einführung des Hellenismus in Europa fand über die rationalistische Strömung der islamischen Zivilisation statt. Bei Lipson erfahren wir, dass

   »Aristoteles sich durch die Hintertür wieder in Europa einschlich. Seine Rückkehr ist den Arabern zu verdanken, die Bekanntschaft mit griechischen Denkern gemacht hatten. [...] Sowohl Avicenna als auch Averroës waren von ihm beeinflusst. Bei der Gründung der Universität Paris wurde Aristoteles aus Cordoba dort eingeführt.« (Lipson 1993: 62–63)

2. Dank des Hellenismus wurde das Christentum, das die Zivilisation Europas prägte, säkularisiert, um einer neuen Zivilisation den Weg zu ebnen: dem »Westen«. Von da an verwandelte sich die europäisch-christliche Zivilisation in die heute bestehende Zivilisation, die säkular ist. Lipson schreibt:

   »Der Unterschied zwischen dem Westen vor und nach der Renaissance [...] lässt sich in einem Satz zusammenfassen [...]: Die wichtigste Quelle europäischer Inspiration verschob sich vom Christentum zurück nach Griechenland, von Jerusalem nach Athen. Sokrates und nicht Jesus war der Mentor der westlichen Zivilisation.« (ebd.)

Diese Bezüge zur Geschichte lassen den Islam im gegenwärtigen Krieg der Ideen in einem besseren Licht erscheinen und stützen (begründetermaßen) die Ansicht, dass es in der Geistesgeschichte Brückenschläge für einen »Frieden« der Ideen gegeben hat. Angesichts der Tatsache, dass sich Muslime in der Vergangenheit auf den Hellenismus einlassen und ihn zu einem Teil des Vermächtnisses des islamischen Rationalismus machen konnten, stellt sich die Frage, warum das nicht auch heute möglich sein sollte. Können sich die heutigen Muslime auf ähnliche Weise und mit einer ähnlichen

---

53 Siehe hierzu die ausgezeichnete Übersetzung von Farabis *al-Madina al-Fadila* von Michael Walzer 1985 sowie das Kapitel über Farabi in Tibi 1996.

Geisteshaltung auf die kulturelle Moderne einlassen, um den Krieg der Ideen zu beenden? Historisch gesehen sind die muslimischen Entlehnungen aus dem Hellenismus Ausdruck einer positiv verlaufenden Begegnung zwischen Zivilisationen und somit ein Präzedenzfall für fruchtbaren Kulturaustausch. Dies ist für unsere Zeit von Bedeutung. Ein Wiederaufleben dieses humanistischen Vermächtnisses könnte das kulturelle Fundament für Aufgeschlossenheit gegenüber der Moderne und ihrer Zukunftsvision von demokratischem Frieden in der Weltpolitik bilden. Der moderne islamische Rationalist Mohammed Abed al-Jabri vertritt zu Recht die Auffassung, für Menschen des Islam könne nur »eine averroistische Zukunft« aussichtsreich sein (al-Jabri 1999: 120–130). Damit meint der inzwischen verstorbene al-Jabri, dass ein echtes islamisches Wiedererwachen in der gegenwärtigen islamischen Zivilisation nur auf Grundlage einer vernunftbegründeten, also rationalen, Weltanschauung möglich ist. Diese aufgeklärte islamische Geisteshaltung ist einem Frieden der Ideen förderlich, aber anders als der Islamismus entspricht sie leider nicht der gängigen Meinung.

Zusammenfassend lässt sich sagen, dass sich Muslime – wenn sie dazu willens sind –, anstatt einen globalen Jihad zu führen, für ein Wiederaufleben des islamischen Humanismus einsetzen könnten, der im mittelalterlichen Islam eine Blütezeit erlebte. Die Schaffung eines vernunftbasierten Weltbildes könnte dazu beitragen, den Weg für Zustimmung zu einem demokratischen Frieden zu ebnen, zu dem auch ein »Frieden« der Ideen gehört. Im mittelalterlichen Islam wurde der Rationalismus vor allem von der *fiqh*-Orthodoxie (also der sakralen Rechtswissenschaft) abgelehnt, genauso wie er heute vom Islamismus abgelehnt wird. In der Vergangenheit verhinderte die *fiqh*-Orthodoxie die Institutionalisierung des wissenschaftlichen Weltbildes, das von der vernunftbasierten islamischen Philosophie aufgestellt worden war. Ohne einen Prozess der Institutionalisierung in der Gesellschaft kann aber keine kulturelle Erneuerung von Dauer sein. Die salafistisch-orthodoxen Anstrengungen, kulturelle Erneuerung zu untergraben, fanden in den islamischen Bildungseinrichtungen statt, in denen diese Orthodoxie den Ton angab. Es wurde verhindert, dass das Denken islamischer Philosophie Eingang in die Lehrpläne fand. Heute wird die Tradition der Finsternis und nicht die des islamischen Humanismus vom politischen Islam wiederbelebt; dieser geht dabei ein Bündnis mit dem Wahhabismus ein, der in die gleiche Kerbe schlägt. Der durch Erdöl reich gewordene Wahhabismus stellt die nötigen finanziellen Mittel für einen globalen Jihad bereit, der ganz sicher nicht auf die Verbreitung eines demokratischen Islam aus ist. Welche Auswirkungen hat das, wenn es um die Notwendigkeit geht, die islamische Zivilisation unter der Voraussetzung eines demokratischen Friedens in die internationale Gesellschaft einzubeziehen? Können wir auf das klassische Erbe des Islam (Wissenschaft und Philosophie) zurückgreifen, um eine bessere Zukunftsperspektive für den Islam zu schaffen? Wie können wir im Rahmen einer internationalen säkularen Gemeinschaft eine Brücke zwischen dem Islam und dem Westen schlagen?

Diese Fragen berühren wichtige Probleme, aber ich muss gestehen, dass ich kein Patentrezept und erst recht kein Allheilmittel zu ihrer Lösung kenne. Die Fragen stützen das Plädoyer für eine Forschungsagenda, bei der es um die Förderung einer auf internationale Beziehungen ausgerichteten Islamologie geht. Forschungsgegenstand ist hierbei der Konflikt zwischen den Zivilisationen, in dem der Krieg der Ideen verwurzelt ist. Der Geist eines »Friedens« der Ideen steht im Gegensatz zum islamistischen Jihadismus. Islamischem Humanismus liegt der Gedanke eines Brückenschlags zwischen den Zivilisationen zugrunde, über die Gräben religionisierter Politik hinweg.[54]

Zusammenfassung

Krieg der Ideen, kulturelle Moderne und Weltordnung

Die Gräben, deren Existenz ich in der vorliegenden Arbeit allerdings bestreite, hängen mit Spannungen zwischen globalem Jihad und kulturübergreifenden internationalen moralischen Wertvorstellungen zusammen. Grundsätzlich bestehen zwischen dem Islam und dem Westen keine Gräben. Das Plädoyer für kulturübergreifende Brückenschläge ist keineswegs rein intellektueller Natur und setzt sich für einen kulturübergreifenden Konsens über Werte ein. Das Projekt, um das es dabei geht, ist eine Reform der Weltordnung, die konstruierte binäre Gegensätze abschafft. Der verstorbene Wissenschaftler Hedley Bull von der Universität Oxford stellte das Thema »Ordnung« in den Mittelpunkt seiner Gedankengänge. Aus seiner Sicht ist die post-bipolare Weltpolitik durch einen Konkurrenz-

---

54 Hierauf wird in Kapitel 4 von Tibi 2012a näher eingegangen.

kampf zwischen zwei Ordnungskonzepten gekennzeichnet; eines davon ist säkular, das andere beruht auf religionisierter Politik. Ohne die Arbeiten Bulls zu kennen, hat John Kelsay in seinem Buch *Islam and War* die Frage auch dahingehend auf den Punkt gebracht, wer über die Zukunft der Weltordnung entscheidet. Diese Frage ist nicht rhetorisch, sondern bezieht sich auf die tatsächliche Agenda. John Kelsey formuliert den Konflikt der Zivilisationen über die Weltordnung wie folgt:

»Die Triebfeder für die heutige Rückbesinnung auf den Islam ist häufig die Wahrnehmung von Muslimen als Gemeinschaft [...], die einen Auftrag zu erfüllen hat. Dass diese Wahrnehmung manchmal zu Konflikten führt, überrascht nicht. In Begegnungen zwischen dem Westen und dem Islam wird darum gerungen, wer die maßgebliche Definition für die Weltordnung liefern wird. Wird es der Westen mit seinen Vorstellungen von territorialen Grenzen, Marktwirtschaft, privater Religiosität und dem Vorrang von Individualrechten sein? Oder wird es der Islam sein mit seinem Schwerpunkt auf dem universalen Auftrag einer trans-tribalen Gemeinschaft, die dazu berufen ist, eine Gesellschaftsordnung zu errichten, die auf dem reinen, in der Natur des Menschen liegenden Monotheismus basiert? Die Frage an diejenigen, die sich eine Weltordnung ausmalen, lautet daher: ›Wer entscheidet über die Gestalt, die Ordnung im neuen internationalen Kontext annimmt?‹ Die bloße Frage suggeriert bereits einen Konkurrenzkampf zwischen kulturellen Traditionen mit jeweils ganz bestimmten Vorstellungen von Frieden, Ordnung und Gerechtigkeit. In ihr scheint Pessimismus hinsichtlich der Forderung nach einer neuen Weltordnung durch, die auf Vorstellungen von einem Menschsein basieren soll, das allen gemeinsam ist.« (Kelsay 1993: 117)[55]

Kurzum, im einundzwanzigsten Jahrhundert kündigt sich ein Konkurrenzkampf zwischen zwei Zukunftsvisionen bezüglich der Ordnung an, die in der Zukunft der Menschheit herrschen soll: entweder die Ausweitung des *dar al-Islam* (Islamikat), die mit den Mitteln des wiedererweckten Jihad betrieben wird, um die ganze Welt entsprechend der Zukunftsvision von Sayyid Qutb unter einer Ordnung zu vereinen; oder eine Ordnung der Welt nach dem Konzept eines »demokratischen Friedens«. Letzteres beruht auf einem Wiederaufgreifen der Ansichten des bedeutendsten Philosophen der europäischen Aufklärung, Immanuel Kant, über den Ewigen Frieden. Die Vorstellung von einem andauernden Frieden ist Ausdruck der kulturellen Moderne. Das Schlüsselthema ist daher nicht »der Islam oder der Westen« – diese Formulierung drückt nicht nur ein Aufeinanderprallen aus, sie ist auch zu allgemein und daher unpassend –, sondern ein Konflikt

---

55 Siehe auch Kelsays neueres Buch von 2007. Zu Kelsays Beitrag zur Diskussion siehe Tibi 2011.

zwischen den Zivilisationen. Dieser spielt sich zwischen der Weltanschauung der kulturellen Moderne und derjenigen des globalen Jihad ab, der für die Weltordnung der *Hakimiyyat Allah* (»Herrschaft Gottes«) als Ordnung des Islamikats geführt wird. Die vorliegende Untersuchung stützt die These, dass die meisten Probleme des Islam aus dessen Dilemma mit der Moderne herrühren. Die Muslime stehen vor der Wahl: entweder bejahen sie eine Welt, in der ein auf kulturellem Pluralismus basierender religiöser Pluralismus herrscht, und schließen sich dadurch einer pluralistischen Sichtweise auf die Beziehungen zwischen Zivilisationen an; das heißt, sie betrachten kulturell andere als gleichwertig. Oder sie beteiligen sich an der politischen Formulierung des altbekannten *da'wa*-Gedankens, die derzeit in Gang ist, das heißt, sie betreiben Missionierung. Hinter dieser *da'wa* steckt die Zukunftsvision eines weltweiten *dar al-Islam*. Anders ausgedrückt: Die islamische Zivilisation befindet sich an einem Scheideweg und steht vor Wahlmöglichkeiten, die miteinander in Wettstreit stehen. Unter diesem Gesichtspunkt würde eine Öffnung von Muslimen für die kulturelle Moderne dazu beitragen, dass sie sich auch dafür öffnen, die Welt als pluralistisch zu sehen. Dann würde der Jihad als ein Vermächtnis gelten, von dem sich Muslime zugunsten einer besseren Zukunft verabschieden könnten und sollten, die auf Brückenschlägen zwischen den Zivilisationen beruht.

Zwar spreche ich mich dafür aus, dass sich der Islam die kulturelle Moderne zu eigen machen soll, ich muss aber gleich hinzufügen, dass die Moderne nicht auf Elemente reduziert werden darf, die aus der instrumentellen Moderne übernommen werden sollen, denn es handelt sich dabei auch um eine rationale Weltsicht, die auf säkularen Werten beruht. Der Scheideweg bietet außer den Extremen von Islamisierung und Verwestlichung auch noch andere Wahlmöglichkeiten. Der Kemalismus und vergleichbare Ausprägungen einer Gleichsetzung von Fortschritt (*tarakk*) mit Verwestlichung sind nicht nur gescheitert, sie haben auch in der heutigen Türkei dem Erstarken des Islamismus den Weg geebnet.[56] Von diesen Erfahrungen sollten wir lernen und nach anderen Wahlmöglichkeiten suchen. Ich lehne die Sichtweise ab, der zufolge das Drängen auf Entwestlichung eine zwangsweise Schlussfolgerung aus dem Scheitern der Verwestlichung ist. Es sei erwähnt, dass der ägyptische Islamist Hasan al-Sharqawi zwar einerseits den Kemalismus ablehnt, da dieser eine Strategie zur Verwestlichung

---

56 Der Klassiker bezüglich dieses Themas ist immer noch Berkes 1998. Die von Kemal Atatürk gegründete säkulare Türkei wird gegenwärtig durch den AKP-Islamismus ausgehöhlt, die seit 2002 dort an der Regierung ist; siehe Tibi 2009b.

der islamischen Welt sei; andererseits ist er aber erpicht darauf, in seinem Jihad gegen den Westen zu westlichen Waffen zu greifen. Für ihn besteht darin kein Widerspruch, denn er sagt ganz unverblümt:

»Verwestlichung kann nicht unser Ziel sein, sondern vom Westen zu lernen, wie man mit modernen Waffensystemen umgeht, und sogar noch mehr: diese Systeme selber zu produzieren, damit wir unseren Feind, den Westen, besiegen können.« (al-Sharqawi 1987: 12)

Dieser islamistische Autor beschwört die Sehnsucht nach vergangener islamischer Größe herauf. Diese islamische Nostalgie in Verbindung mit einem politischen jihadistischen Islam ist nicht einfach nur Ausdruck kulturellen Selbstbewusstseins – wie manche westlichen Wissenschaftler/innen glauben –, sondern vielmehr der Traum von der Wiederherstellung einer *Pax Islamica* als »richtigen« islamischen Weltordnung. Auch hier lohnt es sich, Kelsay etwas ausführlicher zu zitieren:

»Es wäre verkehrt, [...] die gegenwärtig unter Muslimen erhobene Forderung nach Wiedererweckung als schlichte Nostalgie aufzufassen. [...] Manche Autoren sehnen sich nach vergangener Größe zurück [...] und vertreten die Ansicht, der Aufstieg der europäischen und nordamerikanischen Zivilisation im Weltgeschehen sei auf ein Versagen der Führungsriegen in der islamischen Welt und auf die Bereitschaft des Westens zurückzuführen, im Namen des Profits die menschlichen und materiellen Ressourcen der Entwicklungsländer schamlos auszubeuten. Solche Autoren sind nicht nostalgisch gestimmt, sondern empört über den Zustand der Welt, vor allem über den Zustand der muslimischen Gemeinschaft.« (Kelsay 1993: 25)

Die Islamisten, die heute geistig auf solch eine konstruierte – und fälschlich als islamische Wiedererweckung bezeichnete – Nostalgie eingestimmt sind, betreiben keine religiöse Renaissance; ihnen geht es darum, die bestehende Ordnung umzustürzen, aber sie sind nicht in der Lage, dies zu bewerkstelligen. Allerdings hat ihr globaler Jihad eine destabilisierende Wirkung. Ein »neuer Kalter Krieg« gibt Anlass zur Sorge; er spielt sich zwischen der säkularen Weltordnung und der islamistischen Ordnung der *Hakimiyyat Allah* (»Herrschaft Gottes«) ab. Die Islamisten bilden sich ein, sie könnten die Welt erneuern und sie in ein *dar al-Islam* verwandeln, das größer ist als je zuvor.[57] Die vorliegende Untersuchung stützt zwei Hypothesen. Die eine besagt, dass der Islamismus einen Krieg der Ideen führt, der mit Ord-

---

57 Zur fundamentalistischen Agenda hinter der »Erneuerung der Politik« und der »Erneuerung der Welt« siehe die Beiträge in Marty/Appleby 1993, vor allem in Teil 1 und 3.

nung zusammenhängt – nämlich der Ordnung des Nationalstaates und der Welt; die andere, daraus folgende Hypothese lautet, dass der politische Islam und sein Jihadismus für Forschung in den Bereichen Internationale Beziehungen und Sicherheitsfragen relevant sind. Diese Denkweise betont auch die Notwendigkeit eines Dialoges miteinander, in dem es darum geht, was für beide Seiten als richtige Ordnung akzeptabel ist. Der Dialog sollte als eine Variante der Konfliktlösung in Friedenszeiten gesehen werden und nicht einfach nur als Forum für rein rhetorische Äußerungen. Die sogenannte »Verständigung zwischen Christen und Muslimen« ist pures Eventmanagement; angeblich ist sie ein Zeichen des guten Willens, es werden dabei aber keinerlei Anstrengungen zur Konfliktlösung unternommen. Dieses rein förmliche Projekt strauchelt über die Stolpersteine real existierender Konflikte. Gutwillige Menschen neigen dazu, diese Realität nicht zur Kenntnis zu nehmen.

In diesem Kapitel über den Krieg der Ideen wird als Schlussfolgerung vorgeschlagen, das Vermächtnis des islamischen Rationalismus wieder aufleben zu lassen, der im Mittelalter von islamischen Philosophen entwickelt wurde, die sich für den Vernunftgedanken einsetzten. Heutige Muslime könnten sich ihre Vorfahren zum Vorbild nehmen, die in der Lage waren, von Platons Staatskonzept und Aristoteles' Logik der Politik zu lernen. [...] Würden sich heutige Muslime auf ihr islamisches Erbe besinnen und dieses wiederbeleben, anstatt sich dem islamistischen Trugbild einer Erneuerung der Welt hinzugeben, dann könnten sie sich mit den nichtmuslimischen »Anderen« arrangieren. Meiner Ansicht nach ist al-Farabis Klassiker *al-Madina al-Fadila* (»Der vollkommene Staat«) auch für den nichtmuslimischen Teil der Menschheit annehmbar; es geht darin um die vernunftbasierte Ordnung des *Madina al-Fadila* als vollkommenes Staatswesen, das von einem Philosophen als Herrscher angeführt werden soll. Dieser Herrscher wird im hellenistischen Sinne begriffen, nicht als Imam, der sich an die Scharia hält, sondern als jemand mit rationalen Prinzipien für eine verantwortungsvolle Regierungsführung im Staat. Würden die Islamisten demgegenüber zwangsweise eine *Hakimiyyat Allah* durchsetzen, die übrigens weder im Koran noch in den Hadithen erwähnt wird, so würden Nichtmuslime dies als Jihad beziehungsweise Kriegserklärung gegen sich auffassen, welche sie unter das Joch einer islamischen Ordnung zwingen soll, die nicht nur Nichtmuslimen fremd ist, sondern auch demokratisch gesinnten Muslimen, die sich für Brückenschläge einsetzen.

Aus Gründen ethischen Anstands kann ich dieses Kapitel nicht abschließen, ohne vorher zuzugeben, dass die hier gemachten Vorschläge noch nicht in einer breiten Öffentlichkeit angekommen sind; sie werden nur von einer Minderheit heutiger aufgeklärter Muslime vertreten, unter anderem von al-Jabri und Arkoun. Das Eingeständnis, dass die Zukunftsvision eines zivilen Islam gegenwärtig nicht zu den »Publikumslieblingen« in der islamischen Welt und deren Diaspora gehört, darf aber nicht über die Existenz der »anderen Muslime« hinwegtäuschen, die »gemäßigt und säkular« sind.[58] Sie sind kein unbedeutendes »Scheibchen«, wie ein dem Islamismus freundlich gesinnter amerikanischer Politikwissenschaftler meint.[59] Diese »anderen Muslime« mögen zwar nicht die gegenwärtige Mehrheitsmeinung repräsentieren, sie sind aber die Hoffnungsträger für einen Kulturwandel in der Welt des Islam. Schreibt man sie zugunsten einer islamistischen Politik ab, dann schließen sich die Türen für ein Umdenken im Islam. Wenn muslimische Meinungsführer weiterhin die Augen davor verschließen, dass für den erfolgreichen Umgang mit einer sich veränderten Welt Innovation und Kulturwandel erforderlich sind, um das Dilemma mit der Moderne zu bewältigen, dann wird der Krieg der Ideen unvermindert weitergehen. Würden Islamisten im Arabischen Frühling den Ton angeben, so würde dieser zu einem finsteren Arabischen Winter. Die Spannungen, die der Islamismus anfacht, würden in einen folgenreichen Konflikt münden.

Meine letzte Schlussfolgerung ist, dass der andauernde Krieg der Ideen nicht nur mit einem kulturellen Krieg zusammenhängt, sondern auch mit Fragen der Sicherheit. Wenn ein demokratischer Frieden erreicht und ein Abrücken vom globalen Jihad bewirkt werden soll, ist auch ein mit einem Dialog kombinierter Sicherheitsansatz erforderlich. Zu den Ergebnissen dieses Kapitels gehört die Erkenntnis, dass auch Kultur und Religion Einfluss auf die post-bipolare Politik haben; beides sind wichtige Themen bei der Kombination von Dialog und Sicherheitsfragen. Diese Sicherheit muss natürlich ein Gemeinschaftsprojekt des Westens und des Islam sein, wenn man eine Entwicklung vermeiden möchte, die dazu beiträgt, dass das Sze-

---

58 Siehe die Beiträge in Baran (Hg.) 2010, vor allem Kapitel 9 über den Euro-Islam (Tibi 2010c).

59 Es handelt sich dabei um den Politikwissenschaftler Marc Lynch (2010). Sein Beitrag ist eine nicht nur unausgewogene, sondern auch empörende Rezension des Buches *The Flight of the Intellectuals* von Paul Berman (2010), in dem couragierte Kritik am Islamismus geübt wird.

nario eines Zusammenpralls der Kulturen zur sich selbst bewahrheitenden Prophezeiung wird. Der andauernde Krieg der Ideen zwischen den Zivilisationen spielt dabei eine entscheidende Rolle und verdient daher mehr Aufmerksamkeit.

Literatur

al-Afghani, Jamal ad-din (1968), *An Islamic Response to Imperialism. Political and Religious Writings of al-Afghani*, übers. und hg. von Nikki Keddie, Berkeley, CA.
al-Banna, Hasan (1990), *Risalat al-jihad* [»Aufsatz über den Jihad«], wiederabgedruckt in Hasan al-Banna, *Maimu'at Ras'il al-Imam al-Shadid Hasan al-Banna* [»Gesammelte Aufsätze«], Kairo, S. 271–292.
al-Jabri, Mohammed Abed (1999), *Arab Islamic Philosophy*, Austin, TX.
al-Jundi, Anwar (o. J.), *Min al-taba'iyya al-asalah* [»Von der Abhängigkeit zur Autenthizität«], Kairo.
al-Qaradawi, Yusuf (1970–1980), *al Hall al Islami*, 3 Bde., Beirut.
al-Sharqawi, Hasan (1987), *al-Muslimun, Ulama wa Hukama* [»Muslims as Ulama and Wise Men«], Kairo.
Aron, Raymond (1962), *Paix et Guerre entre les Nations*, Paris.
Ayubi, Nazih (1991), *Political Islam*, Neuauflage 1994, New York, NY.
Baker, Raymond (2003), *Islam without Fear. The New Islamists in Egypt*, Cambridge.
Baran, Zeyno (2010a), *Torn Country: Turkey between Secularism and Islamism*, Stanford.
— (Hg.) (2010b), *The Other Muslims. Moderate and Secular*, New York, NY.
— (2008), »Turkey Divided«, in: *Journal of Democracy* 17, S. 55–59.
Berger, Peter (2001), *Holy War Inc. Inside the Secret World of al-Qaeda*, New York, NY.
Berkes, Niyazi (1998), *The Development of Secularism in Turkey*, Neuauflage, New York, NY.
Berman, Paul (2010), *The Flight of Intellectuals*, New York, NY.
Besier, Gerhard/Lübbe, Hermann (Hg.) (2005), *Politische Religion und Religionspolitik. Zwischen Totalitarismus und Bürgerfreiheit*, Göttingen.
Boyce, Ralph (2004), »US Foreign Policy. Our Place in the Community of Nations«, in: Karlina Helmantia und Irfan Abubakar (Hg.), *Dialogue in World Disorder*, Jakarta, S. 9–24.
Bull, Hedley (1984), »The Revolt against the West«, in: Hedley Bull und Adam Watson (Hg.), *The Expansion of International Society*, Oxford, S. 217–228.
— (1977), *The Anarchical Society. A Study of Order in World Politics*, New York, NY.

Cook, David (2005), *Understanding Jihad*, Berkeley, CA.
Davidson, Herbert A. (1992), *Alfarabi, Avicenna and Averroes on Intellect. Their Cosmologies, Theories of the Active Mind, and Theories of Human Intellect*, New York, NY.
Dawisha, Adeed (2003), *Arab Nationalism in the 20th Century*, Princeton, NJ.
DeLong, N. (2004), *Wahhabi Islam*, New York, NY.
Dharif, Mohammed (1992), *al-Islam al-Siyasi fi al-watan al-Arabi* [»Politischer Islam in der arabischen Welt«], Casablanca.
Diamond, Larry (2008), *The Spirit of Democracy. The Struggle to Build Free Societies Throughout the World*, New York, NY.
Eikelman, Dale/Piscatori, James (1996), *Muslim Politics*, Princeton, NJ.
Euben, Roxanne (1999), *The Enemy in the Mirror. Islamic Fundamentalism*, Princeton, NJ.
Feldman, Noah (2008), *The Fall and Rise of the Islamic State*, Princeton, NJ.
Fourest, Caroline (2008), *Brother Tariq. The Doublespeak of Tariq Ramadan*, New York, NY.
Fromkin, David (1989), *A Peace to End all Peace. The Fall of the Ottoman Empire and the Creation of the Modern Middle East*, New York, NY.
Fuller, Graham (1995), *Sense of Siege. The Geopolitics of Islam and the West*, Boulder, CO.
— (1991), *The Centre of the Universe. The Geopolitics of Iran*, Boulder, CO.
Gentile, Emilio (2006), *Politics as Religion*, Princeton, NJ.
Habermas, Jürgen (1987), *The Philosophical Discourse of Modernity. Twelve Lectures*, Cambridge.
Hanson, Eric (2006), *Religion and Politics in the International System Today*, New York, NY.
Harrison, Lawrence (Hg.) (2006), *Developing Cultures*, 2 Bde., New York, NY.
Herzog, Roman (1999), *Preventing the Clash of Civilizations*, New York, NY.
Hofer, Eric (2002), *The True Believer*, Wiederabdruck der Originalausgabe von 1951, New York, NY.
Inbar, Efraim/Frisch, Hillel (Hg.) (2008), *Radical Islam and International Society*, New York, NY.
International Herald Tribune (2009), »Obama Invites Muslims to a New Dialogue in Cairo«, 5.06.2009, Titelseite.
Jamal, Amal (2005), *The Palestine National Movement. Politics of Contention*, Bloomington, IN.
Jarisha, Ali Mohammad/Zaibaq, Mohammed (1987), *Asalib al-Ghazu al-fikri lil alam al-Islami* [»Methoden der intellektuellen Invasion der Welt des Islam«], Kairo.
Kelsay, John (2007), *Arguing the Just War in Islam*, Cambridge.
— (1993), *Islam and War. A Study in Comparative Ethics*, Louisville, KY.
Kepel, Gilles (2000), *Jihad. Le Fin de L'Islamisme*, Paris.
Lawrence, Bruce (1989), *The Defenders of God*, San Francisco, CA.

Leiken, Robert/Brooke, Steven (2007), »The Moderate Muslim Brotherhood«, in: *Foreign Affairs* 86, Heft 2, S. 107–121.
Lewis, Bernard (1979), *The Emergence of Modern Turkey*, London.
Lipson, Leslie (1993), *The Ethical Crises of Civilizations. Moral Meltdown or Advance?*, London.
Lybarger, Loren (2007), *Identity and Religion in Palestine. The Struggle Between Islamism and Secularism in the Occupied Territories*, Princeton, NJ.
Lynch, Marc (2010), »Veiled Truths«, in: *Foreign Affairs* 89, Heft 4, S. 138–147.
Marty, Martin/Appleby, Scott (Hg.) (1993), *Fundamentalisms and the State. Remaking Politics, Economies and Militance*, Chicago, IL.
— (Hg.) (1991–1995), *The Fundamentalism Project*, 5 Bde., Chicago, IL.
Milton-Edwards, Beverly (1996), *Islamic Politics in Palestine*, London.
Mitchell, Richard (1969), *The Society of the Muslim Brothers*, London.
New York Times (2009), »America Seeks Bonds with Islam, Obama Insists«, 7.04.2009, Titelseite.
Patterson, Eric/Gallagher, John (Hg.) (2010), *Debating the War of Ideas*, New York, NY.
Peters, Rudolph (1979), *Islam and Colonialism. The Doctrine of Jihad and Modern History*, Den Haag.
Phares, Walid (2007), *The War of Ideas. Jihadism against Democracy*, New York, NY.
Philips, Melanie (2006), *Londonistan*, New York, NY.
Popper, Karl (1945), *The Open Society and its Enemies*, 2 Bde., London.
Qutb, Sayyid (1992), *al-Salam al-alami wa al-Islam* [»Weltfrieden und Islam«], 10. legale Auflage, Kairo.
— (1989), *Ma'alim fi al-Tariq* [»Schilder entlang des Weges«], 13. legale Auflage, Kairo.
— *al-Islam wa Mushkilat al-hadarah* [»Der Islam und die Problematik der Zivilisation«], 9. legale Wiederauflage, Kairo.
Ramazani, Rouhollah K. (1987), *Revolutionary Iran. Challenge and Response in the Middle East*, Baltimore, MD.
Rutherford, Bruce (2008), *Egypt after Mubarak*, Princeton, NJ.
Schwartz, Stephen (2002), *The Two Faces of Islam. The House of Sa'ud from Tradition to Terror*, New York, NY.
Spencer, Robert (2003), *Onward Muslim Soldiers. How Jihad Still Threatens America and the West*, Washington, WA.
Tibi, Bassam (2012a), *Islam in Global Politics*, London.
— (2012b), *Islamism and Islam*, New Haven, CT.
— (2011), »John Kelsay and Sharia Reasoning in Just War in Islam«, in: *Journal of Church and State* 53, Heft 1, S. 4–26.
— (2010a), »Inter-Civilizational Conflict between Value Systems and Concepts of Order. Exploring the Islamic Humanist Potential for a Peace of Ideas«, in: Eric Patterson und John Gallagher (Hg.), *Debating the War of Ideas*, New York, NY, S. 157–173.

— (2010b), »The Return of Ethnicity to Europe via Islamic Migration«, in: Roland Hsu (Hg.), *Ethnic Europe*, Stanford, CA, S. 127–156.
— (2010c), »Euro-Islam. An Alternative to Islamization and Ethnicity of Fear«, in: Zeyno Baran (Hg.), *The Other Muslims. Moderate and Secular*, New York, NY, S. 157–174.
— (2009a), *Islam's Predicament with Modernity: Religious Reform and Cultural Change*, New York, NY.
— (2009b), »Turkey's Islamist Danger. Islamists Approach Europe«, in: *Middle East Quarterly* 16, Heft 1, S. 47–54.
— (2009c), »Bridging the Heterogenity of Civilizations. Reviving the Grammar of Islamic Humanism«, in: *Theoria. A Journal for Political and Social Theory* 56, Heft 120, S. 65–80.
— (2008a), *Political Islam, World Politics and Europe. Democratic Peace and Euro-Islam versus Global Jihad*, Oxford/New York, NY.
— (2008b), »Public Policy and the Combination of Anti-Americanism and Antisemitism in Contemporary Islamist Ideology«, in: *The Current* 12, S. 123–146.
— (2008c), »Islamist Parties. Why they Can't be Trusted«, in: *Journal of Democracy* 19, Heft 3, S. 43–48.
— (2008d), »The Return of the Sacred to Politics as a Constitutional Law. The Case of the Shari'atization of Politics in Islamic Civilization«, in: *Theoria* 115, S. 91–118.
— (2007a), »Jihadism and Intercivilizational Conflict«, in: Shahram Akbarzadeh und Fethi Mansouri (Hg.), *Islam and Political Violence. Muslim Diaspora and Radicalism in the West*, London, S. 201–206.
— (2007b), »The Totalitarianism of Jihadist Islamism«, in: *Totalitarian Movements and Political Religions* 8, S. 35–54.
— (2005a), »Politischer Konservativismus der AKP als Tarnung für den politischen Islam? Die Türkei zwischen Europa und dem Islamismus«, in: Gerhard Besier und Hermann Lübbe (Hg.), *Politische Religion und Religionspolitik. Zwischen Totalitarismus und Bürgerfreiheit*, Göttingen, S. 220–260.
— (2005b), *Islam between Culture and Politics*, zweite, erweiterte Auflage, New York, NY.
— (2004a), »Islamic Civilization and the Quest for Democratic Pluralism«, in: Karlina Helmantia und Irfan Abubakar (Hg.), *Dialogue in World Disorder*, Jakarta, S. 159–202.
— (2004b), *Der neue Totalitarismus. Heiliger Krieg und westliche Sicherheit*, Darmstadt.
— (2002a), »Between Islam and Islamism«, in: Tami A. Jacoby und Brent Sasley (Hg.), *Redefining Security i the Middle East*, New York, NY, S. 82–82.
— (2002b), »Habermas and the Return of the Scared. Is it a Religious Renaissance or a new Totalitarianism?«, in: *Religion – Staat – Gesellschaft* 3, Heft 2, S. 265–296.
— (2002c), *Islamische Zuwanderung. Die gescheiterte Integration*, München.

— (2000a), »Secularization and De-Secularization in Islam«, in: *Religion – Staat – Gesellschaft* 1, Heft 1, S. 95–117.
— (2000b), »Post-Bipolar Order in Crisis. The Challenge of Political Islam«, in: *Millennium: Religion and International Relations*, S. 843–859.
— (1999a), »International Morality and Cross-Cultural Bridging«, in: Roman Herzog (Hg.), *Preventing the Clash of Civilizations*, New York, NY, S. 107–126.
— (1999b), *Kreuzzug und Djihad. Der Islam und die christliche Welt*, München.
— (1998a), *The Challenge of Fundamentalism. Political Islam and the New World Disorder*, neue, aktualisierte Auflage 2002, Berkeley, CA.
— (1998b), *Conflict and War in the Middle East*, neue, erweiterte Auflage, Erstveröffentlichung 1993, New York, NY.
— (1997), *Arab Nationalism. Between Islam and the Nation-State*, 3. erweiterte Auflage, London.
— (1996), *Der wahre Imam*, München.
— (1995), »Culture and Knowledge. The Politics of the Islamization of Knowledge. The Fundamentalist Claim to De-Westernization«, in: *Theory, Culture, Society* 12, Heft 1, S. 1–24.

Totalitarian Movements and Political Religions (2009), 10, Heft 2.

Vidino, Lorenzo (2006), *Al-Qaeda in Europe. The New Battleground of International Jihad*, Amherst.

Walzer, Michael (Hg.) (1985), *On the Perfect State. Mabadi ara' ahl al-madina al-fadila. Abu Nasr al-Farabi*, Oxford.

Weber, Max (1964), *Soziologie – Weltgeschichtliche Analysen – Politik*, Stuttgart.

Weiner, Myron (1995), *The Global Migration Crisis. Challenge to States and to Human Rights*, New York, NY.

Wendell, Charles (Hg.) (1978), *Five Tracts of Hasan al-Banna*, Berkeley, CA.

Gender Clash in der Einwanderungsgesellschaft? Debatten um Rassismus, Sexismus und Kultur nach den Ereignissen der Silvesternacht 2015/2016

Susanne Schröter

Einleitung

In der Silvesternacht 2015/2016 kam es in mehreren deutschen Städten zu massiven sexuellen Übergriffen auf Frauen durch Gruppen von Männern, die aus Nordafrika sowie aus Teilen West- und Zentralasiens stammten. Bei vielen der Verdächtigten handelte es sich um Geflüchtete, die in Aufnahmeeinrichtungen untergebracht waren. Dieser Umstand führte in den darauf folgenden Monaten zu einer erbitterten Kontroverse über die Einordnung und Bewertung der Ereignisse, an der sich Politik und Polizei, Vertreter/innen von Kirchen und muslimischen Organisationen, Blogger/innen, Wissenschaftler/innen und öffentliche Intellektuelle genauso beteiligten wie Bürger/innen, die ihre Meinung in sozialen Medien veröffentlichten. Während die einen die Kultur der Täter und teilweise auch ihre Religionszugehörigkeit als Ursache der massenhaften Gewalt ausmachten, brandmarken andere die Benennung der Herkunft der Täter als rassistische Stigmatisierung.

Die beiden konträren Positionen, die im Anschluss an die Silvesternacht artikuliert wurden, markieren antagonistische Pole innerhalb einer Debatte, die nicht nur in den Sozial- und Kulturwissenschaften evident ist, sondern auch Leitlinien der Politik bestimmt und zu Verwerfungen innerhalb der Zivilgesellschaft führt. Im Kern geht es um weit mehr als die Bewertung eines singulären Ereignisses, nämlich um Einschätzungen der aktuellen Transformationen Deutschlands und Europas durch Zuwanderung, um Konzepte für eine pluralistische Gesellschaft und nicht zuletzt auch um den Islam, der als zunehmend sichtbare Minderheitenreligion für konstante Aufregungen sorgt. Im akademischen Diskurs werden diese Erörterungen mit grundsätzlichen Überlegungen zum Verhältnis von Sexualität und Kultur sowie zur kulturellen Dimension von Normen und

Normenkonflikten verknüpft. Zentral ist dabei die Definition der Kategorie »Kultur« und ihre Bedeutung für die Ausprägung von Normen sowie die Frage, ob und in welcher Weise normative Ordnungen kulturell gebunden sind. Nur vor dem Hintergrund der Beantwortung dieser Frage lässt sich beurteilen, ob die Gewalt in der Silvesternacht auf einen kulturell begründeten Normenkonflikt hinweist oder ob Reden über Normkonflikte vielmehr Indikatoren einer rassistischen oder islamfeindlichen Rhetorik darstellen.

Eine Chronologie der Ereignisse

2015 war ein bemerkenswertes Jahr. Die Anzahl von Geflüchteten, die deutsche Grenzen überschritten, erreichte mit 890.000 Personen eine absolute Höchstzahl.[1] Nach Informationen des Statistik-Portals Statista war die Zahl der Asylanträge in den vergangenen zehn Jahren ohnehin stark angestiegen, nämlich von 30.303 im Jahr 2007 auf 745.545 im Jahr 2016.[2] Die kontinuierliche Zunahme wurde zunächst weitgehend kommentarlos hingenommen und führte weder in der Politik noch in der Bevölkerung zu Aufregungen. Das änderte sich jedoch im Jahr 2015, als ein nicht enden wollender Strom von Menschen sich über die sogenannte »Balkan-Route« nach Norden bewegte und Abertausende die deutsche Grenze überquerten. Die Reaktionen darauf waren erwartungsgemäß unterschiedlich. Auf der einen Seite entstand eine geradezu enthusiastische Willkommenskultur: Unzählige Menschen sahen ihr persönliches humanitäres Engagement als Gebot der Stunde und leisteten ehrenamtliche Hilfe bis zur Selbstaufgabe. Dass die Geflüchteten nicht als grundsätzliches Problem für die Gesellschaft betrachtet werden sollten, obwohl Bund, Länder und Kommunen schon mit der Grundversorgung über die Grenzen ihrer Kapazität belastet waren, dafür stand Angela Merkels zuversichtliches »Wir schaffen das!«. Auf der anderen Seite wurden zunehmend skeptische Stimmen laut, wur-

---

1 Die häufig genannte Zahl von 1,1 Millionen Geflüchteten wurde nach Angaben des Bundesamtes für Migration und Flüchtlinge um mehr als 200.000 nach unten korrigiert.
2 Vgl. https://de.statista.com/statistik/daten/studie/76095/umfrage/asylantraege-insgesamt-in-deutschland-seit-1995/. Die Zahlen im Einzelnen: 2007: 30.303; 2008: 28.018; 2009: 33.033; 2010: 48.589; 2011: 53.347; 2012: 77.651; 2013: 127.023; 2014: 202.834; 2015: 476.649; 2016: 745.545.

den rassistische Parolen gerufen, kam es zu Übergriffen auf Aufnahmeeinrichtungen. In Dresden formierte sich die Bewegung »Patriotische Europäer gegen die Islamisierung des Abendlandes«, kurz PEGIDA, und versammelte jeden Montag eine stetig wachsende Zahl von Gleichgesinnten, um gegen die Einwanderungs- und Asylpolitik sowie gegen den Islam in Deutschland zu demonstrieren. Viele Positionen der Bewegung wurden von der ursprünglich als Anti-EU-Partei gegründeten »Alternative für Deutschland« (AfD) übernommen, der es mit ihrer fremdenfeindlichen Agenda gelang, bei Landtagswahlen im Jahr 2016 in fünf Bundesländern zweistellige Prozentzahlen an Wählerstimmen zu erlangen.[3] Vor dem Hintergrund dieser polarisierten Situation müssen auch die Debatten um die Ereignisse in der Silvesternacht 2015/16 betrachtet werden, die nicht nur in Deutschland einen Schock auslösten, sondern auch international diskutiert wurden.

Rekapitulieren wir kurz die Geschehnisse, wie sie mittlerweile bestätigt sind: Am Abend des 31. Dezember 2015 fanden sich in Köln zwischen der sogenannten Domplatte und dem Hauptbahnhof nicht nur die üblichen Feiernden ein, sondern auch mehr als tausend Männer ohne weibliche Begleitung. Ihr Verhalten war aggressiv und konfrontativ. Sie schossen Feuerwerkskörper in die Menge und auf den Dom, forderten anwesende Polizisten heraus und machten Jagd auf Frauen. In Gruppen kreisten sie weibliche Feiernde ein, isolierten sie von männlichen Begleitern und bemächtigten sich ihrer Körper und Wertsachen. Unter Gejohle und Beleidigungen grabschten sie ihnen in Hemd und Hose, bohrten die Finger in ihre Körperöffnungen und entwendeten Handys und Portemonnaies. Überraschenderweise griff die Polizei nicht ein, so dass die Kölner Innenstadt zehn Stunden lang zu einem rechtsfreien Raum wurde.[4] In den folgenden Tagen wurden detaillierte Schilderungen der sexuellen Übergriffe, eindeutige Fotos und Videoaufnahmen in den sozialen Medien gepostet. Dennoch wurden die Vorkommnisse weder in den Zeitungen noch im Fernsehen oder Hörfunk thematisiert. Das Polizeipräsidium vermeldete am Morgen des 1. Januar 2016 gar, die Silvesternacht sei friedlich verlaufen. Lediglich die Kölner Lokalpresse berichtete am 2. Januar 2016, es sei in der In-

---

3 Baden-Württemberg 15,1 Prozent, Berlin 14,2 Prozent, Mecklenburg-Vorpommern 20,8 Prozent, Rheinland-Pfalz 12,6 Prozent und Sachsen-Anhalt 24,3 Prozent.
4 Vgl. Schwarzer 2016: 15.

nenstadt zu sexuellen Belästigungen gekommen.[5] Erst vier Tage später brach die offenkundige Nachrichtensperre zusammen und das ganze Ausmaß der Katastrophe kam ans Tageslicht. Doch noch immer taten sich offizielle Stellen schwer mit einem Eingestehen der Fakten. Auf einer Pressekonferenz am 5. Januar 2016, an der die Kölner Oberbürgermeisterin Henriette Reker und der Polizeipräsident Wolfgang Albers teilnahmen, wurde beispielsweise mitgeteilt, man habe keine Erkenntnisse über die Täter, und es gäbe auch keinerlei Hinweise, dass Geflüchtete darunter seien. Zu diesem Zeitpunkt war allerdings längst polizeibekannt, dass Personen, die in der Nacht aufgegriffen und kontrolliert worden waren, Papiere bei sich hatten, die sie als Asylsuchende auswiesen. Ermittlungen anhand der Ortung gestohlener Mobiltelefone bestätigten dies. Sofern es in den ersten Tagen des neuen Jahres überhaupt zur Aufklärung kam, wurde deutlich, dass die Täter mehrheitlich aus dem arabischen Raum kamen, in Aufnahmeeinrichtungen für Flüchtlinge lebten oder sich illegal in Deutschland aufhielten.

Innerhalb kürzester Zeit zeigte sich, dass es in anderen Städten zu ähnlichen Formen sexueller Gewalt gekommen war, beispielsweise in Hamburg. Auch dort hatte die Polizei zunächst Falschmeldungen eines vermeintlich friedlichen Silvesterfestes herausgegeben beziehungsweise über Lappalien wie den Überfall auf einen Pizzaboten berichtet. Am 4. Januar 2016 berichtete »BILD« von sexuellen Belästigungen und sexuellen Übergriffen, und zwei Tage später musste sich der Polizeisprecher erstmals vor der Öffentlichkeit rechtfertigen. In der Hansestadt stellten bis zu diesem Zeitpunkt siebzig Frauen Anzeigen wegen sexueller Gewalt. Insgesamt sollten es 410 geschädigte Frauen gewesen sein.[6] In Köln stieg die Anzahl der Strafanzeigen im Verlauf des Jahres auf 1.222, davon 662 allein wegen sexueller Übergriffe.[7] Übereinstimmend sagten Zeuginnen in allen betroffenen Städten aus, es habe sich vornehmlich um »nordafrikanisch« aussehende Angreifer gehandelt.

Genau dieser Umstand hatte offensichtlich zu den skandalösen Vertuschungsversuchen von Polizei und Politik geführt. Vertreter des Staates

---

5 Vgl. http://www.ksta.de/koeln/-sexuelle-belaestigungen-sote-in-der-silvesternacht--23364658 (letzter Zugriff am 4.10.2016).

6 Vgl. http://www.focus.de/politik/deutschland/silvester-uebergriffe-in-hamburg-sex-attacken-bleiben-fuer-die-taeter-straflos_id_6327777.html (letzter Zugriff am 11.04.2017).

7 Vgl. http://www.express.de/koeln/koelner-silvester-sexmob-neue-details--rund-die-haelfte-der-verfahren-eingestellt-25236320 (letzter Zugriff am 11.04.2017).

hatten nämlich befürchtet, dass es sich bei den Tätern um junge Muslime und vielleicht sogar Geflüchtete handeln könnte, und glaubten, dies könne bereits existierende feindselige Gefühle gegen Flüchtlinge innerhalb der Bevölkerung verstärken, wenn es bekannt würde. Es war eine Strategie, die nicht desaströser hätte ausfallen können. Sowohl das Hamburger Abendblatt als auch der Fokus sprachen von einer »Nacht der Schande«[8], und in Köln wurde der Polizeipräsident in den vorzeitigen Ruhestand versetzt.

Die Ereignisse der Silvesternacht blieben nicht singulär. In den folgenden Monaten kam es immer wieder zu Vorfällen, bei denen Gruppen junger Geflüchteter Frauen und Mädchen auf Straßenfesten, Konzerten, in Diskotheken, Einkaufszentren oder Schwimmbädern sexuell attackierten. In Freiburg wurde ein minderjähriger Afghane als Vergewaltiger und Mörder einer Studentin überführt, und in Flüchtlingsunterkünften beklagte »Amnesty Deutschland« massive Gewalt gegen Frauen.[9] Die Berichterstattung hatte sich im Laufe dieser Zeit verändert. Wenn Flüchtlinge tatverdächtig waren, wurden zwar nicht immer, aber doch recht häufig die Herkunftsländer der Täter genannt. Ob solche Benennungen statthaft sind, ist bis heute umstritten. Ein selbst auferlegter Kodex verpflichtet Journalisten dazu, die ethnische oder religiöse Zugehörigkeit von Straftätern oder Verdächtigen nur dann zu veröffentlichen, wenn ein »begründeter Sachbezug« besteht. Grundsätzlich habe die Presse darauf zu achten, dass durch die Berichterstattung keine Vorurteile gegen Minderheiten geschürt werden.[10]

Auch auf der Handlungsebene änderte sich einiges. Betreiber von Schwimmbädern und Diskotheken verhängten vielerorts Zutrittsverbote für geflüchtete Männer, und auch die Polizei begann jetzt Geflüchtete und junge Männer aus bestimmten Ländern in den Blick zu nehmen. Deutlich wurde dies in der Silvesternacht 2016/17 in Köln. Erneut versammelten sich große Gruppen von Männern in der Nähe des Hauptbahnhofs. 2000 Personen sollen es insgesamt gewesen sein, vorwiegend aus Ländern, aus denen die Flüchtlinge des vergangenen Jahres stammten. Allerdings war die Polizei dieses Mal gut vorbereitet und zeigte mit 2.100 Einsatzkräften und einem entschlossenen Auftreten, dass sie die Situation unter Kontrolle

---

8 Vgl. http://www.abendblatt.de/hamburg/article206898089/Hamburgs-Nacht-der-Schande-und-das-lange-Schweigen.html und http://www.focus.de/politik/focus-titel-die-nacht-der-schande_id_5198275.html (letzter Zugriff am 3.10.2016).

9 Vgl. https://www.amnesty.de/journal/2015/dezember/kein-sicherer-ort (letzter Zugriff am 11.04.2017).

10 Vgl. http://www.zeit.de/2013/41/pressekodex-straftaeter-herkunft (letzter Zugriff am 11.04.2017).

hatte. Es gab ca. 1.200 polizeiliche Maßnahmen, darunter 900 Platzverweise, 300 Personenkontrollen und sogenannte Gefährderansprachen. In anderen Städten sah die Situation ähnlich aus. Große Aufgebote an Ordnungskräften demonstrierten staatliche Autorität im öffentlichen Raum und verhinderten eine Wiederholung der Situation vom Vorjahr. Allerdings erntete die Polizei für ihren Einsatz auch dieses Mal zunächst Kritik. Das lag an einem internen Dokument, in dem für die als Gefährder ins Visier genommene Zielgruppe der Begriff »Nafri« verwendet wurde. »Nafri«, ein Akronym für »Nordafrikaner« oder auch »nordafrikanische Intensivtäter«, zielte nicht nur auf Personen aus nordafrikanischen Ländern, sondern auch aus Syrien oder dem Libanon. In dem Dokument wird vor dieser Gruppe besonders gewarnt:

»Die Klientel verhält sich äußerst aggressiv auch gegenüber einschreitenden Polizeibeamten und Mitarbeitern der Stadt (Jugendamt, Ausländeramt). Bewaffnungen (Klappmesser) werden regelmäßig festgestellt; häufige Widerstandshandlungen.«[11]

Aus Polizeisicht war eine Fokussierung auf die Gruppe, die bereits im vergangenen Jahr für die Gewalt gesorgt hatte, folgerichtig – insbesondere, da sich junge Männer mit ähnlichen Merkmalen und gleichem Verhalten erneut einfanden. Die Öffentlichkeit erwartete, dass die Sicherheit im öffentlichen Raum bewahrt blieb, weshalb Personen der Gruppe kontrolliert wurden, mit der man schlechte Erfahrungen gemacht hatte.

Sowohl die spezielle Fokussierung auf eine bestimmte Gruppe von Männern als auch die Bezeichnung »Nafri« sorgten nach dem erfolgreichen Polizeieinsatz bei Teilen des linken und linksliberalen politischen Spektrums für Empörung. Simone Peter, eine der Vorsitzenden der Grünen, kritisierte den Begriff als herabwürdigend und nicht akzeptabel. Zudem mutmaßte sie, die Polizei habe sich des »racial profilings« schuldig gemacht.[12] »Amnesty International« sah das ebenso und forderte eine Untersuchung. Die Kulturwissenschaftlerin Mithu Sanyal legte am 19. Januar 2017 noch einmal nach und schrieb: »Die Offenheit, mit der die Kölner Polizei am Hauptbahnhof nach Hautfarbe selektiert hat, ist ein klarer Verstoß gegen das Grundgesetz.«[13] Der Kölner Polizeipräsident

---

11 Vgl. https://www.welt.de/politik/deutschland/article160771061/Jung-und-aggressiv-Was-hinter-dem-Wort-Nafri-steckt.html (letzter Zugriff am 11.04.2017).
12 Vgl. https://www.welt.de/politik/deutschland/article160798826/Viele-Nordafrikaner-wollten-wohl-gar-nicht-Silvester-feiern.html (letzter Zugriff am 11.04.2017).
13 Vgl. www.intro.de/life/mithu-m-sanyal-uber-kolner-silvesternachte-wer-bedroht-wen (letzter Zugriff am 24.02.2017).

Jürgen Mathies reagierte irritiert und sah sich genötigt, sein Bedauern über die interne Verwendung des Begriffes auszudrücken.[14] Allerdings waren die genannten kritischen Stimmen keineswegs repräsentativ für die gesamte Bevölkerung, und so löste Peters Vorwurf seinerseits einen Aufschrei der Empörung und zahllose sarkastische Statements bei denjenigen aus, die mit den polizeilichen Maßnahmen einverstanden waren. »BILD« machte Peter als »Grün-fundamentalistisch-realitätsferne Intensivschwätzerin«, kurz: »Grüfri«[15] lächerlich, und selbst in der eigenen Partei wurde Kritik laut. Ihr Mitvorsitzender Cem Özdemir und Omid Nouripour, der außenpolitische Sprecher der Partei, distanzierten sich von der Polizeischelte und lobten die Arbeit der Beamten/innen ausdrücklich. Peter versuchte eine schnelle Schadensbegrenzung und sprach der Polizei schließlich ebenfalls ihre Anerkennung aus. Die unterschiedliche Haltung der Grünen-Funktionäre, so die Spiegel-Reporterin Annett Meiritz, zeige, dass das »Thema gewalttätige junge Männer mit Migrationshintergrund«[16] für die Partei schwierig sei. Einerseits kämpfe man gegen Rassismus und blockiere die Einstufung von Tunesien, Algerien und Marokko als sichere Herkunftsländer, andererseits wolle man zeigen, dass sexuelle Gewalt im öffentlichen Raum nicht akzeptiert werde.

Reduziert man die oben beschriebenen Ereignisse und die offenkundige Verunsicherung von Polizei, Politik und Presse auf ihren Kern, dann geht es im Wesentlichen um folgende Fragen:

– Stellt die Silvesternacht 2015/16 eine Zäsur in der jüngeren Geschichte der Bundesrepublik dar?
– Spielt es eine Rolle für die Bewertung der Ereignisse, dass vorwiegend junge Männer aus Nordafrika, Syrien, dem Irak und Pakistan tatverdächtig waren?
– Sind junge Männer aus den genannten Ländern eher eine Gefahr für Frauen im öffentlichen Raum als einheimische Männer?
– Wenn dies der Fall sein sollte, ist es dann legitim darüber zu berichten und spezielle Maßnahmen zu ergreifen?

---

14 Vgl. http://www.n-tv.de/politik/Koelner-Polizeichef-bedauert-Nafri-Tweet-article19451156.html (letzter Zugriff am 11.04.2017).

15 Vgl. http://www.bild.de/politik/inland/die-gruenen/chefin-peter-und-die-nafri-debatte-49571068.bild.html (letzter Zugriff am 11.04.2017).

16 Vgl. http://www.spiegel.de/politik/deutschland/koeln-gruenen-chef-cem-oezdemir-distanziert-sich-von-ko-chefin-simone-peter-a-1128287.html (letzter Zugriff am 11.04.2017).

Es ist unschwer zu erkennen, dass eine positive Beantwortung der ersten Fragen weitreichende Folgen hätte. Kultur und möglicherweise auch Religion wären dann Faktoren der Differenz, und die Übergriffe von Köln möglicherweise Zeichen eines *Clash of Cultures*, der polizeiliche Sondermaßnahmen nicht nur legitimiere, sondern geradezu erfordern würde. Bei einer negativen Antwort wären diejenigen, die eine rassistische Grundeinstellung hinter dem polizeilichen Handeln vermuteten, im Recht und man müsste mit Verstärkungen antirassistischer Maßnahmen reagieren.

Schauen wir uns zunächst die beiden Pole der Debatte an.

Fakten und alternative Fakten

Zu denjenigen, die einen subkutanen Rassismus am Werk sehen, gehört Antje Schrupp, eine in Frankfurt promovierte Sozialwissenschaftlerin, die sich als Bloggerin – u.a. für die Online-Ausgaben der »Frankfurter Allgemeinen Zeitung« und der »ZEIT« – einen Namen gemacht hat. Im marxistischen Portal »Freiheitsliebe« geißelte sie die Berichterstattung am 6. Januar 2016 als »klassisches rassistisches Narrativ, dass die weiße Frau vom schwarzen Mann bedroht wird«. Sie schrieb:

»Gestern haben alle möglichen Zeitungen mit verschiedenen Frauen gesprochen, die sexualisierte Angriffe schilderten, und dabei wurde zum Beispiel betont, dass diese Frauen blond oder zumindest deutsch waren. Wir müssen aber klarstellen, dass das bei blonden Frauen nicht schlimmer ist als bei andershaarfarbigen. ... Und durch die dauernde Zuschreibung der Täter als Nordafrikaner wird schon eine Ursachenbeschreibung festgelegt, bevor überhaupt die Fakten klar sind. Es wird damit auch implizit suggeriert, es sei schlimmer, wenn Männer, die nordafrikanisch aussehen, Frauen belästigen, als wenn es deutsch aussehende Männer sind, weil unterstellt wird, sie hätten andere, schlimmere Motive für sexuelle Gewalt.« (Schrupp 2016)

Schrupp schloss sich mit einer Gruppe von Gleichgesinnten zum Hashtag »#ausnahmslos« zusammen und entwickelte eine Agenda »Gegen sexualisierte Gewalt und Rassismus. Immer. Überall. #ausnahmslos«. Die Gruppe sprach sich für eine Gesetzesänderung im Bereich der sexuellen Gewalt aus, positionierte sich andererseits aber konsequent gegen eine Verschärfung des Aufenthaltsrechts beziehungsweise gegen Abschiebungen von Tätern, denen sexuelle Gewalt nachgewiesen werden kann. Sie forderte eine antirassistische Berichterstattung ohne Bezeichnung spezifischer Tätergruppen oder eine Verbindung von sexueller Gewalt mit dem Islam. Die Frankfurter Soziologin Kira Kosnick argumentierte in eine ähnliche Richtung. Der Umstand, dass einige von ihnen ein »nordafrikanisches Aussehen« hätten und als Asylsuchende identifiziert wurden, schrieb sie, »gilt vielen Stimmen als unumstößlicher Beleg dafür, dass sich mit den Zugewanderten eine kulturelle Integrationsproblematik verschärft« (Kosnick 2016: 2). Diese Stimmen wurden von Kosnick als rechtspopulistische Vertreter der These eines vom Untergang bedrohten Abendlandes gebrandmarkt. Konsequent verneinen sowohl Schrupp als auch Kosnick die eingangs gestellten Fragen und beschuldigen die Medien einer rassistischen Berichterstattung. Schrupp ging in ihren Vorwürfen noch weiter und stellte die Faktizität der Ereignisse in Frage. Nicht 1.000 Männer hätten sich versammelt, behauptete sie im »Freitag«, sondern lediglich 100. Es sei zudem nicht klar, wer die Täter seien, ließ sie verlautbaren. Ja, eine »Zuschreibung der Täter als Nordafrikaner [...] bevor überhaupt die Fakten klar sind«, wurde von ihr scharf kritisiert. Die Erlebnisse und Wahrnehmungen der Opfer wurden so zunächst einmal als dubios oder sogar als falsch zurückgewiesen. Doch es ging noch weiter: Selbst der aus der Silvesternacht resultierenden Verunsicherung von Frauen wurde die Legitimität abgesprochen. Schrupp schrieb:

»Frauen (wird) Angst gemacht und gesagt, der öffentliche Raum sei für sie nicht mehr sicher. In den Medien werden Frauen zitiert, die sagen, dass sie sich nun nicht mehr raustrauen. Das ist aber konträr zu dem, was wir über sexuelle Gewalt wissen, dass diese nämlich vor allem im Privaten geschieht, durch Ehemänner, Väter, Freunde.« (Schrupp 2016)

Schrupp vertritt hier ernsthaft die These, dass Frauen, die nach einer Nacht voller sexueller Ausschreitungen Angst haben, diese Angst nur eingeredet bekommen. Da »wir« wissen, dass sexuelle Gewalt vorwiegend im Privaten geschehe, seien diejenigen, die sich nach Köln bei Dunkelheit in der Öffentlichkeit fürchteten, schlicht nicht richtig informiert. Schrupp sprich Frauen damit ihr Urteilsvermögen ab und redet Ängste klein. Frauen empfinden Angst, aber Schrupp hält dies illegitim für ein Ergebnis einer falschen medialen Beeinflussung. Frauen werden sexuell belästigt, doch Schrupp spielt die Belästigung herunter und bezweifelt, dass diese überhaupt im angegebenen Maß stattgefunden hat. Ein weiteres Argument schließlich zielt darauf, dass die Herkunft der Täter ohnehin nichts zur Sache tue, auch wenn sie von unabhängiger Seite festgestellt würde, da es doch egal sei, von wem die Belästigung ausgehe. Für eine Feministin sind diese Formen der Disqualifizierung und Entwertung weiblicher Opfer bemerkenswert. So etwas kennt man eigentlich nur von Vertretern tradierter patriarchalischer Ordnungen.

Auch Kosnick beteiligte sich am Infragestellen von Fakten. In einem Essay im Frankfurter UniReport zitierte sie ein Pamphlet, in dem der Bundesrichter Thomas Fischer sich am 12. Januar 2016 in der Wochenzeitung »DIE ZEIT« über die polizeilichen Angaben unter Verweis auf die »Fachhochschulausbildung« der Beamten lustig machte und dann auf die angeblich viel schlimmeren Zustände auf dem Münchner Oktoberfest anspielte.[17] Nur bei Fremden werde deviantes Verhalten generalisiert, so Fischer, bei Einheimischen gelte sie als individuelle Verfehlung. Für Kosnick, die sich Fischers Auffassung zu eigen machte, zeigt diese Einstellung darüber hinaus eine unheilvolle Kontinuität, die sich bis in die Zeit des Kolonialismus zurückverfolgen lasse: »Das war schon zu Zeiten so, als europäische Kolonialherren ihre Unterwerfung von vermeintlich minderwertigen Rassen [...] mit biologischen und genetischen Argumenten unterfütterten.« (Kosnick 2016: 2)

Rassismus, Kultur und Konstruktionen des Orients

Sowohl Schrupp als auch Kosnick bringen hier die Kategorie des Rassismus ins Spiel. Schrupp äußerte sich bereits am 6. Januar 2016 in einem Interview[18] sowie in einem Artikel der Wochenzeitung »Freitag« entsprechend: »Mit atemberaubender Geschwindigkeit wird das alte rassistische Narrativ aufgeboten«, konstatierte sie, »wonach ›einheimische blonde Frauen‹ von ›ausländischen dunklen Männern‹ sexuell bedroht werden.«[19] Dieses Bild gab es vereinzelt durchaus, so zum Beispiel auf dem Titelbild des »Fokus«, das eine unbekleidete blonde Frau zeigte, auf deren Körper schwarze Handabdrücke zu sehen waren. Es war in den medialen Schilderungen allerdings keinesfalls vorherrschend, und Schrupp gibt wohlweislich

---

17 Vgl. http://www.zeit.de/gesellschaft/zeitgeschehen/2016-01/sexmob-koeln-kriminalitaet-strafrecht-fischer-im-recht/komplettansicht (letzter Zugriff am 11.04.2017).
18 Vgl. Schrupp 2016.
19 Vgl. https://www.freitag.de/autoren/antjeschrupp/koeln-ist-nicht-kairo-warum-wir-einen-kuehlen-kopf-bewahren-sollten (letzter Zugriff am 27.02.2017).

keine Quellen für ihre verallgemeinernde Bewertung an. Gleichwohl stand sie mit ihrer These keineswegs isoliert dar. Zustimmung erfolgte innerhalb eines Teils des akademischen Feminismus, zum Beispiel durch die Sozialwissenschaftlerinnen Helma Lutz und Meltem Kulaçatan, die in ihrer Beurteilung der Post-Köln-Debatten ebenfalls auf die »Diskursfigur des fremden, schwarzen Mannes, der die weiße Frau vergewaltigt« (Lutz / Kulaçatan 2016: 2) rekurrierten.

Eng verknüpft mit dem Begriff des Rassismus erwiesen sich die Termini »Kultur« beziehungsweise »Kulturalisierung« und »Orientalismus« oder »Orientalisierung«. Kosnick sah in der »Skandalisierung der Straftaten in der Silvesternacht [...] ein erschreckendes Beispiel für die Kulturalisierung des politischen Diskurses« sowie für ein »essentialistisches identitäres Verständnis von Kultur und Religion« (Kosnick 2016: 2). Was ist damit gemeint? Die Erwähnung des nordafrikanischen Aussehens der Täter und der Umstand, dass ein Teil von ihnen offensichtlich Geflüchtete waren, so Kosnick, gelten vielen Menschen als Beleg dafür, dass es sich bei den Übergriffen um eine kulturelle Integrationsproblematik handele. Das sei aber mitnichten der Fall. Sexuelle Übergriffe gäbe es nämlich auch unter Einheimischen, beispielsweise beim Oktoberfest. Man habe es also nicht mit einer beweisbaren Tatsache zu tun, so die Soziologin implizit, sondern mit einer reinen Zuschreibung, die in einem bis in die Kolonialzeit zurückreichenden Rassismus wurzele, der jetzt allerdings nicht länger biologisch, sondern kulturell begründet werde. »Kultur« werde dabei als ahistorisch und homogen konstituiert, und »Kulturen« als eigenständige Akteure verstanden, die sich »auf der Weltbühne mehr oder weniger feindlich gegenüberstehen« (Kosnick 2016: 2). Unschwer ist zu erkennen, dass Kosnick sich hier auf Samuel Huntington bezieht, ohne ihn explizit zu nennen. Huntington hatte im Jahr 1993 in der Zeitschrift »Foreign Affairs« einen Artikel veröffentlicht, in dem er schrieb: »The great divisions among humankind and the dominating source of conflict will be cultural.« (Huntington 1993: 22) Doch bereits vor dieser Publikation, die eine jahrelange internationale Debatte auslöste, stand der Begriff »Kultur« unter dem Verdacht, als Metapher für ethnozentrische Stigmatisierungen nichtwestlicher Gesellschaften missbraucht zu werden. Selbst in der Ethnologie, einem Fach, das sich maßgeblich über das Wissen um Kulturen und kulturelle Unterschiede definierte, wurde die Kategorie »Kultur« Ende des 20. Jahrhunderts einer Prüfung unterzogen. »Writing against culture« betitelte die amerikanische Anthropologin Lila Abu-Lughod (1991) einen Aufsatz, in dem sie die Verwendung des Kulturbegriffs als Akt des »Othering« beanstandete. »Othering« bezeichnet einen verzerrten Blick, der die Aufwertung des Eigenen und die Abwertung des Anderen intendiert und diese mit (angeblichen) kulturellen Differenzen begründet. Lughod rekurrierte in ihrem Text u.a. auf die Monographie »Orientalism« von Edward Said (1978), der den Westen eines solchen Blickes auf den »Orient« bezichtigte. Durch diese spezielle Sichtweise werde der Orient als gleichermaßen bedrohliches wie exotisch-verführerisches Anderes erschaffen, als Imagination, die mit der Realität wenig zu tun habe, aber viel über die Machtbeziehungen zwischen Europa und dem Orient aussage. Das Verhältnis zwischen Okzident und Orient konstituiere sich nämlich als Herrschaftsbeziehung, so Said. Es spiegele den Überlegenheitsanspruch des Westens wider und liefere die Rechtfertigung für koloniale und postkoloniale Formen von Unterdrückung und Ausbeutung. Während Saids These in der Orientalistik weitgehend abgelehnt wurde, fiel sie in der Ethnologie, der Soziologie und den Literatur- und Erziehungswissenschaften auf fruchtbaren Boden. Dies gilt besonders für die postkoloniale Theorie im Anschluss an Erweiterungen des Ansatzes von Said durch Gayatri Chakravorty Spivak (1988) und Homi Bhabha (1994). Kultur wurde jetzt zunehmend als Konstruktion eines subalternen Anderen durch einen dominanten Westen verstanden, mit der dieser seine Überlegenheit rechtfertige. Die Arbeit der Wissenschaft, die sich aus dieser These ableitete, bestand maßgeblich in der Dekonstruktion der wahlweise als kolonial, rassistisch oder orientalistisch bezeichneten Bilder vom Anderen und auch in einer Kritik der Machtverhältnisse, die erst zu den beschriebenen Asymmetrien geführt habe. Das bezog sich nicht nur auf Ungleichheiten auf einer globalen Nord-Süd-Achse, sondern auch auf innenpolitische Verhältnisse, beispielsweise in Deutschland. Der Prozess des kulturellen »Othering«, schreibt der Migrationsforscher Cengiz Barskanmaz, positioniere

»die andere Existenzform in unverrückbarer Distanz zur eigenen westlichen Kultur, so dass eine unüberwindbare binäre Opposition zwischen dem überlegenen Eigenen und dem unterlegenen Anderen entsteht.« (Barskanmaz 2009: 366)

Das bedeutet, dass das kulturell Andere durch rassistische und orientalistische Konstruktionen durch die Mehrheitsgesellschaft diskursiv geschaffen werde, um sich in Angrenzung davon selbst als kulturelle Gemeinschaft zu formieren.[20] Rommelspacher, Braun und Mathes verweisen darauf, dass vor allem Frauen für solche Konstruktionen instrumentalisiert werden.[21]

Diese Thesen sind mittlerweile im sozial- und kulturwissenschaftlichen Mainstream angekommen und haben weitreichende Auswirkungen auf die Kategorie »Kultur«. Sie steht weithin unter dem Verdacht, eine ideologische Hilfskonstruktion zur Legitimierung des Ausschlusses und der Abwertung von Minderheiten zu sein, und wird deshalb in der Kultur- und Sozialforschung abgelehnt. Diejenigen, die an »Kultur« festhalten, gelten entweder als rechtspopulistisch oder rückwärtsgewandt. Darauf verweist die starke Abwehr der Idee einer europäischen Leitkultur, wie sie Bassam Tibi vor mehr als zehn Jahren vorgeschlagen hat.[22]

Wie verhält es sich jenseits der kritisierten Hierarchisierungen des Eigenen und des Anderen mit der geschmähten Kategorie? Ist »Kultur« lediglich eine reaktionäre Fiktion, die schnellstens abgelegt werden sollte? Amartya Sen (2007) hat darauf hingewiesen, dass Menschen in unterschiedlichen Kontexten unterschiedliche Identitäten ausbilden, und in den Kultur- und Sozialwissenschaften spricht man heute vor allem von hybriden Identitäten, also von persönlichen Orientierungen, die sich nicht an einer abgeschlossenen »Containerkultur« (Beck 1997) ausrichten, sondern kulturelle Elemente flexibel kombinieren und darauf beständig Neues erschaffen. Gerade in sich schnell verändernden Kontexten, so die These, verändern sich auch Kulturen oder kulturelle Elemente. Daran kann kein Zweifel bestehen. Andererseits bedeutet dies nicht, dass wir angesichts der weltweit diffundierenden Waren und Ideen, der durch keinerlei Grenzen eingeschränkten Kommunikation sowie der globalen Migration auf eine einheitliche Globalkultur zusteuern. Das Lokale bleibt wirkmächtig, wenngleich immer wieder durch das Globale herausgefordert. »Glokalisierung« nannte der Soziologe Roland Robertson (1997) diesen beständigen Aushandlungsprozess. »Glokalisierung« oder »Hybridität« bedeutet nun allerdings nicht, dass »Kultur« obsolet wird. Dies ist weder auf der Ebene des Identitären noch auf der Ebene des Normativen der Fall. Vielmehr handelt es sich um Prozesse der Neugestaltung, in der es durchaus zu Verfestigungen des Normativen kommen kann. In meiner letzten ethnographischen Forschung zu Muslimen in Deutschland (Schröter 2016) waren doppelte identitäre Orientierungen und Hybridisierungen bei Muslimen/innen mit

---

20 Vgl. u.a. Barskanmaz 2009: 383.
21 Vgl. Braun/Mathes 2007: 11; Rommelspacher 2001: 21.
22 Vgl. Tibi 2002: 326ff.

sogenanntem Migrationshintergrund durchaus evident, doch von einer Auflösung kultureller Muster konnte keine Rede sein. Sowohl ethnisch-nationale als auch religiöse Identitätsmarker wurden stets hervorgehoben, und zwar gewöhnlich in Abgrenzung zur Mehrheitsgesellschaft. Das galt insbesondere in Bezug auf Geschlechterverhältnisse, auf sexuelle Regularien, Prinzipien von Ehre und Scham, unterschiedliche Handlungsspielräume für Mädchen und Jungen etc. Diese Form der »Kulturalisierung« wird nicht durch die Mehrheitsgesellschaft aufgenötigt, sondern vielmehr gegen ihren Homogenisierungsanspruch durchgesetzt. »Othering« oder besser »Self-Othering« ist unter den Bedingungen der Migration geradezu eine Selbstbehauptungsstrategie, um »Kultur« zu erhalten. Die auch mit repressiven Mitteln durchgesetzten kulturellen Normen und Werte stehen nicht notwendig in Widerspruch zu einer kontextuellen Nutzung individueller Handlungsoptionen oder Partikularidentitäten. Ein Fußballspieler mit türkischer Staatsangehörigkeit, der einem deutschen Verein angehört, ist bei Turnieren zunächst einmal Vereinsmitglied, wenngleich er sich in seinen Sozialbeziehungen vielleicht stärker auf eine ethnisch verfasste Gemeinschaft beziehen mag. Sens Ansatz steht daher nicht im Gegensatz zu Kulturtheorien, wenn Kultur als tendenziell flexible Kategorie verstanden wird. Eine vollständige Negation der Kategorie, wie sie von Schrupp und Kosnick implizit gefordert wird, lässt sich empirisch nicht verifizieren.

Islamophobie und Islamfeindlichkeit

Neben den Kategorien »Kultur« und »Rassismus« wurde in der Debatte auch die der »Islamfeindlichkeit« als Motiv der medialen Repräsentation der Silvesternacht herangezogen. Aiman Mazyek, der Vorsitzende des Zentralrates der Muslime Deutschland, schrieb am 6. Januar 2016 auf seinem Facebook-Profil:

»Da fällt eine angetrunkene Horde von Männern, offenbar mit Migrationshintergrund über Frauen her, berauben sie und tun Schändliches, und die Frage steht im Raum, ob das was mit dem muslimischen Frauenbild zu tun hat. Ich frage mich: Geht's noch? Fast jeden Tag greifen sogenannte Verteidiger des christlichen Abendlandes mit Brandbomben und sonstigen Geschossen Asylheime oder auch Moscheen in Deutschland an, vergreifen sich an Flüchtlingen und begehen so Totschlagversuche und somit schwere Straftaten. Keiner würde auf die Idee kommen – als Erklärungsversuch gewissermaßen – das christliche Weltbild zu bemühen.«[23]

Silvia Horsch-Al Saad, Postdoktorandin an der Universität Osnabrück, ging noch einen Schritt weiter. Im Internetportal »islam.de« schreibt sie am 15. Februar 2016:

»Während uns die Tatsache, dass 25% der Frauen in Deutschland Gewalt durch gegenwärtige oder frühere Partner erfahren haben, nicht über ›den deutschen‹ oder ›den christlichen‹ Mann diskutieren lässt, wird in Bezug auf Flüchtlinge, Araber und Muslime nach Köln jede Differenzierung von einem ›aber‹ verfolgt.« (Horsch-Al Saad 2016)

Khola Maryam Hübsch von der Ahmadiyya Muslim Jamaat gab sich ebenfalls von der islamfeindlichen Ausrichtung der Medien überzeugt. In einem Artikel der Zeitschrift Qantara äußerte sie sich folgendermaßen:

»Es geht darum, dass die deutsche Frau vom muslimischen Mann bedroht wird. Deswegen diskutieren wir jetzt nicht über sexuelle Gewalt gegen Frauen. [...] Wir diskutieren über den muslimischen Mann. Obwohl es bislang keine Belege dafür gibt, dass es zu einer Zunahme sexueller Belästigungen durch Migranten oder Flüchtlinge gekommen ist.« (Hübsch 2016)

Bezogen auf die eingangs gestellte Frage nach der Silvesternacht als Zäsur, heißt das klar: Für Mazyek, Horsch-El Saad und Hübsch gab es kein exzeptionelles Ereignis, sondern lediglich eine mediale Inszenierung. Die Ähnlichkeit zur Kritik von Schrupp und Kosnick ist unübersehbar. Die Vermutung werde laut, so Mazyek, dass die Vorfälle etwas mit dem Islam zu tun hätten. Es folgt jedoch keine Entkräftung der vermeintlichen Fehleinschätzung, sondern ein lapidares »Geht's noch?«, gefolgt von einem Gegenvorwurf, nämlich dem Verweis auf Angriffe auf Moscheen und Flüchtlingseinrichtungen. Wenige Tage nach dem Facebook-Eintrag legte Mazyek noch einmal nach, beklagte, dass das Thema auf dem Rücken von Muslimen und Migranten ausgetragen werde und verlangte Polizeischutz für Mitglieder des von ihm geleiteten Zentralrates der Muslime.[24]

Islamfeindlichkeit war auch schon vor der Silvesternacht ein bevorzugtes Thema Mazyeks. Am 25. Dezember 2015 forderte er eine gesonderte Erfassung und spezielle Sanktionierung islamfeindlicher Straftaten,

---

23 Vgl. https://www.facebook.com/AimanMazyek2/posts/1570045099917467 (letzter Zugriff am 28.01.2016).
24 Vgl. https://www.welt.de/politik/deutschland/article151113866/Zentralrat-der-Muslime-will-Polizeischutz.html (letzter Zugriff am 26.02.2017).

und am 9. Dezember 2016 mahnte er in der Zeitschrift »Migazin« eine stärkere Kontrolle der als »tendenziös und defizitär« kritisierten Berichterstattung über Muslime an. Sowohl Mazyek als auch Horsch-El Saad werfen deutschen Nichtmuslimen vor, mit zweierlei Maß zu messen. Der Islam werde stets beschuldigt, wenn es um allgemeine Vergehen gehe, an denen Muslime beteiligt seien, doch das Christentum werde niemals herangezogen, wenn es um von Christen ausgeübte Gewalt gehe. Hübsch lässt gar anklingen, dass die Skandalisierung der Vorfälle allein die Diskreditierung muslimischer Männer beabsichtige, obwohl es gar nicht evident sei, dass Muslime oder (muslimische) Flüchtlinge häufiger an sexuellen Übergriffen beteiligt seien als Nichtmuslime. Für Horsch-El Saad manifestiert sich in Berichterstattungen wie derjenigen zu der Silvesternacht eine tief in der Gesellschaft verwurzelte Islamfeindlichkeit. Sie schreibt:

»Die seit Jahrhunderten bestehenden Stereotype vom muslimischen Mann, der seine Sexualität nicht unter Kontrolle hat, und der befreiungsbedürftigen muslimischen Frau werden ein weiteres Mal aktualisiert – und von interessierten Kreisen für ihre Zwecke eingesetzt.« (Horsch-El Saad 2016)

Auch sie spannt einen Bogen bis zum Kolonialismus:

»Ein Muster, das spätestens seit der Kolonialzeit bekannt ist: Lord Cromer, der faktische Herrscher über Ägypten von 1883 bis 1907, setzte sich für die Entschleierung der muslimischen Frau zum Zweck ihrer Befreiung ein, gleichzeitig schränkte er höhere Bildung für ägyptische Frauen ein, verbot ihnen z.B. die Ausbildung zur Ärztin, und war zu Hause in England Vorsitzender eines Vereins gegen das Wahlrecht von Frauen.« (ebd.)

Der Fall des britischen Generalkonsuls eignet sich in der Tat sehr gut zur Illustration einer Instrumentalisierung vermeintlicher Missstände, um den Islam zu diskreditieren. Cromer, der zeitweise Vorsitzender des »Männerbundes gegen das Frauenwahlrecht« (Men's League for Opposing Women's Suffrage) war, forderte in Ägypten die Entschleierung der Frauen – nicht um die Ägypterinnen zu befreien, schlussfolgerte die Pädagogin Birgit Rommelspacher (2002: 114), sondern um die muslimischen Frauen an das »Modell der englischen Hausfrau und Mutter« (Horsch-Al-Saad 2016) anzupassen. Dass die heutige Islamfeindlichkeit ebenfalls in kolonialistischem Gedankengut verankert sei, mutmaßen auch Birgit Rommelspacher, Irmgard Pinn, Christina von Braun und Bettina Mathes,[25] um nur einige Autorinnen zu nennen.

---

25 Vgl. Braun/Mathes 2007; Pinn 1995; Rommelspacher 2002.

Die Kritik an einer wachsenden Islamfeindlichkeit, wie sie von Hübsch, Mazyek und Horsch-El Saad vorgebracht wird, ist nicht neu. Eine stetig wachsende Anzahl von wissenschaftlichen und populären Publikationen widmet sich dem Thema aus theoretischer und empirischer Perspektive, und besonders der Terminus »Islamophobie« hat Konjunktur.[26] Allerdings leiden beide Begriffe an einem Mangel an Präzision. Jeder versteht Unterschiedliches darunter, und es gibt zudem eine signifikante Differenz zwischen der Verwendung der Begriffe in westlichen und in nichtwestlichen Gesellschaften. Islamophobie wurde beispielsweise ursprünglich im Jahr 1979 von der iranischen Regierung für Personen verwendet, die den neuen politischen Kurs boykottierten.[27] 1997 wurde der Begriff vom britischen Runnymede Trust als Bündel von abwertenden Zuschreibungen und Ausschlussverfahren von Muslimen definiert. Abduljalil Sajid, der Vorsitzende des britischen »Muslim Council for Religious and Racial Harmony« ordnet ihm mehrere Phänomene zu, die im Weitesten eine Diskriminierung und Benachteiligung von Muslimen in unterschiedlichen gesellschaftlichen Feldern, aber auch »negative Stereotype« (Sajid 2005: 5) bezeichnen.

Unbestreitbar ist, dass es große Vorbehalte gegenüber Muslimen/innen und dem Islam in europäischen Gesellschaften und auch in Deutschland gibt. Studien, die in den vergangenen Jahren durchgeführt wurden, lassen daran keinen Zweifel. Problematisch an der Runnymede-Kategorisierung sei jedoch, so Luzie Kahlweiß und Samuel Salzborn, dass reale Fremdenfeindlichkeit »illegitimerweise in Beziehung gesetzt wird mit Problemen, die dem Islam inhärent sind« (Kahlweiß/Salzborn 2012: 56), dass jegliche Kritik an religiös begründetem Sexismus, Antisemitismus oder islamistischer Gewalt als islamfeindlich abgewehrt werde. Selten werde zwischen einer Ablehnung aus fremdenfeindlichen Motiven und einer Kritik auf Grundlage einer liberalen, feministischen oder aufklärerischen Haltung heraus differenziert (Kahlweiß/Salzborn 2012: 60). Dass es möglicherweise bei der Einforderung von Maßnahmen gegen Islamfeindlichkeit primär um die Denunziation von Kritik geht, lässt sich aus den Forderungen, weniger über islamistische Gewalt zu berichten, schließen. Der Kommunikationswissenschaftler Kai Hafez, der in seinen Schriften nicht müde wird, die Verantwortung der Medien für die deutsche Islamfeindlichkeit anzupran-

---

26 Vgl. Attia 2009; Barskanmaz 2009: 36; Cakir 2014; Castro Varela/Dhawan 2006; Hafez 2013; Rommelspacher 2001; Yildiz 2004, 2007.
27 Vgl. Kahlweiß/Salzborn 2012: 53.

gern, kritisierte gar den Begriff des »islamischen Terrorismus« (Hafez 2013: 217) als Ausdruck von Islamophobie.

Antimuslimischer Rassismus

Viele Autoren/innen verstehen Islamfeindlichkeit und Rassismus als zwei Seiten einer Medaille. So Khola Maryam Hübsch, die in einem Kommentar den Begriff des antimuslimischen Rassismus ins Spiel bringt, der seit einigen Jahren in der postkolonialen Theorie zunehmend Verwendung findet.[28] Iman Attia, Professorin für Erziehungswissenschaften an der Alice Salomon Hochschule in Berlin, versteht die Debatte um Muslime in Deutschland als rassistische Stigmatisierung des kulturell Anderen, der durch diese rassistischen und orientalistischen Konstruktionen diskursiv geschaffen werde, und weist auf die grundsätzliche Problematik einer Identitätszuweisung durch das Identifizierungsmerkmal »Religion« hin. Dabei gibt sie zu bedenken, dass im öffentlichen Diskurs um den Islam durchaus ethnisierende Aspekte mitschwingen. Gemeint seien bei stigmatisierenden Darstellungen, schreibt sie, nämlich nicht Indonesier, US-Amerikaner oder Sudanesen, sondern Türken und »Araber«, wobei in erster Linie Palästinenser und Libanesen gemeint seien. Mit dieser Verengung des Blicks glaubt sie, die eigentliche Problematik der Kontroverse entdeckt zu haben:

»Es geht auch um Einwanderung und Flucht. Der Bildungsmisserfolg von muslimischen Kindern mit Migrationshintergrund muss dann gelesen werden als Bildungsmisserfolg von Kindern, deren (Groß)Eltern ausgewählt wurden, um die neue Unterschicht der bundesdeutschen Gesellschaft zu bilden.« (Attia 2010: 13)

Die Diskriminierung der Migranten, die für die schlechten Chancen im Bildungssystem und auf dem Arbeitsmarkt verantwortlich sei, werde durch das Reden über den Islam kulturalisiert. Für ihre These, dass der Islam herhalten müsse, um Bildungsdefizite oder Kriminalität zu erklären, bleibt sie den Beweis allerdings schuldig und belässt es bei der Feststellung, dass er sich als Feindbild gut eigne, weil schon »vor der politischen Funktionalisierung des Islam [...] in Alltagsdiskursen Orient- und Islambilder zur

---

28 Vgl. Attia 2009; Attia/Popal 2016; Miksch 2009; Schneiders 2009.

hierarchischen Grenzziehung zwischen uns und den Anderen selbstverständlich« (Attia 2010: 13) waren.

Attias eigentliches Anliegen ist die Dekonstruktion gesellschaftlicher Machtbeziehungen und rassistischer Machterhaltungsstrategien durch die Herrschenden. Sie rekapituliert:

»Das Feindbild Islam und seine Instrumentalisierung zur Legitimierung und Fortschreibung eigener politischer Interessen kann also nicht hinreichend analysiert und nachvollzogen werden ohne die Berücksichtigung gesellschaftlicher, kultureller und Alltagsdiskurse. Hier zeigen sich Parallelen zu kolonialen Diskursen und Politiken, die ebenfalls auf die Konstruktion des, in diesem Falle schwarzen Anderen zurückgriffen und sie forcierten, um ihre Aggressionen und Privilegien zu rechtfertigen.« (Attia 2010: 13)

Diese zwar wortgewaltigen, aber dennoch kryptischen Formulierungen hinterlassen den Leser und die Leserin verwirrt. Was ist genau gemeint? Welche Aggression hat die Autorin im Blick? Und welche Privilegien bedürfen der Unterstützung einer rassistischen oder islamfeindlichen Diskriminierung, um bestehen zu bleiben? Das schlechtere Abschneiden in der Schule? Die geringeren Chancen auf dem Arbeitsmarkt? Das argumentative Defizit wird nicht behoben, dafür legt sie an späterer Stelle noch einmal nach und bemüht eine Analogie zwischen antisemitischem und antiislamischem Rassismus: »der ewige Jude und einmal Muslim, immer Muslim sind als Bilder nicht weit voneinander entfernt.« (Attia 2010: 14)

Auch der Anthropologe Matti Bunzl (2007), Wolfgang Benz (2010) vom Zentrum für Antisemitismusforschung und Micha Brumlik (2012), der ehemalige Leiter des Frankfurter Fritz Bauer Instituts, glaubten eine Kontinuität vom deutschen Antisemitismus zur gegenwärtigen Muslimfeindlichkeit zu entdecken. Der Vergleich löste eine Welle der Kritik aus,[29] nicht nur wegen der darin implizit enthaltenen Verharmlosung des Holocausts, sondern auch wegen des Verschweigens des weit verbreiteten Antisemitismus innerhalb muslimischer Communities.[30]

Wie kommen die oben vorgestellten Ansätze zusammen, wo verbinden sie sich zu einer weitergehenden Theorie? Zunächst sei einmal darauf hingewiesen, dass in den skizzierten Texten zwar unterschiedliche Termini verwendet werden, diese jedoch auf das Gleiche oder zumindest etwas Ähnliches abzielen. Diese Redundanzen sind durchaus gewollt, im Sinne

---

29 Vgl. Kahlweiß/Salzborn 2012.
30 Vgl. Farschid 2010; Kiefer 2006; Pfahl-Traughber 2011.

einer Verstärkung von Zuschreibungen durch Wiederholungen. Die jeweiligen Leitbegriffe können dabei durchaus variieren, wobei der des antimuslimischen Rassismus in jüngster Zeit als derjenige definiert wurde, der die anderen Termini zusammenführt und zuspitzt. Attia, die in einem Aufsatz um Differenzierung der hinter den Begriffen stehenden Konzepte bemüht ist, formuliert das folgendermaßen:

»Im antimuslimischen Diskurs überschneiden sich verschiedene Diskurse und Diskursstränge. Erst in der Wechselwirkung mit Geschlecht, Sexualität, Klasse, Rasse, Kultur, Körper, Religion entfaltet der antimuslimische Rassismus als *ein* Strukturmerkmal dieser Gesellschaft seine Effekte.« (Attia 2013: 4)

Das genannte Strukturmerkmal bedeutet die gesellschaftlich fest verankerte Diskriminierung einer ganzen Gruppe von Menschen, denen, so Attia, Attribute zugeschrieben werden, die ihre Abwertung begründen; insbesondere gelte das für »als Muslim_innen Markierte(n)« (Attia 2013: 5).

Der »arabische Mann« in der Kritik arabischer Intellektueller

Dass in den Schilderungen der Silvesterereignisse Rassismus, Orientalismus oder Islamfeindlichkeit zum Ausdruck gekommen seien, und die Vorstellung, dass sich »der Westen« oder die deutsche Gesellschaft auf rassistische Konstruktionen gründe, wird zwar – wie oben geschildert – wortreich vorgetragen, aber beileibe nicht von allen muslimischen Wissenschaftlern/innen und Autoren/innen geteilt. Etliche von ihnen weisen den postkolonialen Ansatz energisch zurück und bringen ihrerseits die Kategorie »Kultur« ins Spiel. Einer von ihnen ist der algerische Schriftsteller Kamel Daoud, dessen Roman »Mersault – contre enquete«, eine Auseinandersetzung mit Camus »Der Fremde«, gerade in den Feuilletons gefeiert wurde, als die Übergriffe in Deutschland geschahen. Daoud äußerte sich in einem Artikel (Daoud 2016a), der zunächst auf Französisch in *Le Monde* und später in deutscher Übersetzung in der »FAZ« unter dem Titel »Das sexuelle Elend der arabischen Welt« publiziert wurde. Darin wirft er dem Westen, und im konkreten Fall Deutschland, Naivität vor, weil die Kategorie »Kultur« nicht beachtet werde. Der Flüchtling, meint Daoud, rufe bei den Deutschen Schuldgefühle hervor, die letztendlich zu falschem Handeln führen, da die Helfenden ihn in seiner Kultur beließen, in der er gefangen sei. Diese Kultur kollidiere nun mit der der westlichen Länder, vor allem bezüglich der sexuellen Normen und der Geschlechterverhältnisse:

»Der andere kommt aus diesem riesigen schmerzvollen und grauenhaften Universum, welche das sexuelle Elend in der arabisch-muslimischen Welt darstellt, mit ihrem kranken Verhältnis zur Frau, zum Körper und zum Begehren.« (Daoud 2016a)

Was bedeutet das? Das Verhältnis zur Frau sei der gordische Knoten der Muslime, fährt er fort. Die Frau werde »verleugnet, abgewiesen, getötet, vergewaltigt, eingeschlossen oder besessen« (Daoud 2016a). Ihr Körper werde als Gegenstand konstruiert, der angeeignet werden könne und angeeignet werde – von der Nation, dem Staat, der Familie, ihrem Mann. »Sie gehört allen und jedem außer sich selbst.« Diese patriarchalische Negation weiblicher Autonomie verdrehe sich durch die islamische Ideologie in eine religiös begründete Destruktivität, die sogar eine positive Aneignung der Frau durch den Mann verhindere. Die Frau symbolisiere das Leben, postuliert Daoud, doch dieses müsse durch die Jenseitsorientierung, die die Religion gebiete, abgelehnt werden. Sie stehe zwischen dem Mann und Gott und halte ihn vom Paradies fern, das allerdings – und hier verweist Daoud auf eine der Religion inhärente Doppelmoral – »einem Bordell ähnelt« (Daoud 2016a).

Arabisch-muslimische Männer, die in einem »pornographischen Islamismus« sozialisiert würden, projizierten ihre eigenen Ambivalenzen auf den Westen und auf die westlichen Frauen. Der Flüchtling »sieht den Westen durch den Körper der Frau und betrachtet deren Freiheit in den religiösen Kategorien der Unsittlichkeit und der ›Tugend‹.« (Daoud 2016a) Die Übergriffe von Köln seien daher eine Konsequenz der arabisch-patriarchalischen Kultur und des gleichermaßen patriarchalischen Islam. Wolle der Westen Übergriffe und sexuelle Gewalt durch Flüchtlinge verhindern, dann müsse er seine Werte »durch(zu)setzen, (zu) verteidigen und verständlich (zu) machen« (Daoud 2016a).

Auch Bassam Tibi, emeritierter Professor für Politikwissenschaft syrischer Herkunft und, eigenen Angaben zufolge, gläubiger sunnitischer Muslim, fokussiert in seiner Analyse auf die Kategorie der Kultur. In einem Artikel, der am 8. Mai 2016 in der Zeitung »Die Welt« abgedruckt wurde, machte er die Kultur der Gewalt in seiner ehemaligen Heimat Syrien als Ursache aus. Er schreibt:

»Im Orient gilt die Frau nicht als Subjekt, sondern als Gegenstand der Ehre eines Mannes. Die Schändung einer Frau wird nicht nur als Sexhandlung und Verbrechen an der Frau selbst betrachtet, sondern eher als ein Akt der Demütigung des Mannes, dem sie gehört.« (Tibi 2016)

Zu diesem tradierten Patriarchalismus, so Tibi, komme eine lange Geschichte der kriegerischen Gewalt. Der Krieg in Syrien habe die Menschen verroht und jede Seite nutze Vergewaltigungen als Waffe gegen die Gruppe ihrer Gegner. Es sei ein »Krieg aller gegen alle mit den Frauen als Faustpfand« (Tibi 2016). Junge Männer, die jetzt als Flüchtlinge aus Syrien nach Deutschland kämen, brächten diese doppelte Konditionierung mit und exportierten die Kultur der Gewalt. Viele von ihnen seien schon in Syrien Täter gewesen, andere gar Islamisten. Sie seien von Deutschland enttäuscht, da sie sich anderes erhofft hatten – »eine Luxuswohnung, ein Auto und eine ›hübsche Blondine‹« (Tibi 2016) –, und seien zornig auf die Deutschen, die ihre Erwartungen nicht erfüllt hatten. Die sexuellen Übergriffe richteten sich nicht primär gegen die Frauen, sondern gegen die deutschen Männer und gegen die deutsche Gesellschaft, die ihnen die erwarteten Dinge vorenthalte, sie nicht an ihrem Wohlstand beteilige, sondern sie in Notunterkünften unterbringe. Die Übergriffe seien ein »kulturell verankerter Racheakt« (Tibi 2016).

Die Orientierung an einer frauenfeindlichen Herkunftskultur der Täter machte auch der Politikwissenschaftler Hamed Abdel-Samad für die Übergriffe verantwortlich. Er verwies auf sein Heimatland Ägypten, wo sexuelle Übergriffe auf Frauen mittlerweile zu einer »Epidemie« geworden seien. Vor vierzig Jahren, führte er aus, habe in Ägypten kaum eine Frau ein Kopftuch getragen, und sexuelle Belästigungen seien nahezu unbekannt gewesen. Heute sei dies vollkommen anders. Frauen seien mehrheitlich verschleiert, und dennoch seien sexuelle Belästigungen allgegenwärtig. Dies sei auch in anderen muslimischen Ländern zu beobachten. Schuld daran seien die herrschende Sexualmoral und der Islam, der Frauen »entweder als Besitz des Mannes oder als Gefahr für die öffentliche Moral« (Abdel-Samad 2016) konstruiere. Wenn junge Männer aus diesen Ländern nach Europa kämen, dann seien sie mit ambivalenten Gefühlen konfrontiert: Einerseits gäbe es einen Wunsch nach Freiheit und Freizügigkeit, andererseits aber auch eine Verachtung westlicher Werte. Zudem fehle die Gemeinschaft, die in der Heimat das moralische Verhalten überwacht habe.

Frauenrechtsbewegungen in der arabischen Welt

Die Argumente von Daoud, Tibi und Abdel-Samad sind beileibe keine, die man mit dem Verweis auf ihre intellektuelle Marginalität zur Seite legen kann, denn sie schließen an eine lange Tradition des arabischen Feminismus an. Eine dieser Feministinnen ist die algerische Soziologin Marieme Hélie-Lucas, die sich auch als Aktivistin des Netzwerkes »Women Living Under Muslim Laws« einen Namen gemacht hat. In einem von Alice Schwarzer herausgegebenen Sammelband verweist sie darauf, dass es ähnliche Übergriffe wie die in Köln auch in Tunesien und in Ägypten gegeben habe, wo Demonstrantinnen von Männern sexuell attackiert wurden. Gerade in Ägypten sei es während des arabischen Frühlings zu einer »Politik des sexuellen Terrors gegen Frauen« (Hélie-Lucas 2016: 58) gekommen. Mit der Aktion in der Silvesternacht sollte ihrer Meinung nach den Europäerinnen »ihr Platz im öffentlichen Raum streitig gemacht« (Hélie-Lucas 2016: 62) werden. Dieses Muster kennen arabische Frauen aus ihren eigenen Ländern, so Hélie-Lucas.

Bereits 2012 hatte die ägyptische Frauenrechtlerin Mona Eltahawy den Frauenhass der ägyptischen Männer, der sich in den Übergriffen auf dem Tahrir-Platz und an anderen Orten zeigte, angeprangert. In dem Artikel »Why do they hate us?« machte sie vielfältige Formen der Unterdrückung von Frauen deutlich. Frauenhass sei letztendlich auch das Motiv, das sich hinter Genitalverstümmelungen, sexuellen Übergriffen, Kinderheiraten und vielen Gesetzen und Regularien verstecke, mit denen der Ausschluss von Frauen aus dem gesellschaftlichen Leben begründet werde. All das sei kulturell kodiert – Frauenkörper, so führt sie in einer Monographie (2015) aus, seien kulturelle Vektoren. Beendet werden könne diese Asymmetrie von Macht und Gewalt nur durch eine sexuelle Revolution.

Für das hier behandelte Thema ist es nicht ohne Bedeutung, dass Feministinnen wie Hélie-Lucas und Eltahawy auf Übergriffe in Ägypten hinweisen, die denjenigen, die wir in der Silvesternacht 2015/16 beobachtet haben, frappierend ähneln. Es handelt sich um das Phänomen *taharrush jama'i*, das schlicht kollektiv begangene sexuelle Übergriffe meint, die zum Vergnügen begangen werden. International wurde dieses Phänomen während des arabischen Frühlings bekannt, als Demonstrantinnen auf dem Tahrir-Platz von Gruppen von Männern sexuell genötigt, vergewaltigt und schwer misshandelt wurden. Noch immer ist Gewalt gegen Frauen in ägyptischen Städten endemisch, und trotz vieler zivilgesellschaftlicher Initiativen ändert sich daran wenig. Auch in anderen arabischen Ländern sowie in Pakistan und Afghanistan fühlen sich Männer ermächtigt, Frauen im öffentlichen Raum zu attackieren. Sie tun das, weil eine patriarchalische Genderordnung Frauen in zwei Kategorien, nämlich in Ehrbare und Ehrlose einteilt. Die Ehrbaren sind diejenigen, die das Haus nicht ohne Not verlassen und sich um Mann und Kinder kümmern. Ehrlos sind Studentinnen, Berufstätige und natürlich Frauen, die sich das Recht herausnehmen, in Cafés oder Bars zu gehen. Werden diese belästigt oder vergewaltigt, so können die Täter mit einer stillschweigenden Duldung rechnen und damit, dass viele die Frauen für die eigentlich Verantwortlichen halten.

Handelt es sich hier um eine kulturelle Prägung? Zweifellos, doch das bedeutet nicht, dass man arabische, pakistanische oder afghanische Kulturen für statisch oder monolithisch hält, wie postkoloniale Wissenschaftler/innen mutmaßen. Im Gegenteil. In der gesamten Region gibt es Frauenbewegungen, und es gab sie vielerorts bereits im 19. Jahrhundert, zu einer Zeit, in der auch in Europa Frauen erstmals begannen, für ihre Rechte zu kämpfen. Im Orient und Okzident wurden damals die gleichen Ideen diskutiert, und in den gebildeten Schichten entstand ein ähnlicher Lebensstil.[31] Wenn man Bilder von Studentinnen aus Kabul oder Kairo in den 1960er Jahren ansieht, dann könnte es auch in Paris oder Berlin sein. Alle trugen offene Haare, Jeans und T-Shirts, und manchmal auch einen Minirock.

In den 1970er und 80er Jahren kam die Wende. Sie begann im Jahr 1979 im Iran mit dem Sturz Shah Reza Pahlavis, der ebenso wie sein Vater Forderungen der Frauenbewegungen in sein Modernisierungskonzept aufgenommen und einen autoritären Staatsfeminismus geschaffen hatte. Während der Revolution ergriff der charismatische Geistliche Khomeini die Macht und annullierte die vom Schah gewährten Frauenrechte innerhalb eines einzigen Jahres: das Heiratsalter für Mädchen wurde von 18 auf 9 (!) Jahren gesenkt, die häusliche Dominanz des Ehemannes festgeschrieben, Frauen aus Berufen und Bildungseinrichtungen vertrieben und unter den Ganzkörperschleier genötigt. Frauen gelten bis heute als personifizierte Verführung und werden verantwortlich gemacht, wenn Männer ihre sexuellen Triebe nicht unter Kontrolle halten. Auch in anderen islamisch geprägten Ländern kam es zu einem Roll-back des konservativen Islam, dessen Vertreter geradezu besessen von der Idee waren, Frauen unter den

---

31 Vgl. Schröter 2013.

Schleier und in vielen Fällen auch ins Haus zu verbannen. Diese Entwicklung hält ungebrochen an, wie wir zurzeit selbst in der Türkei beobachten können.

Teilweise nahm die Angst vor der erotischen Kraft der Frauen paranoide Züge an. In Afghanistan unter der Herrschaft der Taliban standen beispielsweise sogar die Stimmen oder der hörbare Schritt von Frauen unter dem Verdacht, unzüchtiges Gedankengut bei Männern zu evozieren. Selbst im religiös liberal geltenden Indonesien gelang es, 2008 neue sittenstrenge Regularien für Frauen gesetzlich zu verankern. Das Parlament verabschiedete ein sogenanntes Anti-Pornographie-Gesetz, das insbesondere Frauen für sexuelle Übergriffe von Männern verantwortlich machte. Jede Art der Bekleidung, die geeignet sei, das sexuelle Begehren eines Mannes zu reizen, müsse von Frauen vermieden werden, so das Gesetz. Was alles damit gemeint ist, ist nicht festgelegt. Der Willkür wurde damit Tür und Tor geöffnet, was Frauen tagtäglich zu spüren bekommen.

In Ägypten und Tunesien, wo nach der arabischen Revolution von 2011 islamistische Parteien die ersten Wahlen gewannen, gab es ähnliche Entwicklungen. Dort erwogen Mitglieder der Muslimbruderschaft und der Ennahda, die Gleichheit der Geschlechter vor dem Gesetz aus der Verfassung zu streichen, und etliche Hardliner glaubten, dass es möglich sei, die Frauen wieder an Heim und Herd zu verbannen. Das ist nicht geglückt, aber befeuert von einer Wiederkehr patriarchalischen Denkens und einer unheilvollen Synthese von Religion und konservativer Kultur nimmt die Gewalt gegen Frauen im öffentlichen Raum dramatische Ausmaße an.

Solche Dynamiken waren in Europa bislang nicht evident. Es gab keine Renaissance eines religiösen Patriarchalismus, sondern vielmehr eine fortschreitende Säkularisierung, die es möglich machte, Frauenrechte sukzessive weiter durchzusetzen und einen zunehmend emanzipativen Lebensstil zu etablieren. Konservativ-ländliche Milieus mit religiöser Ausrichtung sind in Deutschland marginalisiert, gebildete Städter/innen geben den Ton in Politik und Gesellschaft an. Ihr Einfluss basiert auch darauf, dass sie numerisch eine Kraft sind. In vielen außereuropäischen Ländern stellen die Mittelschichten dagegen eine Minderheit dar. Das Bevölkerungswachstum ist enorm, die Ökonomien prekär. In Afghanistan sind 45 Prozent der Bevölkerung unter 15 Jahren, in Ägypten betrifft dies 31 Prozent, in Pakistan 36 Prozent, in Syrien 33 Prozent. Die Kinder und Jugendlichen speisen das Heer der Armen auf dem Land und in den städtischen Elendsvierteln. Hier gibt es keinen Sinn für soziale Reformen, die mehr betreffen als das tägliche Überleben; hier hört man auf die Imame, die die Unterordnung der Frauen predigen, und auf die Vertreter islamistischer Organisationen, die die Sozialarbeit übernommen haben, die der Staat nicht leistet. Feminismus wird oft mit den herrschenden Eliten assoziiert oder sogar mit den Autokraten der Vergangenheit, von Reza Pahlavi im Iran über Kemal Pascha in der Türkei bis zu Ben Ali in Tunesien. Frauenrechte gelten als »westlich«, als überflüssig oder schlicht als unmoralisch. Man zieht sich lieber zurück auf die Religion und die eigene Kultur, die nicht durch den Materialismus, sondern die Gebote von Ehre und Scham bestimmt sei.

Was hat das mit dem Islam zu tun?

In der oben kurz skizzierten Geschichte des patriarchalischen Backlashs wird deutlich, dass kulturelle Muster zusätzlich islamisch legitimiert werden und dass dann, wenn Gesellschaften sich re-islamisieren, als erstes die Frauenrechte leiden. Das bringt uns zu der Frage, ob die Übergriffe in Deutschland auch etwas mit dem Islam zu tun hatten, ob es relevant ist, dass viele der Täter Muslime sind. Sowohl Daoud als auch Tibi und Hélie-Lucas vertreten diese Auffassung. Daoud veröffentlichte im August 2016 in der New York Times einen Artikel, in dem er nicht nur die Kölner Ereignisse, sondern auch den von Eltahawy angesprochenen arabischen Frauenhass und die Motivation dschihadistischer Attentäter zusammendenkt. Er schrieb:

»Its main selling point: women, who are promised in vast numbers as a reward for the righteous. The women of paradise, the *houris*, are beautiful, submissive, languorous virgins. The idea of them feeds a barely believable form of erotico-Islamism that drives jihadists and gets other men to fantazise about escaping the sexual misery of everyday life. Suicide bombers or misogynists, they share the same dream.« (Daoud 2016c)

Die Renaissance solcher Phantasien, so Daoud, sei eine Antwort auf die gescheiterten Träume von irdischer Gerechtigkeit, von Gleichheit, Entwicklung und Wohlstand, die an autoritären Machthabern zerschellten, die einmal als Hoffnungsträger antraten.

Dass der Koran Sexismus, Gewalt und Ungleichheit zwischen den Geschlechtern rechtfertige, kritisieren auch Frauenrechtlerinnen. Necla Kelek, Seyran Ates und Ayaan Hirsi Ali verweisen auf bekannte Textpassagen: Zu ihnen zählen Sure 2, Vers 224, die ein sexuelles Verfügungsrecht der Männer über ihre Frauen festlegt, das Züchtigungsrecht der Sure 4, Vers 35 oder die Diskriminierungen von Frauen in Sure 2, Vers 283, der zufolge die Aussage eines Mannes soviel gilt wie die von zwei Frauen, und in Sure 4, Vers 15, in der geschrieben steht, dass eine Frau nur halb so viel erbt wie ein Mann. Kelek räumt zwar ein, dass auch christliche Schriften eine Reihe von frauenfeindlichen Passagen enthalten, doch niemand in Westeuropa nähme die Bibel wörtlich und versuche entsprechend zu leben.[32] Auch gälten die biblischen Figuren keinesfalls als Vorbilder für das reale Leben, so wie der Prophet Mohammed für die Muslime.

Der Prophet, der der Meinung der Mehrheit der Muslime zufolge sakrosankt und nicht kritisierbar ist, wird von Kelek in schonungsloser Weise dekonstruiert. Er habe die Grundlagen für eine rechtliche und pragmatische Ungleichheit zwischen den Geschlechtern gelegt,[33] nach dem Tod seiner ersten Frau extrem polygam gelebt, ein Kind geheiratet und den Jungfrauenkult legitimiert, der noch heute zu endemischem Kindermissbrauch führe.[34] Einem Hadith zufolge soll er, so Kelek, gesagt haben: »Heirate eine Jungfrau! [...] Ihre Unreife verhindert Untreue, und sie ist mit euch in allem einverstanden. Im sexuellen Leben hingebungsvoll, genügsam.«[35] Kurz, so Kelek: »[...] unter Mohammed wurde die Frau zur Gefangenen des Mannes.« (Kelek 2005: 163)

Der Jungfrauenkult ist, auch Ayaan Hirsi Ali zufolge, eines der Grundübel islamischer Kulturen. Vor der Ehe, so schreibt sie, sei die Muslimin nur auf ihr Hymen reduziert.[36] Verletzungen des Häutchens, und sei es auch durch Vergewaltigung, würden stets dem Mädchen zur Last gelegt. Tausende von Mädchen, schreibt sie unter Bezugnahme auf einen UN-Report, würden jährlich aus diesem Grund ermordet.[37] Ateş versteht die gesamte sexuelle Ordnung des Islam als Ursache der Unterdrückung von Frauen. Ein zentrales Übel dieser Religion, so glaubt sie, sei darin begrün-

---

32 Vgl. Kelek 2005: 164.
33 Eine detaillierte Darstellung von Keleks Nachzeichnung des Lebens Mohammeds findet sich in Kelek 2005, Kap. IV.
34 Ateş verweist mit Recht auf das niedrige Heiratsalter für Mädchen in vielen muslimischen Ländern, das mit dem Islam und dem Vorbild Mohammeds begründet wird. Vgl. Ateş 2009: 149.
35 Vgl. Kelek 2005: 159.
36 Vgl. Hirsi Ali 2006: xi.
37 Vgl. Hirsi Ali 2006: 20.

det, dass Sex nur in der Ehe statthaft sei.[38] Das führe zu frühen und arrangierten Heiraten, aber auch zu Gewalt bis zur Hinrichtung wegen eines *zina*-Vergehens[39] für diejenigen, die sich nicht den rigiden Normen unterwürfen. Sei die Frau erst einmal verheiratet, müsse sie ihrem Mann stets sexuell zu Diensten sein. Diese Schlussfolgerung teilt auch Kelek, die dem Islam vorwirft, die Frau zu einem »immer verfügbaren Geschlechtswesen und Lustobjekt« (Kelek 2005: 151) zu degradieren. In der entsprechenden Sure 2, Vers 223 heißt es: »Eure Weiber sind euch ein Saatfeld: Geht zu (diesem) eurem Saatfeld, wo immer ihr wollt.« (Paret 2001) Die Sure wird von den Islamkritikerinnen ebenso als Beleg für die islamisch legitimierte sexuelle Gewalt gegen Frauen angeführt[40] wie ein Hadith, das von dem mittelalterlichen Gelehrten Muhammad al-Ghazali überliefert ist. Nach al-Ghazali soll der Prophet gesagt haben, eine Frau dürfe sich der Erfüllung des sexuellen Begehrens ihres Mannes nicht versagen, auch wenn es auf dem Rücken eines Kamels sei.[41] Die patriarchische Ordnung der islamischen Lehre komme, so Kelek und Ates, in anschaulicher Weise auch in den islamischen Paradiesvorstellungen zum Ausdruck. Den gläubigen Mann erwarte nämlich nach seinem Tod eine Heerschar strahlender Jungfrauen, deren Hymen sich nach jedem Koitus wieder selbst erneuere.[42] »Das Paradies«, so Kelek, »ist in der Ausschmückung der Imame und Dichter fleischgewordene Männerphantasie [...]« (Kelek 2005: 151).

Um auf die frauenfeindliche und gewaltlegitimierende Seite des Islam hinzuweisen, produzierte Ayaan Hirsi Ali im Jahr 2004 mit ihrem Freund und Kollegen Theo van Gogh den Kurzfilm »Submission«. Der elf-minütige Film zeigt mehrere Szenen, in denen jeweils eine Frau Allah ihr Leid klagt. Jede dieser Frauen ist jung, schön und mit einem durchsichtigen schwarzen Schleier bekleidet. Kopf und Gesicht sind verhüllt, bis auf die geschminkten Augen. Der transparente Ganzschleier, so Ayaan Hirsi Ali, »muss sein, denn damit wird Allah herausgefordert auf das zu blicken, was er geschaffen hat: den Körper einer Frau« (Hirsi Ali 2006: 439). Auf dem nackten Körper steht in arabischer Schrift die Einleitung des Koran:

---

38 Vgl. Ates 2009: 35.
39 Arab. *zina* (dt. »Ehebruch«) meint die sexuelle normative Ordnung des Islam, die sexuelle Beziehungen nur innerhalb der Ehe erlaubt.
40 Vgl. Kelek 2005: 165.
41 Vgl. Ates 2009: 144.
42 Vgl. Ates 2009: 97; Kelek 2005: 151.

»Im Namen Allahs, des Barmherzigen, des Gütigen. Lob sei Allah, dem Herrn der Menschen in aller Welt. Dem Barmherzigen und Gütigen, der am Tag des Gerichts regiert. Dir dienen wir und dich bitten wir um Hilfe, führe uns den geraden Weg, den Weg derer, denen du Gnade erwiesen hast, und die nicht dem Zorn verfallen sind und nicht irregehen.« (Hirsi Ali 2006: 440)

Die tröstliche Botschaft steht in krassem Widerspruch zu den Geschichten, die die Frauen erzählen. Eine wurde mit Stockschlägen bestraft, weil sie sich verliebt hatte, eine andere wurde an einen Mann zwangsverheiratet, den sie abstoßend fand, eine dritte wurde von ihrem Ehemann regelmäßig geprügelt und die vierte wurde von ihrem Onkel vergewaltigt. Weil sie schwanger wurde und ihr die Schuld für den »außerehelichen Sex« gegeben wurde, drohte ihr eine zusätzliche Strafe. Jede der Frauen unterwarf sich Allah, wie es der Islam vorsieht, doch keine erfuhr die Achtung und Gnade, von der im Koran die Rede ist. Unter dem Deckmantel der Religion, so die zentrale Botschaft des Films, würden Männer ermächtigt, Frauen zu misshandeln und zu missbrauchen. Den Opfern werde jede Möglichkeit genommen, sich zu wehren oder eine menschliche Behandlung einzufordern.

Der Film wurde, nachdem er ein einziges Mal von einem niederländischen Fernsehsender ausgestrahlt wurde, aus den öffentlichen Kinos abgesetzt und war nur noch im Internet erhältlich. Ayaan Hirsi Ali und Theo van Gogh erhielten Morddrohungen. Am 2. November 2004 wurde Theo van Gogh bei hellem Tage auf offener Straße von dem muslimischen Migranten Mohammed Bouyeri getötet. Der Täter schoss ihn nieder, schnitt ihm dann die Kehle durch und heftete ein Bekennerschreiben mit zwei Messern an seine Brust, in dem er die Ermordung Ayaan Hirsi Alis ankündigte. Bouyeri sagte bei seiner Verhandlung vor Gericht aus, er betrachte es als seine religiöse Pflicht, alle zu töten, die Gott oder den Propheten beleidigen.[43]

Antisexismus versus Antirassismus?

Verblüffender Weise erfahren diejenigen, die die oben geschilderten Missstände anprangern, keine ungeteilte Unterstützung westlicher Feministin-

---

[43] Bouyeri wurde im Juli 2005 von einem niederländischen Gericht zu lebenslanger Haft verurteilt.

nen und linker Intellektueller. Das Gegenteil ist der Fall. Nachdem Daoud seine Thesen in *Le Monde* publiziert hatte, stieß dies auf Empörung von Wissenschaftlern/innen, die der postkolonialen Theorie zugeordnet werden können. Neunzehn von ihnen fanden sich in einem »Collectiv« zusammen und verfassten eine Antwort, die sie in *Le Monde* veröffentlichten. Kulturalistisch sei Daouds Herangehensweise, schreiben sie, außerdem bediene er orientalistische Klischees. Er sei Teil einer westlichen Minderheit in Algerien, und wie Rachid Boudjedra oder Boualem Sansal, gehöre er einer Gruppe islamfeindlicher säkularer Intellektueller an.[44] Diese Reaktion produzierte eine Reihe von Gegenreaktionen, u.a. von Pascal Bruckner, der entgegnete:

»Es geht den Autoren der Petition nicht darum, ihre abweichende Meinung zu artikulieren oder den Standpunkt Daouds zu nuancieren [...]. Es geht darum, ihm den Mund zu verbieten, indem man ihn des Rassismus beschuldigt.« (Bruckner 2016)

Daoud selbst reagierte zunächst getroffen, letztendlich aber ungebrochen. »Kulturelle Unterschiede zu leugnen ist keine Lösung«, sagte er in einem Interview mit Georg Blume von der Zeitschrift »DIE ZEIT«, »sie bewusst ins Auge zu fassen ist der Beginn der Lösung. Das hat nichts mit Rassismus zu tun« (Daoud 2016b).

Interessant ist, dass die französischen Sozialwissenschaftler/innen, die Kamel Daoud der Islamophobie, des Essentialismus und des Rassismus bezichtigten, im gleichen Papier auch die Schriftsteller Rachid Boudjedra und Boualem Sansal angriffen. Boudjedra hatte im algerischen Unabhängigkeitskampf für die Widerstandsbewegung gekämpft und nach dem Krieg mit dem Roman »The Repudiation« für einen Skandal gesorgt, weil er die schlechte Stellung der Frauen in seiner eigenen Gesellschaft kritisierte. Sansal warnt vor einem erstarkenden Islamismus in Europa und hat gerade den apokalyptischen Roman *2084. Le fin du monde* (deutsch: Das Ende der Welt) publiziert, in dem eine religiöse Diktatur jede Form der Freiheit erstickt. Immer wieder beklagte sich Sansal über Anfeindungen als Rassist und darüber, dass beim Thema Islamismus selbst in Europa Zensur geübt werde. Auch Bassam Tibi, Seyran Ates und Ayaan Hirsi Ali werden als Islamfeinde denunziert. Die französische Kampagne gegen Daoud erinnert stark an eine andere, die im Jahr 2006 in Deutschland gegen Necla

---

44 Vgl. http://www.aliceschwarzer.de/artikel/kamel-daoud-nach-fatwa-neuer-angriff-331663 (letzter Zugriff am 14.03.2017).

Kelek durchgeführt wurde. Kelek hatte in ihrem Buch »Die fremde Braut« behauptet, dass mehr als die Hälfte aller Ehen, die türkische Migranten in Deutschland schließen, auf Zwangsverheiratungen basieren. Junge Frauen, so Kelek, würden gegen ein entsprechendes Entgelt von ihren Schwiegermüttern oder anderen Verwandten eines Mannes erworben und nach Deutschland importiert, um dort rechtlos, ohne die Sprache zu beherrschen oder die Gepflogenheiten des neuen Landes zu kennen, in vollkommener Abhängigkeit ein tristes Dasein zu führen, das primär aus häuslicher Arbeit sowie dem Gebären und der Aufzucht von Nachwuchs bestehe. Mit ihren Kindern sprächen sie türkisch und erzögen sie so, wie sie selbst in der Türkei erzogen worden seien. Obwohl sie in Deutschland lebten, kämen »Importbräute« nie wirklich dort an.[45]

Das provozierte ganz offensichtlich. Allerdings wurden Keleks Thesen von ihren Kritikern/innen nicht mit wissenschaftlichen Argumenten widerlegt. Die Reaktion erfolgte vielmehr in Form einer Petition mit dem Titel »Gerechtigkeit für die Muslime«, die von den Pädagogen Yasemin Karakaşoğlu und Mark Terkessidis formuliert und von sechzig Migrationsforschern unterzeichnet wurde. Die Wochenzeitung »DIE ZEIT« veröffentlichte sie im Februar 2006.[46] Die Liste der darin erhobenen Vorwürfe war lang. Keleks Buch sei ein reißerisches Pamphlet, in dem »eigene Erlebnisse und Einzelfälle zu einem gesellschaftlichen Problem aufgepumpt werden«, behaupteten die Autoren/innen. Sie schüre Vorurteile und richte die Aufmerksamkeit zu sehr auf muslimische Migranten anstatt auf die grundsätzlichen Probleme der Einwanderungsgesellschaft. Das wiederum verstünden entsprechende Stellen durchaus zu nutzen, »um eigene integrationspolitische Fehler im Umgang mit dem Thema Zuwanderung zu verschleiern.« Zum Thema »Zwangsheiraten« bemerkten die Unterzeichnenden, dass diese das

»Ergebnis der Abschottungspolitik Europas gegenüber geregelter Einwanderung seien. Wenn es keine transparenten Möglichkeiten zur Einwanderung gäbe, nutzten die Auswanderungswilligen eben Schlupflöcher.« (Petition in *DIE ZEIT* 1.02.2006)

---

45 Vgl. Kelek 2005: 171f.
46 Vgl. http://www.zeit.de/2006/06/Petition (letzter Zugriff am 17.03.2017).

Opferkonstruktionen

Am 11. Januar 2016 beklagte Caroline Fletscher im »Tagesspiegel«, »dass in der Linken bis hin zur Sozialdemokratie kaum oder oft nur auf argwöhnische Weise Interesse an säkularen, kritischen Stimmen aus islamisch geprägten Gesellschaften besteht« (Fletscher 2016). Ähnlich äußerte sich der Psychologe Ahmad Mansour, der gegen Zwangsehen und Salafismus kämpft und in Berlin das Projekt »Heroes« ins Leben gerufen hat, in dem Jungen und junge Männer ermutigt werden, sich gegen patriarchalische Ehrvorstellungen zur Wehr zu setzen. Einen Araber wie ihn mögen die Linken nicht, schrieb er am 9. Juli 2016 in der »TAZ«, einen Migranten, der die Zustände in den eigenen Communities kritisiert und auch den Islam auf den Prüfstand stellt. Das ist in der Tat bemerkenswert. Säkulare und liberale Muslime sowie Frauenrechtlerinnen aus islamisch geprägten Ländern, die auf die katastrophalen Zustände in ihren Gesellschaften hinweisen, die fatalen Folgen des Islamismus anmerken und Reformen innerhalb des Islam fordern, werden des Rassismus und der Islamophobie beschuldigt. Statt mit ihnen zusammenarbeiten, schmiedet man Allianzen mit Islamisten/innen, die die Antirassismus-Karte ausspielen, oder verbündet sich mit Organisationen, die einen patriarchalisch-konservativen oder sogar fundamentalistischen Islam vertreten. Fletscher vermutete eine paternalistische Abwertung der solchermaßen vor Kritik beschützten Islamis-ten/innen dahinter, denen man insgeheim unterstelle, »noch nicht so weit zu sein« (Fletscher 2016).

Diese Möglichkeit besteht durchaus. So ließe sich beispielsweise der Essay des Berliner Rappers Kaveh interpretieren, der am 11. Januar 2016 zum Besten gab:

»Und wenn es tatsächlich so wäre, dass ›orientalische‹ Männer frauenfeindlicher sind, dann hängt das weniger mit dem Islam zusammen als mit den sozio-ökonomischen Verhältnissen in denen diese Menschen Leben und aufwachsen. Die Art der religiösen Auslegungen hängt in erster Linie von den gesellschaftlichen Umständen ab. Je ungebildeter, ärmer und perspektivloser die Menschen sind, desto mehr neigen sie zu rückständigen Ideologien. Und dass einige Muslime zu rückschrittlichen Interpretationen des Islams tendieren, ist wohl kaum verwunderlich, nachdem der Westen die Länder des ›Mittleren Ostens‹ seit knapp 15 Jahren permanent bombardiert und in den Chaos gestürzt hat, während die Muslime im Westen immer mehr marginalisiert und ausgegrenzt werden.«[47]

Die Konstruktion eines omnipotenten Westens, die in diesen Zeilen zum Ausdruck kommt, stellt den Subtext aller postkolonialen Theorien dar. Wer verstehen möchte, wie die zitierte Allianz zwischen Islamisten/innen und reaktionären Migranten/innen auf der einen und Linken sowie postkolonialen Feministinnen auf der anderen Seite zustande kommen konnte, muss sich jedoch auch mit den nicht intendierten Folgen der Intersektionalitätstheorie befassen. Die These des antimuslimischen Rassismus stellt nämlich, genau betrachtet, das verdrehte Ende einer Entwicklung dar, die in den 1970er Jahren mit der zweiten Welle des Feminismus ihren Anfang nahm.[48] Es handelte sich um eine Bewegung, die ausgehend von schwarzen Aktivistinnen in den USA auf die unterschiedlichen Existenzbedingungen schwarzer und weißer Frauen hinwies und das Thema des Rassismus auf der Agenda des Feminismus platzierte.[49] Explizit wurden die Einsprüche schwarzer und nichtwestlicher Frauen gegen die globale feministische Bewegung in den 1980ern formuliert. Die schwarzen Feministinnen Angela Davis (1981) und Bell Hooks (1982, 1990) sowie die Inderin Chandra Mohanty (1984) warfen ihren weißen Mitstreiterinnen vor, keineswegs ein universales Befreiungskonzept erdacht zu haben, sondern vielmehr eine weiße feministische Mittelstandstheorie. Diese solle jetzt allen anderen Frauen in einer kolonialen Attitüde übergestülpt werden. Postkoloniale Wissenschaftlerinnen kritisierten die Doppelbödigkeit des Emanzipationsarguments in den ehemaligen Kolonien, einen Diskurs, in dem weiße Männer sich zu Rettern brauner Frauen vor braunen Männern stilisieren, wie Gayatri Chakravorty Spivak es in ihrem Aufsatz »Can the subaltern speak« (1988) ausführte. Die amerikanische Juristin Kimberle Crenshaw (1991) hatte die Dimension von Rasse und den Begriff der Intersektionalität, eine Verschränkung unterschiedlicher Diskriminierungsmerkmale, stark gemacht. Seit dieser Zeit stand die Trias »Rasse«, »Klasse« und »Geschlecht« als sich gegenseitig bedingende Kategorien im Zentrum des internationalen Feminismus. Intersektionalität war der neue theoretische Begriff für die gegenseitigen Überlappungen im Hinblick auf multiple Diskriminierungen.

---

47 Vgl. https://diefreiheitsliebe.de/gesellschaft/sexuelle-uebergriffe-sind-kein-muslimisches-sondern-ein-globales-problem/ (letzter Zugriff am 11.04.2017).
48 Vgl. Gerhard 2012; Schröter 2013.
49 Vgl. Morrison 1971; Weather 1970.

In Deutschland wurden Intersektionalitätsforschungen unter anderem von Helma Lutz, Nina Degele, Gabriele Winker und Gudrun-Axeli Knapp weiterentwickelt.[50] Während die Kategorie der »Rasse« in den USA trotz einer Hinwendung zu multiplen Ebenen stets dominant blieb und primär auf die Kritik der Benachteiligung der schwarzen Bevölkerung zielte, unternahmen Vertreter der europäischen Rassismusforschung den Versuch, Rassismus ohne Rassen zu definieren.[51] Die Fokussierung auf kulturalistische Ausschlussmechanismen erwies sich als besser geeignet, die stärker diversifizierten europäischen Verhältnisse angemessen zu beschreiben.[52] Im Bereich der Wissenschaft, so Knapp, gehe es darum,

»die Erforschung großrahmiger gesellschaftlicher Herrschaftsverhältnisse, historische und kontextspezifische Machtstrukturen, institutionelle Arrangements und Formen der *governance* auf einer Meso-Ebene zu verbinden mit der Analyse von Interaktionen zwischen Individuen und Gruppen sowie individuellen Erfahrungen, einschließlich die damit verbundenen symbolischen Prozesse der Repräsentation, Legitimation und Sinngebung.« (Knapp 2005: 71)

Neben den diversen Bezeichnungen für Konstruktionen von Geschlecht und geschlechtlicher Identität[53] fokussierte die Debatte zunehmend auf Rasse und Religion, speziell auf den Islam. Um die beiden Kategorien zur Deckung zu bringen, spricht die Historikerin Yasemin Shooman von einer »Rassifizierung von Musliminnen und Muslimen« (Shooman 2012), wobei dem Rassebegriff jetzt explizit ein Kulturbegriff unterlegt wird. »Gastarbeiter« oder »Türken« seien zusehends »Muslime« geworden, führt sie an und argumentiert, ähnlich wie Attia und Barskanmaz, dass die konstruierte Feindschaft gegenüber dem Islam »eine integrierende Funktion bei der Anrufung einer gemeinsamen europäischen (abendländischen) Identität« (Shooman 2012) besäße.

Gegenüber der nichtmuslimischen Mehrheitsgesellschaft, die hier als Platzhalter für eine herrschende Gruppe fungiert, muss das Subjekt der Befreiung Muslim beziehungsweise idealerweise eine muslimische Frau sein, die ihre Ausgrenzung durch eben diese Mehrheitsgesellschaft kritisiert. Dabei ist es für Shooman und andere von untergeordneter Bedeu-

---

50 Vgl. Knapp 2005; Lutz 2000; Winkler/Degele 2009.
51 Vgl. Balibar/Wallerstein 1992; Hall 1989.
52 Ansätze von May Ayim und anderen Aktivistinnen, die Unterdrückung schwarzer Frauen in Deutschland stärker in den Mittelpunkt der feministischen Diskussion zu rücken, hatten keinen dauerhaften Erfolg. Vgl. Oguntoye/Opitz/Schulz 1991.
53 Vgl. Butler 1991; Schröter 2002.

tung, ob diese Muslimin emanzipative Ideale vertritt oder nicht. In einer Logik, die sich weniger an Positionierungen von Subjekten als an zugeschrieben Opferkategorien orientiert, wird schlicht ausgeblendet, wer das anvisierte Gegenüber eigentlich ist. Die Intersektionalitätstheorie, die als Befreiungstheorie begann, scheint zu einer Suche nach dem multiplen Opfer degeneriert zu sein, wobei unterschiedliche Opferkategorien addiert und hierarchisiert werden. Kollidieren mehrere dieser Kategorien, wenn sich Opfer auch auf einer potentiellen Täterseite wiederfinden, werden Zusammenhänge schlicht geleugnet. Signifikant ist dies beim Thema des muslimischen Antisemitismus in den Schriften von Attia. Da sie die als Muslime »markierten« als ultimative Opfer des strukturellen deutschen Rassismus klassifiziert, können Muslime ihrer Vorstellung nach nicht antisemitisch sein. Von muslimischem Antisemitismus zu sprechen, sei daher eine »kulturalisierende Argumentation« (Attia 2013: 10), bei der man mit Taschenspielertricks vorgehe. Es würden nämlich »Äußerungen, wie sie von allen Jugendlichen gemacht werden, nachträglich kulturalisiert, etwa aufgrund erhobener Sozialdaten« (Attia 2013: 10).[54] Dass Antisemitismus bei Muslimen durchaus in eigenen Erzähltraditionen weitergegeben und zudem noch religiös begründet wird,[55] wird negiert.

Der Schulterschluss zwischen Islamisten/innen und postkolonialen Feministinnen macht reaktionäre und patriarchalische Akteure/innen salonfähig, so lange sie den ihnen zugeschriebenen Opferstatus bestätigen. Das ist nichts anderes als die Instrumentalisierung von Muslimen/innen für eine Theorie, die keine Rückkoppelung mit der Empirie mehr sucht, sondern sich in einem Anklageduktus gefällt, der längst ins Absurde abgedriftet ist. Muslimische Aktivisten/innen, die unter schwierigsten Bedingungen für Veränderungen kämpfen und dabei auch den Islam und die Normen ihrer Herkunftskulturen kritisieren, werden als Rassisten/innen abgewertet und aus der Diskussion ausgeschossen. Für sie ist »Kultur« durchaus ein Faktor, der bearbeitet werden muss – ebenso wie für nichtmuslimische deutsche Feministinnen, die die eigene Kultur ja durchaus in den Fokus der Kritik rücken. So viel Gleichheit darf offenbar nicht sein. Die Reduktion

---

54 In einer Fußnote bemängelt sie, dass die Identifizierung als Muslim u.a. anhand muslimischer Namen und der Staatsangehörigkeit vorgenommen werde. Wenngleich eine gewisse Fehlerquote sicherlich unvermeidbar ist, so scheint es doch wenig plausibel anzuzweifeln, dass es sich dabei mehrheitlich um Muslime handelt. Attia schreibt dies auch nicht explizit, sondern sucht offensichtlich einen Ausweg aus der selbst geschaffenen Problematik, dass ihrer These zufolge Opfer nicht auch Täter sein können.
55 Vgl. Farschid 2010; Kiefer 2006; Mansour 2015.

des Gegenübers auf die Opferrolle passt besser zur Theorie und zur paternalistischen Selbstkonstruktion als selbstlose Kämpferinnen für vermeintlich ohnmächtige Unterdrückte. Progressive muslimische Wissenschaftler/innen und Aktivisten/innen wie Bassam Tibi, Mona Eltahawy, Necla Kelek, Kamel Daoud oder Ahmad Mansour lehnen solche Vereinnahmungsversuche selbstbewusst ab. Muslime, so Mansour, wollen »nicht für die ›Opferrolle‹ gecastet [...], sondern als gleichberechtigte Bürger« (Mansour 2016) mit gleichen Rechte und Pflichten akzeptiert werden. Progressive Muslime/innen kritisieren durchaus Rassismen und die diversen Modi von Benachteiligung – aber eben nicht nur in der Mehrheitsgesellschaft oder einem dämonisierten Westen, sondern auch in den eigenen Gemeinschaften. Für sie spielt »Kultur« eine Rolle und für sie wecken die Ereignisse der Silvesternacht unheilvolle Vorahnungen eines »Clash of Cultures«, dem gegenüber sie sich eindeutig positionieren: gegen patriarchalische Gendernormen und gegen sexuelle Gewalt – auch wenn die Täter Personen sind, die in einer globalen Perspektive zu den Ausgegrenzten und Modernisierungsverlierern gehören.

Literatur

Abdel-Samad, Hamed (2016), »Das hat auch mit dem Islam zu tun«, in: *Cicero*, 8.01.2016, http://www.cicero.de/berliner-republik/zu-den-ereignissen-koeln-religion-ist-mitverantwortlich/60341 (letzter Zugriff am 28.09.2016).
Abu-Lughod, Lila (1991), »Writing against culture«, in: Richard G. Fox (Hg.), *Recapturing anthropology. Working in the present*, Santa Fe, NM, S. 137–162.
Ates, Seyran (2009), *Der Islam braucht eine sexuelle Revolution. Eine Streitschrift*, Berlin.
Attia, Iman (2013), »Privilegien sichern, nationale Identität revitalisieren. Gesellschafts- und handlungstheoretische Dimensionen der Theorie des antimuslimischen Rassismus im Unterschied zu Modellen von Islamophobie und Islamfeindlichkeit«, in: *Journal für Psychologie* 21(1), S. 1–31.
— (2010), »Dimensionen des Redens über und des Handelns gegen ›den Anderen‹. Soziale Ungerechtigkeit, politisches Kalkül, hegemonialer Diskurs, kultureller Rassismus und so weiter«, in: *zag Antirassistische Zeitschrift* 56, S. 12–14.
— (2009), *Die »westliche Kultur« und ihr Anderes. Zur Dekonstruktion von Orientalismus und antimuslimischem Rassismus*, Bielefeld.
Attia, Iman/Popal, Mariam (2016), »Antimuslimischer Rassismus dekolonial. Kontrapunktische Lektüren westlicher Islamdiskurse«, in: *Das Argument* 58(5), S. 651–660.

Balibar, Etienne/Wallerstein, Immanuel (1992), *Rasse Klasse Nation. Ambivalente Identitäten*, Hamburg.

Barskanmaz, Cengiz (2009), »Das Kopftuch als das Andere. Eine notwendige postkoloniale Kritik des deutschen Rechtsdiskurses«, in: Sabine Berghahn und Petra Rostock (Hg.), *Der Stoff, aus dem Konflikte sind. Debatten um das Kopftuch in Deutschland, Österreich und der Schweiz*, Bielefeld, S. 361–394.

Beck, Ulrich (1997), *Was ist Globalisierung?*, Frankfurt.

Bhabha, Homi (1994), *The location of culture*, New York, NY.

Braun, Christina von/Matthes, Bettina (2007), *Verschleierte Wirklichkeit. Die Frau, der Islam und der Westen*, Berlin.

Bruckner, Pascal (2016), »Neokoloniale Verachtung«, in: *Perlentaucher.de*, https://www.perlentaucher.de/essay/pascal-bruckner-verteidigt-islamkritiker-kameldaoud.html (letzter Zugriff am 14.04.2017).

Brumlik, Micha (2012), »Parallelen zwischen Antisemitismus und Islamfeindlichkeit heute«, in: Gideon Botsch u.a. (Hg.), *Islamophobie und Antisemitismus. Ein umstrittener Vergleich*, Berlin, S. 65–81.

Bunzl, Matti (2007), *Anti-semitism and Islamophobia. Hatreds old and new in Europe*, Chicago, IL.

Butler, Judith (1991), *Das Unbehagen der Geschlechter*, Frankfurt.

Cakir, Naime (2014), *Islamfeindlichkeit. Anatomie eines Feindbildes in Deutschland*, Bielefeld.

Castro Varela, Maria do Mar/Dhawan, Nikita (2006), »Das Dilemma der Gerechtigkeit. Migration, Religion und Gender«, in: *Das Argument* 266, S. 427–440.

Collectiv (2016), »Nuit de Cologne: Kamel Daoud recycle les clichésorientalistes les plus éculés«, in: *Le Monde*, 11.02.2016, http://www.lemonde.fr/idees/article/2016/02/11/les-fantasmes-de-kamel-daoud_4863096_3232.html#2SyWuhsRlSIGv7iT.99 (letzter Zugriff am 28.09.2016).

Crenshaw, Kimberle (1991), »Mapping the margins. Intersectionality, identity politics, and violence against women of color«, in: *Stanford Law Review* 43(6), S. 1241–1299.

Daoud, Kamel (2016a), »Das sexuelle Elend der arabischen Welt«, in: *FAZ*, 18.02.2016, http://www.faz.net/aktuell/feuilleton/islam-und-koerper-das-sexuelle-elend-der-arabischen-welt-14075502.html?printPagedArticle=true#pageIndex_2 (letzter Zugriff am 28.09.2016).

— (2016b), »Als deutscher Rentner hätte ich Angst«, in: *DIE ZEIT*, 3.03.2016, http://www.zeit.de/2016/11/kamel-daoud-schriftsteller-algerien-islamkritik/komplettansicht (letzter Zugriff am 14.03.2016).

— (2016c), »Paradise, the new Muslim utopia«, in: *New York Times*, 2.08.2016, https://www.nytimes.com/2016/08/02/opinion/paradise-the-new-muslim-utopia.html?rref=collection%2Fcolumn%2Fkamel-daoud&action=click&contentCollection=opinion&region=stream&module=stream_unit&version=latest&contentPlacement=2&pgtype=collection (letzter Zugriff am 14.03.2017).

Davis, Angela (1981), *Women, race, and class*, New York, NY.
Eltahawy, Mona (2015), *Headscarves and hymens. Why the Middle East needs a sexual revolution*, New York, NY.
— (2012), »Why do they hate us? The real war on women is in the Middle East«, in: *Foreign Policy*, 23.04.2012, http://foreignpolicy.com/2012/04/23/why-do-they-hate-us/ (letzter Zugriff am 17.03.2017).
Farschid, Olaf (2010), »Antisemitismus im Islamismus. Ideologische Formen des Judenhasses bei islamistischen Gruppen«, in: Armin Pfahl-Traughber (Hg.), *Jahrbuch für Extremismus- und Terrorismusforschung 2009/2010*, Brühl, S. 435–485.
Fletscher, Caroline (2016), »Die sind noch nicht so weit?«, in: *Tagesspiegel*, 11.01.2016, http://www.tagesspiegel.de/kultur/koeln-und-die-integrationsdebatte-die-sind-noch-nicht-so-weit/12812694.html (letzter Zugriff am 17.03.2017).
Gerhard, Ute (2012), *Frauenbewegung und Feminismus. Eine Geschichte seit 1789*, München.
Hafez, Kai (2013), *Freiheit, Gleichheit und Intoleranz. Der Islam in der liberalen Gesellschaft Deutschlands und Europas*, Bielefeld.
Hall, Stuart (1989), »Rassismus als ideologischer Diskurs«, in: *Das Argument* 178.
Hirsi Ali, Ayaan (2006), *Mein Leben, meine Freiheit*, München.
Hooks, Bell (1990), *Yearning. Race, gender and cultural politics*, Boston, MA.
— (1982), *Ain't I a woman. Thinking feminist, thinking black*, Boston, MA.
Horsch-Al Saad, Silvia (2016), »Silvesternacht, Gebetsraum Dortmund: Zynische Instrumentalisierung«, http://www.islam.de/27206 (letzter Zugriff am 11.04.2017).
Hübsch, Khola Maryam (2016), »Kaschierter antimuslimischer Rassismus«, https://de.qantara.de/inhalt/debatte-ueber-koelner-silvestermob-kaschierter-antimuslimischer-rassismus (letzter Zugriff am 26.02.2016).
Huntington, Samuel (1993), »The clash of civilizations?«, in: *Foreign Affairs* 72(3), S. 22–49.
Kahlweiß, Luzie H./Salzborn, Samuel (2012), »Islamophobie. Zur konzeptionellen und empirischen Fragwürdigkeit einer umstrittenen Kategorie«, in: Gideon Botsch u.a. (Hg.), *Islamophobie und Antisemitismus. Ein umstrittener Vergleich*, Berlin, S. 51–64
Kelek, Necla (2005), *Die fremde Braut. Ein Bericht aus dem Inneren des türkischen Lebens in Deutschland*, Köln.
Kiefer, Michael (2006), »Islamischer, islamistischer oder islamisierter Antisemitismus?«, in: *Die Welt des Islams* 46(3), S. 277–306.
Knapp, Gudrun-Axeli (2005), »›Intersectionality‹ – ein neues Paradigma feministischer Theorie? Zur transatlantischen Reise von ›Race, Class, Gender‹«, in: *Feministische Studien* 23, S. 68–81.
Koran [dt.] (2001): *Der Koran*. Übers. von Rudi Paret, 8. Aufl., Stuttgart.
Kosnick, Kira (2016), »Köln und die Folgen«, in: *UniReport* 1, S. 4.

Lutz, Helma (2000), »Differenz als Rechenaufgabe? Über die Relevanz der Kategorien Race, Class und Gender«, in: Helma Lutz und Norbert Wenning (Hg.), *Unterschiedlich verschieden. Differenz in der Erziehungswissenschaft*, Opladen, 2001, S. 215–230.

Lutz, Helma/Kulaçatan, Meltem (2016), »Wendepunkt nach Köln? Zur Debatte über Kultur, Sexismus und Männlichkeitskonstruktionen«, in: *UniReport* 3, S. 2.

Mansour, Ahmad (2016), »Wir sind nicht eure Kuscheltiere«, in: *TAZ*, 9.07.2016, http://www.taz.de/!5317219/ (letzter Zugriff am 8.04.2017).

— (2015), *Generation Allah. Warum wir im Kampf gegen den religiösen Extremismus umdenken müssen*, Frankfurt.

Miksch, Jürgen (Hg.) (2009), *Antimuslimischer Rassismus. Konflikte als Chance*, Frankfurt.

Mohanty, Chandra T. (1984), »Aus westlicher Sicht. Feministische Theorie und koloniale Praxis«, in: *Beiträge zur feministischen Theorie und Praxis* 23, S. 149–162.

Morrison, Toni (1971), »What the black women think about women's lib«, in: *New York Times*, 22.08.1971.

Pfahl-Traughber (2011), »Antisemitismus im Islamismus. Ideengeschichtliche Bedingungsfaktoren und agitatorische Erscheinungsformen«, in: *Bundeszentrale für politische Bildung: Islamismus*, http://www.bpb.de/politik/extremismus/islamismus/36356/antisemitismus-im-islamismus?p=all (letzter Zugriff am 27.02.2017).

Pinn, Irmgard/Wehner, Marlies (1995), *EuroPhantasien: Die islamische Frau aus westlicher Sicht*, Duisburg.

Robertson, Roland (1997), »Glocalization. Time-space and homogeneity-heterogeneity«, in: Mike Featherstone, Scott Lash und Roland Robertson (Hg.), *Global modernities*, London, S. 25–44.

Rommelspacher, Birgit (2002), *Anerkennung und Ausgrenzung. Deutschland als multikulturelle Gesellschaft*, Frankfurt.

— (2001), »Der Islam – eine Provokation für das westliche Selbstbild«, in: Thomas Hartmann und Margret Krannich (Hg.), *Muslime im säkularen Rechtsstaat*, Berlin, S. 21–28.

Runnymede Trust (1997), *Islamophobia. A challenge for us all*, London.

Said, Edward (1978), *Orientalism*, New York, NY.

Sajid, Abduljalil (2005), »Fighting intolerance and discrimination against Muslims – Islamophobia: facilitating integration and respecting cultural diversity: Islamophobia: A new word for an old fear«, http://www.osce.org/cio/15618?download=true (letzter Zugriff am 27.02.2017).

Sansal, Boualem (2015), *2084. Le fin du monde*, Paris.

Schneiders, Thorsten G. (2009), *Islamfeindlichkeit. Wenn die Grenzen der Kritik verschwimmen*, Wiesbaden.

Schröter, Susanne (2016), *Gott näher sein als seiner eigenen Halsschlagader. Fromme Muslime in Deutschland*, Frankfurt.

— (2013), »Herausbildungen moderner Geschlechterordnungen in der islamischen Welt«, in: Andreas Fahrmeir und Annette Warner (Hg.), *Die Vielfalt normativer Ordnungen. Konflikte und Dynamik in historischer und ethnologischer Perspektive*, Frankfurt, S. 275–306.
— (2002), *FeMale. Über Grenzverläufe zwischen den Geschlechtern*, Frankfurt.
Schrupp, Antje (2016), »Debatte um Übergriffe in Köln zeigt den Rassismus und nicht die Sorge um Frauen«, https://diefreiheitsliebe.de/gesellschaft/debatte-um-uebergriffe-in-koeln-zeigt-den-rassismus-und-nicht-die-sorge-um-frauen-im-gespraech-mit-antje-schrupp/ (letzter Zugriff am 2.10.2016).
Schwarzer, Alice (2016), »Silvester 2015, Tahrir-Platz in Köln«, in: Alice Schwarzer (Hg.), *Der Schock. Die Silvesternacht von Köln*, Köln, S. 7–40.
Sen, Amartya (2007), *Die Identitätsfalle. Warum es keinen Krieg der Kulturen gibt*, München.
Shooman, Yasemin (2012), »Das Zusammenspiel von Kultur, Religion, Ethnizität und Geschlecht im antimuslimischen Rassismus«, in: *Aus Politik und Zeitgeschehen* 16-17, Bundeszentrale für politische Bildung, http://www.bpb.de/apuz/130422/das-zusammenspiel-von-kultur-religion-ethnizitaet-und-geschlecht-im-antimuslimischen-rassismus?p=all (letzter Zugriff am 14.03.2017).
Spivak, Gayatri C. (1988), »Can the subaltern speak?«, in: Cary Nelson und Larry Grossberg (Hg.), *Marxism and the interpretation of culture*, Chicago, IL, S. 271–313.
Tibi, Bassam (2016), »Junge Männer, die die Kultur der Gewalt mitbringen«, in: *Die Welt N24*, 8.05.2016, www.welt.de/debatte/kommentare/article155134929/Junge-Maenner-die-die-Kultur-der-Gewalt-mitbringen.html (letzter Zugriff am 2.11.2016).
— (2002), *Islamische Zuwanderung. Die gescheiterte Integration*, Stuttgart.
Winker, Gabriele/Degele, Nina (2009), *Intersektionalität. Zur Analyse sozialer Ungleichheiten*, Bielefeld.
Yildiz, Erol (2007), *Die Halbierte Gesellschaft der Postmoderne. Probleme des Minderheitendiskurses unter Berücksichtigung alternativer Ansätze in den Niederlanden*, Opladen.
— (2004), *Die Banalität des Rassismus. Migranten zweiter Generation entwickeln eine neue Perspektive*, Bielefeld.

Toleranz und religiöse Pluralität am Beispiel von Kopftuch und Burka

Rudolf Steinberg

Auf einer Veranstaltung des Exzellenzclusters Normative Ordnungen über Toleranz zu sprechen gleicht dem Eulen nach Athen tragen, man könnte noch schärfer formulieren: Wenn es einem bestimmten Tier zu wohl geht, begibt es sich aufs Glatteis.[1] Aber ich habe ja sichereren Grund als Glatteis: Als Jurist kann ich mich auf rechtliche Normen stützen, die Verfassung, Gesetze und deren berufene Interpreten, die Gerichte, insbesondere das Bundesverfassungsgericht (BVerfG), das sich ja in unserem Land die – inzwischen allerdings gefährdete – Rolle des *Roma locuta* angeeignet hat. Aber auch dem positivistischen Juristen wird bei einigem Nachdenken klar, dass die Normanwendung ohne Kenntnis des Normbereichs nicht zu sinnvollen Ergebnissen führt, die ihm nur die Sozialwissenschaften verschaffen können, wenn er sich nicht auf sein trügerisches Alltagswissen verlassen will. Er weiß aber auch – Frucht der modernen Methodenlehre –, dass sein die Normanwendung prägendes Vorverständnis gespeist wird von Konzepten der Verfassungstheorie wie auch der Politischen Theorie. Dieser methodische Ansatz liegt ja auch – wenn ich recht sehe – dem Exzellenzcluster zugrunde, in dessen Rahmen diese Vortragsreihe stattfindet.

So werde ich auch an das Thema des muslimischen Kopftuchs und der Vollverschleierung, das heißt des Niqab und der Burka herangehen. Beide Formen der Kopfbekleidung sind in den letzten Jahren Gegenstand heftiger Auseinandersetzungen geworden. Die Kopftuchdebatte erreichte ihre erste Zuspitzung in dem Urteil des Bundesverfassungsgerichts 2003. Eines der daraufhin in einigen Ländern erlassenen Gesetze war dann Gegenstand einer zweiten Entscheidung des Bundesverfassungsgerichts im Januar dieses Jahres. Diese Entscheidungen werde ich in einem ersten Schritt nachzeichnen (I.), bevor ich in einem zweiten Schritt die Bedeutung von Tole-

---

[1] Vortrag im Rahmen der Ringvorlesung des Exzellenzclusters »Die Herausbildung normativer Ordnungen« an der Goethe-Universität: »Normenkonflikte in pluralistischen Gesellschaften« am 11.11.2015.

ranz in diesem Zusammenhang darstelle (II.). Einen Schwerpunkt meiner Überlegungen stellt dann aber die Suche nach Grenzen der Toleranz dar (III.). Diese Frage stellt sich vor allem auch hinsichtlich der Vollverschleierung in der Öffentlichkeit. Denn nach einer Entscheidung des Euro-päischen Gerichtshofs für Menschenrechte (EGMR) im Juli 2014 wurde auch in Deutschland ein generelles gesetzliches Burkaverbot gefordert. Auch bei der Burka – unter diesem Begriff wird der Vollschleier allgemein diskutiert – stellt sich die Frage nach dem unabdingbaren Gemeinsamen in einer multireligiösen Gesellschaft, die oftmals unter dem missverständlichen Begriff der Homogenität diskutiert wird. Gewisse Eckpunkte für die Fragen des Zusammenlebens liefert die Verfassung; diese löst aber nicht alle Probleme. Hier ist dann der praktische Ort wechselseitiger Toleranz, die Anforderungen stellt an die Gläubigen einer in Deutschland neuen Religion, an den Islam, aber auch an die Mehrheitsgesellschaft. Hierzu schließe ich unter IV. mit einigen knappen Bemerkungen. Bei meinen Überlegungen werde ich gelegentlich auf die Diskussion in unserem Nachbarland Frankreich eingehen, das sich mit ganz ähnlichen Problemen und Themen auseinandersetzt.

I.

In dem vom Zweiten Senat des Bundesverfassungsgerichts am 24. September 2003 entschiedenen Ausgangsfall war der Antrag einer aus Afghanistan stammenden Frau, Fereshta Ludin, in den Schuldienst an Grund- und Hauptschulen in Baden-Württemberg aufgenommen zu werden, von der Schulverwaltung abgelehnt worden. Zur Begründung wurde ausgeführt, die Bewerberin sei nicht bereit, während des Unterrichts auf das Tragen des Kopftuchs zu verzichten. Das Kopftuch sei Ausdruck kultureller Abgrenzung und damit nicht nur ein religiöses, sondern auch ein politisches Symbol. Die mit dem Kopftuch verbundene objektive Wirkung kultureller Desintegration lasse sich mit dem Gebot staatlicher Neutralität nicht vereinbaren.[2] Die hiergegen gerichtete verwaltungsgerichtliche Klage blieb in allen Instanzen erfolglos. Das Bundesverfassungsgericht gab der Verfassungsbeschwerde statt, allerdings im Wesentlichen mit der Begrün-

---

2 Vgl. den Tatbestand in BVerfGE 108, 283, 284.

dung, es fehle an einer gesetzlichen Grundlage für den mit der Ablehnung verbundenen Eingriff in das Grundrecht der Glaubensfreiheit nach Artikel 4 GG. Schranken könnten sich jedoch aus Rechtsgütern von Verfassungsrang ergeben. So könne der Gesetzgeber die religiös konnotierte Bekleidung unter anderem dann untersagen, wenn der staatliche Erziehungsauftrag beeinträchtigt werde, der unter Wahrung der Pflicht zur weltanschaulichen Neutralität zu erfüllen sei. Dem stimmte der jetzt zuständige Erste Senat des Bundesverfassungsgerichts in einem Beschluss vom Januar 2015 im Wesentlichen zu, mit dem er Regelungen des nordrhein-westfälischen Schulgesetzes für verfassungswidrig erklärte beziehungsweise verfassungskonform auslegte (BVerfGE 138, 296.) Ich komme auf den Punkt noch zurück, in dem sich diese Entscheidung von der aus dem Jahre 2003 unterscheidet.

Zuvor möchte ich Ihnen eine andere bereits erwähnte Entscheidung vorstellen, die des Europäischen Gerichtshofs für Menschenrechte. Dieser hatte mit einer Mehrheit von 15 seiner 17 Mitglieder festgestellt, dass das französische Burka-Verbotsgesetz von 2010 nicht gegen Artikel 9 der Europäischen Menschenrechtskonvention (EMRK) – Recht auf Religionsfreiheit – verstieß.[3] Seiner Meinung nach ließe sich das Gesetz zwar weder mit einem Verstoß gegen die Menschenwürde noch mit einer generellen Gefährdung der Sicherheit begründen. Die Richter halten die Beschränkung der Religionsfreiheit jedoch wegen des Rechtes anderer, in einem das Zusammenleben erleichternden Raum zu leben (»to live in a space of socialisation which makes« living together easier«), für verhältnismäßig. Die abweichende Meinung von zwei Richterinnen wird uns später noch begegnen.

II.

Welche Rolle spielt im Zusammenhang der beiden Entscheidungen das Toleranzprinzip? Was bedeutet Toleranz im religionspluralistischen Gemeinwesen?

Ethnische und kulturelle Homogenität gehört ebenso wie religiöse Einheitlichkeit in Deutschland wie auch in den anderen westlichen Demokra-

---

3 Daneben hatte der EGMR noch Artikel 8 EMRK – Recht auf Privatleben – geprüft.

tien der Vergangenheit an. Die Realität wird heute gerade im religiösen Bereich durch unterschiedliche Identitäten geprägt. Ihren Ausdruck finden diese Verschiedenheiten auch in dem sich von den in Deutschland traditionellen Kleidersitten unterscheidendem Kopftuch oder der Burka. Es gibt keine Instanz mehr, die einen autoritativen religiösen Glauben und eine von allen akzeptierte Lebensweise vorgibt.

In dieser Situation ist die Notwendigkeit von Toleranz für ein friedliches Zusammenleben offensichtlich. Dieser Aspekt ist den Landesgesetzgebern wie den Fachgerichten offensichtlich entgangen, den das Bundesverfassungsgericht in seinem viel zitierten Urteil zur christlichen Gemeinschaftsschule in Baden-Württemberg aus dem Jahre 1975 mit der Chiffre des Christlichen verbindet: den Gedanken der Toleranz für Andersdenkende. Dieses in der Tradition der liberalen badischen Schulgesetzgebung begründete und in Artikel 17 der baden-württembergischen Verfassung verstärkte Gebot gewährleiste eine angemessene Mitberücksichtigung anderer religiöser und weltanschaulicher Auffassungen, für welche die Schule offenzubleiben habe. Durch das Toleranzgebot werde die Rücksichtnahme auf andere religiöse und weltanschauliche Auffassungen gewährleistet und einer Isolierung andersdenkender Minderheiten vorgebeugt (BVerfGE 41, 29, 63 und schon 52).

Zu Recht zu fragen ist deshalb: Gilt das Toleranzgebot heute nicht auch und gerade zugunsten muslimischer Minderheiten unter den Lehrerinnen und wird dieses nicht durch das Kopftuchverbot verletzt? Zu diesem Ergebnis kommt Rainer Forst in seiner grundlegenden Untersuchung des Toleranzprinzips. Die bestehende ethisch-kulturell pluralistische Gesellschaft erfordere eine wechselseitige Toleranz, mit der es nicht zu vereinbaren sei, wenn der Staat Partei ergreife und partikulare Normen setze, die eine Seite bevorzuge (Forst 2003: 678f.). Die Rechtsprechung der Verwaltungsgerichte, die das Verbot des Kopftuchs in der Schule gebilligt hatten, mache deutlich, dass das Neutralitätsprinzip und der Toleranzgedanke angewendet würden, um der Toleranz Grenzen zu ziehen. Unabhängig von einer Einzelfallprüfung und unabhängig von der betroffenen Person und ihren Einstellungen werde ein religiöses Symbol generell als Symbol der Intoleranz bewertet. Zwar sei der Toleranzanspruch einer Minderheit nicht darauf gerichtet, in ihrer Identität ethisch geschätzt zu werden, sondern nur darauf, als Gleiche geachtet und in ihren gleichen Rechten nicht begrenzt zu werden. Diesen Anspruch – so Forst – verkehre die Rechtsprechung zu der Forderung an die Minderheit, sie möge tolerant sein und einsehen, dass ihr Identitätsausdruck eine Verletzung religiöser Grundrechte der Mehrheit und institutioneller Funktionserfordernisse darstelle (ebd.: 722).

Forst kritisiert ferner, dass die Rechtsprechung ohne konkrete Anhaltspunkte eine generelle Verurteilung eines Symbols vornehme, ohne dass dies zu einer nicht zu rechtfertigenden Beeinflussung der Schüler führe oder für eine grob unmoralische Überzeugung oder Praxis stünde. Der Verweis darauf, dass das Kopftuch ein Symbol für die Unterdrückung von Mädchen und Frauen sein *könne*, führe zu einer Identitätsfestlegung durch staatliche Stellen, der ein deutlich disziplinierendes Moment innewohne (ebd.: 723).

Von der für ein pluralistisches Gemeinwesen, das die Freiheit der Religion auch für Minderheiten ernst nimmt, unabdingbaren »wechselseitigen Toleranz« bleibe so wenig übrig. Die Toleranzverhältnisse seien hier nicht reziprok, Toleranz werde hier vielmehr im Sinne der Duldung, der Zubilligung von Minderheitenpositionen durch die Mehrheit verstanden. Die »Respekt-Konzeption« von Toleranz weiche einer »Erlaubnis-Konzeption« (Forst 2011: 45f.).

Die von Forst kritisierte Identitätsfestlegung machen sich viele Kritiker des Kopftuchs zu eigen: Lassen Sie mich nur als besonders engagierte Kämpferin gegen das Kopftuch Alice Schwarzer nennen, die dies »seit dem Sieg Khomeinis im Iran 1979 weltweit [als] Flagge der Islamisten« ansieht. Nicht viel anders nennt die französische Philosophin Elisabeth Badinter, jüngst als »Ikone der Linken« bezeichnet, das Kopftuch »Symbol der Unterdrückung der Geschlechter«. Aber nicht nur Publizisten äußern sich in dieser Weise. Diese Sicht wird geteilt von Politikern wie dem früheren Vorsitzenden der CDU-Fraktion im hessischen Landtag, Franz-Josef Jung, wie auch von Rechtswissenschaftlern, für die das Kopftuch für den »offenkundigen Missbrauch dieses Symbols durch religiöse Fundamentalisten« und einen »fundamentalistischen Islam« steht (Friedhelm Hufen). Der ehemalige Verfassungsrichter Udo Di Fabio, einer der Dissenter im ersten Kopftuchurteil, sorgt sich gar, dass damit die Würde der Mütter der nicht Kopftuch tragenden Schüler herabgesetzt werde (Nachweis bei Steinberg 2015: 14, 28, 30). Auch das Bundesverwaltungsgericht (BVerwG) weiß in einem Urteil vom 24. Juni 2004, wie das Kopftuch zu deuten ist: Auch wenn die Klägerin das Kopftuch nicht als Symbol eines islamischen Fundamentalismus und dessen Ablehnung von Werten der westlichen Gesellschaft wie individueller Selbstbestimmung und Emanzipation der Frau verstünde, käme es darauf nicht an. Entscheidend sei die Deutungsmöglichkeit einer nicht unerheblichen Zahl von Betrachtern (BVerwG, DVBl. 2004, 1424, 1425, re. Sp.). Welche Deutungen maßgeblich sind, wird damit der Verwaltung überantwortet. Diese und am Ende die Verwaltungsrichter nehmen so für sich in Anspruch, die Identität der Kopftuch tragenden Lehrerinnen festzulegen.

Alle diese Stimmen nehmen nicht zur Kenntnis, dass nach Ansicht sachkundiger Beobachter etwa der Leiterin eines Beratungszentrums für muslimische Jugendliche in Frankreich, Dounia Bouzar, das Kopftuch überwiegend als Zeichen der Selbstbestimmung und Selbstfindung getragen wird (Bouzar 2014: 165ff., 171ff.) oder dass in einer gerade erschienenen Untersuchung über »Muslim Fashion« in der westlichen Welt der Kopfbekleidung modische Züge einer jugendlichen Subkultur zugeschrieben werden (Lewis 2015: 318ff.). Damit stimmen die Ergebnisse der empirischen Untersuchung »Muslimisches Leben in Deutschland« überein, wonach der ganz überwiegende Teil der Kopftuch tragenden Frauen eine Eigenmotivation erkennen ließe, während Erwartungen der Umwelt für lediglich etwa 12 Prozent maßgeblich seien (Muslimisches Leben in Deutschland 2009: 205f.). Das Kopftuch zeichnet sich so durch religiöse, nationale wie transnationale, kulturelle, geschlechts- und generationenspezifische Ambiguitäten aus, die eine schlichte eindimensionale Zuschreibung verbieten (Lewis 2015: 321).

Das Bundesverfassungsgericht unterscheidet sich erfreulich deutlich in beiden Entscheidungen von derartigen einseitigen Zuschreibungen. Es spricht von den »höchst unterschiedlichen Aussagen und Wertvorstellungen«, die mit dem Tragen des Kopftuchs von Musliminnen verbunden werden: Zwar werde dies von manchen als Zeichen für das Festhalten an Traditionen der Herkunftsgesellschaft oder gar als ein politisches Symbol des islamischen Fundamentalismus mit dessen Ablehnung von Grundwerten der westlichen Gesellschaft, darunter der Emanzipation der Frau, gesehen. Doch wird diese Sicht unter Hinweis auf Forschungsergebnisse als eine unzulässige Verkürzung abgelehnt (BVerfGE 108, 282, 305). Stattdessen nennt das Gericht eine Reihe anderer Deutungsmöglichkeiten: Das Kopftuch werde von jungen Frauen auch verstanden als Ausdruck individueller Entscheidung und einer religiösen Orientierung im eigenen Lebensentwurf. Die Bewahrung ihrer Differenz sei nach dem Selbstverständnis dieser Frauen Voraussetzung ihrer Integration. Es könne ein frei gewähltes Mittel sein, um ohne Bruch mit der Herkunftskultur ein selbstbestimmtes Leben führen zu können. Angesichts der Vielfalt der Motive wird die Deutung des Kopftuchs als Zeichen gesellschaftlicher Unterdrückung der Frau zurückgewiesen. Deshalb lasse sich auch nicht belegen, dass muslimischen Schülerinnen durch Kopftuch tragende Lehrerinnen die Entwicklung eines den Wertvorstellungen des Grundgesetzes entsprechenden Frauenbildes oder dessen Umsetzung im eigenen Leben erschwert würden (ebd.: 304f.).[4]

Beide Senate betonen wie schon die erwähnte Leitentscheidung zur Badischen Gemeinschaftsschule die Bedeutung der Toleranz in der Schule, zu der sich im Übrigen auch die Schulgesetze der Länder bekennen. In dem Urteil 2003 wird das Tragen des Kopftuchs als Ausdruck einer »Verwirklichung der autonomen Persönlichkeit im religiös-weltanschaulichen Bereich gemäß der Grundentscheidung des Art. 4 GG« bewertet, die auf dem Gedanken »der Toleranz für Andersdenkende« beruhe (BVerfGE 108, 282, 305 unter Bezugnahme auf BVerfGE 93, 1, 23 – »Kruzifixurteil«). Dem Landesgesetzgeber wird für eine eventuelle gesetzliche Regelung zu bedenken gegeben, dass am Nachhaltigsten in der Schule ein tolerantes Miteinander durch Erziehung geübt werden könne. Dies bedeute nicht die Verleugnung der eigenen Überzeugung, sondern böte die Chance zur Erkenntnis und Festigung des eigenen Standpunkts und zu einer gegenseitigen Toleranz, die sich nicht als nivellierender Ausgleich verstünde (BVerfGE 108, 282, 310 unter Berufung auf BVerfGE 41, 29, 64).

Leider sind diese klugen, differenzierten Hinweise des Gerichts von einigen Landesgesetzgebern – darunter Hessen, Baden-Württemberg und Bayern – missachtet worden und haben auch in NRW zu einem Gesetz geführt, das jeglichen Toleranzanspruch vermissen ließ, vor allem aber dann wegen des klaren Verstoßes gegen das elementare Gebot der Gleichbehandlung aller Religionen im zweiten Kopftuch-Beschluss beanstandet wurde. Diese Gesetze haben kaum verhohlen – wenngleich nicht ausdrücklich genannt – das islamische Kopftuch verboten, das auch noch in die Nähe verfassungsfeindlicher Bestrebungen gerückt wurde. Gleichzeitig wurden in einer Art »Abendlandklausel« christliche Symbole und Zeichen privilegiert.

In seiner Entscheidung hat der Erste Senat sich allerdings an einer Stelle von der des Zweiten Senats unterschieden: Hatte dieser für ein ge-

---

[4] Anders die Sicht der muslimischen Feministin Guirous, wonach das Kopftuch die Regression, die Unterwerfung und die Zurückweisung des Fortschritts bedeute, und die Frauen die neuen Objekte der Islamisten seien (Guirous 2014: 228f.).

setzliches Verbot eine generelle Gefahr für ausreichend gehalten, so fordert jener eine konkrete Gefährdung oder Störung unter anderem des Schulfriedens. Dies hält der Erste Senat in einer Situation für denkbar,

»in der – insbesondere von älteren Schülern oder von Eltern – über die Frage des richtigen religiösen Verhaltens sehr konkrete Positionen mit Nachdruck vertreten oder in einer Weise in die Schule hineingetragen würden, welche die schulischen Abläufe und die Erfüllung des staatlichen Erziehungsauftrags ernsthaft beeinträchtigten, sofern die Sichtbarkeit religiöser Überzeugungen und Bekleidungspraktiken diesen Konflikt erzeugte oder schürte.« (BVerfGE 138, 296, 341)

Dann sei es für die Lehrkraft zumutbar, von dem Tragen des Kopftuchs Abstand zu nehmen.

Ich kann an dieser Stelle nicht auf die dogmatischen Feinheiten der Unterscheidung zwischen abstrakter und konkreter Gefahr eingehen und will nur anmerken, dass ich dem Ersten Senat grundsätzlich zustimme. Ein großes Fragezeichen möchte ich jedoch anbringen gegenüber seiner Umschreibung der konkreten Gefährdung. Diese Passage des Beschlusses hat zu heftiger Kritik vieler Schulpraktiker geführt, die nicht ganz zu Unrecht befürchten,[5] dass nunmehr die gesellschaftlichen Konflikte über das Kopftuch in der Schule auf dem Rücken der Schulleitungen ausgetragen werden. Sie wirft in der Tat zahlreiche Fragen auf. Wieso soll gerade von älteren Schülern der Schulfrieden gefährdet werden, kann doch ihnen am ehesten der religiöse Aussagegehalt des Kopftuchs »differenzierend erläutert« (BVerfGE 108, 282, 306) und mit ihnen »ein tolerantes Miteinander mit Andersgesinnten [...] am nachhaltigsten durch Erziehung geübt werden« (ebd.: 310), wie der Zweite Senat zu Recht angenommen hat?

Sollen wirklich zum Beispiel PEGIDA-Eltern in der Lage sein, durch ihr Auftreten den Schulfrieden so sehr zu gefährden oder zu stören, dass der Staat die grundrechtlich geschützte Bekundung der Lehrerin verbietet, ohne dass das Erziehungsrecht der Eltern oder die negative Religionsfreiheit der Kinder dies erforderlich machen und – wie das Gericht zuvor festgestellt hat – ein derartiges Verbot unverhältnismäßig wäre? Auch sonst schützt der Staat die Ausübung von Grundrechten – etwa der Meinungs-, der Kunst- oder der Versammlungsfreiheit –, auch wenn dies auf heftige Proteste Dritter stößt. Kann wirklich das Ideal der Vermittlung von Toleranz auch gegenüber anderen Religionen und Weltanschauungen von protestierenden Eltern oder meuternden Schülern torpediert werden? Ein

---

5 So etwa auch Merkel 2015: 7.

Ideal, das – so heißt es an anderer Stelle der Entscheidung[6] – in der Schule im Interesse einer ausgleichenden, effektiven Grundrechtsverwirklichung in der Gemeinschaftsschule auch müsse gelebt werden dürfen?
Das erscheint doch schwer vorstellbar. Denn es würde zu einer bedenklichen Verkürzung grundrechtlich-religiöser Freiheit führen, die doch – wie der Erste Senat annimmt – das Verhältnis von Schule und Religion auszeichnen soll. Hierbei hat der Staat ganz besonders auch die Religionsfreiheit mit ihrer Vielfalt glaubensmäßiger Betätigungen in einem multireligiösen Land zu schützen. Störungen des Schulfriedens durch Dritte – etwa durch Eltern – muss er durch den Schutz der Lehrerin begegnen. Ein Verbot ihrer grundrechtlich geschützten, religiös konnotierten Bekleidung kann deshalb letztlich nur bei einem in ihrer Person liegenden Verhalten erfolgen, etwa wenn sie die Pflicht zu religiöser Neutralität durch ein missionarisches Verhalten verletzt (BVerfGE 108, 282, 303).

Gehört es nicht gerade zur Aufgabe der staatlichen Schule, die wechselseitige Toleranz von Eltern und – jedenfalls diskussionsfähigen älteren – Schülern einzufordern? Das mag Verbote zulassen abhängig vom konkreten Verhalten der Lehrerin, aber auch abhängig von Schulart, Altersgruppe, auch von der örtlichen Schulsituation, keinesfalls jedoch ein generelles Verbot. Entspricht es aber nicht auch der Wechselseitigkeit der Toleranz, wenn der Kopftuch tragenden Lehrerin angesonnen wird, sich dem professionellen Kontext anzupassen? Dies erwartet die bereits erwähnte muslimische Feministin Douana Bouzar, die die generelle Ablehnung des Kopftuchs scharf kritisiert und grundsätzlich das Kopftuch auch im Berufsleben verteidigt. Die Trägerin solle jedoch auf eine ostentative, werbende Art des Kopftuchs verzichten: So solle eine Kindergärtnerin nicht ein schwarzes Tuch tragen, sondern ein mit Kobolden geschmücktes rosafarbenes Haarband. Durch das Verhüllen der Haare folge sie ihrer inneren Überzeugung; diese brauche sie nicht demonstrativ der Öffentlichkeit aufzudrücken (Bouzar 2014: 214ff.). Welche Kopftuchgestaltung danach für eine Lehrerin wünschenswert wäre, vermag ich als Nicht-Fachmann für weibliche Bekleidung nicht zu entscheiden.

---

6 So BVerfGE 138, 296, 342.

III.

Auch Forst anerkennt, dass es ungeachtet der von ihm »Paradoxie moralischer Toleranz« genannten Problematik (Forst 2003: 35) Grenzen für die Toleranz geben muss. Hierbei handelt es sich allerdings nicht um gleichsam objektive Grenzen. Diese hängen vielmehr von den jeweiligen Vorstellungen über die Grundlagen und das Gemeinsame des Gemeinwesens ab, von – so Forst – der Beantwortung der Frage »welche normative Substanz ist unaufgebbar, soll die Gesellschaft weiterhin als Einheit bestehen«, aber auch »welche Anerkennung von Differenz ist notwendig, damit dies eine gerechte Einheit ist« (ebd.: 683). Diese Frage verweist deshalb letztlich auf die übergeordnete Frage nach dem unabdingbaren Maß an Homogenität einer Gesellschaft. Deren Gestalt wird ganz wesentlich durch Verfahren der Diskussion, der Konsensbildung und der Kompromissfindung bestimmt. Damit wird die Frage der Toleranz – so Forst zu Recht – auch zu einer Frage der Macht (ebd.: 683). Diese Prozesse können Wissenschaftler – Philosophen wie Juristen – allenfalls analysieren; für eine aktive, nicht nur beobachtende und kommentierende Teilnahme besitzen sie keine professionelle, sondern lediglich die bürgerschaftliche Jedermann-Kompetenz.

Von diesem Ansatz möchte ich jetzt die Grenzen der Toleranz gegenüber der muslimischen Kopfbekleidung untersuchen. Dabei komme ich schnell zu einem Ergebnis, was das schlichte Kopftuch angeht. Generell erkenne ich hier kein Rechtsgut auf der Ebene der Verfassung, das ein generelles Verbot des Tragens eines Kopftuchs in der Schule rechtfertigen könnte. Es ist nicht zu erkennen, dass das selbstbestimmte Tragen eines Kopftuchs hier den basalen Konsens des Zusammenlebens in Frage stellt. Ich denke, das ist auch im Ergebnis die Ansicht des Ersten Senats des Bundesverfassungsgerichts.

Spannender wird es bei Niqab und Burka. Hier schauen wir uns noch einmal die Begründung der Entscheidung des EGMR an, die das gesetzliche Burka-Verbot in Frankreich nicht beanstandet.

Ich hatte schon erwähnt, dass der Gerichtshof die Beschränkung der Religionsfreiheit wegen des Rechts anderer, in einem das Zusammenleben erleichternden Raum zu leben (»vivre ensemble«, »to live in a space of socialisation which makes living together easier« (EGMR, Entscheidung vom 1.07.2014: Rn. 122)), für verhältnismäßig hält. Der französische Staat sehe im systematischen Verhüllen des Gesichtes an öffentlichen Orten einen Widerspruch zum Ideal der Bürgerlichkeit (*civilité*), das sich mit den minimalen Anforderungen der hierfür unverzichtbaren sozialen Interaktion nicht vereinbaren ließe. Aus diesem Interesse der Garantie der Bedingungen des Zusammenlebens könne das Verbot gerechtfertigt werden (ebd.: Rn. 140f.).

Bei der Lektüre des Urteils kann man allerdings schon den Eindruck gewinnen, dass ein Verdikt des Gesetzes »gerade noch« vermieden wurde. So wird mit Nachdruck darauf hingewiesen, dass »pluralism, tolerance and broadmindedness are hallmarks of a ›democratic society‹« (ebd.: Rn. 128). Die Richter sehen die negativen Folgen für die betroffenen Frauen und beklagen die islamophoben Stimmen im Zusammenhang der Verabschiedung des Gesetzes. Es wird aber die subsidiäre Rolle des Gerichtshofs betont und die Entscheidungsprärogative der staatlichen, direkter demokratisch legitimierten Organe hervorgehoben (ebd.: Rn. 129). Dem französischen Staat wird deshalb ein weiter Einschätzungsspielraum in dem vorliegenden Fall eingeräumt (ebd.: Rn. 155).

Auf die Schwachstellen der Begründung zielen die beiden dissentierenden Richterinnen, darunter die deutsche Richterin Angelika Nußberger. Sie können der Europäischen Menschenrechtskonvention nicht ein die Grundrechte beschränkendes Recht des Zusammenlebens entnehmen. Und sie stellen fest:

> »It can hardly be argued that an individual has a right to enter into contact with other people, in public places, against their will. Otherwise such a right would have to be accompanied by a corresponding obligation. This would be incompatible with the spirit of the Convention. While communication is admittedly essential for life in society, the right to respect for private life also comprises the right not to communicate and not to enter into contact with others in public places – the right to be an outsider.« (ebd.: Dissent, Rn. 8)

Sie nehmen Bezug auf das Bekenntnis der Mehrheit zu Pluralismus und Toleranz und erklären, dass die französische Legislative das Gesetz als Zeichen eines selektiven Pluralismus und einer beschränkten Toleranz verabschiedet habe. Damit habe der Staat die in früheren Entscheidungen des Gerichts betonte Pflicht verletzt, für eine wechselseitige Toleranz zwischen widerstreitenden Gruppen Sorge zu tragen. Seine Aufgabe sei es nicht, die Ursache von Spannungen durch die Einschränkung von Pluralismus zu beseitigen, sondern dafür zu sorgen, dass die streitenden Gruppen sich gegenseitig tolerieren. Mit dem vorliegenden Gesetz habe aber der französische Gesetzgeber das Gegenteil getan: Er habe nicht für Toleranz zwischen der überwältigenden Mehrheit und einer kleinen Minderheit gesorgt, sondern das verboten, was er als Ursache der Spannung angesehen habe (ebd.: Dissent, Rn. 13f.).

Diese Einwände sind gewichtig, sie greifen jedoch – wie ich glaube – zu kurz. Zwar ist den beiden Richterinnen sicherlich zuzustimmen in der Ansicht, niemand habe ein Recht, in der Öffentlichkeit mit anderen in Kontakt zu treten. Sie übersehen dabei aber, dass sich die Reaktionen auf Burka und Niqab, auf das Zeigen wie das Verhüllen des Gesichts auf fundamentale Verständnisse über das Leben in einem Gemeinwesen zurückführen lassen. Dies beschreibt Bruno Nassim Aboudrar, Inhaber einer Professur für Ästhetik an der Pariser Universität Sorbonne Nouvelle, eingehend in seiner Studie über die Geschichte des Kopftuchs im Christentum, im Islam und im modernen Westen (Aboudrar 2014). Seine zentrale These lautet, dass die Frage des Kopftuchs vor allem eine Sache der Sichtbarkeit bedeutet. Die westliche Gesellschaft werde durch das Verhüllen des Gesichts – anders als durch viele andere abweichende Erscheinungsformen – deshalb so beunruhigt, weil die Ordnung des Sichtbaren berührt wird, auf die die westliche Welt seit langem gegründet sei. Und im Zentrum des Sichtbaren stehe mit seinem Bild das menschliche Gesicht. Dies sei auf der einen Seite Ausgangspunkt des Blicks, auf der anderen Seite Objekt der Betrachtung, seit es wie eine Ikone als Abbild Gottes gelte. Die Frau mittels eines Gegenstandes, des Gesichtsschleiers, dem Blick zu entziehen, stelle deshalb ein sehr wirksames Mittel dar, eines der Fundamente unserer Kultur, unser visuelles System, in Frage zu stellen. Diese Infragestellung verstehe sich so als eine strategische Herausforderung, mittels derer der Islam gegen das kämpft, was er – nicht ohne Grund – als eine westliche postkoloniale Hegemonie versteht. Auch wenn das islamische Verhüllen der Frau Ausdruck der phallokratischen Organisation und oftmals auch der Frauenverachtung der traditionellen Gesellschaften des Mittleren Ostens und der Mittelmeerländer sei, komme in ihm auch ein anderes kohärentes visuelles System zum Ausdruck: Während sich die Visualität des Westens durch eine überragende Bedeutung, die dem Blick zugemessen werde, auszeichne, sei der islamische Orient bestimmt durch ein Misstrauen gegenüber dem Blick.

Das belegt der Autor auch mit dem Hinweis auf die traditionelle Ablehnung des menschlichen Bildes,[7] die erst durch Photographie, Filme und

---

7 Zu den fundamentalen Unterschieden im Umgang mit Bildern in der christlichen und islamischen Welt vgl. Aboudrar (2014): 169ff.

Fernsehen ins Wanken geraten sei. Sich zu verhüllen, stelle deshalb die Weigerung dar, ein Bild von sich machen zu lassen, und seine Erscheinung einer Welt zu bezeugen, die wenig zum Sehen bietet und die sich vor dem Blick in Acht nimmt. Und auch die Architektur des arabischen Hauses sei darauf ausgerichtet, den Blick zu beschränken (ebd.: 181ff.). Der Abschließung des Hauses entspricht – so ist zu ergänzen – das Fehlen von Öffentlichkeit in den Städten, die keinen Marktplatz, keine Agora, keine öffentliche Rednerbühne aufweisen und die damit öffentliche Selbstdarstellung und Kontrolle nicht kennen.

Das Kopftuch wird damit – so Aboudrar – zu einem Symbol der Differenz mit eiserner Konsequenz, die den Verheerungen der westlichen Moderne widerstanden habe (ebd.: 16ff.). Diese tiefe kulturelle Differenz zeichne deshalb die Kontroverse um das Tragen des *voile intégral* aus, jedenfalls viel stärker als andere religiöse Zwänge des Islam.

Diese Deutung des Gesichtsschleiers macht eines deutlich: Die scharfe Ablehnung von Burka und Niqab besitzt eine besondere Qualität, die sich nicht allein durch deren Abweichen von den westlichen Bekleidungssitten erklären lässt. Denn andere fremde Bekleidungsstücke, die in der Öffentlichkeit getragen werden, führen nicht zu ähnlich allergischen Reaktionen. Das gilt etwa für den *Jilbeb*, einem weiten schwarzen, in einigen Ländern von Frauen getragenen Gewand, das den ganzen Körper einschließlich Hals und Stirn bedeckt mit Ausnahme der Hände und des Ovals des Gesichts und das in derselben Weise wie Burka und Niqab jeglichen Kontakt mit den anderen unterbindet, um die Verderbnis der Reinheit und Wahrheit der Trägerin zu verhindern (Bouzar 2014: 211). Ebenfalls Ausdruck strikter Abgrenzung stellt aber auch der Aufzug von salafistischen Männern dar: langer Bart (aber kein Schnurrbart), auf dem Kopf eine Kalotte, und eine weiße Tunika, die *Kamis*, die die Knöchel frei lässt. Die tiefe kulturelle Differenz, die bei Niqab und Burka besteht, lässt sich auch nicht beim einfachen Kopftuch feststellen, das in unterschiedlicher Form und zu unterschiedlichen Zeiten auch in der westlichen Gesellschaft begegnet. In den westlichen Ländern hat allein der Scharfrichter sein Gesicht verhüllt!

Angesichts dieser Situation befinden sich die westlichen Länder, in denen eine kleine, aber zahlenmäßig wachsende Zahl von muslimischen Frauen ihr Gesicht verhüllt, in einem Dilemma: Sollen sie ihrer seit der Aufklärung gewonnenen Toleranz für Pluralität entsprechen und Burka und Niqab tolerieren? Das ist die Lösung der dissentierenden Richterinnen des Europäischen Gerichtshofs für Menschenrechte. Damit würden die

Gesellschaften aber gleichzeitig auf ihrem Territorium die Existenz einer anderen, im Vordringen befindlichen Kultur akzeptieren, ja mehr noch: die Tolerierung einer Kultur, die – vor allem propagiert von einem aggressiven Salafismus – elementare Grundwerte der eigenen Kultur bekämpft. Die Folge wäre das Nebeneinander zweier Kulturen, die sich ausschließen. Kann aber eine Gesellschaft existieren, die sich in einer als fundamental empfundenen Frage nicht einig ist? Wird hier nicht gegen die unabdingbaren Erwartungen eines Mindestmaßes an Übereinstimmung verstoßen?

Wird aber nicht mit der Ablehnung der Burka deren Trägerinnen genau das angetan, was ich vorher kritisiert habe? Wird nicht auch ihnen eine einseitige Identität zugeschrieben? Hier bestehen jedoch wesentliche Unterschiede zum »normalen« Kopftuch: Dieses kann – wie gezeigt – aus einer Vielfalt von Motiven getragen werden. Der Vollschleier wird jedoch nahezu ausschließlich im salafistischen Umfeld getragen. Es stellt damit das Zeichen der Zugehörigkeit zu einer fundamentalistischen Richtung des Islam dar, welche die Grundlagen der Soziabilität unseres Gemeinwesens in Frage stellt und gleichzeitig elementare Werte der freiheitlich-demokratischen Grundordnung bekämpft.

So sehr die Mahnung der amerikanischen Philosophin Martha Nussbaum zu beherzigen ist, »dass Europa sich dringend auf eine tiefgreifende und intensive Debatte über Gleichheit einlassen muss sowie darauf, was gleicher Respekt für alle Bürger auf dem Gebiet der Religion bedeutet« (Nussbaum 2014: 182) – ein Respekt, den sie zu Recht beim Kopftuchverbot für Lehrerinnen vermisst, so verkennt sie mit ihrer scharfen Kritik am Burka-Verbot dessen tiefer liegende Begründung, die sich nicht als bloße »Angst vor dem Anderen« abtun lässt, »die diskriminierend und einer liberalen Demokratie unwürdig ist« (ebd.: 101).

Demgegenüber geht es darum, dass die westliche Kultur des visuellen Systems als eine ihrer sozialen Grundlagen respektiert wird. Muss die westliche Gesellschaft dann nicht folgerichtig in der Lage sein, das vollständige Verhüllen des Gesichts zu unterbinden, auch wenn dieses ein durch das Grundrecht der Religionsfreiheit geschütztes Verhalten darstellt? Für diese Lösung haben sich der französische und auch der belgische Gesetzgeber entschieden. Sollte man nicht den demokratisch legitimierten Institutionen dieser Länder konzedieren zu entscheiden, wie das Zusammenleben (»vivre ensemble«) in ihnen aussieht und wie sie in einer fundamentalen Frage die *civilité* ausgestalten wollen? Darin liegt die innere Rechtfertigung für die Zurückhaltung des Europäischen Gerichtshofs für Menschenrechte in der

Burka-Frage, der für die Entscheidung über das Hinnehmbare auf den demokratisch legitimierten Gesetzgeber verweist. Dieser kann selbstverständlich auch zu örtlich und zeitlich unterschiedlichen Ergebnissen kommen. Hierbei fließen zwangsläufig auch die historischen Erfahrungen ein, die in Frankreich bei der Burka-Frage nicht zuletzt durch die koloniale Vergangenheit und hier insbesondere den Algerienkrieg geprägt sind. Allerdings zahlt bei der Durchsetzung des westlichen visuellen Prinzips den Preis eine Minderheit, die nicht entsprechend ihrer Vorstellung von Sichtbarkeit und Blick in unserer westlichen Gesellschaft leben kann.

Das Grundrecht der Religionsfreiheit wird hier durch die Schranke des *ordre public*, der öffentlichen Ordnung, begrenzt. Unter öffentlicher Ordnung versteht die Rechtsordnung solche ungeschriebenen Regeln, deren Befolgung nach den jeweils herrschenden und mit dem Wertgehalt des Grundgesetzes zu vereinbarenden sozialen und ethischen Anschauungen als unerlässliche Voraussetzung eines geordneten menschlichen Zusammenlebens innerhalb eines bestimmten Gebietes angesehen wird. Er wirkt hier als Grenze für eine fundamental fremde Kultur, eben die andere Kultur des visuellen Systems. Auch Artikel 9 Absatz 2 EMRK sieht Einschränkungen der Religionsfreiheit vor, die unter anderen im Interesse des *ordre public* notwendig sind. Die deutsche Rechtsordnung erlaubt es auch, sich über ausländisches und internationales Recht hinwegzusetzen, das mit dem *ordre public* nicht vereinbar ist. Sollte es nicht angebracht sein, dass die westlichen Staaten zum Schutz ihrer elementaren Werte gleichsam einen nach innen wirkenden *ordre public* entwickeln?[8] In diesem Sinne kann – wie es der EGMR und ähnlich der Belgische Verfassungsgerichtshof annehmen – eine Gesellschaft auch das visuelle System als Grundlage einer offenen Bürgergesellschaft rechnen. Mit einem derartigen legitimen Gemeinwohlzweck ließe sich ein generelles Burka-Verbot rechtfertigen.

Gleichwohl hielte ich zum gegenwärtigen Zeitpunkt ein generelles Verbot des Vollschleiers in Deutschland für unverhältnismäßig, weil es zur Abwehr erheblicher Gefahren für das Gemeinwesen nicht erforderlich ist. Ich halte es hier eher mit dem ehemaligen Neuköllner Bezirksbürgermeister Heinz Buschkowsky, der ein gesetzliches Burka-Verbot für fragwürdig hält. Die Burka passe nicht in unsere Kultur, deshalb lehne er sie ab. Er habe sich aber »zum Ertragen in Gelassenheit entschieden« (Buschkowsky 2013: 369). Ein Burka-Verbot aber allein als bloßer Ausdruck einer symbo-

---

8 So Di Fabio 2008: 65f.

lischen Politik, wie es Alice Schwarzer fordert, ist entschieden abzulehnen (Schwarzer 2010). Symbolische Gesetzgebung allgemein korrumpiert die Glaubwürdigkeit des Gesetzes, symbolische Strafrechtspflege gefährdet deren rechtsstaatliche Funktionsfähigkeit. Ein generelles gesetzliches Burka-Verbot wäre jedoch nicht nur symbolisch, da es aller Wahrscheinlichkeit nach durchaus kontraproduktive Wirkungen entfalten würde, wie die französischen Erfahrungen zeigen. Hier konnte beobachtet werden, dass das Verbotsgesetz wie ein Auslöser gewirkt und die Neigung erst hervorgerufen hat, den Bruch mit der als feindlich empfundenen Gesellschaft auf sich zu nehmen. »On a crée le monstre qu'on voulait éviter«, beobachtet die Soziologin Agnès de Féo (Zit. in *Le Monde* 2015: 14). Außerdem könne es – so beobachtet sie – die Ausgrenzung vor allem Jugendlicher, die in das Bezugsfeld radikaler Salafisten geraten sind, verstärken. Auch der Historiker Jean Baubérot, der das Kopftuchverbot für Schülerinnen durch ein Gesetz von 2004 scharf ablehnt – für Lehrerinnen ist ein Kopftuch an der laizisierten französischen Schule ohnehin undenkbar –, teilt die hier vorgetragenen Bedenken gegenüber dem *voile intégral*, plädiert aber für eine Tolerierung aus praktischen Gründen. Er befürchtet einen Solidarisierungseffekt, der auch tatsächlich zu beobachten war, und eine Stigmatisierung bei der großen Mehrzahl der Muslime, die selber das Tragen des *voile intégral* ablehnen: »la spirale infernal de la stigmatisation« (Baubérot 2014: 169ff.). Hinzu kommt, dass sich die Durchsetzung des Gesetzes als problematisch erwiesen hat.

Anstelle eines Verbots sollte man den Ursachen für diese fundamentalistische Form des Islam nachgehen, um die Gedankenwelt der Frauen – darunter auch vieler Konvertiten – besser zu verstehen.[9] Hierzu müssen auch die sozialen und ökonomischen Umstände einbezogen werden, ohne die diese Neigung zu einem ultrareligiösen Leben nicht erklärt werden kann. Wichtig ist es vor allem auch, sich der Mitwirkung der – man muss leider hinzufügen – »richtigen« Imame zu vergewissern, die ihren Gläubigen am besten deutlich machen können, dass diese Bekleidung aus Afghanistan und Saudi-Arabien kommend mit den kulturellen und sozialen Verhältnissen in diesen Ländern, aber weniger mit der muslimischen Religion zu tun hat.

---

9 Vgl. hierzu eingehend Steinberg 2015: 105ff.

IV.

Die Kontroversen um Kopftuch und Burka stellen jedoch nur ein Symptom für einen tiefer sitzenden gesellschaftlichen Konflikt dar: für den Zweifel nämlich, ob »der« Islam in unsere westliche Gesellschaft überhaupt passt. Das Kopftuch wird geradezu zum Symbol für den gefürchteten und abgelehnten Islam. 38 Prozent der Bevölkerung sind der Meinung, wer ein Kopftuch trage, könne nicht deutsch sein. Fast die Hälfte meint, dass Lehrerinnen kein Kopftuch tragen dürften. Allerdings deutet sich bei den jungen Menschen ein Meinungswandel an. 93 Prozent stimmen der Forderung der stellvertretenden CDU-Vorsitzenden Julia Klöckner nach dem generellen Burkaverbot zu. Nach dem Bertelsmann-Religionsmonitor ist die Zahl der Deutschen, die den Islam als Bedrohung empfinden, von 53 Prozent 2013 auf 57 Prozent 2015 gestiegen. 40 Prozent fühlten sich heute durch die Muslime wie Fremde im eigenen Land, jeder Vierte wolle Muslimen die Zuwanderung nach Deutschland verbieten – alles Zahlen, die aus der Zeit vor der Flüchtlingswelle in diesem Herbst stammen. Damit sticht Deutschland – zusammen mit der Schweiz und Spanien – mit besonders negativ geprägten Islambildern hervor. Vertieft und ausgeschlachtet werden diese Ängste durch Populisten wie dem wohl erfolgreichsten Sachbuchautor der Bundesrepublik, Thilo Sarrazin, aber auch durch den großen Historiker Hans-Ulrich Wehler und jetzt massiv auf der Straße durch PEGIDA (Nachweis bei Steinberg 2015: 146ff., 90).

Ein Schlüsselerlebnis stellte in Deutschland der Terroranschlag auf die Twin-Tower in New-York am 11. September 2001 dar, an dem in Deutschland jahrelang völlig unauffällig lebende muslimische Studenten maßgeblich beteiligt waren. »Seitdem«, so schreibt der Soziologe Heinz Bude,

»ist das Verhältnis zum Fremden mit der Angst vor dem fundamentalistischen Islam vermengt. Deutsche Muslime, die sich als solche zu erkennen geben, haben das Gefühl, dass sie mit einem Male als Fremde im eigenen Land angesehen werden.« (Bude 2014: 139)

Diesen eingebildeten, aber ja auch realen Ängsten, die auch hinter der Ablehnung des Kopftuchs liegen, kann man nicht einfach begegnen mit einem Appell an größere Toleranz. Sie erfordern einen aktiven und konstruktiven Umgang mit dem Islam in unserer westlichen Gesellschaft. Dessen Ziel muss es sein, den hier lebenden Muslimen eine möglichst weitgehende Integration in unser von westlichen Werten geprägtes Gemeinwesen zu ermöglichen. Hierzu sind an dieser Stelle nur drei kurze Hinweise möglich.

Erstens: Die Teilhabe der Muslime hängt von sozialen Voraussetzungen ab, wie dies Sprachkenntnisse und berufliche Qualifikation darstellen. Fehlen diese, so sind soziale Ausgrenzungen mit Arbeitslosigkeit und wohnungsmäßiger Segregation die Folge, wie sie auch für einige deutsche Stadtteile beschrieben wird. Vor allem Jugendliche werden dadurch in die Arme radikaler Prediger und Moscheegemeinden getrieben. Die muslimische Journalistin Nahida Nakad bringt es auf den Punkt:

»Die wahre Bedrohung steckt nicht in dem Kopftuch, das zum Symbol des Islam geworden ist. Sie liegt vielmehr in der Unfähigkeit unserer Gesellschaft, das Vertrauen und die Liebe ihrer Kinder wiederzugewinnen.« (Nakad 2013: 188)

Positiv gewendet hat das eine junge Muslimin, früher von der »Start-Stiftung« gefördert, heute Richterin, in dem schönen Satz zum Ausdruck gebracht: »Wer Anerkennung erfährt, wird die Werte auch weitergeben.«

Zweitens: Der Satz »Der Islam gehört zu Deutschland« geht leicht über die Lippen. Soll der Islam tatsächlich hier ankommen, so bedarf es erheblicher Anstrengungen. Diese sind – allerdings viel zu spät – jetzt auch in Gang gekommen (Steinberg 2015: 158ff.). Nennen möchte ich nur die Deutsche Islamkonferenz als Gesprächsforum zwischen Staat und muslimischen Gruppierungen, erste Verträge zwischen Ländern – Hamburg und Bremen – und muslimischen Verbänden; sodann Schritte zu einem muslimischen Religionsunterricht und damit verbunden, die Einrichtung von islamwissenschaftlichen Instituten an einigen deutschen Universitäten, so auch an der Goethe-Universität. Dies stellt nicht nur die Voraussetzung für die Ausbildung von muslimischen Religionslehrern dar, sondern macht die Moscheegemeinden langfristig auch vom Import von Imamen unabhängig. Die weitreichenden Wirkungen einer universitären Islamwissenschaft hat unser Frankfurter Kollege Ömer Özsoy angedeutet, wenn er von der »sehr bewegenden« Begegnung des Islams mit der neuzeitlichen Wissenstradition des Westens spricht (Özsoy/Sahin 2014: 835ff., 840, 849, 853ff.).

Drittens, und damit muss ich hier aufhören, gehört zum konstruktiven Umgang mit dem Islam eine deutliche Abgrenzung von dessen radikalen Gruppierungen, insbesondere dem politischen Salafismus, aus dessen Umfeld die Burkaträgerinnen, aber auch die dschihadistischen Terroristen stammen. Ungeachtet einer Vielzahl salafistischer Strömungen ist allen gemeinsam die Ablehnung einer Trennung von Religion und Staat; ebenso das Ziel der Realisierung eines islamischen Staates und damit der Abschaffung der Demokratie. Damit einher geht die Negierung der Prinzipien von Individualität, Menschenrechten, Pluralismus, Rechtsstaatlichkeit, Volkssouveränität und Säkularität (Steinberg 2015: 173ff.).

Gehören auch diese Ausrichtungen des Islam zu Deutschland? Wie weit geht hier die Toleranz gegenüber einer Form religiöser Betätigung, die sicherlich auch in den Schutzbereich des Grundrechts der Religionsfreiheit fällt? Fehlt hier nicht die unaufgebbare normative Substanz, die unabdingbar ist, soll die Gesellschaft weiterhin als Einheit bestehen?

Eine klare Antwort gibt das Bundesverfassungsgericht in seiner Entscheidung aus dem Jahre 2000 zu den Zeugen Jehovas, einer fundamentalistischen christlichen Glaubensgemeinschaft. Hinnehmbar sei allein – so heißt es –, wenn lediglich die bloße Überzeugung bekundet wird, Gottes Gebote gingen dem staatlichen Gesetz vor, und Kritik am Verfassungssystem der Bundesrepublik Deutschland geäußert würde. Ein solcher Vorbehalt der Religion zugunsten des Gewissens und der aus dem Glauben begründeten im Konfliktfall dem Rechtsgehorsam vorgehenden Entscheidungen könne dann nicht mehr akzeptiert werden, wenn die in Artikel 79 Absatz 3 GG garantierten fundamentalen Verfassungsgrundsätze beeinträchtigt würden. Hierzu gehöre vor allem die Achtung der fundamentalen Rechte der Person, die Teil der verfassungsmäßigen Ordnung seien. Eine hierüber hinausgehende Loyalität gegenüber dem Staat könne ebenso wenig wie eine innere demokratische Organisation oder in ihren Äußerungen eine Zurückhaltung gegenüber anderen Religionen verlangt werden (BVerfGE 102, 370, 391 ff.). Diese Entscheidung schützt die Existenz von Religionsgemeinschaften. Sie schließt aber nicht aus, dass gegen religiös motiviertes Verhalten ihrer Angehörigen eingeschritten wird, wenn dadurch Rechte anderer, die Funktionsfähigkeit der staatlichen Institutionen oder der *ordre public* beeinträchtigt werden.

Dieses Urteil stärkt den religiösen Pluralismus in Deutschland. Es macht aber auch deutlich, dass es eine »Toleranz für Intoleranz [...] bei uns nicht geben« wird, wie der Bundespräsident vor ein paar Tagen in seiner Rede zum 3. Oktober gesagt hat. Gerade in einer Gesellschaft, die nicht mehr ethnisch homogen sei, käme es auf die Existenz einer gemeinsamen Wertegrundlage an. Gerade weil in Deutschland unterschiedliche Kulturen, Religionen und Lebensstile zu Hause seien, gerade weil Deutschland immer mehr ein Land der Verschiedenen sei, brauche es die Rückbindung an unumstößliche Werte.

»Für eine sperrige, nicht gewalttätige Lesart des Islam muss in Deutschland Platz sein« bemerkt der Islamwissenschaftler Simon Wolfgang Fuchs (2015: 14). Das muss Gruppierungen des nicht-politischen quietistischen Salafismus einschließen, die wie andere fundamentalistische Gruppierungen sich den Werten und Institutionen des Gemeinwesens versagen. Unter »sperrig« können aber nicht alle Formen des Islam unterhalb der Schwelle der Gewalt und des Terrorismus gemeint sein. Denn auch dem politischen Salafismus, wenn er aktiv kämpferisch die genannten Grundwerte der Verfassung bekämpft, muss in einer streitbaren Demokratie entschlossen begegnet werden.[10] Es ist allerdings davor zu warnen anzunehmen, als könne man der Gefahr des aggressiven Salafismus und anderer Gruppen kämpferischer Fundamentalisten ausschließlich mit Verboten und Polizeimaßnahmen Herr werden. Auf die sozialen Ursachen von Ausgrenzung und Radikalisierung habe ich bereits hingewiesen. Es handelt sich bei den Auseinandersetzungen mit dem fundamentalistischen Islam aber letztlich auch um einen Kampf der Ideen. Einen solchen »Kampf der Werte« sieht auch Olivier Roy: Es stünde nicht der Westen gegen den Osten, der Okzident gegen den Orient oder der Islam gegen das Christentum: »Le débat est un débat interne à l'Europe, une interrogation de l'Europe sur ses valeurs et son identité.« (Roy 2004: 233) Und nur wenn die Mehrheitsgesellschaft selbstbewusst und überzeugend für die in Humanismus und Aufklärung wurzelnden Vorstellungen von Freiheitlichkeit, Gleichheit und Demokratie eintritt, werden diese vor allem junge Menschen überzeugen. Die Chancen hierfür scheinen mir in Deutschland besser zu sein als in Frankreich, wo das Ende von Aufklärung und Republik beschworen wird und auch der frankophile Peter Sloterdijk eine »mentale und geistige Implosion« der französischen Gesellschaft diagnostiziert.

Wie soll man aber umgehen mit Formen des Islam – wie dem quietistischen, nicht-politischen Salafismus, anderen ähnlich fundamentalistischen oder auch nur orthodoxen muslimischen Gruppierungen –, die sich schwer tun mit den Werten und den Lebensformen der westlichen Gesellschaft? Hier bedarf es – so denke ich – der Toleranz, auch wenn diese gelegentlich auf eine harte Probe gestellt wird und weh tut, und vor allem auch der Geduld. Auch die christlichen Kirchen – daran erinnern etwa der Papstberater Ernst-Wolfgang Böckenförde, aber auch der protestantische Theologe Friedrich Wilhelm Graf – haben erst vor wenigen Jahren ihren Frie-

---

10 Dazu eingehend Steinberg 2016: 1745ff.

den mit dem demokratischen Staat, der Trennung von Staat und Religion und dem Toleranzprinzip gemacht (Nachweis bei Steinberg 2015: 240ff.). Ich stimme der Frage der Islamwissenschaftlerin Katajun Amirpur zu, »ob man die Muslime in Europa nicht besser dort abholt, wo sie stehen, als sie mit westlichen Modernisierungsvorstellungen zu überfordern und dadurch eventuell zu verlieren.« (Amirpur 2013: 51) Zwar sind an die Muslime, die in unserem Land leben, bestimmte Anforderungen zu richten, aber auch die Mehrheitsgesellschaft trägt Verantwortung dafür, dass Spaltungen nicht erzeugt oder vertieft werden.

Wo die Grenze zwischen dem unaufgebbaren Gemeinsamen auf der einen Seite, des zu tolerierenden Anderen und Fremden auf der anderen Seite aber verläuft, liegt – wie gesagt – nicht ein für alle Mal fest. Sie stellt nicht einen Erkenntnisakt dar, sondern ist auf eingehende Diskussionen angewiesen. Hierfür bedarf es der Organisation eines Aushandlungsprozesses, der geprägt sein muss von Offenheit und gleichberechtigter Beteiligung der religiösen Minderheiten. Diesen Ort kann die Deutsche Islamkonferenz darstellen, gefragt ist aber vor allem – wie der Historiker Paul Nolte sagt – die Zivilgesellschaft »als ein Aushandlungsraum kultureller Identitäten verschiedener Gruppen, die dennoch ihr friedliches Zusammenleben organisieren wollen.« (Nolte 2014: 133ff., 147) Dabei muss auch offen über bestehende Differenzen gesprochen werden und darüber, wie mit ihnen umzugehen ist: ob sie toleriert werden können oder ob an ihrer Überwindung gearbeitet werden muss.

Ich möchte schließen mit einer Bemerkung des Bundespräsidenten Joachim Gauck auf einer Veranstaltung im Schloss Bellevue im Juli diesen Jahres. Dort hatte er gefordert, diese Diskussion müsse von den Aufgeklärten geführt werden. Nur so könne verhindert werden, dass sich ihrer die Unaufgeklärten bemächtigten. Ich hoffe, dass Sie meine Ausführungen als Beitrag eines Aufgeklärten verstehen können.

Literatur

Aboudrar, Bruno Nassim (2014), *Comment le voile est devenu musulman*, Flammarion.
Amirpur, Katajun (2013), *Den Islam neu denken. Der Dschihad für Demokratie, Freiheit und Frauenrechte*, München.
Baubérot, Jean (2014), *La Laïcité falsifiée*, Paris.

Bouzar, Dounia (2014), *Désamorcer l'islam radical. Ces dérives sectaires qui défigurent l'islam*, Paris.
Bude, Heinz (2014), *Gesellschaft der Angst*, Hamburg.
Buschkowsky, Heinz (2013), *Neukölln ist überall*, Berlin.
Di Fabio, Udo (2008), *Gewissen, Glaube, Religion*, Berlin.
Forst, Rainer (2011), »Ein Gericht und viele Kulturen«, in: M. Stolleis (Hg.), *Herzkammern der Republik. Die Deutschen und das Bundesverfassungsgericht*, München, S. 36–51.
— (2003), *Toleranz im Konflikt. Geschichte, Gehalt und Gegenwart eines umstrittenen Begriffs*, Frankfurt.
Fuchs, Simon Wolfgang (2015), »Braucht der Islam eine Reformation?«, in: *FAZ*, 21.07.2015.
Guirous, Lydia (2014), *Allah est grand, la République aussi*, Paris.
Le Monde, 11.10.2015, S. 14.
Lewis, Reina (2015), *Muslim Fashion. Contemporary Style Cultures*, Durham.
Merkel, Reinhard (2015), »Ein frommer Wunsch«, in: *FAZ*, 2.04.2015.
Muslimisches Leben in Deutschland (2009), im Auftrag der Deutschen Islamkonferenz hg. vom Bundesamt für Migration und Flüchtlinge.
Nakad, Nahida (2013), *Derrière le voile. Laïcité et foulard islamique: deux valeurs incompatibles?*, Paris.
Nolte, Paul (2014), »Religion als zivilgesellschaftliche Ressource. Integration und Konflikt seit den 1950er Jahren – das Beispiel der Bundesrepublik«, in: E. Arens u.a. (Hg.), *Integration durch Religion? Geschichtliche Befunde, gesellschaftliche Analysen, rechtliche Perspektiven*, Zürich/Baden-Baden, S. 133–155.
Nussbaum, Martha (2014), *Die neue religiöse Intoleranz*, Darmstadt.
Özsoy, Ömer/Sahin, Ertugrul (2014), »Fundamente der islamischen Theologie in Deutschland«, in: Mathias Rohe u.a. (Hg.), *Handbuch Christentum und Islam in Deutschland*, Freiburg i.Br., S. 835–860.
Roy, Olivier (2004), *L'islam mondialisé*, Paris.
Schwarzer, Alice (2010), »Für ein Burka-Verbot«, in: *FAZ*, 20.07.2010, abgedr. in: dies. (Hg.), *Die große Verschleierung. Für Integration, gegen Islamismus*, Köln.
Steinberg, Rudolf (2016), »Zum rechtlichen Umgang mit dem Salafismus in Deutschland«, in: *Neue Zeitschrift für Verwaltungsrecht*, S. 1745–1752.
— (2015), *Kopftuch und Burka. Laizität, Toleranz und religiöse Homogenität in Deutschland und Frankreich*, Baden-Baden.

Außergerichtliche Streitbeilegung und »Paralleljustiz« in Deutschland unter kulturell-religiösen Vorzeichen

Mathias Rohe

Einführung

Das Recht hat die zentrale Aufgabe, ein friedliches Zusammenleben in der Gesellschaft zu ermöglichen und zu bewahren und einen fairen Interessenausgleich herzustellen. Nach welchen normativen Ordnungen kann dies geschehen? Welche Institutionen sind im Rechtsstaat geeignet und berechtigt, rechtliche Konflikte zu entscheiden? Sind es ausschließlich staatliche Gerichte? Soll es umgekehrt den Beteiligten freistehen, völlig eigenständig zu wählen? Beide Extrempositionen entsprechen nicht dem System des deutschen Rechts. Schon in privatrechtlichen Verfahren vor staatlichen Gerichten soll das Gericht auf eine gütliche Einigung der Parteien hinwirken (§ 278 Absatz 1 Zivilprozessordnung). In Strafverfahren kann ein erfolgreicher Täter-Opfer-Ausgleich (TOA) Strafmilderung bis hin zur Strafbefreiung bewirken.

Zudem öffnet die Rechtsordnung weite Räume für professionelle, eigenverantwortete Konfliktlösung außerhalb staatlicher Gerichte in unterschiedlichsten Formen von Beratung, Mediation (vgl. nur die Regelungen des Mediationsgesetzes von 2012) bis hin zur Schiedsgerichtsbarkeit. Solche Instrumente haben den Vorteil leichter Zugänglichkeit, vertraulicher Verhandlung durch selbstgewählte Personen, schneller Konsensoptionen und oft vergleichsweise geringen finanziellen Aufwands. Andererseits sind Sachverhalte, in denen Allgemeininteressen im Vordergrund stehen oder der Schutz Schwächerer staatlicher Unterstützung bedarf, von außerstaatlichen rechtsverbindlichen Regelungsmechanismen ausgenommen. Einzelheiten regelt die Zivilprozessordnung in den §§ 1025ff. ZPO. Dazwischen liegt eine gewisse rechtliche Grauzone, die vor allem dem Umstand geschuldet ist, dass auch die Organe des Rechtsstaats machtlos werden, wenn sie über relevante Sachverhalte erst gar keine Informationen erhalten.

Trotz der offenen Haltung gegenüber außergerichtlicher Streitschlichtung sind in den vergangenen Jahren in vielen Rechtsbereichen Debatten darüber entstanden, ob sich der Staat aus finanziellen oder anderen Gründen nicht zu sehr aus seiner rechtlichen Wächterfunktion zurückzieht. Hier handelt es sich um so unterschiedliche Bereiche wie die kirchliche oder die Sportgerichtsbarkeit, Schiedsgerichte auf der Grundlage internationaler Abkommen wie CETA und TTIP oder die neu eingerichteten Schlichtungsstellen für Verbraucherangelegenheiten. Darum soll es hier nicht gehen, auch wenn deutlich wird, dass jedenfalls die Idee eines staatlichen Streitschlichtungsmonopols jenseits aller Realitäten in Deutschland steht. Ebenso unbehandelt bleiben religiöse Instanzen, soweit sie nur religiöse Fragen wie kirchliche Eheannullierungen oder die Exkommunikation von Gemeindemitgliedern behandeln, wie zum Beispiel die entsprechende Instanz der Ahmadiyya Muslim Jamaat[1] in Frankfurt.[2]

Auch die Bereiche Organisierter Kriminalität (zum Beispiel Rockerbanden, »Russenmafia«) oder neuere Erscheinungen scheinbar rechtsfreier Zonen, in denen linksradikale (zum Beispiel in Berlin, Hamburg, Leipzig) oder rechtsradikale (zum Beispiel in Hoyerswerda, Rostock, Dresden und Umgebung) Gewalttäter ihr koordiniertes Unwesen treiben, können nicht Gegenstand dieses Beitrags sein. Vielmehr geht es in den folgenden Ausführungen um ein in den letzten Jahren öffentlich heftig debattiertes Phänomen: Außergerichtliche Streitschlichtung (im Folgenden mit der eingeführten Abkürzung »ADR« für Alternative Dispute Resolution bezeichnet) und »Paralleljustiz« unter kulturell-religiösen Vorzeichen. Unter ADR verstehen wir hier alle Formen von Mediation und Schlichtung außerhalb von staatlich anerkannten Schiedsverfahren, die in den hier untersuchten Bereichen weitestgehend[3] nicht zulässig sind.

Zur weiteren Klärung ist es zunächst erforderlich, herauszuarbeiten, nach welchen Grundsätzen Koexistenz und Hierarchisierung normativer Systeme im deutschen und europäischen Rechtsstaat geregelt sind.

---

[1] Sie ist die älteste muslimische Organisation in Deutschland und wurde 2013/14 in Hessen und Hamburg als Körperschaft des öffentlichen Rechts anerkannt, womit weitreichende Rechte verbunden sind; vgl. Rohe 2010: 145–194.
[2] Information von Herrn Wajih bin Sajjid in Berlin im Januar 2015.
[3] Grundsätzlich möglich sind sie bei vermögensrechtlichen Streitigkeiten; vgl. zu alledem Hötte 2013: 195ff. mit weiteren Nachweisen; Funke 2011; Wittreck 2016; für internationale Erfahrungen vgl. Helfand 2011.

Ordnungen normativer Konflikte in europäischen Rechtsordnungen

Das gesellschaftliche Zusammenleben wird durch sehr unterschiedliche normative Ordnungen geregelt. Sie beanspruchen allesamt Verbindlichkeit – das Markenzeichen des Normativen. Die Durchsetzungsmechanismen sind hingegen verschieden – sozialer Druck, internalisierte moralische, ethische, religiöse und weltanschauliche Überzeugungen mit entsprechender Eigensteuerung, oder aber staatlicher Zwang im Hinblick auf Rechtsnormen. Wie können die notwendigen einheitlichen Rahmenbedingungen für ein friedliches Arrangement der Vielfalt (unity in diversity) geschaffen und durchgesetzt werden? Nach welchen Maßstäben sind mögliche normative Konkurrenzen und Konflikte zu regeln?

In soziologischer Perspektive gruppieren sich (teilweise) parallele Normensysteme in stets neu zu verhandelnder Relation zueinander. Idealtypisch zeigt sich das Bild eines nicht notwendig hierarchisierten normativen Pluralismus. Die Rechtsordnung ist nur eine der prägenden normativen Ordnungen.

Abbildung 1: Normativer Pluralismus

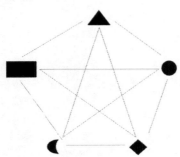

Erklärung der Symbole:

■ Rechtsordnung

▲ ● ◆ ☾ Andere normative Ordnungen (ethische, moralische, soziale, religiöse…)

Quelle: Mathias Rohe (2017)

Für das Recht ist diese Sicht insoweit zutreffend, als es nicht selbst ausschließliche oder hierarchisch überlegene Regelungskompetenzen beansprucht. Selbstverständlich kann und will eine freiheitliche Rechtsordnung keine normative Regelung aller Lebensbereiche vorgeben. Vielmehr schafft sie einen unerlässlichen Mindeststandard, der notfalls mit den Mitteln eines exklusiven staatlichen Gewaltmonopols durchgesetzt wird (zwingendes Recht), oder bietet zumindest Handlungsmodelle an, an denen sich der Rechtsverkehr orientieren kann (dispositives Recht). Zur Durchsetzung benötigt sie leicht zugängliche und effizient arbeitende Institutionen, die entweder Teil des Staatsapparats sind oder die im Wege der Delegation staatlicher Macht operieren, aber staatlicher Letztaufsicht unterliegen. Innerhalb ihres Anwendungsbereichs ist die Rechtsordnung nicht »multikulturell« im Sinne beliebiger normativer Pluralität. Vielmehr beansprucht sie dort die Letztentscheidung. Modellhaft lassen sich die denkbaren Arrangements von Normenkollisionen mit Bezug zur Rechtsordnung wie folgt darstellen:

Modell 1: Parallele Rechtsordnungen (legal pluralism)

■   ■   ■   ■

Quelle: Mathias Rohe (2017)

Das Modell des Rechtspluralismus im Sinne der Koexistenz mehrerer Rechtsordnungen auf einem Territorium lässt sich bis in die Antike zurückverfolgen, prägte Europa bis ins Mittelalter und ist noch heute in weiten Teilen Afrikas und Asiens vorzufinden, auch in islamisch geprägten Staaten insbesondere im Bereich des Ehe-, Familien- und Erbrechts.[4] Im Vereinten Königreich (kurz UK) haben einzelne muslimische Gruppen wiederholt, aber erfolglos gefordert, ein solches System auch dort zu etablieren (Poulter 1993: 147ff.; Rohe 1994: 16-32 mwN).

Inhaltlich lässt sich dieses Modell als System eines respektvollen Nebeneinanders von Bevölkerungsteilen beschreiben, die aus Gründen der religiösen oder ethnischen Zugehörigkeit unterschiedlichen Rechten unterliegen. Es erlaubt zum Beispiel die Fortführung rechtskultureller Besonderheiten von Minderheiten wie etwa den Juden und Christen im Herr-

---

[4] Für einen Überblick auf die tatsächliche und rechtliche Situation in verschiedenen Teilen der Welt vgl. nur Kötter 2015; Schuppert 2015.

schaftsbereich des islamisch geprägten Rechts. Im mittelalterlichen Europa hatten Juden und Slawen ebenfalls solche Separatordnungen.

Allerdings reflektieren die genannten Beispiele keineswegs die Idee einer Gleichheit verschiedener Rechtsordnungen. Im Gegenteil wurden zum Beispiel Juden und Slawen als Angehörige einer unterlegenen Kultur angesehen, die nicht dem kulturellen Stand der Mehrheit entsprächen und deshalb ihre eigenen Ordnungen benötigten. Konsequent entfalten solche Parallelordnungen die Tendenz einer Segregierung der Bevölkerung, einschließlich von Eheschließungsverboten zwischen verschiedenen Gruppen wie in der europäischen Vergangenheit[5] und im islamisch geprägten Eherecht bis heute.[6]

Diese Wirkungen werden von denjenigen verkannt, die in historischer Blindheit den Rechtspluralismus vergangener Tage als Modell gegen nationalstaatliche einheitliche Gesetzgebung wiederbeleben möchten. In gleicher Weise wird der interne Normenpluralismus freiheitlicher nationalstaatlicher Rechtsordnungen übersehen: Eine einheitlich geltende Rechtsordnung muss ja kein rechtliches Zwangskorsett darstellen (hierzu sogleich im Folgenden). Sie stellt allerdings im Konfliktfall individuelle über kollektive Rechte, wobei letztere ihrerseits Zwangsgemeinschaften begründen können und zu Lasten der schwächeren Minderheiten innerhalb von Minderheitenkollektiven (»vulnerable minorities« (Shachar 2001)) oft genug auch begründen.[7]

Zudem ist es den Verfechtern des *legal pluralism* nicht gelungen, deutlich zu machen, nach welchen Grundsätzen inhaltliche Gegensätze und Kompetenzkonflikte zwischen den parallelen Rechtsordnungen gelöst werden sollen. Empirisch zu beobachten ist, dass sich in solchen Fällen schlicht die Mehrheitsordnung gegen alle anderen durchsetzt. Die kollektive »Identi-

---

5 Beispielsweise waren gemäß § 64 des österreichischen ABGB Eheschließungen zwischen Christen und Nichtchristen bis 1938 verboten; seit 1868 konnte nur eine »Notzivilehe« geschlossen werden. Bis 1860 konnten Nichtchristen gemäß § 593 ABGB keine Testamentszeugen für Christen sein, und bis 1868 führte der Abfall vom Christentum gemäß § 768 Abs. 1 ABGB zum Verlust des Erbrechts.
6 Vgl. nur Rohe 2011: 82f., 210. Während nach zwölferschiitischem Recht Ehen zwischen Muslimen und Nichtmuslimen generell verboten sind, erlaubt das sunnitische Recht Ehen zwischen muslimischen Männern und weiblichen Angehörigen von »Buchreligionen« (insbesondere Jüdinnen und Christinnen).
7 Vgl. die englische Gerichtsentscheidung in Re S (Abduction: Intolerable Situation: Beth Din), [2000] 1 FLR 454, 460. Eine jüdische Israelin wandte sich erfolglos gegen die Anwendung jüdischen Rechts, welches in familienrechtlichen Fragen ähnlich patriarchalische Züge aufweist wie das islamische Familienrecht.

tätswahrung« wird um den Preis des Verlustes individueller Rechtswahrung nach allgemein gültigen Maßstäben erkauft. In Ägypten führt das zu dem kuriosen Ergebnis, dass zwar Eheschließungen innerhalb derselben christlichen Konfession nach deren Regeln stattfinden, dass aber interkonfessionelle christliche Ehen islamischem Eherecht unterliegen.[8] Schließlich behindern solche Parallelordnungen jedenfalls dann, wenn man sich davon nicht individuell lossagen kann, häufig eine Konservierung überkommener Vorstellungen zu Lasten der erforderlichen Anpassung an geänderte Lebensverhältnisse. Das islamische Personenstandsrecht in Indien ist ein prägnantes Beispiel hierfür.[9]

Nicht zuletzt erzwingen rechtskulturelle Verschiedenheiten die Festlegung gemeinsamer Rechtsstandards auf der Basis der geltenden, menschenrechtsgeprägten europäischen Verfassungsordnungen. Patriarchalisch strukturierte Familienrechte wurden in Europa in den letzten Jahrzehnten von Normen abgelöst, die der Gleichberechtigung der Geschlechter verpflichtet sind. Auch die Gleichbehandlung der Religionen und Weltanschauungen schlägt sich in modernen europäischen Rechtsordnungen nieder. Eine parallele Anerkennung von Rechtssystemen, die im Gegensatz zu diesen Grundentscheidungen stehen, kann nicht in Betracht kommen.

Nur in den Ausnahmefällen grenzüberschreitender Dimension lässt das Internationale Privatrecht in gewissem Umfang die Anwendung derartiger Vorschriften oder die Anerkennung von Entscheidungen auf ihrer Grundlage zu. Maßgeblich hierfür ist das vom Gesetzgeber anerkannte Anliegen, das Vertrauen in die Stabilität einmal geschaffener Rechtsbeziehungen und in die Anwendung bestimmter Normen nicht ohne Not nur wegen eines Aufenthaltswechsels außer Acht zu lassen. Grenzen zieht aber auch hier der »ordre public« (vgl. Artikel 6 EGBGB), der es zur Wahrung des inneren Rechtsfriedens vermeidet, Ergebnisse zu erzielen oder anzuerkennen, die in grundlegendem Widerspruch zu wesentlichen Grundlagen

---

[8] Vgl. Bergmann/Ferid, *Int. Kindschafts- und Eherecht*, Loseblattslg, Länderbericht Ägypten, 8f.; Wähler 1981: 163f.; zum Selbstverständnis des islamischen Rechts als herrschendes Recht in Familienbeziehungen Demosthenous-Pashalidou 1999: 313, 315ff.. Es ist erwähnenswert, dass in einigen Fällen christliche Ehemänner zum Islam konvertieren, um sich – dann sehr leicht – scheiden lassen zu können, während ihre christlich-konfessionellen Rechte dies extrem erschweren. Folgeschwierigkeiten entstehen dann aus der zwangsweisen Islamisierung der minderjährigen Kinder oder dann, wenn der geschiedene nach der Scheidung zum Christentum re-konvertiert.

[9] Ausführlich dazu Rohe 2011: 279ff.

des intern geltenden Rechts stehen.[10] Statt eines ebenso konturlosen wie verfassungsrechtlich inakzeptablen Rechtspluralismus sind also angemessene Lösungen für das Austarieren von Einheit und Vielfalt innerhalb der jeweiligen staatlichen Rechtsordnungen zu entwickeln (Estin 2012: 92ff.).

Modell 2: Streng hierarchisches System

Quelle: Mathias Rohe (2017)

Das Modell eines streng hierarchischen Rechtssystems bildet das Gegenteil des Modells 1: Eine durchweg einheitliche Rechtsordnung regelt alle rechtlich relevanten Aspekte des Zusammenlebens im Sinne einer rechtlichen Totalassimilation. Keine europäische Rechtsordnung folgt diesem Modell, das in seiner strikten Form auch nicht mit Menschenrechtsstandards vereinbar wäre. Vereinzelte Entscheidungen, welche gedanklich auf diesem Modell basieren, sind nicht tragfähig und führen zur Entfremdung dadurch benachteiligter Individuen und Minderheiten vom geltenden Recht und seinen Institutionen (Saris 2007: 44).

Das Modell der europäischen Gegenwart lässt sich nach alledem als ein System offener Hierarchie beschreiben:

Modell 3: Offenes hierarchisches System

Quelle: Mathias Rohe (2017)

* Die dünn gezogene Linie deutet an, dass das geltende Recht die Letztentscheidung für normative Konflikte von rechtlicher Relevanz und die Formulierung verbindlicher gemeinsamer Mindeststandards beansprucht, einschließlich der Durchsetzung der Grund- und Menschenrechte. Allerdings lässt das Recht breiten Raum für individuelle Gestaltung innerhalb dieses Rahmens.

---

10 Ausführlich dazu, insbesondere im Hinblick auf kollidierende Vorschriften islamisch geprägten Rechts, Rohe 2011: 351ff.; vgl. auch Shah-Kazemi 2001; Freeland 2008: 331–347, insbes. 340ff.; Bano 2012a, 2012b; Malik 2012.

Nach diesem Modell wird zwischen zwingenden und dispositiven Rechtsnormen unterschieden. Zwingende Normen dienen dazu, unerlässliche gemeinsame Mindeststandards zu formulieren und durchzusetzen. Dies gilt insbesondere für das Strafrecht, aber auch für erhebliche Teile des Privatrechts. Dort dienen zwingende Normen in aller Regel dem Schutz Schwächerer vor Übergriffen in ihre Rechte. Andererseits geht eine freiheitliche Rechtsordnung vom Primat der individuellen Gestaltungsfreiheit in privaten Verhältnissen aus und lässt dafür konsequent breiten Raum.

Neben inhaltlichen Unterschieden in den Rechtsordnungen der Welt werden rechtskulturelle, politische und soziale Faktoren bedeutsam, die in einer globalisierten Welt Konfliktpotentiale beinhalten. Hier sind zunächst unterschiedliche Auffassungen über die Rolle staatlicher Institutionen im Bereich von Familienkonflikten zu nennen. In vielen Staaten der Welt, einschließlich islamisch geprägter, intervenieren staatliche Institutionen bei Familienkonflikten nur sehr zurückhaltend; trotz vielfach brutal-repressiver politischer Systeme werden Familienangelegenheiten weitgehend als reine Privatsache angesehen, die Interventionsschwelle liegt entsprechend hoch. Dem entspricht eine dominierende »Schamkultur«, welche die Offenlegung interner Konflikte als Ehrverlust mit entsprechend negativen sozialen Folgen versteht. In manchen Staaten wie Afghanistan, Somalia oder dem Jemen fehlt es in weiten Landstrichen gänzlich an staatlichen Institutionen, die eingreifen könnten. Im Gegensatz hierzu verstehen sich europäische Staaten seit langem als Wohlfahrtsstaaten – der Staat will stark sein, interveniert schon bei geringeren Konflikten durch gestaffelte Schutz- und Hilfsmaßnahmen, um allen schwächeren Mitglieder der Gesellschaft effizient beistehen zu können.

Nach alledem ist festzuhalten, dass auch im offenen hierarchischen System normativer Pluralismus breiten Raum genießt, aber doch nur innerhalb deutlich formulierter Grenzen. Gleiches gilt für die Kompetenzebene: Der Gesetzgeber eröffnet vielerlei Möglichkeiten gerichtlicher und außergerichtlicher Konfliktlösung (ADR). Er beansprucht jedoch die Letztentscheidungskompetenz über die Reichweite und die inhaltlichen Grenzen der ADR. Damit gelangen wir zum Kern unserer Problematik: Den Phänomenen außergerichtlicher Streitbeilegung unter Anwendung von Normen, die potentiell im Konflikt mit den Inhalten der staatlichen Rechtsordnung stehen, und unter Anwendung von rechtsstaatswidrigen Methoden bei der Konfliktbereinigung.

ADR und »Paralleljustiz«: Eine Abgrenzung

Was unterscheidet rechtlich positiv oder neutral zu bewertende ADR von »Paralleljustiz«? ADR ist unbedenklich oder sogar hilfreich, soweit sie von allen Beteiligten freiwillig angestrebt wird, wobei stets eine »Ausstiegsoption« gegeben sein muss, welche den Zugang zu staatlichen Gerichten offenhält; die eingesetzten Mediatoren, Schlichter etc. müssen unvoreingenommen und professionell agieren; so ist zum Beispiel ADR in Fällen häuslicher Gewalt in der Regel unangebracht, weil sie die Gefahr birgt, Gewaltopfer mangels sozialer Verhandlungsmacht erneut zu Opfern zu machen. Zudem müssen die Grenzen zwingenden staatlichen Rechts eingehalten werden.

Im Gegensatz dazu ist »Paralleljustiz« nicht freiwillig für die Beteiligten: Opfer und Zeugen von Straftaten oder an Familienkonflikten Beteiligte, deren Zeugen oder Vertreter von staatlichen Behörden werden unter unzulässigen Druck gesetzt, bedroht oder gar angegriffen. Bei »Paralleljustiz« fehlt es an den erforderlichen Ausstiegsmöglichkeiten/Zugängen zu staatlichem Schutz; Vermittler oder Schlichter agieren voreingenommen und unprofessionell. »Paralleljustiz« liegt auch dann vor, wenn bei ADR-Mechanismen die Grenzen des zwingenden Rechts nicht eingehalten werden.

Das Gewicht dieser Merkmale für das Vorliegen von »Paralleljustiz« ist unterschiedlich. »Paralleljustiz« liegt immer vor, wenn einzelne Beteiligte (einschließlich Zeugen) unter Beteiligungszwang gesetzt werden, oder wenn eine zunächst freiwillige Beteiligung unter Zwang fortgesetzt wird (mangelnde Ausstiegsoptionen) sowie bei der Missachtung der Grenzen zwingenden Rechts. Fehlende Professionalität von Beratern oder Entscheidern einschließlich fehlender Neutralität kann, muss aber kein zwingendes Kriterium für »Paralleljustiz« sein: Diese beiden Merkmale sind deutliche Anzeichen fehlgeleiteter Ausführung, die allerdings auch im staatlichen Bereich vorkommen kann, wenngleich sicherlich erheblich seltener.

Mit alledem wird deutlich, weswegen es angebracht ist, ADR und »Paralleljustiz« unter kulturellen und religiösen Vorzeichen näher zu beleuchten: In Bevölkerungsgruppen mit starker kultureller Innenbindung und vergleichsweise großer Distanz zur Mehrheitsbevölkerung bestehen besondere Gefahren für schwächere Mitglieder (Shachar 2001: 45ff.), einer »Paralleljustiz« ausgesetzt zu werden. Dies gilt erst recht dann, wenn in solchen Gruppen die Mechanismen und Inhalte des geltenden Rechts nicht bekannt sind, oder wenn es gar zu aktiver Ablehnung und einem Bruch dieses Rechts kommt.

Die Erforschung der Faktenlage

Über ADR unter kulturell-religiösen Vorzeichen liegen einige Erkenntnisse aus anderen Staaten wie zum Beispiel dem UK, Kanada, Dänemark, den Niederlanden oder Indien sowie aus dem EU-Forschungsprojekt RELIGARE[11] vor.[12] Manche Problemlagen zeichnen sich auch in Deutschland ab; jedoch zeigen sich zahlreiche Besonderheiten, die eine Übertragbarkeit auf die hiesigen Verhältnisse nur in begrenztem Umfang zulassen. Es ist beispielsweise ein erheblicher Unterschied, ob es wie in Deutschland kostengünstigen Zugang zu effizient arbeitenden staatlichen Gerichten gibt, ob wie in Indien nur eine völlig unzulängliche staatliche Gerichtsstruktur und -tätigkeit angeboten wird oder wie im UK häufig hohe Kosten für Gerichte und Anwälte abschreckend wirken und so zum Aufbau von Parallelstrukturen beitragen.

In Deutschland hat ein 2011 veröffentlichtes einschlägiges Buch von Joachim Wagner (2011)[13] ein erhebliches mediales Echo erfahren und Anlass für rechtspolitische Maßnahmen gegeben. Das Buch beschreibt 16 Fälle von »Paralleljustiz« meist innerhalb von beziehungsweise zwischen kurdisch-libanesischen Familienclans, die in den 1980er und 1990er Jahren in großen Zahlen (teils mit mehreren tausend Angehörigen) nach Deutschland eingewandert sind und sich in regionalen Schwerpunkten wie Berlin, Bremen, dem Ruhrgebiet, Hildesheim, Lüneburg und andernorts angesiedelt haben. Die Fälle betreffen kriminelle Handlungen wie versuchten Totschlag oder schwere Körperverletzung. In der Folge fanden Verhandlungen zum Beispiel zur Vermeidung von Blutrache statt, allerdings oft auch unter Verletzung rechtsstaatlicher Standards (Bedrohung von Opfern und Zeugen, Vernichtung von Beweisen). Im Buch werden

---

11 Informationen abrufbar unter http://www.religareproject.eu/ (letzter Zugriff 18.07.2016).
12 Nachweise bei Rohe 2015; vgl. auch Jeldtoft/Nielsen 2012; Büchler 2011; Foblets 2013; Sandberg 2015; Bowen 2016: 205ff. Äußerst oberflächlich und weit unter gängigen wissenschaftlichen Standards ist die Arbeit von Zee 2016.
13 In der Ausgabe von 2012 fügte Wagner noch die Schlichtung von Familienkonflikten durch Imame hinzu.

»Friedensrichter« als maßgebliche Akteure beschrieben, die Konfliktlösung nach der »Scharia« betreiben.

In der Folge richtete das bayerische Ministerium für Justiz und für Verbraucherschutz eine Arbeitsgruppe ein, die untersuchen sollte, ob derartige Phänomene auch in Bayern existieren. Sie legte im Jahre 2013 ihre Ergebnisse vor. Unter anderem wurde die mehrsprachige Broschüre »So funktioniert die deutsche Rechtsordnung« entwickelt, die nun auch in Neuauflage an Flüchtlinge verteilt wird; zudem wurden in den Staatsanwaltschaften entsprechende Beauftragte benannt. Ferner initiierte Bayern einen Beschluss der Justizministerkonferenz, sich des Phänomens und möglicher Gegenstrategien anzunehmen. Die hierfür eingesetzte Arbeitsgruppe entwickelte bis Ende 2015 Empfehlungen (Informationspapier für Richterinnen und Richter 2015), die zustimmend aufgegriffen wurden.[14] Die Berliner Senatsverwaltung für Justiz und Verbraucherschutz legte darüber hinaus im Juni 2016 zwei ausführlichere Broschüren für die Strafjustiz und für Familiengerichte zum Umgang mit »Paralleljustiz« vor.

Zugleich beschloss das Land Berlin, eine Studie zur spezifischen Situation in Berlin zu beauftragen, die das vom Verfasser geleitete Erlanger Zentrum für Islam und Recht in Europa (EZIRE) am Fachbereich Rechtswissenschaft der FAU Erlangen-Nürnberg anfertigte (Rohe/Jaraba 2015). Sie beruht auf einer Kombination sozial- und rechtswissenschaftlicher Forschung. Im Untersuchungszeitraum 2015 wurden 93 mehrstündige Einzelinterviews mit Vertretern kultureller (vorwiegend arabisch-kurdische Familien und Clans) und islamisch-religiöser Milieus und Organisationen unterschiedlicher ethnischer[15] und kulturell-religiöser Hintergründe sowie Experteninterviews mit Vertretern von Polizei, Staatsanwaltschaft und Justiz, sonstiger Verwaltung, säkularen NGOs und Wissenschaft[16] geführt. Darüber hinaus erfolgten Besuche mehrerer Gruppenveranstaltungen von bis zu 50 Teilnehmern. Auf der Grundlage zugesicherter Anonymität er-

---

14 Beschluss der 86. Konferenz der Justizministerinnen und Justizminister der Länder am 12.11.2015 unter Top II.3.
15 Neben Deutschen wurden Interviewpartner mit familiärer Herkunft aus Bosnien-Herzegowina, Albanien, Mazedonien, der Türkei, verschiedenen arabischen Staaten (Marokko, Tunesien, Ägypten, Palästina, Jordanien, Syrien, Libanon), Pakistan und Bangladesh befragt.
16 Im Einzelnen wurden interviewt: 35 Imame und Vertreter religiöser Organisationen; 18 Clanführer und -mitglieder; 22 Mitglieder säkularer NGOs; 11 in Justiz, Polizei, Verwaltung und Rechtsanwaltschaft Tätige; 4 Drogenhändler; 3 Wissenschaftler und Journalisten.

langten wir unerwartet dichte und detaillierte Informationen über sensitive Gegenstände. Einerseits scheint der Leidensdruck erheblich zu sein; andererseits genossen es manche Akteure, sich der »Armee« gewaltbereiter Clanangehöriger zu rühmen, die sie zu mobilisieren imstande sind. In der Tat sind bei Weitem nicht alle, aber nach Aussagen von rechtstreuen Mitgliedern doch »viele« (Rohe/Jaraba 2015: 40) andere Mitglieder solcher Clans in kriminelle Aktivitäten wie Menschenschmuggel, Waffen- und Drogenhandel, illegale Prostitution, Erpressung usw. verstrickt.

Die Ergebnisse sind zwar nicht repräsentativ, beruhen aber doch auf der bei Weitem umfangreichsten Untersuchung in Kontinentaleuropa. Parallel hierzu wurden und werden Interviews in verschiedenen Regionen Bayerns[17], im Rhein-Main-Gebiet, in Nordrhein-Westfalen und in Niedersachsen durchgeführt. Zudem liegen uns mehrere tausend Dokumente über religiöse Eheschließungen und -scheidungen im muslimischen Bevölkerungsspektrum vor. Die Vergleichbarkeit der Normennutzung in religiös und ethnisch diversen Gruppen spricht dafür, dass die hier gefundenen Ergebnisse strukturell auf andere Communities mit vergleichbaren soziokulturellen Strukturen und Lebensformen übertragbar sind.

»Paralleljustiz«: Akteure, Falllagen und angewandte Normen

Einführung

»Paralleljustiz« unter kulturellen und religiösen Vorzeichen begegnet uns vorwiegend in den Bereichen des Strafrechts, des Familien- und Erbrechts sowie des Vertragsrechts. Sie findet sich in verschiedenen Bevölkerungsgruppen (zum Beispiel auch bei christlichen Roma, Albanern oder Schwarzafrikanern; Vietnamesen; Chinesen; Osteuropäern) unabhängig von ethnischer oder religiöser Zugehörigkeit, ist aber auch nicht charakteristisch für irgendeine ethnische oder religiöse Gruppe. Die meisten Menschen im Land nutzen rechtskonforme ADR-Mechanismen oder die Hilfe staatlicher Institutionen. Charakteristisch ist vielmehr das jeweilige weitgehend segregierte Zusammenleben in Großfamilienverbänden mit starker

---

17 Dies im Rahmen einer Studie zu Islam in Bayern, mit welcher das EZIRE von der bayerischen Staatsregierung über die Bayerische Akademie der Wissenschaften beauftragt wurde, vgl. Rohe 2016.

innerer Loyalitätserwartung und patriarchalischem Aufbau in großer Distanz zum Staat und seinen Institutionen. Im Folgenden wird es vor allem um muslimische Communities gehen, die unter besonderem Verdacht standen, »Paralleljustiz« zu betreiben.

Anders als zum Beispiel im UK gibt es in Deutschland keine nachweisbaren muslimischen ADR-Einrichtungen; nur im Spektrum des Salafismus sind Entwicklungen in diese Richtung zu beobachten. Die Rolle muslimischer »Friedensrichter«, die sich gelegentlich selbst in Szene setzen, wurde in der medialen Berichterstattung stark überschätzt. »Paralleljustiz« findet allerdings in erheblichem Umfang statt, ohne dass sie sich quantifizieren ließe.

Konflikte aus Straftaten und Vertragsstreitigkeiten

Bei kriminellen Konflikten und Vertragsstreitigkeiten (zum Beispiel aus Schwarzarbeit oder anderen rechtswidrigen Aktivitäten, aus Spielschulden etc.) sind es in aller Regel Familienälteste, welche die Konfliktschlichtung betreiben oder überwachen. Zur Anwendung kommen traditionelle Ausgleichsmechanismen orientalischer Kulturen, die auf Konsensbildung im Kollektivinteresse abzielen und damit teilweise in Gegensatz zu den vom deutschen Recht vorgesehenen Mechanismen geraten. Ein typischer Fall besteht in einer Messerattacke auf einen anderen Clanangehörigen im Zusammenhang mit »Ehrverletzungen«, die zu Blutrache oder zumindest zu schweren Konflikten zwischen den Beteiligten Familien(clans) führen kann. Dann versuchen Familienoberhäupter, Frieden wiederherzustellen, indem sie zum Beispiel das Tatopfer im Krankenhaus besuchen (Wagner 2011: 33ff.), ein symbolisches Geschenk überreichen und eine Kompensationszahlung[18] anbieten. Der meist unausgesprochene normative Hintergrund findet sich in kulturell geprägtem Gewohnheitsrecht, das nur teilweise, wenn überhaupt, religiös mitgeformt ist.

Das deutsche Recht steht Versöhnungsversuchen auch im Bereich des Strafrechts grundsätzlich positiv gegenüber; sie können sogar strafmildernd oder strafbefreiend wirken (Täter-Opfer-Ausgleich, TOA, vgl. §§ 46, 46 a StGB). Entgegen mancher oberflächlicher Einschätzungen wird das Tatop-

---

18 Es wäre also verfehlt, einen grundsätzlichen Gegensatz zwischen dem deutschen Recht und rechtskulturellen Mechanismen aus anderen Weltregionen aufzubauen, soweit diese Mechanismen vergleichbaren Prozeduren folgen und vergleichbare Ziele verfolgen.

fer in diesen Fällen staatlich kontrollierter Vermittlung keineswegs an den Rand gedrängt.[19] Allerdings darf hierbei kein Druck auf das Opfer ausgeübt werden. Zudem bedarf es einer aktiven Mitwirkung des Täters selbst, der glaubhaft seine Reue zum Ausdruck bringen muss.[20] Beides ist bei »Paralleljustiz« nicht der Fall. Hier stoßen unterschiedliche Konfliktlösungskulturen aufeinander: Das deutsche Recht stellt das Individuum in den Mittelpunkt, die Schuld und Reue des Täters und die Wirkung auf das Opfer und dessen Einverständnis. Claninterne Vermittlung hat hingegen häufig alleine das Kollektiv beziehungsweise die in Konflikt geratenen Kollektive und deren Interessen im Auge. Von den Individuen wird mehr oder weniger bedingungslose Loyalität erwartet, ihre persönlichen Interessen müssen im Zweifel zurückstehen.

Ein Beispiel für die signifikanten Unterschiede findet sich in einem dem Verfasser vorliegenden Vertrag, der in einer norddeutschen Moschee im Jahr 2015 geschlossen wurde. Der Hintergrund sind massive Auseinandersetzungen (Straftaten) zwischen Angehörigen zweier arabischer Familienclans. Den äußeren Rahmen für eine friedliche Konfliktbeilegung bildete die einleitende Rezitation von Koranversen und Berichte vom Leben des Propheten des Islam, Muhammad, die Einigkeit und Versöhnung fordern. Die inhaltlichen Regelungen beinhalten zunächst gegenseitige Entschuldigungen, welche *stellvertretend* für die jeweiligen Täter von den beteiligten Clanvertretern abgegeben würden. Die Hauptbeteiligten sollen sich andernorts niederlassen. Sodann verpflichten sich beide Seiten, nach der Versöhnung mit anwaltlicher Hilfe die Hauptbeteiligten im Gerichtsverfahren zu entlasten. Eine beteiligte Familie verzichtet auf nicht näher spezifizierte Rechte gegenüber den Haupttätern. Schließlich sollen alle Seiten auf ihre Familienmitglieder einwirken, sich zu beherrschen und Konfrontationen und alle möglichen Ursachen für solche zu vermeiden.

---

19 Vgl. das von Schuppert entwickelte Modell (Schuppert 2015: 191f.): Er sieht das Tatopfer bei außergerichtlicher Streitbeilegung in Communities in einer zentralen Rolle, während es in formellen staatlichen Justizsystemen am Rande stehe. Diese pauschale Gegenüberstellung ignoriert die mögliche Berücksichtigung der Opferinteressen im Strafverfahren ebenso wie seine weitere Möglichkeit, selbst im Rahmen einer eigenen Zivilklage gegen den Täter vorzugehen. Ebenso übersieht er die hier beschriebenen Probleme einer zwangsweisen Unterordnung individueller Interessen unter die Interessen der Community.

20 Vgl. z.B. das Urteil des Landgerichts Berlin vom 14.11.2014 (Az. (535) 234 Js 189/13 Ks (3/13), unveröffentlicht), zitiert in Rohe/Jaraba 2015: 82ff. mit weiteren Nachweisen.

Hieran werden mehrere Charakteristika für »Paralleljustiz« deutlich: Der Konflikt wird primär als kollektives Problem, die Beseitigung als Kollektivaufgabe angesehen. Die erstrebte Herstellung von Frieden zwischen den Familien erlegt den Hauptbeteiligten immerhin einen Ortswechsel auf; der Hinweis auf das Vermeiden möglicher Anlässe für weitere Familienkonflikte deutet die niedrige Schwelle an, oberhalb derer neue Konflikte ausbrechen können, und ebenso die möglichen massiven Folgen für die Familien. Rechtsstaatlich bedenklich ist gewiss die Vereinbarung, die Haupttäter[21] sollten soweit möglich entlastet werden. Offensichtlich steht die interne soziale Befriedung über allen anderen Erwägungen.[22]

Bemerkenswert ist die mangelnde Erwähnung irgendwelcher Durchsetzungsmechanismen. Dies lässt den Schluss zu, dass die soziale Konvention zwischen den Beteiligten das wirkungsmächtigste Instrument der Durchsetzung darstellt. Damit sind wir zum Kern der hier behandelten Problematik vorgestoßen: Zu dem Umstand, dass in bestimmten Milieus soziale Normen als wichtiger angesehen werden als zwingendes geltendes Recht. In unseren Interviews und anderen Stellungnahmen haben Clanoberhäupter voll Stolz auf ihr soziales Machtpotential verkündet, dass sie die deutsche Staatsgewalt nicht akzeptieren.[23] Ein entsprechendes Auftreten häuft sich mittlerweile bei Alltagskonflikten, wenn zum Beispiel Polizeibeamte leichtere Verkehrsverstöße ahnden wollen, bei Polizeikontrollen, aber auch in Krankenhäusern oder bei Rettungseinsätzen, bei denen Helfer von Clanangehörigen bedroht oder gar verletzt werden. Gelegentlich werden auch Polizeibeamte[24], in einzelnen Fällen auch Staatsanwälte und Richter[25] im Zusammenhang mit Strafverfahren gegen Clanangehörige bedroht.

---

21 Die Vertragsschließenden gehen offenbar selbst von erfolgten Straftaten aus, so dass die Unschuldsvermutung hier als widerlegt gelten darf.

22 Vgl. auch die ZDFInfo-Reportage »Recht ohne Gesetz« vom 2.02.2017, abrufbar unter https://www.zdf.de/dokumentation/zdfinfo-doku/rechtohnegesetz-102.html (letzter Zugriff am 5.02.2017).

23 Einer der Interviewpartner, ein Mann in den 1970er Jahren, wurde gefragt, wie er seine Entscheidungen durchsetze. Er antwortete nicht ohne Stolz, hinter ihm stehe eine Armee. Tatsächlich wissen wir von wiederholten Situationen, in denen binnen Minuten Dutzende gewaltbereite junge Männer mobilisiert wurden.

24 Informationen aus mehreren Interviews mit Vertretern der Berliner Polizei und Justiz im Jahre 2015.

25 Informationen von Vertretern der niedersächsischen Justiz bei einer Fachtagung in Düsseldorf am 30.10.2016 sowie von einem Vorsitzenden Richter am OLG Bremen bei einer Fachtagung in Trier am 2.02.2017.

Solche Verhältnisse sind keineswegs exklusiv für bestimmte Communities, aber in manchen doch sehr deutlich überproportional vorhanden. Wir haben von einer beachtlichen Zahl von Fällen erfahren, in denen Strafverfahren ergebnislos beendet wurden, nachdem Beteiligte beziehungsweise Zeugen aus unklaren Ursachen ihre Anzeigen beziehungsweise Aussagen zurückgezogen haben.[26] Auch wissen wir von Anrufen bei Staatsanwaltschaften oder Gerichten, man möge doch das laufende Strafverfahren beenden, weil sich die Beteiligten mittlerweile geeinigt hätten.

Wir haben zudem Kenntnis davon erhalten, dass wohlhabende Clans auch für geringere strafrechtlich relevante Sachverhalte Anwälte mit beträchtlichen Honoraren einschalten, um eine Strafverfolgung unter allen Umständen zu vermeiden. In einem irritierenden Fall ging es um einen jüngeren Clanangehörigen, der einer intellektuell einfach strukturierten jungen Frau persönliche Neigungen vorspiegelte (»Loverboy«-Masche) und sie zur Prostitution zwang, wobei sie ihm die Einkünfte überlassen musste. Im Strafverfahren versuchte der Verteidiger des Angeklagten, das Opfer zu überreden, von einem angeblichen Aussageverweigerungsrecht nach § 55 StPO wegen Selbstbelastung Gebrauch zu machen. Die Begründung: Das Opfer habe ja wohl keine Gewerbesteuer für die Einkünfte abgeführt. Hier scheinen die Grenzen anwaltlicher Verteidigungsinstrumente ganz deutlich erreicht zu sein.

Die massiven Herausforderungen des Rechtsstaats durch derartige Strukturen sind offensichtlich. Unzutreffend ist indes die generelle Zuschreibung an »Scharia-Instanzen«, die in Deutschland anders als im UK kaum existieren. Nur im salafistischen Spektrum scheinen sich religiös begründete Gegenwelten zu entwickeln. Auch die Bereitschaft zur Zahlung von Schmerzensgeld kann in aller Regel nicht islamrechtlichen Vorstellungen zugeschrieben werden. Zum einen kennt auch das deutsche Recht solche Zahlungen, die in geeigneten Settings (TOA) strafmildernd wirken können. Zum anderen legen die typischen Falllagen und die Tätigkeiten vieler Beteiligter (Drogenhandel, Prostitution, Raub, Schutzgelderpressung) keine Orientierung an islamischen Prinzipien nahe. Die Versöhnungsmechanismen und Kompensationszahlungen entsprechen gewohnheitsrechtli-

---

26 Neben den Informationen aus unseren Interviews vgl. den Bericht Der Tagesspiegel 2015: 10 über eine arabische Familie mit intensiver krimineller Betätigung.

chen Praktiken, die auch unter nicht-muslimischen Beteiligten gängig sind.[27] Zudem werden nur vergleichsweise selten religiöse Vermittler eingeschaltet. Das islamrechtliche Konzept der Ausgleichszahlungen zur Vermeidung körperlicher Vergeltung (Talion, *qisas*) (Rohe 2011: 138ff.) zielt zwar auch in ähnliche Richtung, wird aber nicht als solches ins Spiel gebracht. Viele Moscheevereine und muslimische Organisationen weigern sich, im strafrechtlichen Feld beratend oder schlichtend zu agieren, und verweisen auf die deutsche Polizei. In Einzelfällen findet zum Beispiel in Berlin sogar eine Kooperation zwischen Polizei und Clanführern statt, wenn beispielsweise eine größere Zahl gewaltbereiter Personen unmittelbar vor massiven Auseinandersetzungen steht. Dann kann es aus der Sicht mancher Polizeibehörden zum Beispiel in Berlin zum Zweck der Abwehr unmittelbarer Gefahren ratsam erscheinen, dass Polizeibeamte zur Beruhigung der Situation mit angesehenen Clanmitgliedern erscheinen und andernfalls die Gefahr einer unbeherrschbaren Gewalteskalation besteht. In Behördenkreisen ist diese Strategie sehr umstritten. Befürworter verweisen auf die unmittelbaren Wirkungen der Gewaltverhinderung. Kritiker bemängeln die Delegation sozialer Macht an fragwürdige Personen wegen zu geringer eigener Ausstattung.

Familienkonflikte

Bei Familienkonflikten können auch religiöse Akteure und Normen bedeutsam werden, insbesondere bei (auch) religiösen Eheschließungen und -scheidungen. Wie im UK sind es meist Frauen, die bei Imamen oder anderen Mitgliedern religiöser Organisationen Hilfe suchen. In vielen Fällen geht es um das Anliegen, eine im sozialen Umfeld akzeptierte religiöse Ehescheidung zu erlangen. Anders als Ehemänner, denen mit dem islamrechtlichen Verstoßungsrecht (*talaq*) die Beendigung der Ehe sehr leicht gemacht wird, bedürfen Ehefrauen besonderer islam-rechtlicher Institutionen, die nur unter Mitwirkung islamischer Autoritäten und oft verbunden mit Kompensationszahlungen (Ehebeendigung durch »Chul'« mit Rückzahlung der schon erhaltenen Brautgabe und Verzicht auf weitere Ansprü-

---

27 Dies legen Informationen des Verfassers aus Roma-Communities unterschiedlicher Religionszugehörigkeiten nahe.

che) zugänglich sind.[28] Zwar sind Ehe und Eheauflösung nach islamischen normativen Vorstellungen rechtliche Angelegenheiten; jedoch sehen viele traditionell orientierte Muslime sie auch als religiös relevant an. Während manche Imame und Organisationen die Eheschließung in deutschen Standesämtern oder die Scheidung durch deutsche Gerichte als islamisch ausreichend ansehen, verlangen andere eine zusätzliche religiöse Zeremonie mit islamrechtlich unterlegten Vereinbarungen (Rohe/Jaraba 2015: 113ff.). Nachdem der deutsche Gesetzgeber im Jahre 2009 das Verbot der religiösen Voraustrauung (vormals § 67 PStG) aufgehoben hat (Ebert 2016: 109, 119ff.), sind auch rein religiös geschlossene Ehen mit den Mitteln des deutschen Rechts kaum zu greifen. Nur die eventuellen zivilrechtlichen Elemente (zum Beispiel Vereinbarungen über eine Brautgabe[29] und deren Rückzahlung bei einem Scheidungsbegehren der Ehefrau) sind grundsätzlich justitiabel. In gewissem Umfang sind sie mit dem deutschen Recht durchaus vereinbar; die Grenzziehung ist allerdings im Einzelfall schwierig.[30]

Manche agieren hierbei hilfreich und professionell im Rahmen des geltenden Rechts. Viele Organisationen verweigern religiöse Eheschließungen ohne vorherige standesamtliche Eheschließung in Deutschland oder den Nachweis einer entsprechenden rechtlich wirksamen Ehe im Herkunftsland. Salafistische Moscheen allerdings zögern nicht, auch ohne solche Voraussetzungen Ehen zu besiegeln, einschließlich polygyner Verbindungen. Zudem herrscht in vielen Fällen Hilflosigkeit zum Beispiel unter gutwilligen, aber überforderten Imamen oder anderen religiösen Autoritäten (Malik/Rehman 2015: 226). Auch besteht verbreitet Unkenntnis sowohl hinsichtlich des deutschen als auch des islamischen Rechts. Zudem sind auch hier Familienangehörige oft die wichtigsten Akteure. Unsere noch auszuwertende Sammlung von circa 2.000 handschriftlichen arabischen Ehe- und Scheidungsvereinbarungen zeigt bei erster Betrachtung ein sehr disparates Bild von teils professionell gefassten, teils von völliger Unkenntnis geprägten Dokumenten.

Insbesondere Frauen können in patriarchalisch strukturierten Familien(verbänden) und in deren informellen Konfliktlösungsmechanismen ihre Rechte nicht durchsetzen. Typische Fälle sind Scheidungsbegehren

---

28 Für Einzelheiten vgl. Jaraba 2017.
29 Vgl. hierzu die umfassende Monographie von Yassari 2014.
30 Ausführlicher hierzu Rohe 2016: 71, 80ff. Am Lehrstuhl des Verfassers entsteht hierzu eine Dissertation.

wegen häuslicher Gewalt und Vernachlässigung der Familie durch drogen- oder spielsüchtige, kriminelle Ehemänner. Prägnante Aussage einer Mutter zu ihren Kindern im Vorbeigehen an einem Geldautomaten: »Das ist euer Vater« (Auszahlung von Sozialunterstützungsgeldern). Auch die größere Unabhängigkeit von Frauen auf der Grundlage eigener Erwerbstätigkeit kann zu Kollisionen mit patriarchalischen Familienrollen und deren Verteidigern führen. Zudem entstehen Konflikte zwischen hier sozialisierten Ehefrauen und eingewanderten, stark patriarchalisch sozialisierten Ehemännern, die hierzulande mit ihrer Rolle nicht zurechtkommen. Dann kommt es bisweilen zu Konflikten auch mit religiösen Akteuren, die den betroffenen Ehefrauen helfen wollen, zum Beispiel durch eine religiöse Scheidung, die für die Akzeptanz im sozialen Umfeld wichtig wird. In einzelnen Fällen wurden beteiligte Imame und ihre Moscheen bedroht oder sogar angegriffen (»mischt euch nicht in unsere Familien ein«). Gerade hier zeigen sich die tiefsten Wurzeln des Übels: Archaische patriarchalische Familien- und Clanstrukturen.

Gründe für »Paralleljustiz«

Bei Streitigkeiten aus Schwarzarbeit oder bei Familienkonflikten im Zusammenhang mit rechtlich informellen, nur religiös geschlossenen Ehen ist der Weg zur staatlichen Gerichtsbarkeit nicht gegeben, ADR-Mechanismen sind insoweit der einzige Weg zur Konfliktlösung.

Im strafrechtlichen Bereich liegen abgesehen von den Mechanismen der Organisierten Kriminalität die Gründe für »Paralleljustiz« oft in kulturellen Prägungen, im Familienrechtsbereich auch in sozio-religiösen Normen.

Eine wesentliche Ursache findet sich in der Kombination von »Schamkultur« und der Überzeugung, dass Konflikte und einvernehmliche Konfliktlösung unter Privatleuten weitestgehend »Privatsache« seien. »Schamkultur« steht im Gegensatz zur »Schuldkultur«, die ein offen ausgesprochenes Bekenntnis zu eigenen Verfehlungen und eigener Verantwortlichkeit als maßgebliche Grundlage für dauerhafte Konfliktlösung ansieht. Wer in einer »Schamkultur« sozialisiert ist, wird dies als »Gesichtsverlust« empfinden, der auch den sozialen Geltungsanspruch gefährdet. Wir haben in Interviews häufig die Aussage gehört (auch von Zeugen), man fühle sich vor Gericht »bloßgestellt«. Zudem wird oft nicht erkannt, dass der deutsche Staat und seine Rechtsordnung sich als »stark« verstehen in dem Sinne, dass es auch im familiären Bereich einen Schutzauftrag des Staates zum Wohle der Schwächeren gibt, die ihre Rechte nicht selbst durchsetzen können. Wo der Staat sich durch überzogene Sparmaßnahmen aus dem öffentlichen Raum zurückzieht oder kleinere Rechtsverstöße systematisch ignoriert, geht der Respekt vor staatlichen Behörden und dem staatlichen Gewaltmonopol verloren, soziale Verwahrlosung und Gewaltbereitschaft im Schutz größerer Gruppen macht sich breit – ein Problem der Gesamtgesellschaft von Köln bis Clausnitz.

Im Strafrechtsbereich kann Unverständnis über die Maßstäbe, Zwecke und Mechanismen des deutschen Strafrechts hinzutreten. Dessen Sanktionen erscheinen manchen Opfern und deren Angehörigen als zu mild. Die Verhängung von Bewährungsstrafen oder sehr zurückhaltende oder ganz unterbleibende Sanktionierung von Rechtsverstößen quittieren andererseits manche Täter als lächerlich. Der damit einhergehende Respektverlust kann zur Verfestigung krimineller Strukturen gerade bei jungen Delinquenten führen, bei denen nach Aussagen vieler Interviewpartner in Berlin ein kurzer Jugendarrest oder Untersuchungshaft geradezu als »cool« gilt.

Weitere wichtige Ursachen insbesondere bei Familienkonflikten sind in der Unkenntnis über die Institutionen und Inhalte des deutschen Rechts zu suchen. Manchen ist nicht bekannt, dass es für finanziell Bedürftige über Prozesskostenhilfe und andere Unterstützungsmöglichkeiten jederzeit Zugang zur staatlichen Justiz gibt (zum Beispiel eine anwaltliche Erstberatung für 10 Euro). Jugendämter sind ein verbreiteter Angstfaktor: Die in aller Regel unbegründete Sorge,[31] bei Bekanntwerden des Familienkonflikts die Kinder zu verlieren, ist ein starkes Druckmittel, Stillschweigen herbeizuführen. Manchen sind auch die Voraussetzungen für eine hierzulande wirksame Eheschließung unbekannt, oder es werden bewusst nur »religiöse« Ehen geschlossen, um Rechtsansprüche zu vermeiden; auch polygyne Beziehungen werden auf solche Weise »legitimiert«. In beiden Fällen haben

---

31 Nach Informationen des Statistischen Bundesamts in Wiesbaden wurden im Jahr 2014 in den meisten der eingeleiteten Verfahren keine Hinweise auf Kindeswohlgefährdungen ermittelt: Bei 124.000 bundesweiten Untersuchungen ergaben sich 18.600 Fälle akuter Gefährdung, in 22.400 Fällen konnte dies nicht ausgeschlossen werden (latente Gefährdung). In 41.600 Fällen wurde keinerlei Gefährdung ermittelt, in weiteren 41.500 Fällen ebenfalls fehlende Gefährdung, aber weiterer Hilfebedarf (Bericht abrufbar unter https://www.destatis.de/DE/PresseService/Presse/Pressemitteilungen/2015/09/PD1 5_336_225.html (letzter Zugriff am 18.07.2016).

die Beteiligten keine rechtlich gesicherte Position und sind im Konfliktfall auf außergerichtliche Konfliktlösungsmechanismen angewiesen. Immer wieder nutzen auch Männer nur die religiöse Eheschließung, um Beziehungen zu mehreren Frauen islamisch zu »legitimieren«. Hiergegen sprechen sich außerhalb des salafistischen Spektrums jedoch alle islamischen Organisationen aus. Viele Organisationen und Moscheevereine weigern sich generell, an religiösen Eheschließungen[32] ohne vorherige Zivilehe mitzuwirken. Manche vertreten weitergehend die Auffassung, dass die deutsche Zivilehe auch den Anforderungen einer islamischen Eheschließung genüge, zumal islamisch inspirierte Regelungen auch nach deutschem Eherecht vereinbart werden können,[33] andere widersprechen dieser Ansicht. Im salafistischen Spektrum werden verbreitet das deutsche Recht und seine Institutionen generell als Werk der »Ungläubigen« abgelehnt.

Von erheblicher Bedeutung sind schließlich Diskriminierungserfahrungen beziehungsweise das Empfinden, in den eigenen Anliegen bei manchen Vertretern staatlicher Instanzen nicht ernst genommen oder verstanden zu werden. Das kann an unterschiedlichen Kommunikationskulturen liegen – sehr direkte Art des Ansprechens von Problemen und offene Kritik in Deutschland, eher indirekte, in freundliche Floskeln eingebettete Äußerungen in manchen anderen Kulturen –, oder auch an unterschiedlichen Lebensformen in Klein- beziehungsweise Großfamilien. Auch finden sich mancherlei Unsicherheiten oder Vorbehalte gegen »den Islam«, die zum Rückzug von Beteiligten führen können. Wenn Kommunikation gelingen und das geltende Recht effizient durchgesetzt werden soll, ist es erforderlich, auch beteiligte Repräsentanten der deutschen Institutionen entsprechend zu informieren und zu sensibilisieren. Mittlerweile werden immer mehr einschlägige Fortbildungsveranstaltungen beispielsweise in Richterakademien angeboten.

---

32 Im Islam ist die Ehe ein zivilrechtlicher Vertrag (vgl. Rohe 2011: 81ff.); sie hat jedoch auch eine darüber hinausgehende religiöse Dimension.
33 Vgl. z.B. BGH NJW 1999, S. 574ff.; Yassari 2014. Ausführlich zum Verhältnis zwischen deutscher Rechtsordnung und islamischer Scharia Rohe 2014: 272ff. mwN.

Schluss und Ausblick: Verhinderung von »Paralleljustiz« und Einbindung kulturell-religiöser ADR in den Rechtsstaat

»Paralleljustiz« lässt sich wirksam nur eindämmen oder verhindern, wenn ihre Ursachen passgenau bestimmt und entsprechend angepasste Gegenmechanismen geschaffen werden.[34] Angesichts der Vielfalt der Ursachen kann es hierfür keinen Masterplan geben. Erforderlich ist vielmehr eine Fülle von Einzelmaßnahmen von Erziehungs- und Bildungsfragen bis hin zur Rückgewinnung preisgegebenen öffentlichen Raums.

Wo Organisierte Kriminalität und »Paralleljustiz« zusammentreffen, bedarf es hinreichender staatlicher Präsenz im öffentlichen Raum. Überzogene Sparmaßnahmen in einigen Bundesländern haben Teile des öffentlichen Raums quasi preisgegeben und die Machtübernahme durch teilkriminelle Clans zugelassen. Die bloße Erwähnung bestimmter Familiennamen löst in manchen Teestuben furchtsames Schweigen aus. Genügend personelle und sachliche Ressourcen sind unabdingbar, um bereits niedrigschwellig das geltende Recht durchzusetzen – gerade auch zum Schutz der Schwachen innerhalb und außerhalb bestimmter Communities. Hierzu zählen auch spezifische Maßnahmen im Rahmen von strafrechtlichen Ermittlungen, um Beweise zu sichern und Opfer und Zeugen wirksam zu schützen.[35] Ebenso muss der Herausforderung durch salafistische oder andere Gruppierungen, welche den deutschen Rechtsstaat und seine Repräsentanten offen ablehnen und zu unterminieren suchen, mit allen dem Rechtsstaat zur Verfügung stehenden Mitteln entgegengetreten werden. Neben der notwendigen Repression von Übergriffen ist mittel- und langfristig vor allem Prävention erforderlich: Individuen müssen so gestärkt werden, dass sie unzulässigem Druck aus Familie und Communities standhalten können, und dass der Staat im Bedarfsfall wirksame Hilfe gegen Übergriffe bereithält.

Im Übrigen sind eine in der Sache klare, aber in der Vermittlung sensitive und verbindliche Kommunikation des geltenden Rechts und Informationen über Zugänge von entscheidender Bedeutung. Gerade Vertretern aus den Communities, die in allgemein säkularen, kulturell oder auch religiös geprägten Organisationen tätig sind, kommt eine Schlüsselrolle in der Vermittlung zu. Insbesondere besteht Bedarf an und für Frauen. Auch

---

34 Detaillierte Empfehlungen finden sich bei Rohe/Jaraba 2015: 177ff.
35 In diesem Zusammenhang sei auf die eingangs genannten Handreichungen für Strafverfolgungsbehörden und Gerichte verwiesen.

außergerichtliche Streitbeilegung innerhalb von kulturellen oder religiösen Gruppen kann nützlich oder zumindest neutral zu bewerten sein, wenn sie den Rahmen des Rechts einhält und professionell durchgeführt wird. Der Staat kann hier nur Bildungsangebote bereithalten. Im Übrigen ist es Sache der Betroffenen selbst, sich entsprechend zu organisieren.

Die Durchsetzung des staatlichen Schutzauftrags setzt auch voraus, den Handlungsspielraum derer zu respektieren, die sich innerhalb dieses Ordnungsrahmens bewegen und bewegen wollen. Unangemessene Duldsamkeit würde das hier beschriebene Ziel ebenso gefährden wie unbegründete Stigmatisierung. Vielmehr gilt es gerade, das in den von »Paralleljustiz« bedrohten Communities vorhandene positive Potential zu nutzen und zu stärken. Letztlich geht es um die effiziente Durchsetzung der einen, für alle gleichermaßen geltenden und alle gleichermaßen schützenden Rechtsordnung.

Literatur

Bano, Samia (2012a), *An exploratory study of Shariah councils in England with respect to family law*, University of reading 2.10.2012, abrufbar unter http://www.reading.ac.uk/web/FILES/law/An_exploratory_study_of_Shariah_councils_in_England_with_respect_to_family_law_.pdf
— (2012), *Muslim Women and Shari'ah Councils. Transcending the Boundaries of Community and Law.*
Bergmann/Ferid, *Int. Kindschafts- und Eherecht*, Loseblattslg, Länderbericht Ägypten.
Beschluss der 86. Konferenz der Justizministerinnen und Justizminister der Länder am 12.11.2015, http://www.jum.baden-wuerttemberg.de/pb/site/jum2/get/documents/jum1/JuM/Justizministerium%20NEU/JuMiKo/Beschl%C3%BCsse/2015%20Herbst/TOP%20II.3%20-%20Abschlussbericht%20Paralleljustiz.pdf (letzter Zugriff 8.01.2017).
Bowen, John (2016), *On British Islam*, Princeton/Oxford.
Büchler, Andrea (2011), *Islamic Law in Europe? Legal Pluralism and its Limits in European Family Laws*, Farnham/Burlington.
Demosthenous-Pashalidou, A. (1999), »Rechtskollisionen bei der Auflösung von Mischehen zwischen Muslimen und Andersgläubigen«, in: *Der Islam* 76 (2), S. 313–333.
Der Tagesspiegel, *»Es war nichts, es ist nichts« – Tumulte in Kreuzberg um eine junge Mutter*, 14.01.2015, S. 10.

Ebert, Hans-Georg (2016), »Die ›private‹ islamische Eheschließung, ihre Folgen und Herausforderungen«, in: Irene Schneider und Thoralf Hanstein (Hg.), *Beiträge zum Islamischen Recht* XI, Frankfurt u.a., S. 109–123.

Estin, Ann Laquer (2012), »Unofficial Family Law«, in: Joel Nichols (Hg.), *Marriage and Divorce in a Multicultural Context*, Cambridge, S. 92–119.

Foblets, Marie-Claire (2013), »Accommodating Islamic Family Law(s): A Critical Analysis of Some Recent Developments and Experiments in Europe«, in: Maurits Berger (Hg.), *Applying Shari'a in the West*, Leiden, S. 207–226.

Freeland, Richard/Lau, Martin (2008), »The Shari'a and English Law: Identity and Justice for British Muslims«, in: Asifa Quraishi und Frank E. Vogel (Hg.), *The Islamic Marriage Contract. Case Studies in Islamic Family Law*, Cambridge, MA, S. 331–347.

Funke, Andreas (2011), »Parallelwelten des Rechts? Die Anerkennung des Rechts und der Gerichtsbarkeit von Religionsgemeinschaften durch den Staat«, in: Anja Bettenworth u.a. (Hg.), *Herausforderung Islam*, Paderborn u.a., S. 42–72.

Helfand, Michael A. (2011), »Religious Arbitration and the New Multiculturalism: Negotiating Conflicting Legal Orders«, in: *New York University Law Review* 86, S. 1231–1305.

Hötte, Franziska (2013), *Religiöse Schiedsgerichtsbarkeit*, Tübingen.

Informationspapier für Richterinnen und Richter sowie Staatsanwältinnen und Staatsanwälte zum Erkennen von und für den Umgang mit »Paralleljustiz«, erstellt von der länderoffenen Arbeitsgruppe zur Verhinderung von rechtsstaatlich problematischer »Paralleljustiz« im Auftrag der Konferenz der Justizministerinnen und Justizminister der Länder, Stand 2.11.2015.

Jaraba, Mahmoud (2017), »Khul'«, in: *Germany: Mutual Consent as Opposed to Litigation*, zum Abdruck in *Islamic Law and Society* (ILAS) vorgesehen.

Jeldtoft, Nadia/Nielsen, Jørgen S. (Hg.) (2012), *Methods and Contexts in the Study of Muslim Minorities*, Abingdon/New York, NY.

Kötter, Matthias (2015), »Non-State Justice Institutions: A Matter of Fact and a matter of Legislation«, in: Matthias Kötter, Tilman J. Röder, Gunnar Folke Schuppert und Rüdiger Wolfrum (Hg.), *Non-State Justice Institutions and the Law. Decision-making at the Interface of Tradition, Religion and the State*, Houndmills, Basingstoke, S. 155–187.

Malik, Jamal/Rehman, Musbahur (2015), »Islamic Law and Mediation«, in: Werner Gephart u.a. (Hg.), *Legal Cultures in Transition*, Frankfurt, S. 202–230.

Malik, Maleiha (2012), *Minority Legal Orders in the UK*, London (British Academy Policy Centre) (abrufbar unter http://www.britac.ac.uk/policy/Minority-legal-orders.cfm).

Poulter, Sebastian (1993), »The Claim to a Separate Islamic System of Personal Law for British Muslims«, in: Chibli Mallat und Jane Connors (Hg.), *Islamic Family Law*, London u.a., Nachdruck, S. 147ff.

Rohe, Mathias (2106), »Islamisches Familienrecht in Deutschland im Wandel«, in: Irene Schneider und Thoralf Hanstein (Hg.), *Beiträge zum Islamischen Recht* XI, Frankfurt u.a., S. 71–88.

— (2016), »Muslime in Bayern« in: *Akademie Aktuell* 03/2016, S. 23–28; abrufbar unter http://www.badw.de/fileadmin/pub/akademieAktuell/2016/58/0316_07_Rohe_V05.pdf (letzter Zugriff 8.01.2017).

— (2015), »Shari'ah in Europe«, in: *The Oxford Handbook of European Islam*, hg. von Jocelyne Cesari, Oxford, S. 656–700.

— (2014), »Scharia und deutsches Recht«, in: *Handbuch Christentum und Islam in Deutschland* Bd. 1, hg. von Mathias Rohe u.a., Freiburg i. Br., S. 272ff. mwN.

— (2011), *Das islamische Recht: Geschichte und Gegenwart*, 3. Aufl. München.

— (2010), »On the Recognition and Institutionalization of Islam in Germany«, in: Marie-Claire Foblets u.a. (Hg.), *Cultural Diversity and the Law*, Brussels, S. 145–194.

— (1994), *Zu den Geltungsgründen des Deliktsstatuts*, Tübingen.

Rohe, Mathias/Jaraba, Mahmoud (2015), *Paralleljustiz. Eine Studie im Auftrag des Landes Berlin*, Erlangen. Vollversion (197 S.) und Zusammenfassung (21 S.) abrufbar unter https://www.berlin.de/sen/justv/service/broschueren-und-infomaterialien/ (letzter Zugriff 8.01.2017).

Sandberg, Russell (2015), »Religious Law as a Social System«, in: ders. (Hg.), *Religion and Legal Pluralism*, Farnham, 249–278.

Saris, Anne u.a. (Hg.) (2007), *Étude de cas auprès de Canadiennes musulmanes et d'intervenants civils et religieux en resolution de conflits familiaux*, Montréal.

Schuppert, Gunnar Folke (2015), »From Normative Pluralism to a Pluralism of Norm Enforcement Regimes: A Governance Research Perspective«, in: Matthias Kötter, Tilman J. Röder, Gunnar Folke Schuppert und Rüdiger Wolfrum (Hg.), *Non-State Justice Institutions and the Law. Decision-making at the Interface of Tradition, Religion and the State*, Houndmills, Basingstoke, S. 188–215.

Shachar, Ayalet (2001), *Multicultural Jurisdictions. Cultural Differences and Women's Rights*, Cambridge.

Shah-Kazemi, S. N. (2001), *Untying the Knot. Muslim Women, Divorce and the Shariah*, London.

Wagner, Joachim (2011), *Richter ohne Gesetz. Islamische Paralleljustiz gefährdet unseren Rechtsstaat*, Berlin.

Wähler, Klaus (1981), *Internationales Privatrecht und interreligiöses Kollisionsrecht*, IPRax.

Wittreck, Fabian (2016), »Religiöse Paralleljustiz im Rechtsstaat?«, in: Ulrich Willems, Astrid Reuter und Daniel Gerster (Hg.), *Ordnungen religiöser Pluralität*, Frankfurt/New York, NY, S. 439–493.

Yassari, Nadjma (2014), *Die Brautgabe im Familienvermögensrecht*, Tübingen.

Zee, Machteld (2016), *Choosing Sharia? Multiculturalism, Islamic Fundamentalism & Sharia Councils*, Den Haag.

Anwendung und Regulierung muslimischen Familienrechts in nichtmuslimischen Demokratien: Die Rolle der Ziviljustiz bei Scharia-Reformen

Yüksel Sezgin

Einleitung

Im Nahen Osten und anderswo haben Familienrechtsreformen stets Widerstand hervorgerufen und zu Kontroversen zwischen Bevölkerungsgruppen geführt, da deren Vorstellungen immer schon über Staat/Religion und Familie/Nation sowie über Stellung und Aufgaben von Frauen in der Gesellschaft miteinander in Widerstreit standen. Der Widerstand gegen Familienrechtsreformen – vor allem gegen religiös motivierte – war in ethnisch-religiösen Gruppen am stärksten, die gegenüber dem Staat, dessen Institutionenethik ein deutliches Abbild der ethnisch-religiösen Werte und Kultur der Mehrheitsgesellschaft ist, eine Minderheitenrolle einnehmen. Dies trifft in besonderem Maße auf die muslimischen Minderheiten in Israel und Griechenland zu. In den Rechtssystemen beider Länder wird muslimisches Familienrecht (MFR), das ein unmittelbares Erbe des Osmanischen Reiches ist, schon seit Langem formal anerkannt und angewendet. Trotz dieser langen Tradition einer Einbeziehung der »Scharia« haben beide Länder aber darauf verzichtet, religiöse Gesetze der jeweiligen muslimischen Minderheit zu »reformieren« oder sich durch exekutive oder legislative Maßnahmen direkt in diese Gesetze einzumischen. Dies ist größtenteils auf die Befürchtung zurückzuführen, man könne nationalistisch gesinnte Elemente unter den Minderheiten gegen sich aufbringen. Diese übermäßige Vorsicht hat dazu geführt, dass das MFR im Hinblick auf eine Berücksichtigung von Frauen- und Menschenrechten in Israel und Griechenland weit hinter dem Familienrecht benachbarter muslimischer Staaten hinterherhinkt, obwohl diese beiden Staaten unter den Ländern, in denen die Scharia angewendet wird, zu den wenigen liberalen Demokratien gehören (Sezgin 2014).

Anstatt durch exekutive oder legislative Maßnahmen direkt ins MFR einzugreifen, haben beide Regierungen ihren zivilen Justizapparaten die Befugnis erteilt, sich mit materiell-rechtlichen und verfahrenstechnischen Fragen von Scharia-Recht und -Gerichten zu befassen (Sezgin/Künkler 2014). Im Laufe der Jahre wurden Zivilgerichte in beiden Ländern immer häufiger von Klägerparteien, Regierungen und Frauen- und Menschenrechtsgruppen ersucht, in die Rechtsprechung der religiösen Gerichte einzugreifen, um verfassungsmäßig garantierte Rechte wie Gleichstellung der Geschlechter, faire Prozessführung, Religionsfreiheit, Kinderrechte usw. zu wahren. Daher stellen sich folgende Fragen: Wie haben Israel und Griechenland die Einbeziehung islamischer Gesetze, die bei vielen als »zutiefst illiberales« (Korteweg/Selby 2012) Rechtssystem gelten, in Einklang mit grundlegenden Menschen- und Frauenrechten gebracht, und welche Rolle haben dabei die Zivilgerichte gespielt? Waren sie ein geeignetes Mittel, um systemische Veränderungen im MFR herbeizuführen? Um eine Beantwortung dieser Fragen dreht sich der vorliegende Beitrag. Er basiert hauptsächlich auf der Auswertung von Entscheidungen religiöser und ziviler Gerichte in Israel und Griechenland sowie auf Informationen aus erster Hand, die der Verfasser anlässlich mehrerer Feldforschungsaufenthalte von 2004 bis 2015 bei teilnehmender Beobachtung und in Interviews mit Richtern, Anwälten, prozessführenden Parteien und Experten in Israel sowie im griechischen Westthrakien erhoben hat.

Die MFR-Einrichtungen in Israel und Griechenland

Sowohl Israel als auch Griechenland haben ziemlich große muslimische Minderheiten (18 Prozent in Israel, 5 Prozent[1] in Griechenland), und in den Rechtssystemen beider Staaten wird das MFR anerkannt und angewendet. In beiden Ländern ist das jeweilige MFR ein unmittelbares Erbe des Osmanischen Reiches. Die Anwendung des MFR erfolgt in Israel durch spezielle Scharia-Gerichte, in Griechenland durch *muftis*.

Gegenwärtig gibt es in Israel (innerhalb der Grenzen vor dem 5. Juni 1967) acht regionale Scharia-Gerichte sowie ein Scharia-Berufungsgericht (*Mahkamah al-Isti'naf al-Shar'iyya*, Shari'a Court of Appeals, SCA). Das Per-

---

[1] Von diesen lebt nur ungefähr ein Fünftel in Westthrakien; siehe PEW Research Center 2011.

sonal der Gerichte besteht aus muslimischen *qadis*, die von der israelischen Regierung ernannt werden und von dieser auch ihr Gehalt beziehen. Bei Scharia-Gerichten liegt die ausschließliche Zuständigkeit für Ehe- und Scheidungssachen; bezüglich aller anderen Angelegenheiten, die mit dem Familienstand muslimischer Bürger/innen zusammenhängen, teilen sie sich die Zuständigkeit mit zivilen Familiengerichten. Seit Erlass des Familiengerichtsgesetzes (Anhang Nr. 5) (Law of Family Courts, Amendment No. 5) im Jahre 2001 können muslimische Prozessparteien bei Rechtssachen wie Sorgerecht und Unterhalt zwischen zivilen Familiengerichten und Scharia-Gerichten wählen. *Qadis* und Zivilrichter wenden das gleiche materielle Recht an, das sowohl islamische als auch einschlägige säkulare Gesetze enthält. Allerdings kommt es vor, dass ihre Interpretationen aufgrund erheblicher normativer und struktureller Unterschiede sehr voneinander abweichen (Ramadan 2008b).

Die Hauptquelle für das von israelischen Scharia-Gerichten (und zivilen Familiengerichten) angewendete MFR ist das Osmanische Familiengesetz (Ottoman Law of Family Rights) aus dem Jahre 1917. In Angelegenheiten, die vom Osmanischen Familiengesetz nicht erfasst sind (beispielsweise Sorgerecht), greifen *qadis* gerne auf die im 19. Jahrhundert von dem ägyptischen Juristen Qadri Pasha zusammengestellte Gesetzessammlung zu islamischem Familienstandsrecht sowie auf andere Kommentare zu hanafitischer Rechtsprechung zurück. Außerdem gibt es einen zivilrechtlichen Gesetzeskorpus, den Scharia-Gerichte bei ihren Urteilen berücksichtigen müssen. Dazu zählen unter anderem das Gesetz zur Gleichberechtigung der Frau (1951), der Zusatz zum Strafgesetz bezüglich Bigamie (Penal Law Amendment [Bigamy] Law, 1959) sowie das Gesetz über Rechtsfähigkeit und Vormundschaft (Law of Legal Capacity and Guardianship, 1962). Zumindest prinzipiell setzen diese Gesetze der Interpretation materiellrechtlicher Elemente des MFR Grenzen und machen ihre Anwendung bisweilen sogar strafbar. So kann beispielsweise ein Mann nicht einseitig und gegen deren Willen die Scheidung von seiner Frau aussprechen (*talaq*); er kann auch keine zweite Ehe eingehen, solange er noch mit seiner ersten Ehefrau verheiratet ist. In seiner Eigenschaft als zentrales Zivilgericht (*Beit Mishpat Gavoah LeTzedek*, High Court of Justice, HCJ) ist der Oberste Gerichtshof Israels (*Beit HaMishpat HaElyon*) befugt, Anträge bezüglich der Befugnisse und Rechtsprechung der Scharia-Gerichte anzuhören. Es prüft, ob Scharia-Gerichte einschlägiges Gesetzesrecht richtig ausgelegt und angewendet haben, und hebt deren Entscheidungen auf, wenn es sie für *ultra vires*[2] befindet (Kaplan 2012; Natour 2009; Ramadan 2015; Scolnicov 2006).

Aufgrund bilateraler Verträge zwischen der griechischen und osmanischen (später türkischen) Regierung im späten 19. und frühen 20. Jahrhundert erkennt Griechenland noch heute offiziell die Zuständigkeit dreier muslimischer *muftis* in Thrakien (einer in Komotini, einer in Xanthi und ein stellvertretender *mufti* in Didymoteicho) für die Rechtsprechung in Familienangelegenheiten unter Muslimen entsprechend lokaler Gepflogenheiten und Bräuche an. *Muftis* werden von der griechischen Regierung eingesetzt und bezahlt. Sie erhalten richterliche Funktionen, ohne dass dabei aber wie in Israel ein hierarchisches Netzwerk von Scharia-Gerichten entsteht. Es gibt keine standardisierten oder kodifizierten Rechtsprechungsgrundlagen, an die sich griechische *muftis* halten müssen, und das Gleiche gilt für das Verfahrens- und Beweisrecht. Auch direkte Berufung gegen Entscheidungen der *muftis* ist nicht erlaubt.

Es galt lange die Auffassung, ausschließlich das Muftiat sei für thrakische Muslime zuständig. Manche griechischen Richter/innen und Juristen/innen wenden jedoch ein, dass die islamische Rechtsprechung als optional gelten oder gleichzeitig (»konkurrierend«) mit Zivilgerichten bestehen sollte. Das würde bedeuten, dass Muslime in Familiensachen zwischen der Zuständigkeit ziviler Gerichte und derjenigen der *muftis* wählen können beziehungsweise dürfen (Tsitsekilis 2001). Die Urteile der *muftis* können nicht umgesetzt werden, wenn es nicht gleichzeitig einen vollstreckbaren Beschluss des zuständigen Gerichts der ersten Instanz (*Monomeles Protodikeio*) gibt. Grundsätzlich ist das erstinstanzliche Gericht befugt zu prüfen, ob die Entscheidungen eines *mufti* sich im Rahmen seines Zuständigkeitsbereichs befinden oder ob er damit gegen die Verfassung verstößt.

Wie bereits erwähnt, hängt die Anwendung muslimischen Familienrechts in Israel und Griechenland historisch mit dem osmanischen *millet*-System zusammen. In beiden Fällen haben die jeweiligen Regierungen nach der Unabhängigkeit das MFR im Wesentlichen aus politischen Erwägungen beibehalten. So hat Israel an einer modifizierten Form des alten *millet*-Systems (einschließlich Scharia-Gerichten) festgehalten und dieses als Instrument vertikaler Gliederung zwischen Juden und Nichtjuden sowie horizontaler Homogenisierung unter Juden benutzt (Sezgin 2010). Aus ähnlichen Gründen ließ Griechenland in Thrakien den *muftis* ihre Zustän-

---

2 Der juristische Fachbegriff »ultra vires« bezeichnet eine Überschreitung der Befugnisse.

digkeit; es ging darum, die islamische Identität der türkischsprachigen Bevölkerung im Grenzgebiet zu stärken, um diese Minderheit möglichst unempfänglich für die säkulare, nationalistische Ideologie des kemalistischen Regimes im Nachbarland Türkei zu machen (Ktistakis 2006).

Für beide Regierungen war und ist die Beibehaltung des Scharia-Rechts eine strategische Entscheidung. So haben sie zwar Gesetze erlassen, die den Anwendungsbereich des MFR beschneiden, die Ernennung von *qadis* und *muftis* regeln sowie islamischer Scheidung (*talaq*), der Verheiratung Minderjähriger und polygynen Ehen strafrechtliche Schranken auferlegen; sie haben jedoch nie direkt in materiell-rechtliche Aspekte des muslimischen Familienrechts eingegriffen, vor allem nicht durch exekutive oder legislative Maßnahmen. Für diese eher vorsichtige Herangehensweise an eine Reform islamischen Rechts gibt es drei Gründe. Zum einen ist das Verhältnis zu den jeweiligen Nachbarn historisch belastet, und es gibt auch historisch bedingte interne ethnisch-religiöse Spannungen (Juden/Araber, Griechen/Türken), sodass sowohl die griechische als auch die israelische Regierung möglicherweise von einem direkten Eingreifen in das MFR abgesehen hat, um die muslimischen Minderheiten im Land nicht unnötig zu provozieren und die muslimische Welt insgesamt nicht gegen sich aufzubringen. Zum anderen ist die Frage strittig, ob eine nichtmuslimische Regierung Gesetze zu einer Reform des MFR erlassen darf, sodass sich die Regierungen von Griechenland und Israel vielleicht in Ermangelung der nötigen moralischen Befugnis dagegen entschieden haben (Masud 1996). Und drittens unterstellen viele Kritiker den Regierungen von Griechenland und Israel, sie seien nie ernsthaft an gesellschaftlichen Reformen für ihre muslimischen Einwohner interessiert gewesen. Eine muslimische Rechtsanwältin in Griechenland formulierte das recht zynisch: »Warum sollte sich die griechische Regierung um die Ungleichbehandlung der Geschlechter in der muslimischen Bevölkerung scheren? [...] Warum sollte sie sich um eine Reform dieses archaischen Systems kümmern? Wir sind keine gleichberechtigten Bürger. Wir sind dem Staat egal!«[3]

Obwohl in beiden Ländern säkulare Gesetze der Anwendung muslimischen Familienrechts indirekt durch strafrechtliche Maßnahmen und Verbote Grenzen setzen, existieren Bräuche wie Polygynie (diese allerdings selten), *talaq* (einseitige außergerichtliche Scheidung), Kinderehen, »Handschuhehen« sowie eine ungleiche Behandlung der Geschlechter im Erb-

---

[3] Äußerung in einem persönlichen Interview in Komotini, Griechenland, März 2015. Die Gesprächspartnerin wollte nicht namentlich genannt werden.

schafts-, Sorge- und Unterhaltsrecht weiterhin und höhlen verfassungsrechtlich und international geschützte Grundrechte und Grundfreiheiten muslimischer Bürgerinnen und Bürger aus, vor allem diejenigen von Frauen und Kindern (CEDAW 2007; Hammarberg 2009; Sezgin 2013). In beiden Ländern kommt es nicht selten vor, dass einer muslimischen Ehefrau der Unterhalt vorenthalten wird, weil sie für »ungehorsam« befunden wird; dass eine geschiedene Frau das Sorgerecht für ihre minderjährigen Kinder verliert, wenn sie wieder heiratet; und dass eine Tochter vom Erbe der Eltern nur halb so viel bekommt wie ihr Bruder.

Wenn sich Menschen einer solchen systembedingten Ungleichbehandlung ausgesetzt sehen und der Ansicht sind, ein bestimmter Gerichtsstand sei »ungerecht« oder »nachteilig«, dann suchen sie sich häufig unter konkurrierenden Zuständigkeiten und rechtlichen Regelwerken aus, was für sie am günstigsten ist. Sowohl das griechische als auch das israelische Rechtssystem erlauben muslimischen Prozessführern/innen in bestimmten Familienangelegenheiten die Wahl zwischen zivilen und religiösen Gesetzen und Gerichten. Außerdem können muslimische Prozessparteien Zivilgerichte in manchen Fällen ersuchen, die Beschlüsse religiöser Gerichte und Amtsinhaber/innen zu prüfen und aufzuheben, wenn sie der Meinung sind, eine religiöse Instanz habe gegen die Verfassung verstoßen, das Recht falsch ausgelegt oder ihre Kompetenzen überschritten. Daher nehmen in beiden Ländern muslimische Prozessführende in Familiensachen, die historisch in den Zuständigkeitsbereich der religiösen Gerichte fielen, immer öfter das Zivilrecht und die zivilen Gerichte in Anspruch. So berichtete etwa der Generalsekretär des Muftiats Komotini, zwischen 1964 und 1985 habe der *mufti* jährlich etwa 185 *fatwas* in Erbschaftssachen (*faraiz*) erlassen, zwischen 1985 und 2005 seien es 20 pro Jahr gewesen und inzwischen seien es jährlich im Schnitt nur noch zwischen drei und fünf.[4] Dieser Rückgang zeigt, dass die meisten thrakischen Musliminnen und Muslime heute in Erbschaftssachen vorzugsweise ziviles Recht und Zivilgerichte in Anspruch nehmen. Es gibt zwar keine offiziellen Statistiken, aber aus Einzelfallberichten und meinen Interviews[5] mit verschiedenen Beteiligten geht hervor, dass auch immer mehr israelische Musliminnen und Muslime sich an zivile Familiengerichte wenden; hierbei sei angemerkt, dass sie vor 2001 nicht die Möglichkeit hatten, Zivilgerichte anzurufen. Zwischen 2006 und 2010 wurden beispielsweise 66 Prozent der Kindersorgerechtssachen, 22 Pro-

---

[4] Persönliches Interview mit Mustafa Imamoglu, Komotini, Griechenland, März 2015.
[5] Telefonisches Interview mit Heba Yazbak, April 2010.

zent der Ehegattenunterhaltssachen und 33 Prozent der Kindesunterhaltssachen, die von dem feministischen Rechtshilfeverein *Kayan* – der vor allem arabische Frauen in Israel betreut – anhängig gemacht wurden, bei zivilen Familiengerichten eingereicht (Kayan 2011). Kurz und gut: In beiden Ländern hat die Beteiligung der Zivilgerichte an der Regulierung und Anwendung des muslimischen Familienrechts immer mehr zugenommen, vor allem während der vergangenen zehn Jahre.

Im folgenden Abschnitt werde ich die Auswirkungen der stärkeren Beteiligung israelischer und griechischer Zivilgerichte an der Regulierung muslimischen Familienrechts darstellen. Dazu werde ich auf ihre jeweilige Scharia-Rechtsprechung während der vergangenen drei Jahrzehnte eingehen und untersuchen, ob sie sich als taugliches Mittel für einen rechtlichen Systemwandel bei muslimischen Gesetzen erwiesen haben – ob sie diese also besser mit grundlegenden Maßstäben bezüglich Menschen- und Frauenrechten in Einklang bringen konnten, auf denen demokratisches Regieren basiert.

Israelische Zivilgerichte und ihre Scharia-Rechtsprechung

Das zentrale Zivilgericht (High Court of Justice, HCJ)

Wie bereits erwähnt, können Urteile israelischer Scharia-Gerichte vom HCJ geprüft werden. In Fällen, bei denen es um die Scharia geht, vermerken Richter fast immer, dass sie nur eingreifen, wenn eine Überschreitung der Befugnisse (*ultra vires*), ein Verstoß gegen die Prinzipien des Naturrechts (*'ekronot tsedek tiv'i*) oder eine Missachtung bindender gesetzlicher Regelungen für religiöse Gerichte vorliegt.[6] Bereits 1955 entschied der HCJ beispielsweise in einem muslimischen Sorgerechtsfall, dass ein Scharia-Gericht, das sich allein auf das religiöse Recht stützt und das säkulare Recht, zu dessen Anwendung es gesetzlich verpflichtet ist, außer Acht lässt, *ultra vires* handelt, wodurch seine Entscheidung rechtlich unwirksam sei (HCJ, Az. 187/54). In den folgenden Jahrzehnten verpflichtete dieses Gericht die Scharia-Gerichte weiterhin zur Anwendung säkularen Rechts und wies sie darauf hin, dass es ihre Urteile niederschlagen würde, wenn sie

---

6 Siehe beispielsweise HCJ, Az. 8906/04; HCJ, Az. 1318/11; HCJ, Az. 11230/05; HCJ, Az. 5912/06; HCJ, Az. 473/09.

gesetzlich verbriefte Rechte nicht beachteten (siehe beispielsweise HCJ, Az. 5227/97). Die ersten beiden Generationen israelischer *qadis* hatten dem HCJ gegenüber eine ziemlich pragmatische Haltung eingenommen und sich oft an weltliche Gesetze gehalten, um jeden unmittelbaren Konflikt mit der zivilen Justiz zu vermeiden (Layish 2004; Natour 2009; Reiter 1997).

In den 1990er Jahren zeichnete sich dann aber eine Veränderung im Verhältnis zwischen dem HCJ und islamischen Gerichten ab. Anfang der 1990er Jahre erlebte Israel eine »Verfassungsrevolution«. 1992 erließ die Knesset zwei Grundgesetze bezüglich Grundrechten und -freiheiten.[7] Drei Jahre später ermächtigte sich der HCJ in einer historischen Entscheidung (Az. 6893/93), jedes von der Knesset erlassene verfassungswidrige Gesetz juristisch zu prüfen (Hirschl 2004; Jacobsohn 2000; Sapir 2009). In dieser neuen Ära bediente sich der Gerichtshof zunehmend seiner etablierten Macht, um die Autorität religiöser Gerichte anzufechten und sie zu verpflichten, das neu erlassene *Basic Law of Human Dignity and Liberty* (1992) anzuwenden; dies sollte gewährleisten, dass Personen, die vor Gericht erscheinen müssen, weiterhin ihre Grundrechte genießen.[8]

Historisch gesehen und im Gegensatz zu seiner Prüfung rabbinischer Gerichtsentscheidungen fiel die Prüfung von Scharia-Urteilen durch den HCJ eher verhalten aus (Goodman 2009). Der Gerichtshof fühlte sich in seiner Rolle als »oberster Deuter der Scharia« unbehaglich und verzichtete meist darauf, sich in materiell-rechtliche Aspekte islamischen Rechts einzumischen, vor allem hinsichtlich Ehe und Scheidung (Peled 2009; Ramadan 2005–2006). Das änderte sich in der Zeit nach 1994. Der Gerichtshof behielt zwar weiterhin seine Strategie der Nichteinmischung in Ehe- und Scheidungsangelegenheiten bei, wurde aber in Sachen Sorgerecht, Vaterschaft und Unterhalt aktiver, um für die Rechte von Frauen und Kindern einzutreten und diese zu schützen. In einem bahnbrechenden Prozess im Jahre 1995 (siehe beispielsweise HCJ C.A., Az. 3077/90) sprach der HCJ beispielsweise einem unehelich geborenen muslimischen Kind zivilrechtliche Vaterschaft zu und überging dabei die Rechtsprechung der Scharia-Gerichte, die sich geweigert hatten, dem Kind religiöse Vaterschaft zuzuerkennen. Der HCJ begründete dies damit, dass das Grundgesetz der Men-

---

7 Das Grundgesetz der Menschenwürde und Freiheit sowie das Grundgesetz der Berufsfreiheit.

8 Siehe beispielsweise HCJ, Az. 3914/92, Az. 1000/92; siehe auch Halperin-Kaddari 2002; Hirschl 2010; Kaplan 2012; Lerner 2011; Ramadan 2003; Woods 2008.

schenwürde das höchste Recht im Lande sei (und somit bindend für religiöse Gerichte) und dem Kind – einem Mädchen – das Grundrecht gewähre, über seine Abstammung Bescheid zu wissen, damit es sich der vollen Teilhabe an seinem Eigentum, seiner Familie und seinen Menschenrechten erfreuen könne. In einem ähnlichen Urteil aus dem Jahre 2013 verkündete das Gericht, die Gleichstellung der Geschlechter sei ein integraler Bestandteil der Menschenwürde und genieße den Schutz des Grundgesetzes von 1992, sodass sämtliche staatlichen Stellen einschließlich der Scharia-Gerichte das Prinzip der Gleichheit befolgen müssten. Die Richter führten aus, dies schaffe für die *qadis* eine zusätzliche Verpflichtung, die Scharia im Hinblick auf die Gleichstellung der Geschlechter flexibler und liberaler auszulegen:

»Wenn eine Rechtsschule [beispielsweise Hanafi, Hanbali, Shafi'i, Maliki] das Prinzip der Gleichheit akzeptiert, dann sollten ihr religiöse Gerichte den Vorzug vor anderen religiösen Rechtsschulen geben, die mit diesem Prinzip nicht vereinbar sind.«[9]

Der zunehmende Aktivismus des HCJ löste bei den Scharia-Gerichten heftige Gegenreaktionen aus. Qadi Ahmad Natour etwa, der von 1994 bis 2003 dem SCA als Präsident vorstand, wandte sich entschieden gegen die Intervention des HCJ und die Umsetzung säkularer Gesetzgebung durch Scharia-Gerichte. Nach seiner Ernennung im Jahre 1994 machte sich Qadi Natour[10] umgehend daran, die Anwendung sämtlicher säkularen, nicht auf der Scharia beruhenden Gesetze (einschließlich der Grundgesetze) durch die Scharia-Gerichte zu verbieten (Layish 2004; Natour 2009; Ramadan 2005–2006, 2015; Zahalka 2014). Zwar wurde das Verhältnis zwischen dem HCJ und den Scharia-Gerichten nach diesem Verbot oberflächlich betrachtet immer feindseliger, aber allmählich wich die Konfrontation in Wort und Tat dann einer neuen Phase dialektischer Veränderungen an den

---

9 HCJ, Az. 3856/11. Das Gericht hob das Urteil des SCA, Az. 2011/28, auf.
10 In einem Interview, das ich im Januar 2005 in Jerusalem mit ihm führte, formulierte Qadi Natour seine Einwände gegen die Umsetzung der von der Knesset erlassenen Gesetze durch Scharia-Gerichte wie folgt: »Eine der wichtigsten Aufgaben, die wir meiner Ansicht nach als Scharia-Richter haben, ist die Anwendung des Scharia-Rechts und die Reinhaltung der Scharia […], damit sie nicht von bestimmten israelischen Gesetzen betroffen ist. […] Die Scharia ist Teil unserer Identität, unserer Wesensart, unserer Zugehörigkeit, unserer Wurzeln. […] Wenn wir das israelische Recht anwenden, […] geht all das [verloren].«

Scharia-Gerichten und einer symbiotischen Beziehung zwischen der zivilen und islamischen Justiz.

Angesichts der zunehmenden Interventionen des HCJ bediente sich der SCA zum Schutz des Zuständigkeitsbereiches der islamischen Justiz einer Defensivstrategie. Die neue Strategie, die man »subtilen Gehorsam« nennen könnte, bestand darin, sich dem Geist des säkularen Rechts zu beugen, sich aber öffentlich zu weigern, es anzuerkennen. Im Wesentlichen machte sich das Gericht Konzepte zu Eigen, die aus der säkularen Gesetzgebung stammten, und gab ihnen ein islamisches Gewand, um künftigen Eingriffen des HCJ in die Scharia vorzubeugen (Layish 2004; Zahalka 2012). Unter diesen Voraussetzungen wurden Grundsätze wie »Menschenwürde« nicht mehr wie säkulare Zumutungen behandelt, sondern wie integrale Konzepte der islamischen Tradition (Natour 2009; Ramadan 2008a; Zahalka 2008).

Am deutlichsten zeigte sich der subtile Gehorsam in Fällen, bei denen es um das Sorgerecht für Kinder ging. Das Gesetz zu Rechtsfähigkeit und Vormundschaft von 1962 (Legal Capacity and Guardianship Law) bestimmte »den Grundsatz des Kindeswohls« (*maslahat al-sagheer*) zum einzig maßgeblichen Kriterium in Sorgerechtssachen. Während die ersten beiden Generationen von *qadis* ihre Sorgerechtsentscheidungen (*hadana*) häufig auf der Grundlage des Gesetzes von 1962 fällten, verbot die Führung der Scharia-Gerichte nach 1994 die Anwendung dieses Gesetzes durch die islamische Justiz; das Gleiche galt auch für andere säkulare Gesetze. Der SCA hat in seinen Urteilen wiederholt anklingen lassen, das Gesetz von 1962 sei der »edlen« Scharia nicht ebenbürtig und dürfe daher von islamischen Gerichten nicht angewendet werden.[11] Ungeachtet der Weigerung des SCA, das Gesetz von 1962 anzuerkennen, erklärte er aber, der Grundsatz des »Kindeswohls« habe seinen »Ursprung« im islamischen Recht, sodass er in Sorgerechtssachen als Leitprinzip gelten solle.[12] Durch die Übernahme von säkularen Rechtsrahmen und Begriffen wie »Kindeswohl« wollte das Gericht vor allem den Eingriffen des HCJ in seine Rechtsprechung einen Riegel vorschieben (Ramadan 2003, 2008c, 2010).

Konnte diese neue Strategie tatsächlich weitere Interventionen seitens des HCJ abwenden? Diese Frage lässt sich nicht eindeutig beantworten. Die Antwort hängt letztlich davon ab, ob die Scharia-Gerichte beispielsweise in bestimmten Fällen den Grundsatz des Kindeswohls richtig inter-

---

11 Siehe etwa SCA, Az. 63/1994; SCA, Az. 135/1996; SCA, Az. 127/1997.
12 Siehe etwa SCA, Az. 63/1994; SCA, Az. 15/1998; SCA, Az. 56/1999.

pretiert und sich an die Verfahrensweise gehalten haben, die im Zivilrecht vorgeschrieben ist. Die Scharia sieht vor, dass ein Elternteil bei Abtrünnigkeit vom Glauben das Sorgerecht für seine oder ihre Kinder verliert. In zwei Sorgerechtsangelegenheiten, in denen die Mütter angeblich vom Islam zum Christentum übergetreten waren, erklärte das regionale Scharia-Gericht in Haifa, es sei dem Kindeswohl am zuträglichsten, wenn die Kinder in einer muslimischen Umgebung aufwüchsen, und entzog den Müttern das Sorgerecht. Obwohl der SCA in beiden Fällen die Entscheidungen des Gerichts in Haifa bekräftigte, hob der HCJ beide Urteile mit der Begründung auf, das religiöse Gericht habe die Berichte der Sozialarbeiter über das Wohlergehen der Kinder unberücksichtigt gelassen und seine Entscheidung stattdessen einzig aufgrund religiöser Überlegungen gefällt.[13] Obwohl also das Scharia-Gericht den Grundsatz des Kindeswohles anwandte, wies der HCJ die auf religiösen Erwägungen beruhende Interpretation dieses Grundsatzes ab, vor allem, weil keine entsprechende fachliche (sprich: »säkulare«) Urteilsbegründung vorgetragen worden sei (Ramadan 2015).

Obwohl der HCJ religiöse Gerichte oft ermahnt und anweist, Sorgerechtsurteile gemäß dem Gesetz von 1962 anhand säkularer Erwägungen zu fällen (anstatt anhand religiöser Gesichtspunkte oder des Ehestands des betroffenen Elternteils), gestattet er religiösen Gerichten, sich bei ihren Entscheidungen auf religiöse Gründe zu berufen, solange die betreffende Entscheidung die verfahrensrechtlichen Voraussetzungen erfüllt und den normativen Ergebnissen entspricht, denen der HCJ Vorschub leisten möchte.[14] In einem bestimmten Fall (HCJ, Az. 8906/04) zum Beispiel ging es um das Scharia-Gericht von Taibe, das einer Mutter das Sorgerecht entzogen hatte, weil sie wieder geheiratet hatte. Der HCJ entschied sich gegen eine Intervention, weil das Urteil in Einklang mit der Empfehlung

---

13 HCJ, Az. 9740/05 und HCJ, Az. 1129/06.

14 In seinem Urteil mit dem Az. 9347/99 bekräftigte der HCJ die Entscheidung des SCA, in der das Urteil des Bezirks-Scharia-Gerichts aufgehoben wurde, einer Frau in einer Scheidungssache 80 Prozent ihrer Mitgift abzusprechen. Obwohl der SCA sein Urteil einzig auf religiöse Gründe und nicht auf säkulares Recht stützte, entschied sich der HCJ gegen eine Intervention, weil das Ergebnis in Einklang mit den normativen Zielen stand, die es fördern möchte (beispielsweise Frauenrechte).

des Sozialarbeiters/der Sozialarbeiterin war[15] – obwohl das Gericht in Taibe sein Urteil ausschließlich mit religiösen Erwägungen begründete.

Israelische Scharia-Gerichte werden von drei unterschiedlichen Interessengruppen und Institutionen unter Druck gesetzt: von Feministinnen und Islamisten – beide aus Kreisen innerhalb der muslimischen Gemeinschaft – sowie der zivilen Justiz (Shahar 2007). Als Reaktion auf die Anfechtungen seitens dieser Akteure haben die Scharia-Gerichte einen teils freiwilligen Prozess dialektischer Veränderung durchlaufen: Sie haben ihre materiell-rechtlichen Gesetze und Verfahrensweisen gleichzeitig »islamisiert« und »säkularisiert« (Natour 2009; Ramadan 2005–2006; Zahalka 2012). Es lässt sich nicht leugnen, dass der HCJ dabei zumindest indirekt eine Rolle gespielt hat. Seine ständigen Interventionsdrohungen haben die Scharia-Gerichte dazu gezwungen, bestimmte normative Rahmen und Konzepte des Zivilrechts zu übernehmen und ihre Regelwerke und Verfahrensweisen zu ändern (Layish 2004). *Qadis* waren am ehesten für Ideen und Konzepte (beispielsweise Kindeswohl, Menschenwürde) empfänglich, für die sie in der islamischen Tradition eine Rechtsgrundlage und Rechtfertigung fanden. Schwieriger verhielt es sich mit rein säkularen Konzepten, die als unvereinbar mit den religiösen Texten ausgelegt werden konnten (etwa Gleichstellung der Geschlechter). Viel mehr Einfluss als der HCJ hatten bei diesem Reformprozess jedoch die zivilen Familiengerichte, mit denen die Scharia-Gerichte seit 2001 in unmittelbarer Konkurrenz bezüglich Rechtsprechung und Mandantschaft stehen.

Zivile Familiengerichte

Wie bereits erwähnt, können muslimische Prozessführer/innen seit 2001 in sämtlichen den Familienstand betreffenden Angelegenheiten außer Ehe und Scheidung zwischen zivilen Familiengerichten und Scharia-Gerichten wählen. Allerdings müssen zivile und religiöse Richter bei ihren Entscheidungen innerhalb des gemeinsamen Zuständigkeitsbereiches (beispielsweise Ehegatten- und Kindesunterhalt, Sorgerecht) das gleiche materielle Recht anwenden. Wo es gemeinsame Zuständigkeit gibt, besteht zwischen den Gerichten ein ständiger Wettbewerb um Mandantschaft, diskursive

---

[15] Der/die Sozialarbeiter/in hatte sich mit der Begründung gegen eine Übertragung des Sorgerechts an die Mutter ausgesprochen; dies gefährde das Kindeswohl, da der Stiefvater des Mädchens häufig verbal ausfällig werde und gewalttätig sei.

Macht und Autorität des Textes. Dies trifft auch auf die israelischen Scharia- und Zivilgerichte zu. Die Konkurrenz zwischen den beiden Gerichtssystemen war sogar die treibende Kraft bei Reformen der Scharia-Gerichte.

In diesem Wettstreit verfügen die Scharia-Gerichte über einige strukturelle Vorteile gegenüber ihren zivilen Pendants. Erstens sind sämtliche Richter an Scharia-Gerichten Muslime, die Arabisch sprechen und sich mit den kulturspezifischen Anliegen muslimischer Prozessparteien auskennen. An den Familiengerichten sind demgegenüber fast sämtliche Richter/innen Hebräisch sprechende Juden (als dieser Beitrag geschrieben wurde, gab es nur fünf arabische Richter). Außerdem bieten Familiengerichte keine kostenlosen Übersetzungsdienste für arabische Bürgerinnen und Bürger an. Zweitens sind Prozessführung und Antragstellung an Scharia-Gerichten einfacher. Darüber hinaus dauern Verfahren an den religiösen Gerichten weniger lange, und Frauen sind dort automatisch davon befreit, in Ehegatten- und Kindesunterhaltssachen Gebühren für Anträge und Klageeinreichung zu zahlen. Bei den Familiengerichten muss für eine solche Befreiung ein Antrag gestellt und nebst relevanten Unterlagen die eidesstattliche Versicherung eines Anwalts/einer Anwältin eingereicht werden (Kayan 2011).

Dass die Familiengerichte dabei im Spiel bleiben, liegt an den Vorzügen, die ihre Urteilssprüche in finanzieller Hinsicht bieten. Wie aus Tabelle 1 ersichtlich wird, ist der von Zivilgerichten zugebilligte Ehegatten- und Kindesunterhalt für gewöhnlich höher als bei den Scharia-Gerichten. Das schafft vor allem für weibliche muslimische Prozessführer einen Anreiz, Zivilgerichten den Vorzug gegenüber islamischen Gerichten zu geben, ungeachtet der oben erwähnten Hürden. Allerdings zeigt meine Untersuchung der Rechtsprechungsentwicklung, dass es beim Konkurrenzkampf zwischen den zivilen und islamischen Gerichten nicht nur um die Mandantschaft geht, sondern auch um die Befugnis zur Auslegung des »göttlichen« Rechts (Bourdieu 1986: 4; Messick 1993).

Tabelle 1: Familiengerichte versus Scharia-Gerichte: Zumessung von Ehegatten- und Kindesunterhalt

	Ehegattenunterhalt		Kindesunterhalt	
	Durchschnittliche Verfahrensdauer	Mindest-/ Höchstzumessung	Durchschnittliche Verfahrensdauer	Mindest-/ Höchstzumessung (pro Kind)
Familiengerichte	k.A.	NIS 1.100 – NIS 1.800	11 Monate	NIS 1.200 – NIS 1.600
Scharia-Gerichte	k.A.	NIS 1.000 – NIS 1.500	4 Monate	NIS 700 – NIS 1.300

Quelle: Die Angaben basieren auf den von Kayan zwischen 2006 und 2010 betreuten Fällen (Kayan 2011)

In Unterhaltssachen wenden die meisten Familienrichter/innen das Osmanische Familiengesetz als Quelle für materielles muslimisches Recht an – genau so, wie es auch die *qadis* tun. Außerdem zitieren sie häufig einschlägige Artikel aus der Qadri-Pasha-Kodifikation des Personenrechts (vor allem bezüglich Kindesunterhalt, der im Osmanischen Familiengesetz nicht vorkommt).[16] Jüdische Richter/innen, die nicht in arabischem oder islamischem Recht ausgebildet sind, stützen sich bei ihren Entscheidungen oft auf hebräische Lehrbücher oder englische Quellen über muslimisches Recht.[17] Die Richter/innen an den Familiengerichten kennen sich mit dem jüdischen Recht aus – schließlich wenden sie es seit 1953 an. Muslimisches Recht dagegen wenden sie erst seit 2001 an. Vielleicht ist es diesem Erbe geschuldet, dass die Richter/innen (sowohl jüdische[18] als auch muslimische[19]) in den meisten muslimischen Personenrechtssachen gerne Parallelen zwischen Scharia und *halakhah* ziehen, wenn es um eheliche oder elterliche Pflichten geht. Man hat den Eindruck, das islamische Recht werde an den israelischen Familiengerichten aus der Perspektive jüdischen Rechts ausgelegt. Während des letzten Jahrzehnts scheinen manche jüdischen Richter/innen allerdings in der Anwendung islamischen Rechts erfahrener und souveräner geworden zu sein. Einige zitieren nicht mehr nur aus

---

16 Zwar wurde keiner der beiden Texte jemals offiziell ins Hebräische übersetzt, es gibt aber eine inoffizielle Übersetzung des Osmanischen Familiengesetzes in dem viel zitierten Lehrbuch von Goitein/Shemesh 1957.

17 Az. 1410-06, Familiengericht Hadera (2007); Az. 11310-04-11, Familiengericht Nazareth (2012).

18 Az. 16411-08-10, Familiengericht Tiberias (2010); Az. 1410-06, Familiengericht Hadera (2007.)

19 Az. 791-08, Familiengericht Krayot (2008); Az. 2881-03, Familiengericht Nazareth (2006).

Lehrbüchern, sondern beziehen sich direkt auf den Koran[20] und die Hadithen[21] des Propheten Mohammed.[22]

Zwar behaupten manche Richter/innen, sie würden »religiöse Gesetze liberaler interpretieren und diese der modernen Zeit anpassen«[23]; das sind indessen meist leere Phrasen.[24] Meine Untersuchung jüngerer Rechtsprechung legt das genaue Gegenteil nahe: Durch ihre Auslegung islamischen Rechts halten die Familiengerichte einen konservativen und »patriarchalen« Duktus bezüglich der Geschlechterrollen in der muslimischen Familie aufrecht. Das zeigt sich am deutlichsten in der Auslegung von Regelungen des Ehegattenunterhaltes durch die Familiengerichte.

Als Grundlage für eheliche Aufgaben und Pflichten in einer muslimischen Ehe gilt das Prinzip des *ihtibas*.[25] Richter beschreiben *ihtibas* häufig als »die Pflicht der Ehefrau, ihrem Ehemann ergeben zu sein und ihm körperlich zur Verfügung zu stehen.«[26] *Ihtibas* ist das *quid pro quo* des Unterhalts. Die Richter/innen merken außerdem an, dass eine Frau, die das eheliche Heim ohne Zustimmung ihres Mannes verlässt, zur ungehorsamen Gattin (*nashiz*) erklärt werden darf. Eine Frau, die als ungehorsam gilt, kann ihr Recht auf Unterhalt verlieren. Außerdem wird in sämtlichen Entscheidungen über *ihtibas* festgehalten, dass die Beweislast bei dem Ehemann liegt, der seine Frau des Ungehorsams bezichtigt.[27] Ist sie allerdings schon aus dem ehelichen Heim ausgezogen, muss sie beweisen, dass sie ihr

---

20 65. Sure (Al-Talak), Vers 6: »فَإِنْ أَرْضَعْنَ لَكُمْ فَآتُوهُنَّ أُجُورَهُنَّ« [»Stillen sie ihre Kinder für euch, gebt ihnen ihren Lohn«]; und 2. Sure (Al-Bakarah), Vers 233: » وَعَلَى الْمَوْلُودِ لَهُ رِزْقُهُنَّ وَكِسْوَتُهُنَّ بِالْمَعْرُوفِ« [»Dem Vater des Kindes obliegt es, der Mutter Nahrung und Kleidung nach Billigkeit zu geben«]. Zitiert im Urteil Az. 34258-07-13, Familiengericht Nazareth (2014).

21 »خُذِي مَا يَكْفِيكِ وَوَلَدَكِ بِالْمَعْرُوفِ« [»Nimm genügend für dich und deine Kinder, wobei die Menge gerecht und vernünftig sein sollte«, Sahih Bukhari, *Kitab al-Nafaqat*], zitiert im Urteil Az. 34258-07-13, Familiengericht Nazareth (2014).

22 Die Zahl der Familiengerichtsurteile, in denen der Koran zitiert wird, hat über die Jahre zugenommen: 2001–03: 2 Urteile; 2003–05: 2 Urteile; 2005–07: 2 Urteile; 2007–09: 2 Urteile; 2009–11: 3 Urteile; 2011–15 (Mai): 6 Urteile.

23 E-Mail-Korrespondenz vom 7.03.2013 mit Richter Assaf Zagury (über das Büro des Präsidenten des israelischen Obersten Gerichtshofes).

24 Ein gutes Beispiel für derartige Phrasen findet sich im Urteil Az. 2988-06-09 des Familiengerichts Tiberias (2011): »Wie andere Persönlichkeitsrechte, etwa diejenigen für Juden und Christen, ist auch das muslimische Familienrecht natürlich ein archaisches, auf den Grundsätzen und Überlegungen früherer Zeiten basierendes Recht.«

25 Az. 34258.07-13, Familiengericht Nazareth (2014).

26 Az. 1410-06, Familiengericht Hadera (2007).

27 Az. 1320/01, Familiengericht Hadera (2006).

Ausgehverbot nicht verletzt hat und ihr Auszug gerechtfertigt war. Aus verschiedenen Urteilen geht jedoch hervor, dass gelegentliche Gewalttätigkeit seitens des Ehemannes nicht automatisch als begründeter Anlass gilt, da die Scharia unter Umständen bestimmte Arten von Gewalt billigt (so wird etwa ein Unterschied zwischen »ständiger« Gewalt und »erzieherischer« Gewalt gemacht).[28] So wurde beispielsweise in einem Familiengerichtsurteil eine Frau zur ungehorsamen Ehefrau erklärt, weil sie wegen angeblicher verbaler Übergriffe ihres Mannes zu Hause ausgezogen war; zur Begründung brachte das Gericht vor, der Islam gestatte dem Ehemann sogar, seine Frau durch leichte Schläge zu »züchtigen«, weshalb bloße verbale Übergriffe nicht als Grund für einen Verstoß gegen die Pflicht gelten könnten, sich im ehelichen Heim aufzuhalten.[29]

Eine ähnlich konservative und patriarchale Einstellung lässt sich auch in Kindesunterhaltssachen beobachten. Nach islamischem Recht ist allein der Vater für den Unterhalt der Kinder verantwortlich. Von der Mutter wird selbst dann kein finanzieller Beitrag zum Unterhalt ihrer Kinder erwartet, wenn sie vermögend ist.[30] Hinsichtlich der Pflichten des Vaters gegenüber seinen Kindern gibt es gewisse Ähnlichkeiten zwischen dem islamischen und dem jüdischen Recht: Beide benachteiligen den Vater. Zwar haben Familiengerichte die Ungleichbehandlung durch das jüdische Kindesunterhaltsrecht kritisiert,[31] bei der gleichen Ungleichbehandlung im islamischen Recht jedoch ein Auge zugedrückt und muslimischen Männern weiterhin die alleinige Verantwortung dafür auferlegt, für die Grundbedürfnisse ihrer Kinder im Alter von bis zu 18 Jahren aufzukommen.

Kurz gesagt: Es gibt hinsichtlich der Anwendung islamischen Rechts keine großen Unterschiede zwischen Scharia- und Zivilgerichten, da beide Systeme offenbar an einer gleichermaßen konservativen und patriarchalen Auslegung der Scharia festhalten. Wenn beide Gerichtssysteme sich innerhalb des gleichen normativen Rahmens bewegen, eines von ihnen jedoch höheren Kindes- und Ehegattenunterhalt bewilligt, erhöht dies offensicht-

---

28 Az. 34258-07-13, Familiengericht Nazareth (2014); Az. 1410-06, Familiengericht Hadera (2007).
29 Az. 12810/06, Familiengericht Tel Aviv (2009).
30 Az. 1410-06, Familiengericht Hadera (2007).
31 In dieser Hinsicht interpretieren jüdische Richter/innen an Zivilgerichten das jüdische Recht offenbar liberaler als die *dayanim* an rabbinischen Gerichten. Sie haben von jüdischen Müttern erwartet, in gleichem Maße wie Väter zum Unterhalt der Kinder beizutragen, vor allem für Kinder über 15 Jahren. Siehe hierzu beispielsweise Az. 35921-05-13, Familiengericht Nazareth (2015); Az. 791-08, Familiengericht Krayot (2008).

lich die Attraktivität dieses Gerichts für potenzielle Prozessparteien. Dieser Umstand war in den vergangenen zwei Jahrzehnten die treibende Kraft im Wettstreit zwischen Scharia- und Familiengerichten.

Die Gesetzesänderung von 2001, bei der die vormals ausschließliche Zuständigkeit von Scharia-Gerichten für Sorgerechtssachen sowie Kindes- und Ehegattenunterhalt auf konkurrierende Gerichtsbarkeit reduziert wurde, ist den Anstrengungen der Working Group for Equality in Personal Status Issues (WGEPSI) zu verdanken, einem Zusammenschluss israelischer (arabischer und jüdischer) Menschen- und Frauenrechtsgruppen. Das Bündnis wurde 1995 geschlossen und betrieb umgehend Lobbying für ein neues Gesetz, das die Zuständigkeit religiöser Gerichte beschneiden sollte. Qadi Natour ist der Ansicht, die Gesetzesänderung von 2001 sei die größte Bedrohung für die Existenz der muslimischen Gerichte in Israel seit der Staatsgründung gewesen.[32] Den Scharia-Gerichten wurde bewusst, dass sie ihre Mandantschaft, ihre Zuständigkeit und das Monopol über die Auslegung des Islam verlieren würden, wenn sie wie gewohnt weitermachten. Daher leiteten sie einen Prozess der Selbstreform ein und gaben einen neuen Runderlass (*marsoum qadai*) heraus, der die Gerichte für weibliche Prozessführende attraktiver machen sollte: Mittels einer Verfahrensreform wurden Kindes- und Ehegattenunterhalt angehoben. Vor 1995 »ordneten Scharia-Gerichte niemals an, dass ein Mann mehr als 500 Schekel Kindesunterhalt im Monat zahlen musste«, wohingegen dies der von Zivilgerichten für jüdische Kinder festgesetzte Mindestbetrag war (El-Taji 2008). Nach Herausgabe des neuen Erlasses stiegen sowohl die von den Scharia-Gerichten zugesprochenen Kindes- als auch die Ehegattenunterhaltszahlungen kontinuierlich (Sezgin 2013). Aus veröffentlichten Entscheidungen geht hervor, dass sich die Zahlungen in jüngerer Zeit zwischen 1.200 Schekel und 1.500 Schekel pro Monat bewegen.[33] Es ist hierzu angemerkt worden, dass sich der Reformprozess nicht auf Unterhaltszahlungen beschränkte; aus Angst, ihre Befugnisse zu verlieren, unternahm die islamische Justiz auch noch weitere materiell-rechtliche und verfahrenstechnische Reformen in unterschiedlichen Bereichen – beispielsweise in Scheidungssachen –, um gegenüber der zivilen Justiz attraktiver und konkurrenzfähiger zu werden (Ramadan 2005).

In diesem Abschnitt wurden die Scharia-Rechtsprechung des israelischen HCJ und der zivilen Familienrechte sowie deren indirekte Auswir-

---

32 Persönliches Interview mit Ahmad Natour, Jerusalem, Israel, Januar 2005.
33 Siehe etwa SCA Az. 12/2013, Az. 1233/2013, Scharia-Gerichte Haifa.

kungen auf die Weiterentwicklung und Reform des muslimischen Familienrechts untersucht. Um das gleiche Thema geht es im nächsten Abschnitt über griechische Gerichte, in dem auf die Entscheidungen lokaler erstinstanzlicher Gerichte in Westthrakien und am Kassationsgerichtshof in Athen eingegangen wird.

Griechische Zivilgerichte und ihre Scharia-Rechtsprechung

Laut Gesetz 1920/1991 handelt es sich bei einem griechischen *mufti* um eine religiöse Führungspersönlichkeit, der zugleich Rechtsprechungsfunktionen zugebilligt werden. Gemäß Artikel 5 Paragraf 2 des Gesetzes fallen folgende Angelegenheiten in die sachliche Zuständigkeit (*ratione materiae*) des *mufti*: Heirat, Scheidung, Unterhalt, Sorgerecht, Vormundschaft, Testamente und Erbstreitigkeiten. Um rechtsgültig zu sein, müssen die Urteile des *mufti* vom örtlichen erstinstanzlichen Gericht für vollstreckbar erklärt werden. Im Ratifizierungsverfahren prüft das Zivilgericht das Urteil des *mufti*, um zu gewährleisten, dass es sich im Rahmen seiner Rechtsprechungsbefugnisse bewegt und in Einklang mit der Verfassung ist. Wie bereits erwähnt, ist gegen die Urteile des *mufti* keine direkte Berufung möglich. Die einzige – und eher indirekte – Möglichkeit, sie anzufechten, besteht in einer Berufung gegen die Vollstreckbarkeitsentscheidung des erstinstanzlichen Gerichts vor dem Berufungsgericht und letztlich vor dem Kassationsgerichtshof (*Areios Pagos*, KGH) – der höchsten Instanz. Diese beiden Phasen der Ratifizierung und Berufung sind die einzigen Gelegenheiten, bei denen griechische Zivilrichter/innen – sämtlich Nichtmuslime – über verschiedene Aspekte des MFR entscheiden.

Lokale erstinstanzliche Gerichte

Darf ein *mufti* Eheschließungen und Scheidungen bei griechischen Muslimen vornehmen, die nicht in seinem Amtsbezirk wohnen, oder bei ausländischen Muslimen, die nur vorübergehend in Griechenland ansässig sind? Fragen wie diese tauchen immer wieder auf, wenn Entscheidungen von *muftis* durch lokale erstinstanzliche Gerichte in Thrakien geprüft und ratifiziert werden. Trotz klarer Bestimmungen in Artikel 5 Paragraf 1 des Gesetzes 1920/1991, denen zufolge der *mufti* nur für muslimische griechische Bürgerinnen und Bürger zuständig ist, die in seinem Bezirk ansässig sind, scheint unter griechischen Richter/innen keine Einigkeit über den räumlichen (*ratione loci*) und personenbezogenen (*ratione personae*) Zuständigkeitsbereich der *muftis* zu herrschen. Manche Gerichte legen diese Zuständigkeit weiter aus, andere enger. In einem Präzedenzfall aus dem Jahre 1980 entschied der Kassationsgerichtshof, dass das Scharia-Recht ungeachtet ihres Wohn-orts auf sämtliche griechischen Muslime anzuwenden sei, mit Ausnahme der Dodekanes (Az. AP 1723/1980). 2007 entschied aber das erstinstanzliche Gericht in Xanthi (Az. 203/2007), der *mufti* sei nicht befugt, in der Scheidungssache eines muslimischen Ehepaars Recht zu sprechen, das nur wenige Kilometer außerhalb seines Amtsbezirks wohnte. In einer ähnlichen Scheidungssache, bei der es um ein muslimisches Ehepaar aus Athen ging, vertrat das erstinstanzliche Gericht in Rodopi (Az. 98/1997) genau die entgegengesetzte Ansicht und gestattete einem *mufti*, die Ehe des Paares aufzuheben (Tsitselekis 2012). Auch bezüglich der Zuständigkeit von *muftis* für nichtgriechische Muslime und nichtmuslimische griechische Staatsangehörige (beispielsweise in interkonfessionellen Ehen) gibt es viele widersprüchliche Entscheidungen.[34]

Eine Untersuchung erstinstanzlicher und berufungsgerichtlicher Entscheidungen zeigt, dass die Einstellung griechischer Richter/innen gegenüber der Zuständigkeit von *muftis* sehr ambivalent ist. Dieser mangelnde Konsens tritt nirgends so deutlich zu Tage wie bei Debatten darüber, ob die Zuständigkeit eines *mufti* für muslimische Bürgerinnen und Bürger zwingend ist. In einem kürzlich vom Justizminister Antonis Roupakiotis herausgegebenen Kommuniqué heißt es, die Zuständigkeit eines *mufti* solle als parallel zu derjenigen normaler Gerichte gesehen werden; sie als zwingend anzusehen verletze die verfassungsrechtliche und internationale Verpflichtung der Regierung zum Schutz ihrer Bürger/innen.[35] Bis vor Kurzem waren die meisten griechischen Gerichte indessen der Ansicht, ein *mufti* sei zwingend für Muslime zuständig, die in seinem Amtsbezirk wohnen; entsprechend lehnten sie es ab, einschlägige Familiensachen zu verhandeln (Tsitselekis 2012; Velivasaki 2013). 2002 beispielsweise ließ das

---

34 Siehe erstinstanzliches Gericht Rodopi, Az. 313/2009; erstinstanzliches Gericht Rodopi, Az. 18/2008; erstinstanzliches Gericht Xanthi, Az. 83/2004.

35 Anfrage Nr. 5937/16-01-2013 im griechischen Parlament, http://www.hellenicparliament.gr/UserFiles/67715b2c-ec81-4f0c-ad6a-476a34d732bd/7938918.pdf (letzter Zugriff im Juni 2015).

erstinstanzliche Gericht in Rodopi (Az. 149/2002) einen muslimischen Sorgerechtsantrag mit der Begründung nicht zu, der Rechtsstreit betreffe zwei muslimische Bürger/innen, weshalb der *mufti* und nicht das Zivilgericht dafür zuständig sei (Ktistakis 2013). Ähnliche Entscheidungen, die muslimischen Bürgerinnen und Bürgern den Zugang zu den Zivilgerichten versperrten, fielen auch in Angelegenheiten, bei denen es um eheliches Vermögen, Umgangsrecht und Adoption ging.[36]

Seit Erlass des Gesetzes 1250/1982 haben griechische Musliminnen und Muslime die freie Wahl zwischen ziviler und religiöser Eheschließung. Bei standesamtlichen Ehen fallen Familiensachen gemäß Zivilrecht in den Zuständigkeitsbereich der Zivilgerichte. Die Wahlmöglichkeit zwischen säkularen und religiösen Rechtssystemen ist sowohl von der Regierung in dem oben erwähnten Kommuniqué bekräftigt worden als auch von der Justiz. In einer maßgeblichen Entscheidung erklärte beispielsweise das erstinstanzliche Gericht in Xanthi (Az. 1623/2003), dass

»es einen Übergriff auf die Religionsfreiheit in Thrakien ansässiger griechischer Staatsangehöriger muslimischen Glaubens darstellt, wenn trotz einer zivilen Eheschließung ausschließlich der *mufti* in Familien- und Erbschaftssachen für sie zuständig ist. [...] Die Tatsache, dass sie eine standesamtliche Ehe eingehen, deutet implizit darauf hin, dass sie nicht der Gerichtsbarkeit des göttlichen muslimischen Rechts unterworfen sein möchten, sondern derjenigen des Zivilrechts, genauso wie andere griechische Staatsangehörige.«

Inzwischen wird weithin akzeptiert, dass Muslime, die eine zivile Ehe eingehen, aus dem Zuständigkeitsbereich des *mufti* austreten können.

Wie verhält es sich aber mit Muslimen, die im Rahmen einer religiösen Zeremonie heiraten? Können auch sie bei möglichen späteren Familienstreitigkeiten Zivilgerichte anrufen? Dem erstinstanzlichen Gericht in Thiva zufolge ist dies der Fall. In einer im Jahre 2000 verhandelten Vormundschafts- und Vaterschaftssache entschied das Gericht, dass zwischen dem *mufti* und normalen Gerichten von einer konkurrierenden Gerichtsbarkeit in sämtlichen in Artikel 5 Paragraf 2 des Gesetzes 1920/1991 aufgezählten Familienstandssachen auszugehen sei. Vor allem dann, wenn die Anwendung des »heiligen« Rechts verfassungsrechtlich geschützte Grundrechte und die Europäische Menschenrechtskonvention verletze, müsse der Staat den Angehörigen der religiösen Minderheit die Möglichkeit ge-

---

[36] AP Az. 1723/1980; erstinstanzliches Gericht Chalkis, Az. 1057/2000; erstinstanzliches Gericht Xanthi, Az. 127/2000; Thrakisches Berufungsgericht, Az. 356/1995.

ben, zwischen der Zuständigkeit von *muftis* und normalen Zivilgerichten zu wählen.³⁷ 2008 gelangte das erstinstanzliche Gericht in Rodopi zu demselben Schluss und erhob im Sinne der Gleichstellung der Geschlechter und fairer Prozessführung Anspruch auf Zuständigkeit in Erbschaftsstreitigkeiten unter Musliminnen und Muslimen:

»Aus dem Wortlaut und Geist des Vertrags von Lausanne ergibt sich eindeutig, dass die Rechtsprechungsbefugnisse des Mufti nicht die individuellen Rechte von Muslimen verletzen dürfen, die ausdrücklich unter dem Schutz der Verfassung und der Europäischen Konvention [der Menschenrechte] stehen. [...] Das heilige muslimische Erbschaftsrecht (Koran) sieht vor, dass ein männliches Kind doppelt so viel erbt wie ein weibliches. [...] [Wir] dürfen jedoch nicht die Bestimmungen in Artikel 116 § 2 der Verfassung außer Acht lassen, in dem steht, dass ›der Staat für die Abschaffung von Ungleichbehandlung zu sorgen hat, vor allem von Frauen.‹ Angesichts dessen wird [daher der Fall] zur Verhandlung vor diesem Gericht zugelassen, da es für die Verteilung ererbten Eigentums bei griechischen Staatsangehörigen muslimischen Glaubens rechtlich zuständig ist.« (Erstinstanzliches Gericht Rodopi, Az. 9/2008)

Historisch gesehen waren griechische Zivilgerichte in ihrem Umgang mit islamischem Recht und *muftis* immer sehr konservativ. Das hat auch einen guten Grund: Die rechtliche Autonomie des Muftiats wurde als Teil einer Minderheitenschutzregelung zwischen der Türkei und Griechenland durch internationale Verträge festgelegt und garantiert; dies beruhte auf dem Prinzip der Gegenseitigkeit. Unter diesem Gesichtspunkt waren Angelegenheiten islamischen Rechts nicht einfach nur eine Sache der Rechtsauffassung, sondern berührten tiefgreifende politische Fragen in Zusammenhang mit Sicherheits- und Minderheitenpolitik und den bilateralen Beziehungen mit der Türkei (Alexandres 1983; Oran 1986). Ende der 1990er und Anfang der 2000er Jahre setzte zwischen Griechenland und der Türkei eine neue Entspannungsphase ein, als die Europäische Union mit der Türkei über einen Beitritt zu verhandeln begann. Gleichzeitig leitete die griechische Regierung im Rahmen der EU-Politik zum Schutz von Minderheiten eine Reihe von Schritten zur Verbesserung der sozioökonomischen Lage von Musliminnen und Muslimen in Thrakien ein (Grigoriadis 2008; Memisoglu 2007). Ob es diesbezüglich einen Kausalzusammenhang gibt, ist schwer zu sagen. Es überrascht allerdings nicht, dass gerade zu dieser Zeit, als die Aufrechterhaltung der Scharia in Thrakien an geostrategischer

---

37 Erstinstanzliches Gericht Thiva, Az. 405/2000; weitere Informationen finden sich in Tsitselikis 2001.

Bedeutung verlor, manche Gerichte gegenüber den *muftis* und dem islamischen Recht energischer auftraten. Wie ich weiter unten ausführe, stellten sie zwar nicht die Verfassungsmäßigkeit des Scharia-Rechts in Frage, erlegten der Rechtsprechung durch *muftis* aber immer mehr Restriktionen auf. 2001 entschied beispielsweise das Berufungsgericht von Thrakien (Az. 7/2001), dass die Regelung des Umgangsrechts zwischen Eltern und Kindern nicht in den Zuständigkeitsbereich des *mufti* sondern der Zivilgerichte falle. 2006 entschied dasselbe Gericht außerdem (Az. 119/2006), dass eheliche Eigentumsverhältnisse nicht der Rechtsprechung durch *muftis* unterliegen. Zwischen 2008 und 2011 legten Gerichte in einer Reihe von Urteilen zudem fest, dass das Sorgerecht für Kinder (*epimeleia*) nicht mehr[38] im rechtlichen Zuständigkeitsbereich der *muftis* liegen solle. Diese Entscheidungen beruhen oft auf einer »engen«[39] rechtlichen Auslegung des Prinzips der elterlichen Fürsorge (*goniki merimna*).[40] Außerdem entzogen regionale Gerichte den *muftis* die Gerichtsbarkeit über Erbschaftsangelegenheiten und unterstellten alle griechischen Staatsangehörigen der Zuständigkeit des Zivilrechts, ungeachtet ihrer Religionszugehörigkeit.[41]

---

38 Wie in sämtlichen anderen Zuständigkeitsbereichen der *muftis* sind sich die Richter/innen an den niederen Gerichten uneins über deren Rechtsprechungsbefugnisse in Sorgerechtssachen. Ungeachtet der oben erwähnten Beschlüsse, die *muftis* die Zuständigkeit für Sorgerechtssachen entzogen, erkennen manche Gerichte die Sorgerechtsurteile von *muftis* weiterhin an und ratifizieren sie. Siehe etwa erstinstanzliches Gericht Rodopi, Az. 5/2014.

39 Artikel 5 § 2 des Gesetzes 1920/1991, in dem die Zuständigkeitsbereiche von *muftis* festgelegt werden, wiederholt exakt den Wortlaut von Artikel 10 § 1 des Gesetzes 2345/1920, das *muftis* für Sorgerecht (*epimeleia*) zuständig erklärte. *Epilemeleia* fand zugleich auch Anwendung im für nichtmuslimische Bürger/innen geltenden Zivilrecht. Gesetz 1329/1983 zur Reform des Zivilrechts ersetzte dann aber das Sorgerechtsprinzip (*epimeleia*) durch ein neues Prinzip elterlicher Fürsorge (*goniki merimna*), bei dem das Kind sowie eine Gleichbehandlung der Geschlechter im Mittelpunkt standen. Seitdem wird das alte Konzept der *epimeleia* nicht mehr angewandt, sondern *goniki merimna* ist zum maßgeblichen Gesetzesrahmen bei der Regelung der Beziehungen zwischen Eltern und Kindern im zivilen Rechtssystem geworden. Infolgedessen legen manche Zivilrichter/innen Artikel 5 § 2 des Gesetzes 1920/1991, der sich ungeachtet der historischen Entstehung des Konzeptes immer noch auf *epimeleia* bezieht, »eng« aus und vertreten die Auffassung, *muftis* seien nicht für die Beziehungen zwischen Eltern und Kindern zuständig (Doudos 2009; Kotzambasi 2001).

40 Erstinstanzliches Gericht Rodopi, Az. 11/2008, 17/2008, 130/2008, 140/2008, 183/2008, sowie erstinstanzliches Gericht Xanthi, Az. 24/2011.

41 Thrakisches Berufungsgericht, Az. 439/2005, 642/2009, 392/2011, 192/2013; erstinstanzliches Gericht Rodopi, Az. 50/2010; erstinstanzliches Gericht Xanthi, Az. 30/2010; 122/2002.

Der Kassationsgerichtshof

Das Vorpreschen der Gerichte auf lokaler Ebene führte zu einer Gegenreaktion seitens des Kassationsgerichtshofes (KGH) in Athen. Der KGH hat seit jeher in seinen Entscheidungen bezüglich des Scharia-Rechts große Milde walten lassen. Doudos merkt hierzu an:

»Richter am obersten Gericht stehen in vielerlei Hinsicht unter politischem Druck. Im Laufe der Zeit werden sie zu einem verlängerten Arm der Staatsmacht, weil sie sich die offizielle politische Linie zu eigen machen und diese immer mehr in ihre Urteile einfließen lassen.«[42]

Der offizielle politische Kurs Griechenlands bezüglich des Scharia-Rechts in Thrakien bestand darin, den Status Quo aufrechtzuerhalten (Turner/Arslan 2014). Diese Haltung wurde im Großen und Ganzen auch in der Rechtsprechung des Gerichts übernommen. So erklärte der KGH in einer Reihe von Urteilen – vor allem in Erbschaftsangelegenheiten –, bei der Anwendung des Scharia-Rechts in Westthrakien handele es sich um eine internationale vertragliche Verpflichtung, die der Scharia den Status »besonderer Rechtsvorschriften« innerhalb des Rechtssystems im Lande einräume.[43] Das Gericht vertrat die Auffassung, angesichts dieser Sonderstellung könne man nicht behaupten, die Scharia verstoße gegen die Verfassung, die Europäische Menschenrechtskonvention oder den *ordre public*. Zwar wählte das Gericht diesbezüglich nicht denselben Wortlaut wie ein lokales Gericht in Thrakien, es schloss sich dessen Auffassung jedoch an und gab den niederen Gerichten zu verstehen, dass sie »in Fragen des Islam so urteilen müssen, als entstammten diese einem anderen Wertesystem, anstatt Kriterien anzulegen, die ausschließlich für westliche Gesellschaften gelten«.[44]

Dieses essentialistische Verständnis von Islam und Scharia zeigte sich am deutlichsten in der Rechtsprechung des Gerichts bezüglich islamischen Erbrechts. Die meisten thrakischen Musliminnen und Muslime sind im Hinblick auf eine Gleichstellung der Geschlechter mit islamischen Erbfolgeregeln nicht einverstanden und umgehen sie, indem sie notariell beglaubigte öffentliche Testamente (*dimosia diathiki*) aufsetzen (Cin 2009). So

---

42 Persönliches Interview mit George Doudos, Rechtsbeistand des Muftiats Komotini, Komotini, Griechenland, März 2015.
43 AP, Az. 1370/2014, 1862/2013, 1097/2007.
44 Erstinstanzliches Gericht Xanthi, Az. 11/2001, zitiert in Ktistakis 2013.

verteilen Väter beispielsweise ihr Erbe oft gleichmäßig unter ihren Söhnen und Töchtern, obwohl ein männlicher Erbe nach islamischem Recht doppelt so viel bekommen würde wie eine Erbin. Allerdings konnten Angehörige, die sich durch das öffentliche Testament benachteiligt sahen, dessen Gültigkeit immer noch vor einem Zivilgericht anfechten und eine Neuverteilung gemäß Scharia-Recht fordern. Im Laufe der Jahre landeten viele solche Fälle vor dem KGH als letzter Instanz.[45] Das Gericht hat stets bekräftigt, dass die Rechtsprechung der *muftis* in Erbfolgesachen – sowohl bei Vorliegen als auch bei Nichtvorliegen eines Testaments – bindend sei. Zugleich hat es kategorisch bestritten, dass Muslime das Recht besitzen, öffentliche Testamente zu hinterlassen. Dabei stützte es sich auf eine patriarchale Auslegung islamischen Rechts und ignorierte lokale Bräuche (Jones-Pauly/Tuqan 2011):

»Das islamische Recht beruht auf der gesetzlichen Erbfolge, und ein ›öffentliches Testament‹ hat [im islamischen Recht] nicht die gleiche Stellung wie in modernen Systemen, die auf dem römischen Recht beruhen. Wenn es Verwandte gibt, dann kann ein Testament nicht zur Regelung eines Erbfalls herangezogen werden. [Das öffentliche Testament] ergänzt lediglich die gesetzliche Erbfolge, ›was die Worte des Propheten [hier wird kein spezifisches Hadith zitiert, Anm. d. Verf.] den Gläubigen befehlen, kann nicht geändert werden‹. [...] Es gibt jedoch auch noch andere Bestimmungen im Koran [hier wird kein spezifischer Koranvers zitiert, Anm. d. Verf.], in denen die Gläubigen zur Wohltätigkeit angehalten werden. Im Geiste dieser Wohltätigkeit könnten Muslime ein Testament zugunsten Dritter in Höhe von bis zu einem Drittel ihres Erbes aufsetzen. Testamente von Muslimen werden dadurch zu einer Art einfachem Vermächtnis an Dritte, die nicht den Status gesetzlicher Erben haben, zu wohltätigen und philanthropischen Zwecken. [...] Über die Erbschaftsverhältnisse muslimischer Griechen entscheidet nicht das Zivilrecht, sondern das *faraiz*-Recht, bei dem der *mufti* für die Rechtsprechung zuständig ist.«[46]

Das erstinstanzliche Gericht in Xanthi entschied 2012,[47] die Anwendung von Familienrecht auf Grundlage der Scharia verletze von der Verfassung geschützte materielle und Verfahrensrechte muslimischer Bürgerinnen und Bürger, unter anderem das Recht auf Gleichheit vor dem Gesetz (Artikel 4 Paragraf 1) und auf Gewissensfreiheit (Artikel 13) – vor allem dann, wenn Menschen gegen ihren Willen der Gerichtsbarkeit von *muftis* unterworfen würden. Der KGH solle daher die Verfassungsmäßigkeit von *mufti*-Entscheidungen prüfen und diese für »nicht vollstreckbar« erklären, wenn sie

---

45 AP, Az. 322/1960, 2113/2009, 1097/2007.
46 AP, Az. 1497/2013, 1862/2013, 1097/2007, 2138/2013.
47 Erstinstanzliches Gericht Xanthi, Az. 102/2012, zitiert in Bergou 2013.

im Widerspruch zur Verfassung stehen. Obwohl es angeblich häufige Verstöße gegen die Verfassung gibt (Kofinis 2011), hatte aber der Ansatz des KGH, die Scharia als Sondergesetz zu behandeln und sie von verfassungsrechtlicher Prüfung zu befreien, Auswirkungen auf die niederen Gerichte: Diese trauten sich häufig nicht, Entscheidungen von *muftis* einer wirksamen Prüfung zu unterziehen. Ktistakis (2013) zufolge prüften zwischen 1991 und 2011 drei erstinstanzliche Gerichte in Thrakien[48] 3.633 *mufti*-Urteile und hoben nur eines davon wegen Verfassungswidrigkeit mit der Begründung auf, die ungleiche Verteilung des Erbes zwischen einem Bruder und seiner Schwester (7/21 für das Mädchen, 14/21 für den Jungen) durch einen *mufti* verstoße gegen den Verfassungsgrundsatz der Gleichstellung der Geschlechter (Artikel 4 Paragraf 2).[49]

Ganz offenkundig ist die verfassungsrechtliche Prüfung von *mufti*-Entscheidungen durch Zivilgerichte ineffektiv oder findet sogar überhaupt nicht statt. Dafür gibt es politische und institutionelle Gründe. Einige institutionelle Beschränkungen, die Zivilgerichte an einer effektiven Prüfung der Entscheidungen von *muftis* hindern, wurden bereits erwähnt: die großen Hindernisse, die dabei vom KGH in den Weg gelegt werden, die Sprachbarrieren, das Fehlen muslimischer Richter/innen an Zivilgerichten, mangelnde Kodifizierung materieller und verfahrensrechtlicher Vorschriften islamischen Rechts, das Nichtvorhandensein eines ordentlichen islamischen Gerichtssystems sowie die Unübersichtlichkeit und Unattraktivität des islamischen Rechtssektors. Für zusätzliche Probleme bei verfassungsrechtlichen Prüfungen sorgt die lockere Einbindung des Muftiats in das nationale Rechtssystem. Da *muftis* keine in Zivilrecht ausgebildeten und an Zivilgerichten tätigen Richter sind, müssen sie sich viel weniger institutionellen Beschränkungen beugen (das heißt, Rechtsmissachtungen haben für *muftis* kaum Konsequenzen) und sind weniger empfänglich für weltliche Konzepte und Denkrahmen (beispielsweise liberale Menschenrechtsdiskurse).

---

48 Nämlich erstinstanzliche Gerichte in Rodopi, Xanthi und Orestiada.
49 Erstinstanzliches Gericht Rodopi, Az. 152/1991. Das erstinstanzliche Gericht verfügte die Zurückverweisung der Sache an den *mufti* von Komotini. Die erneute Entscheidung des *mufti* war eine exakte Wiederholung der ersten; der einzige Unterschied bestand darin, dass er nunmehr keine Zahlenangaben machte (beispielsweise 7/21, 14/21), sondern die Formulierung »entsprechende Anteile« verwendete. Als sein neuer Urteilsspruch dem Gericht zur Ratifizierung wieder vorgelegt wurde, erklärte es diesen für uneingeschränkt vollstreckbar (Ktistakis 2006).

Diese Aufzählung lässt sich außerdem um das Fehlen von Erfahrung und historischen Präzedenzfällen ergänzen. Vor Erlass des Gesetzes 1920/1991 war keine verfassungsrechtliche Prüfung der Entscheidungen von *muftis* vorgesehen. Als das neue Gesetz eingeführt wurde, hatten sich die Fragen der Ernennung, Aufgaben und Zuständigkeiten von *muftis* bereits zu einem zwischenstaatlichen Problem zwischen der Türkei und Griechenland ausgewachsen. Anders ausgedrückt: Fragen bezüglich der Zuständigkeit der *muftis* waren politisch so heikel, dass gewöhnliche Richter/innen die Finger davon ließen, denn sie hingen unmittelbar mit staatlicher Sicherheit, Außenpolitik und dem Verhältnis zwischen Mehrheiten und Minderheiten zusammen. Als die griechische Regierung 1990 in Komotini und Xanthi zwei neue *muftis* einsetzte, protestierte die muslimische Minderheit dagegen, da die Ernennungen »rechtswidrig« seien (laut Gesetz 2345/1920 sind hierzu Wahlen erforderlich), und wählte ihre eigenen *muftis*. Seitdem gibt es in jeder Stadt zwei *muftis*: einen ernannten und einen gewählten. Gewählte *muftis* – die nicht als Richter fungieren dürfen – werden von der Minderheit als spirituell-politische Anführer gesehen, vom griechischen Staat hingegen als »Handlanger der Türken«, während ernannten Muftis in der Minderheit Misstrauen entgegenschlägt, weil sie als »Handlanger der Griechen« gelten. Vor diesem Hintergrund hätte es unweigerlich politische Auswirkungen, wenn die Verfassungsmäßigkeit der von den staatlich ernannten *muftis* getroffenen Entscheidungen in Frage gestellt würde. Entsprechende Gerichtsentscheidungen könnten als symbolischer Rückhalt für Bevölkerungsgruppen interpretiert werden, die eine Abschaffung des Muftiats oder eine Trennung der geistlichen und richterlichen Funktionen von *muftis* fordern. Der griechische Staat versucht beides zu vermeiden, da dies nur mehr internationalen Druck (vor allem seitens der Türkei) und Proble-me für die Regierung nach sich ziehen würde. Der KGH hat sich diesen strategischen außenpolitischen Überlegungen voll und ganz angeschlossen und lokale Gerichte erfolgreich davon abgehalten, die Zuständigkeit der *muftis* zu beschneiden und die Verfassungsmäßigkeit ihrer Entscheidungen in Frage zu stellen.

Als Mitglied des Europarats erkennt Griechenland die Rechtsprechung des Europäischen Gerichtshofs für Menschenrechte (EGMR) an. Das bedeutet, dass griechische Musliminnen und Muslime, die in der Anwendung islamischen Rechts eine Verletzung der Menschenrechte sehen, nach Erschöpfung der innerstaatlichen Rechtsmittel beim Gericht in Straßburg Klage einreichen könnten. Neben dem durch Gesetz 1920/1991 vorgesehenen verfassungsrechtlichen Prüfungsverfahren bietet die Straßburg-Option auf einer höheren Ebene zusätzlichen Schutz der Menschenrechte. Aber nimmt der EGMR tatsächlich die von nationalen Gerichten vernachlässigte Aufgabe wahr, islamisches Recht und dessen Rechtsprecher in Griechenland wirksam zu beaufsichtigen? Bislang sind nur in zwei Fällen Anträge auf die Eröffnung eines Verfahrens bei diesem Gericht eingereicht worden, bei denen es um die Anwendung der Scharia in Thrakien ging. Der erste Fall war *Dilek Cigdem gegen Griechenland* (2010).[50] Die Antragstellerin trug vor, ihre Rechte gemäß Artikel 8 und 14 seien verletzt worden, da ihr Vater ihr gemäß islamischem Recht mit der Begründung das Erbe verwehrt hatte, sie sei unehelich geboren.[51] Aufgrund eines Verfahrensfehlers der Antragstellerin wies das Gericht den Antrag als unzulässig zurück. Der zweite Fall war *Chatize Molla Sali gegen Griechenland* (2014). Die Antragstellerin beschwerte sich darüber, dass ihre Rechte gemäß Artikel 5, 6 und 14 durch den Beschluss des KGH (1862/2013) verletzt worden seien, Muslimen das Aufsetzen eines öffentlichen Testaments zu verbieten, wodurch sie drei Viertel ihres Vermögens verloren habe.

Als der vorliegende Beitrag geschrieben wurde, war der Antrag noch anhängig. Wenn der EGMR entscheidet, dass das ursprüngliche griechische Urteil gegen die Verfassung verstößt, könnte das erhebliche Auswirkungen auf das *mufti*-System in Thrakien haben. Der EGMR verpflichtet seine Mitgliedsstaaten, Rechtsgründe und Verfahrensweisen abzuschaffen, die zu Verstößen führen (Kaboglu/Koutnatzis 2008). Sollte der EGMR zu dem Schluss kommen, in dem anhängigen Verfahren liege tatsächlich ein Verfassungsverstoß vor, könnte die griechische Regierung darauf mit einem Zusatzartikel zu Artikel 5 des Gesetzes 1920/1991 reagieren und die Gerichtsbarkeit der *muftis* in sämtlichen Familienstandssachen für konkurrierend mit derjenigen von Zivilgerichten erklären. Dadurch würde auf die *muftis* Druck ausgeübt, von sich aus Reformen einzuleiten, um ihre Zuständigkeit und ihre Mandantschaft zu behalten; genauso haben es die Scharia-Gerichte in Israel auch gemacht. Wenn daher genügend Fälle vor das Gericht in Straßburg gebracht werden, könnte das EGMR die islamische Justiz in Thrakien schließlich unter Reformdruck setzen; dies ist von griechischen Gerichten lange vernachlässigt worden.

---

50 Dilek Cigdem gegen Griechenland (Az. 22009/10), http://www.strasbourgconsortium. org/portal.case.php?pageId=10#caseId=1212 (letzter Zugriff im Juni 2015).
51 Thrakisches Berufungsgericht, Az. 497/2009.

Ohne jegliche ernsthafte Bedrohung ihres Zulaufs an Mandanten oder ihres Zuständigkeitsmonopols gibt es für *muftis* keinerlei Anreiz zur Selbstreform. Das Gegenteil ist der Fall: Das politische Klima ist ihrer Existenz und ihrem Status Quo förderlich gewesen; oberste Gerichte haben sie vor den gelegentlichen Anläufen niederer Gerichte geschützt, in ihre Rechtsprechung einzugreifen. Es gab auch so gut wie keine zivilgesellschaftlichen Organisationen, die sie zu Reformen gedrängt haben. Letztendlich ermöglichte es ihnen das Fehlen von Druck – ob von oben, auf gleicher Ebene oder unten –, wie gewohnt weiterzumachen.

Vergleich der Erfahrungen in Israel und Griechenland und abschließende Bemerkungen

Man kann von Zivilgerichten und Zivilrichtern/innen in nichtmuslimischen Ländern nicht erwarten, direkte Veränderungen im MFR herbeizuführen, da sie oft nicht über die nötige moralische Befugnis verfügen. Ihre Einwirkungsmöglichkeiten sind eher indirekt: Sie können Druck auf religiöse Gerichte und Richter ausüben, selbst Reformen einzuleiten. Das war in Israel der Fall, jedoch nicht in Griechenland. Israelische Zivilgerichte konnten (wenngleich in begrenztem Maße) indirekt Reformen bei den Scharia-Gerichten herbeiführen, während es den griechischen Gerichten nicht gelang, irgendwelche Reformen im thrakischen Muftiat anzustoßen.

Israelische Scharia-Gerichte haben selektiv und auf subtile Art Entscheidungen des HCJ befolgt; sie haben zivile Diskurse und Grundsätze übernommen, die sich mit islamischen Wertvorstellungen in Einklang bringen ließen. Außer dem vom HCJ ausgeübten Druck »von oben« waren die Scharia-Gerichte auch Druck »von den Seiten« durch die zivilen Familiengerichte ausgesetzt. Der Konkurrenzkampf mit letzteren um rechtliche Zuständigkeit war die treibende Kraft hinter der Selbstreform der Scharia-Gerichte. Von entscheidender Bedeutung war hierbei die Gesetzesnovelle von 2001, in der die konkurrierende Gerichtsbarkeit von Zivilgerichten und Scharia-Gerichten verbindlich eingeführt wurde.

In Israel zogen der HCJ und die zivilen Familiengerichte an einem Strang. In Griechenland war dies nicht der Fall. Es gab weder Druck von oben durch den KGH, noch Druck »von den Seiten« durch die lokalen erstinstanzlichen Gerichte. Rückblickend betrachtet spielte der KGH dabei eine äußerst unkonstruktive Rolle, vor allem im Vergleich mit dem israelischen HCJ. Der KGH hat es nicht nur unterlassen, die Rechtsprechung der *muftis* zu kritisieren und sie zur Einhaltung der Verfassung oder der Europäischen Menschenrechtskonvention zu verpflichten. Er hat auch niedere Gerichte im Wesentlichen daran gehindert, auf die *muftis* nennenswerten Reformdruck auszuüben. In Israel wurde die konkurrierende Gerichtsbarkeit gesetzlich verankert. In Griechenland hingegen musste die Justiz selbst aktiv werden, um eine solche Gerichtsbarkeit einzuführen, vor allem die erstinstanzlichen Gerichte. Dabei hat der KGH die niederen Gerichte hartnäckig daran gehindert, diese Aufgabe wahrzunehmen, obwohl sie ab Anfang der 2000er Jahre zunehmend darauf bestanden. Ohne nennenswerten Druck von oben oder »seitlichen« Druck von der Ziviljustiz stellten sich die *muftis* gegenüber sämtlichen Rufen nach Reformen taub und weigerten sich, irgendwelche materiellen oder verfahrenstechnischen Änderungen im islamischen Recht vorzunehmen.

Diesbezüglich ist anzumerken, dass eine solche »Renitenz« für die griechischen *muftis* weitaus einfacher war als für israelische *qadis*. Letztere waren in Zivilrecht ausgebildet und standen in Kontakt mit ihren Kollegen/innen an den zivilen Gerichten. Sie waren gegenüber juristischen Hierarchien aufgeschlossener und zugleich auch von diesen abhängiger als die *muftis*. Außerdem kannten sich *qadis* aufgrund ihrer Ausbildung und ihren engen Verbindungen zu Zivilgerichten mit Verfassungswerten und bestimmten säkularen Rechtsrahmen besser aus und waren offener dafür. Daher hielten sie diese für rechtlich verbindlicher als ihre griechischen Kollegen.

Der vergleichsweise erfolgreiche Reformprozess in Israel war außerdem der Existenz eines pulsierenden NGO-Sektors zu verdanken – vor allem Frauenrechtsgruppen. Sie waren die dritte Instanz, die (in diesem Falle von unten) Reformdruck auf die *qadis* ausübte. So spielten Gruppen wie WGEPSI und Kayan Schlüsselrollen im Gesetzgebungsverfahren zwischen 1995 und 2001, das einer konkurrierenden Gerichtsbarkeit zwischen Zivilgerichten und Scharia-Gerichten den Weg bahnte. Seit Erlass der Gesetzesänderung im Jahr 2001 geben beide Organisationen arabischen Frauen Rechtshilfe, damit sie sich an die Zivilgerichte wenden können. Als sich immer mehr Menschen für die Zivilgerichte entschieden, gerieten die Scharia-Gerichte unter zunehmenden Druck, sich selbst zu reformieren. Dieser Druck »von unten nach oben«, der in Griechenland völlig fehlte, war bei den Reformen in Israel ein entscheidender Faktor. Ein weiterer Faktor, der in Griechenland fehlte, war eine reformfreudige Führungsspitze der islamischen Justiz. Verglichen mit griechischen *muftis* war Qadi Natour, der ehemalige Präsident des SCA, eine sehr tatkräftige und kompetente Führungspersönlichkeit und zugleich ein entschiedener Reformer, der sich an die Spitze des Reform- und Erneuerungsprozesses im Scharia-System setzte (Zahalka 2012).

Ein weiterer großer Unterschied zwischen den Erfahrungen in den beiden Ländern war schließlich das Fehlen einer eigentlichen islamischen Justiz in Griechenland. Die islamische Justiz in Israel ist enger in das nationale Rechtssystem eingebunden als das Muftiat in Griechenland. In Israel gibt es Scharia-Gerichte; es gibt *qadis*; es gibt ein Scharia-Berufungsgericht; und es gibt kodifiziertes materielles Recht und Verfahrensrecht. In Griechenland gibt es nichts dergleichen. Dieses Nichtvorhandensein erschwert es Zivilgerichten, die Urteile von *muftis* wirksam zu prüfen und sie zur Einhaltung der Verfassung oder der Europäischen Menschenrechtskonvention zu zwingen. Durch den Erlass der Gesetze 1250/1982 und 1329/1983 wurde das griechische Familienrechtssystem fast völlig säkularisiert (Tsaoussis-Hatzsis 2003). Da sich griechische Richter/innen ausschließlich in säkularem Recht auskennen, behandeln sie die Scharia häufig als ein Recht *sui generis* und nicht als eine integrale Komponente des nationalen Rechtssystems. Diese ideologische Einstellung ist einer der Gründe, warum verfassungsrechtliche Prüfungen von *mufti*-Urteilen so ineffektiv ausfallen. In Israel basiert das Familienrechtssystem demgegenüber fast völlig auf Religion. Religiöse Gesetze und Gerichte sind ein integraler Bestandteil des nationalen Rechtssystems. Deshalb sind israelische Richter/innen – anders als ihre Kollegen/innen in Griechenland – gegenüber muslimischem Familienrecht weniger voreingenommen und dadurch aufgeschlossener. Das bedeutet nicht, dass sich israelische Richter/innen besser mit islamischem Recht auskennen; aber sie behandeln Scharia-Gerichte bereitwilliger als Teil der regulären Justiz und erwarten daher von ihnen, dass sie sich an nationale Normen und Rechtsstandards halten.

Zusammenfassend lässt sich festhalten, dass israelische Zivilgerichte im Vergleich zu denjenigen in Griechenland eine viel konstruktivere Rolle dabei gespielt haben, islamischen Gerichten und Richtern Anstöße zur Selbstreform zu geben und die Anwendung muslimischen Familienrechts im Lande besser mit Menschenrechten und Rechtsstaatlichkeit in Einklang zu bringen, als dies beim Scharia-System in Griechenland der Fall war.

Literatur

Alexandres, Alexes (1983), *The Greek Minority of Istanbul and Greek-Turkish Relations, 1918-1974*, Athen.
Bergou, Maria A. (2013), »Ē Epharmogē Tou Ierou Mousoulmanikou Nomou (Saria) Stēn Ellēnikē Ennomē Taxē«, http://www.nsk.gov.gr/webnsk/pdf.jsp?fileid=30756821 (letzter Zugriff im Juni 2015).
Bourdieu, Pierre (1986), »La Force Du Droit: Eléments Pour Unie Sociologie Du Champ Juridique«, in: *Actes de la Recherche en Sciences Sociales* 64, S. 3–19.
CEDAW (2007), »Concluding Comments of the Committee on the Elimination of Discrimination against Women: Greece«, http://www.unhchr.ch/tbs/doc.nsf/898586b1dc7b4043c1256a450044f331/239a466c03ee0db0c12572a4003ca7bf/$FILE/N0724374.pdf (letzter Zugriff im Juni 2015).
Cin, Turgay (2009), *Yunanistan'daki Türk Azinligin Hukuki Özerkligi*, Ankara.
Doudos, George (2009), »Syntomē Episkopēsē Tou Systēmatos Dikaiou Sharia Se Dialektikē Syzeuxē Me Tēn Ellēnikē Ennomē Taxē«, Thessaloniki: Unveröffentlichtes Vortragsmanuskript [befindet sich in den Unterlagen des Verfassers].
El-Taji, Maha T. (2008), *Arab Local Authorities in Israel: Hamulas, Nationalism and Dilemmas of Social Change*, PhD Thesis, University of Washington D.C., WA.
Goitein, Shelomo Dov/Ben Shemesh, A. (1957), *Ha-Mishpat Ha-Muslemi Bi-Medinat Yisra'el*, Jerusalem.
Goodman, Josh (2009), »Divine Judgment: Judicial Review of Religious Legal Systems in India and Israel«, in: *Hastings International and Comparative Law Review* 322, S. 477–528.
Grigoriadis, Ioannis N. (2008), »On the Europeanization of Minority Rights Protection: Comparing the Cases of Greece and Turkey«, in: *Mediterranean Politics* 13(1), S. 23–41.
Halperin-Kaddari, Ruth (2002), »Expressions of Legal Pluralism in Israel: The Interaction between the High Court of Justice and Rabbinical Courts in Family Matters and Beyond «, in: M. D. A. Freeman (Hg.), *Jewish Family Law in the State of Israel*, Binghamton, NY, S. 185–244.
Hammarberg, Thomas (2009), »Report by Commissioner for Human Rights of the Council of Europe«, https://wcd.coe.int/wcd/ViewDoc.jsp?id=1409353 (letzter Zugriff im Juni 2015).
Hirschl, Ran (2010), *Constitutional Theocracy*, Cambridge, MA.
— (2004), *Towards Juristocracy: The Origins and Consequences of the New Constitutionalism*, Cambridge, MA.
Jacobsohn, Gary Jeffrey (2000), »After the Revolution«, in: *Israel Law Review* 34(2), S. 139–169.
Jones-Pauly, Christina/Dajani Tuqan, Abir (2011), *Women under Islam: Gender, Justice and the Politics of Islamic Law*, London.

Kaboglu, Ibrahim Ozden/Koutnatzis, Stylianos-Ioannis G. (2008), »The Reception Process in Greece and Turkey«, in: Helen Keller und Alec Stone Sweet (Hg.), *A Europe of Rights: The Impact of the Echr on National Legal Systems*, Oxford, S. 451–529.

Kaplan, Yehiel S. (2012), »Enforcement of Divorce Judgments in Jewish Courts in Israel: The Interaction between Religious and Constitutional Law«, in: *Middle East Law and Governance* 4(1), S. 1–68.

Kayan (2011), »Five Years of Legal Aid: Summary and Analysis«, http://www.kayan.org.il/Public/ER20110101_5%20Year%20Legal%20Aid%20Report.pdf (letzter Zugriff im Juni 2015).

Kofinis, Stergios (2011), »The Status of Muslim Minority Women in Greece: Second Class European Citizens«, in: Dagmar Schiek und Anna Lawson (Hg.), *European Union Non-Discrimination Law and Intersectionality Investigating the Triangle of Racial, Gender and Disability Discrimination*, Burlington, S. 125–140.

Korteweg, Anna C./Selby, Jennifer A. (2012), *Debating Sharia: Islam, Gender Politics, and Family Law Arbitration*, Toronto.

Kotzambasi, Athina (2001), »Oikogeneiakes Ennomes Sxeseis Ellinōn Mosolmanōn«, http://www.kethi.gr/attachments/162_OIKOGENEIAKES_ENNOMES_SXESEIS.pdf (letzter Zugriff im Juni 2015).

Ktistakis, Yannis (2013), *Charia Tribunaux Religieux Et Droit Grec*, Istanbul.

— (2006), *Hieros Nomos Tou Islam Kai Mousoulmanoi HellēNes Polites: Metaxy Koinotismou Kai Phileleutherismou, KoinoNia Kai Dikaio Ston 21o AiōNa.* Athen/Thessaloniki.

Layish, Aharon (2004), »The Transformation of the Shari'a from Jurists' Law to Statutory Law in the Contemporary Muslim World«, in: *Die Welt des Islams* 44(1), S. 85–113.

Lerner, Hanna (2011), *Making Constitutions in Deeply Divided Societies*, Cambridge/New York, NY.

Masud, Muhammad Khalid (1996), »Apostasy and Judicial Separation in British India«, in: Muhammad Khalid Masud, Brinkley Morris Messick und David Stephan Powers (Hg.), *Islamic Legal Interpretation: Muftis and Their Fatwas*, Cambridge, MA, S. 193–203.

Memisoglu, Fulya (2007), »The European Union's Minority Rights Policy and Its Impact on the Development of Minority Rights Protection in Greece«, http://www.lse.ac.uk/europeanInstitute/research/hellenicObservatory/pdf/3rd_Symposium/PAPERS/MEMISOGLOU_FULYA.pdf (letzter Zugriff im Juni 2015).

Messick, Brinkley Morris (1993), *The Calligraphic State: Textual Domination and History in a Muslim Society*, Berkeley/Los Angeles, CA.

Natour, Ahmad (2009), *The Role of the Shari'a Court of Appeals in Promoting the Status of Women in Islamic Law in a Non-Muslim State (Israel)*, JSD Thesis, American University Washington College of Law.

Oran, Baskin (1986), *Türk-Yunan Iliskilerinde Bati Trakya Sorunu*, Ankara.

Peled, Alisa Rubin (2009), »Shari'a under Challenge: The Political History of Islamic Legal Institutions in Israel«, in: *The Middle East Journal* 63(2), S. 241–259.

PEW Research Center (2011), *The Future of the Global Muslim Population*, Washington.

Ramadan, Moussa Abou (2015), »Islamic Legal Hybridity and Patriarchal Liberalism in the Shari'a Courts in Israel«, in: *Journal of Levantine Studies* 4(2), S. 39–67.

— (2010), »The Recent Developments in Custody Law for Muslims in Israel: Gender and Religion«, in: *Journal of Women of the Middle East and the Islamic World* 8, S. 274–316.

— (2008a), »Hitpahtehhoiut Ahronot Be-Achzaqat Yeladim Be-Batei Ha-Din Ha-Sharayim; Be'Iqvoth Bagatz 9740/05 Plonit N. Beit Ha-Din Ha-Sharai Le-Ir'Uriom, Bagatz 1129/06 Plonit Ve-Ahi N. Ha-Din Ha-Sharai Le-Ir'Uriom«, in: *Mishpacha Bamishpat* 2, S. 69–105.

— (2008b), »Notes on the Anomaly of the ›Shari'a‹ Field in Israel«, in: *Islamic Law and Society* 15(1), S. 84–111.

— (2008c), »Recent Developments in Child Custody in Shari'a Courts: Notes on Hcj 9740/05 Plonit V.Shari'a Court of Appeals and Hcj 1129/06 Plonit and Other V. Shari'a Court of Appeals«, in: *Mishpakha ve Mishpat* 2, S. 69–105.

— (2005–2006), »The Shari'a in Israel: Islamization, Israelization and the Invented Islamic Law«, in: *UCLA Journal of Islamic and Near Eastern Law* 5, S. 81–129.

— (2005), »Divorce Reform in the Shari'a Court of Appeals in Israel (1992-2003)«, in: *Islamic Law and Society* 13(2), S. 242–274.

— (2003), »The Transition From Tradition to Reform: The Shari'a Appeals Court Rulings on Child Custody (1992–2001)«, in: *Fordham International Law Journal* 26, S. 595–655.

Reiter, Yitzhak (1997), »Qadis and the Implementation of Islamic Law in Present Day Israel«, in: R. Gleave und E. Kermeli (Hg.), *Islamic Law: Theory and Practice*, London, S. 205–231.

Sapir, Gideon (2009), »Constitutional Revolutions: Israel as a Case-Study«, in: *International Journal of Law in Context* 5(4), S. 355–378.

Scolnicov, Anat (2006), »Religious Law, Religious Courts and Human Rights within Israeli Constitutional Structure«, in: *International Journal of Constitutional Law* 4(4), S. 732–740.

Sezgin, Yüksel (2014), »How Non-Muslim Democracies Engage Shari'a: Lessons for Democratizing Muslim Nations«, in: *APSA*, 30.08.2014.

— (2013), *Human Rights under State-Enforced Religious Family Laws in Israel, Egypt and India*, Cambridge.

— (2010), »The Israeli Millet System: Examining Legal Pluralism through Lenses of Nation-Building and Human Rights«, in: *Israel Law Review* 43(3), S. 631–654.

Sezgin, Yüksel/Künkler, Mirjam (2014), »Regulation of ›Religion‹ and the ›Religious‹: The Politics of Judicialization and Bureaucratization in India and Indonesia«, in: *Comparative Studies in Society and History* 56(2), S. 1–31.

Shahar, Ido (2007), »Legal Reform, Interpretive Communities and the Quest for Legitimacy: A Contextual Analysis of a Legal Circular«, in: Ron Shaham (Hg.), *Law, Custom, and Statute in the Muslim World: Studies in Honor of Aharon Layish*, Leiden, S. 199–228.

Tsaoussis-Hatzis, Aspasia (2003), *The Greek Divorce Law Reform of 1983 and Its Impact on Homemakers: A Social and Economic Analysis*, Athen.

Tsitselikis, Kōnstantinos (2012), *Old and New Islam in Greece: From Historical Minorities to Immigrant Newcomers, Studies in International Minority and Group Rights*, Leiden.

— (2001), »Me Aphormē Tēn Apophasē 405/2000 Tou Monomelous Prōtodikeiou Thēbōn«, in: *Nomiko Vima* 49, S. 583–593.

Turner, Bryan S./Arslan, Berna Zengin (2014), »Legal Pluralism and the Shari'a: A Comparison of Greece and Turkey«, in: *The Sociological Review* 62(3), S. 439–456.

Velivasaki, Eleni (2013), »Operating Religious Minority Legal Orders in Greece and in the UK: A Comparison of the Mufti Office in Komotini and the Islamic Shari'a Council in London«, https://www.unilu.ch/fileadmin/fakultaeten/rf/institute/zrv/dok/WP04-13-VELIVASAKI.pdf (letzter Zugriff im Juni 2015).

Woods, Patricia J. (2008), *Judicial Power and National Politics: Courts and Gender in the Religious-Secular Conflict in Israel*, Albany, N.Y.

Zahalka, Iyad (2014), *Shari`Ah Ba-`Idan Ha-Moderni: Ha-Halakhah La-Mi'Utim Ha-Muslemiyim*, Tel-Aviv.

— (2012), »The Challenge of Administering Justice to an Islamic Minority Living in a Non-Moslem State: The Shari'a Courts in Israel«, in: *Journal of Levantine Studies* 2(2), S. 151–173.

— (2008), *Al-Murshid Fi Al-Qada' Al-Shar'i*, Tel-Aviv.

Die Islamisierung des Rechts in Malaysia

Kerstin Steiner

Einleitung

Malaysia ist in einer komplexen Phase der Neuorientierung. Es müssen Strategien entwickelt werden, um auf die Herausforderungen zu reagieren, die sich durch die Einführung und Ausweitung religiöser Gesetze in einer pluralistisch-demokratischen Gesellschaft ergeben.

Das Land hat etwa 28,3 Millionen Einwohner. Es ist geprägt durch eine multiethnische und multireligiöse Gesellschaft bestehend aus Muslimen (61,3 Prozent der Bevölkerung), Buddhisten (19,8 Prozent), Christen (9,2 Prozent) und Hindus (6,3 Prozent).[1]

In einer demokratischen Gesellschaft fungiert der Staat als Schiedsrichter, wenn es darum geht, unterschiedliche Wertvorstellungen miteinander in Einklang zu bringen. Diese Aufgabe hat sich in pluralistischen Gesellschaften mit demokratisch gewählten Regierungen als schwierig erwiesen. Manche Wissenschaftler/innen – wie etwa Mill (1861) und Horowitz (1985) – vertreten sogar die Auffassung, wahre Demokratie sei in einer pluralistischen Gesellschaft überhaupt nicht möglich. Lijphart (1977: 2) wiederum ist der Meinung, Demokratie, jedoch im Sinne einer Konkordanzdemokratie, sei zwar schwierig, aber nicht unmöglich zu erreichen.[2]

Das bedeutet, dass es einen Prozess geben muss, in dessen Rahmen die Ideale, Wertvorstellungen und Grundsätze einzelner Teile der Bevölkerung

---

1 Siehe die Volkszählung von 2010, einsehbar unter http://www.statistics.gov.my/portal/index.php?option=com_content&id=1215.
2 Lijphart bezieht sich auf das Werk von Johannes Althusius und dessen Konzept der *consociatio* in *Politica Methodice Digesta* (1603) als Grundlage für die Definition einer Konkordanzdemokratie (*consociational democracy*). Zusammengefasst definiert Lijphart (1977: 5) eine Verhandlungsdemokratie als »segmentierten Pluralismus, wenn dieser dahingehend erweitert wird, dass er alle möglichen Spaltungen zwischen Segmenten einer pluralistischen Gesellschaft umfasst und mit einer Konkordanzdemokratie kombiniert wird.«

gegeneinander abgewogen und Prioritäten gesetzt werden (Berlin 2002: 212–217). Berlin merkt hierzu an, dass

»Rousseau sich begeistert darüber geäußert hat, dass die Gesetze der Freiheit sich möglicherweise als strenger erweisen als das Joch der Tyrannei. Tyrannei besteht im Dienst an menschlichen Gebietern. Das Gesetz kann kein Tyrann sein. Mit Freiheit meint Rousseau nicht die ›negative‹ Freiheit des Individuums, innerhalb eines festgelegten Rahmens keiner Einmischung ausgesetzt zu sein, sondern vielmehr die Teilhabe aller, und nicht nur einiger, vollwertiger Mitglieder der Gesellschaft an der öffentlichen Macht, die sich in jeden Aspekt des Lebens eines jeden Bürgers einmischen darf. Die Liberalen in der ersten Hälfte des neunzehnten Jahrhunderts sahen richtig voraus, dass Freiheit in diesem ›positiven‹ Sinne mit Leichtigkeit viele der ›negativen‹ Freiheiten zerstören könnte, die unter ihnen ein gut gehütetes Geheimnis waren.« (ebd.: 208)

Aufbauend auf dem Werk von J. N. Figgis kommt Berlin (2002) zu dem Schluss, dass Religion und Demokratie zwar koexistieren können, dass dies jedoch gegenseitige Toleranz oder zumindest gegenseitige Zurückhaltung sowohl aufseiten der Religion als auch seitens der Regierung erfordert. Ferner müssten Menschen, die nicht religiös sind, das Recht haben, nach ihren eigenen Wertmaßstäben zu leben.

Diese Toleranz gestaltet sich noch schwieriger in einem Staat, der sich – wie Malaysia – in einem Selbstfindungsprozess befindet. Malaysia ist zwar ein demokratischer Staat, aber es sind immer wieder Diskussionen darüber aufgeflammt, ob die Staatsnatur Malaysias eher säkular oder islamisch ist. Diesbezüglich gibt es bislang keinen Konsens, und Malaysia steht hinsichtlich der Frage, wo das Land bezüglich des Verhältnisses zwischen Staat, Religion und Recht steht und wie die Grenzen zwischen diesen Institutionen verlaufen, wieder einmal am Scheideweg.

Artikel 3 der Bundesverfassung Malaysias bestimmt, dass »der Islam Staatsreligion sein soll«. Das hat die Frage aufgeworfen, ob Malaysia ein islamischer oder ein säkularer Staat ist. Dadurch stellt sich die Problematik, ob das islamische Recht oder die Verfassung das oberste Recht im Lande ist. Diese Frage ist von der politischen Elite und der Justiz unterschiedlich beantwortet worden. Die Meinungen der politischen Elite und der Justiz schwanken unter dem Einfluss der öffentlichen Meinung. Im Folgenden wird ein Überblick über diese unterschiedlichen Standpunkte und deren Entstehung gegeben. Anschließend wird erörtert, wie sich diese Standpunkte bei der Behandlung aktueller politischer und rechtlicher Themen bemerkbar machen.

Islam, Recht und Politik in Malaysia

Der Islam ist ein wichtiger Faktor im sozialen, kulturellen, politischen und gesetzlichen Gefüge Malaysias. Wann und auf welchen Wegen der Islam nach Malaysia gelangte, ist nicht genau bekannt (Wu Min Aun 1990). In der Historie des Islam in Malaysia gilt für gewöhnlich Malakka als wichtigster geographischer und kultureller »Bezugspunkt«. Dort fasste der Islam im 15. Jahrhundert Fuß (Hooker 1984: 2; Ibrahim/Joneh 1987: 52). Die Auswirkungen des Islam auf Südostasien, möglicherweise einschließlich Malayas vor der Kolonialzeit, bestanden im Großen und Ganzen eher in einer graduellen und selektiven Übernahme islamischer Bräuche durch indigene Kulturen als in einer vollständigen Einführung islamischen Rechts. Islamische Prinzipien und *adat* (traditionelles Gewohnheitsrecht) ließen sich miteinander in Einklang bringen. In den meisten Regionen bildete sich ein »gemischtes System« heraus, in dem islamische Elemente Seite an Seite mit lokalen Elementen existierten oder mit diesen verschmolzen (Hooker 1978: 49).

Im postkolonialen Staat wurde der Islam verfassungsmäßig verankert. So definierte beispielsweise Artikel 160(2) der neuen Bundesverfassung »malaiisch« als »muslimisch«. Der High Court interpretierte dies dahingehend, dass ein Malaie oder eine Malaiin »bis zum Tage seines oder ihres Todes am islamischen Glauben festhält«.[3] Seit der Geburtsstunde Malaysias ist das Thema Islam aber untrennbar mit der Auffassung verknüpft, das multikulturelle Malaysia sei ein malaiischer Staat. Das wurde 1965 deutlich, als Singapur den neu gegründeten Staat – die Föderation Malaysia – verließ, die aus dem Vorgängerstaat – der Föderation Malaya –hervorgegangen ist.

Seither haben Anführer der Malaien ihr Recht auf Vorherrschaft oder *ketuanan Melayu* (Malaiisch: malaiische Überlegenheit) geltend gemacht, um Malaien als separate und privilegierte Gruppe zu etablieren. Diese Vorstellung gründet auf ihrer Identität als Muslime und der »Islamität« des Staates, auf dessen Regierung sie Anspruch erheben. Vor allem seit den 1980er Jahren vertreten malaiische Anführer die Ansicht, diese Sonderrechte der Malaien seien Teil des politischen »Gesellschaftsvertrages« der mit der Unabhängigkeit geschlossenen wurde, durch den Nichtmalaien als Bürger/innen des neuen, »malaiischen« Staates anerkannt worden seien. Ob

---

3 *Lina Joy v Majilis Agama Wilayah Persekutuan & Anor* [2004] 6 CLJ 242, 271.

das zutrifft, ist strittig,[4] aber es führte dazu, dass in einigen Bereichen spezielle Quoten, zum Beispiel in Wirtschaft und Bildung, aber auch andere Privilegien für *bumiputra*[5], eine bestimmte indigene Gruppen – vor allem aus Malaien bestehend –, eingeführt wurden. Beispiele hierfür sind die *New Economic Policy* (NEP) und ähnliche Programme mit »positiver Diskriminierung«, durch welche die Sonderstellung der Malaien in Einklang mit Artikel 153 der Verfassung verankert werden sollte.[6] Eine weitere Folge ist die – in der Bevölkerung allgemein bekannte und kritisierte – Vorstellung, dass Ablehnung dieser Vormachtstellung und der dazugehörigen Diskriminierung aufgrund ethnischer Zugehörigkeit als »Verrat und Angriff auf den Islam« gilt (Whiting 2010: 5; Kessler 2010b). Auch Kritik an der Islamisierung wird häufig als Angriff auf die Malaien ausgelegt und somit als eine Art Verrat am – von den Malaien dominierten – Staat Malaysia. Das zeigte sich zum Beispiel kürzlich nach den allgemeinen Wahlen von 2013 bei Boykottaufrufen gegen Unternehmen, die nicht in malaiischer Hand waren (Boo Su-Lin 2013), oder bei den Demonstrationen von Rothemden[7] im Jahre 2015. Außerdem wurden muslimische Mitglieder der demokratischen Parteien kritisiert, die sich nicht öffentlich für die Islamisierung aussprachen. In der Hari-Raya-Haji-Predigt des Jahres 2015 ließ beispielsweise die Islamische Religionsabteilung von Pahang (*Pahang Islamic Religious Department, JAIP*) verlautbaren,

»dass die Muslime im Lande, vor allem die Malaien, derzeit wegen politischer Ideologien zerstritten sind.

---

4 Eine Zusammenfassung der Argumente findet sich in Kessler 2010a und 2010b.
5 *Bumiputra*: Malaiisch für indigene Bevölkerung, wörtlich: »Sohn der Erde«.
6 Artikel 153 überträgt dem Yang di-Pertuan Agong (dem unter den Bundesherrschern gewählter König Malaysias) die Verantwortung dafür, »die Sonderstellung der Malaien und Einheimischen aller Staaten von Sabah und Sarawak sowie die berechtigten Interessen anderer Volksgruppen zu wahren«; dazu gehört die Einführung von Quoten für den Eintritt in den Beamtenstand, öffentliche Stipendien und öffentliche Bildung.
7 Die Bezeichnung »Rothemd« stammt ursprünglich aus Thailand, wo die Unterstützer einer bestimmten Partei rote Hemden tragen. In Malaysia entstanden die Rothemden aus dem politisch brisanten Zusammenspiel dreier organisatorischer Hauptprinzipien im öffentlichen Leben Malaysias heraus: ethnische Zugehörigkeit, Religion und eine seit 60 Jahren bestehende Regierung, die sich in einer Krise befand. Sie sind Ausdruck einer Bündelung von Kräften, die durch das enorm wichtige Ergebnis der Wahlen von 2013 sowie die darauffolgenden nicht enden wollenden Skandale um den umstrittenen Premierminister Najib Razak freigesetzt wurden (Malhi 2015).

Die Spaltung kommt daher, dass Muslime sich nicht für den Islam entschieden haben, sondern für politische Parteien wie UMNO, PAS, PKR und die neue Partei Gerakan Harapan Baru.

›Leider haben sich auch einige Muslime der DAP angeschlossen, die eindeutig gegen den Islam eingestellt ist‹, hieß es in der Predigt.

Zwischen Muslimen solle Einigkeit herrschen, egal, in welcher Partei sie sind oder welche sie unterstützen. Eine Spaltung zwischen den Gläubigen wird von Allah missbilligt, da sie zum Untergang muslimischer Herrschaft im Lande führen würde.« (Zachariah 2015)

Wie diese Predigt veranschaulicht, wird es als notwendig empfunden, dass Muslime sich vereint gegen Nichtmuslime stellen, die angeblich die Überlegenheit der Malaien und deren Recht, Malaysia zu regieren, bedrohen. Diese muslimische Überlegenheit ist vor allem in der Politik der beiden größten muslimischen Parteien verankert, UMNO und PAS, auf die im folgenden Abschnitt näher eingegangen wird.

Der Wettkampf um muslimische Wähler

Muslimische beziehungsweise islamische Interessen werden in Malaysia von zwei politischen Parteien vertreten, der UMNO (United Malays National Organisation, *Pertubuhan Kebangsaan Melayu Bersatu*), die stärkste Partei in der Regierungskoalition, die seit der Unabhängigkeit an der Macht ist, und der PAS (*Parti Islam Se-Malaysia*, Pan-Malaysian Islamic Party), die führende islamische Oppositionspartei.

Die Einstellung der UMNO zum Islam hat sich langsam in Richtung einer stärkeren Befürwortung einer Islamisierung Malaysias verschoben. Historisch gesehen war die Rolle des Islam eigentlich klar, da der erste Premierminister Tunku Abdul Rahman verkündete: »Dieses Land ist kein islamischer Staat im herkömmlichen Sinne, wir bestimmen lediglich, dass der Islam die offizielle Staatsreligion sein soll.«[8] Und er fügte hinzu: »An eine islamische Staatsorganisation ist nicht zu denken, es sei denn, wir ertränken sämtliche Nichtmalaien.«[9] Zur gleichen Zeit betonte aber Tun Abdul Razak, der damalige Vizepremierminister und spätere Premiermi-

---

8 Abdul Tun Rahman, zitiert in Ibrahim 1985: 217.
9 Abdul Tun Rahman, zitiert in von der Mehden 1963: 611.

nister: »Wir haben alles in unserer Macht Stehende getan, die islamische Religion zu pflegen«,[10] und zwar durch

»den Bau zahlloser Moscheen durch den Staat und die Anfänge einer Islamisierung des Verwaltungsapparates. Außerdem wurden auf staatlicher Ebene die Scharia-Gesetze verschärft und die Strafen für Verstöße angehoben.«[11]

Das zeigt, dass die UMNO seit der Unabhängigkeit darauf bedacht war, sich auf dem gefährlichen Terrain des Spannungsfeldes zwischen Islam, Recht und Staat vorsichtig zu bewegen. Seither hat sich der Standpunkt der Partei hinsichtlich dessen, was Malaysia ausmacht und welche Rolle dem Islam im Staatsgefüge zukommt, geändert. Sie befürwortet nunmehr eine schrittweise Islamisierung.

So gab es etwa bereits im September 1977 Berichte darüber, dass »eine wachsende Zahl malaiischer Muslime Druck auf [ihre] Regierung ausübt, ihr Land in einen strengen« theokratischen Staat zu verwandeln« (Bakar 1981: 1044). Auf den wachsenden politischen Druck von Anhängern und Anhängerinnen muslimischer Erweckungsbewegungen reagierte die UMNO schließlich durch Unterstützung verschiedener Initiativen, inklusive vermehrter *dakwah*-Aktivitäten und der »islamischen Lebensweise«, was auch immer genau damit gemeint war (Bakar 1981: 1050). Dieser neu erwachte Enthusiasmus der Regierung für eine Islamisierung nahm während der Amtszeit des damaligen Premierministers Tun Dr. Mahathir Mohamed (1981–2003) zu.

Anlässlich der Feierlichkeiten zu seinem achtzigsten Geburtstag im Jahre 1983 bekräftigte Abdul Rahman, sein Land solle aufgrund seiner multiethnischen Zusammensetzung niemals ein »islamischer Staat« werden, da dies »eine Verletzung des Vertrauensverhältnisses mit denjenigen Bevölkerungsgruppen bedeuten würde, die größtenteils aus nichtmuslimischen Chinesen und Indern bestehen« (Mauzy 1983–1984: 631). Diesen Standpunkt unterstrich zur gleichen Zeit auch Malaysias dritter Premierminister Tun Hussein bin Dato' Onn (1976–1981). Er sagte: »Auch mit dem Islam als offizieller Religion kann die Nation als säkularer Staat funktionieren.« (Hussein Onn, zitiert in Mauzy 1983–1984: 631)

Unter Mahathir sahen die Führer der UMNO dann allerdings ihre Wahlerfolge durch die PAS gefährdet und wollten die Kontrolle über die politische Agenda dadurch wiedererlangen, dass sie die Opposition in Fra-

---

10 Abdul Tun Razak, zitiert in von der Mehden 2013: 343.
11 Abdul Tun Razak, zitiert in von der Mehden 2013: 343.

gen der Islamisierung ausstachen. Sie gaben dabei offen zu, dass sie die Werbetrommel für den Islam rührten, um der Partei bezüglich des Islam sozusagen ein gutes Leumundszeugnis auszustellen (Mauzy 1983–1984: 631).

Die Regierung widmete sich daher in den 1980er Jahren drei Großprojekten: dem islamischem Bankwesen, der Internationalen Islamischen Universität und dem Pflichtunterricht in islamischer Kultur an den Hochschulen. Der Beschluss hinsichtlich des Pflichtunterrichts wurde später wieder zurückgenommen, aber die beiden anderen Projekte trieb man weiter voran (Mauzy 1983–1984: 638, 640).

Diese Entwicklung setzte sich in den 1990er Jahren mit der Gründung des islamischen Thinktanks IKIM (*Institut Kefahaman Islam Malaysia*, Malaysian Institute of Islamic Understanding) fort. Zusammen mit anderen regierungsfreundlichen und von der Regierung unterstützten islamischen Thinktanks versuchte das IKIM, »progressive islamische Ideen« zu verbreiten, die in Einklang mit dem von der UMNO vertretenen »modernen Islam« standen (Hamayotsu 2002: 358). Man glaubte, diese Version des Islam sei auch für Nichtmuslime akzeptabel, die dem eher konservativen Ansatz der PAS argwöhnisch gegenüberstanden. Dabei griff die Regierung auf sehr allgemeine Begriffe von »islamischen Prinzipien« zurück, um ein Zukunftsbild von Malaysia zu propagieren, bei dem wissenschaftlicher und wirtschaftlicher Fortschritt sowie Modernisierung nach westlichem Vorbild im Mittelpunkt standen (Camroux 1996: 857). Unter Mahathirs Nachfolger Badawi bekam dieses Konzept einen Namen: *Islam Hadhari* (zivilisatorischer Islam). Dies war ein eher verlegener Versuch, ein mehr kosmopolitisches und tolerantes Bild des offiziellen Islam heraufzubeschwören, von dem sich Nichtmuslime nicht bedroht fühlen sollten. Allerdings waren die Absichten hinter dieser Ideologie so durchsichtig, dass das neue »Etikett« wenig Wirkung zeigte. Am 29. September 2001 verkündete der damalige Premierminister Tun Dr. Mahathir bin Mohamed, Malaysia sei bereits ein islamischer Staat, weil wichtige Bestandteile des Rechts- und Verwaltungssystems im Lande bereits auf islamischen Grundsätzen basierten (Mahathir 2002). Die nichtreligiösen Oppositionsparteien und vor allem der Oppositionsführer Lim Kit Siang hielten diesen politischen Schachzug für unvereinbar mit der Bundesverfassung. Dieser zufolge handle es sich bei Malaysia nämlich um einen säkularen Staat, in dem der Islam gemäß Artikel 3 der Verfassung lediglich die offizielle Staatsreligion sei, »andere Religionen aber überall in der Föderation in Frieden und Eintracht ausgeübt werden dürfen«.

Im Jahre 2007 wurde die Auffassung, Malaysia sei tatsächlich ein islamischer Staat, zumindest indirekt vom damaligen Vizepremier Najib Razak verstärkt, der erklärte, Malaysia sei niemals ein säkularer Staat gewesen (zitiert in *Bernama* 2007). Parallel zu dieser Behauptung, es handle sich um einen islamischen Staat, findet eine Herabstufung des säkularen Rechts, verfassungsrechtlich garantierter Freiheiten und anderen Ideenguts statt, die als unvereinbar mit dem Islam gelten. 2014 machten folgende Kommentare von Najib Razak – inzwischen Premierminister – die Schlagzeilen:

»Um ›Menschenrechtlerei‹, eine liberale Denkrichtung, die das weltliche Recht über die Religion stellt, müssen wir uns schnellstens kümmern, denn sie steht im Widerspruch zur islamischen Lehre.

Er sagte, solch eine Denkweise, die als neue ›Religion‹ übernommen werde und sich gerade rasant innerhalb und außerhalb des Landes ausbreite, stelle für Muslime eine Bedrohung dar, da sie islamische Werte ablehne.

›[Diejenigen, die sich einer solchen Denkweise anschließen], tun alles Mögliche und behaupten, sie würden für Menschenrechte eintreten.‹

›Das ist eine abweichende Denkrichtung und eine Bedrohung, es ist gefährlich für den Islam.‹

›Wir werden die Forderung, dass man das Recht zur Ablehnung des Islam haben müsse, niemals akzeptieren oder ihr gar nachgeben, und das Gleiche gilt für eine Ablehnung der Umsetzung islamischer Lehre, die wir mittels Scharia-Recht vorgenommen haben.«« (Alagesh 2014)

Während die UMNO einige Zeit brauchte, um ihre Glaubwürdigkeit in Fragen des Islam aufzubauen und in den Mittelpunkt ihrer Politik zu stellen, spielte der Islam von Anfang an bei der PAS eine gänzlich andere Rolle. Die PAS wurde 1951 bei der dritten *ulama*-Konferenz, die von der UMNO veranstaltet wurde (Liew 2007: 107), als unabhängige Organisation gegründet. Ihre Mitglieder waren *ulama*,[12] *imame*[13] und konservative Nationalistinnen und Nationalisten, darunter viele »Überläufer« von der UMNO. Sie ist eine Organisation mit ausschließlichem Schwerpunkt auf muslimischen/malaiischen Angelegenheiten und somit eine Nachfolgerin malaiisch-muslimischer Organisationen der Nachkriegszeit wie der *Hizbul Muslimin* oder der Malay Nationalist Party (Chin 2004: 361).

---

12 *Ulama*: Arabisch *ulama*, Religionsgelehrte, Plural von *alim*. Das Wort *ulama* wird in Südostasien oft als Singular verwendet.
13 *Imam*: Arabisch *imam*, Vorbeter, Geistlicher.

Von Anfang an versuchte die PAS, ihre konservative Auslegung der Scharia in Malaysia durchzusetzen. Ihr ultimatives Ziel war die Schaffung eines Staates, in dem der Islam sich nicht länger nur in religiösen Zeremonien ausdrückt, sondern die Stelle des weltlichen Rechts einnimmt und zum »Gesetz des Landes« wird.[14] Ein Ziel der 1951 erstellten Satzung der Partei besteht darin, den Zusammenschluss der islamischen Bruderschaft herbeizuführen, die verfassungsrechtlichen und religiösen Staatsapparate in Malaya – später Malaysia – zusammenzuführen, die Ehre des Islam zu verteidigen und für die Rechte und Interessen der *umma*[15] einzustehen sowie mit anderen politischen Organisationen zusammenzuarbeiten, deren Prinzipien und Ziele nicht im Widerspruch zum Islam stehen (Chin 2004: 361).

Die ersten Parlamentswahlen in Malaysia fanden 1955 statt, zwei Jahre vor der Unabhängigkeit. Um der PAS die Wähler abspenstig zu machen, behauptete die UMNO – durchaus vorausblickend –, dass »extreme« *hudud*[16]-Gesetze eingeführt würden, wenn die PAS an die Macht käme (Noor 2004: 88). Ähnliche »Angstmacherei« vor der PAS betrieb die UMNO anschließend in der weiteren politischen Geschichte Malaysias, und bisweilen behielt sie damit auch Recht. Ungeachtet dieser Kampagne der UMNO und der Tatsache, dass die PAS finanziell so schlecht gestellt war, dass sie nicht einmal die Kosten für Aufstellung und Wahlkampf ihrer Kandidaten bezahlen konnte, war sie die einzige Oppositionspartei, die bei den ersten Parlamentswahlen einen Sitz errang. Sie gewann im Distrikt Kerian in Perak, alle anderen Sitze gingen an die Allianz (heute die *Barisan Nasional*, BN), das politische Vehikel der UMNO (Case/Liew 2006: 389).

Die UMNO hatte die PAS als eine Partei der *lebai kolot* (Malaiisch: engstirnige *ulama*) und *orang kampung miskin* (Malaiisch: arme Dorfbewohner) hingestellt. Um das Image der PAS zu verbessern, bat man 1956 Dr. Burhanuddin Al-Helmy, den Parteivorsitz zu übernehmen (ebd.: 113, 125). Er versuchte, auf Grundlage seiner eigenen islamistischen Philosophie konkrete ideologische, politische und strategische Zielsetzungen zu entwickeln.

---

14 Siehe beispielsweise die Andeutung des ehemaligen Vizevorsitzenden der PAS, Nasharudin Mat Isa, es sei Zeit, dass sich das malaysische Recht vom englischen Recht (*Common Law*) »distanziere« (zitiert in Shankar 2010).

15 *Umma*: Arabisch *ummatu l-Islam*, die Gemeinschaft der Muslime.

16 *Hudud*: Arabisch *hudud* bedeutet wörtlich »Grenze« oder »Einschränkung« und bezieht sich auf strenge Körperstrafen wie Steinigung oder Amputation, die bei schweren Verbrechen vorgeschrieben sind, vor allem bei solchen, die als »Rechtsansprüche Gottes« gelten, so etwa Diebstahl, Unzucht, Alkoholkonsum und Abtrünnigkeit vom Glauben.

Dr. Burhanuddin hatte eine religiöse Ausbildung genossen und engagierte sich sehr für den politischen Islam (ebd.: 112). Unter Burhanuddins Führung legte die PAS allmählich ihr rückständiges Image ab und zog immer mehr Nationalisten an, die mit dem Islam sympathisierten.

Nach diesem Führungswechsel nahm die Beliebtheit der Partei so sehr zu, dass sie großen Rückhalt in den nördlichen Bundesstaaten der malaiischen Halbinsel gewann, vor allem in Kelantan, Terengganu, Kedah und Perlis. 1959 war sie in Terengganu und Kelantan an die Macht gekommen, in Wahlbezirken mit vorwiegend malaiisch-muslimischer Bevölkerung (Chin 2004: 361). Diese Siege bedeuteten, dass die PAS als erste islamische Partei des heutigen Südostasien auf verfassungsrechtlichem Wege Regierungen bildete (wenngleich nur auf Landesebene und nicht auf Bundesebene). Noor zufolge (2004: 155) war sie außerdem eine der ersten islamischen Parteien in der muslimischen Welt, die überhaupt an die Macht kam. UMNO und Allianzpartei waren über den Erfolg der PAS entsetzt und mussten ihre Ansicht revidieren, die PAS sei lediglich eine Partei der Bauern und Dorf-Imame.

Nichtsdestoweniger wurde die Vorstellung, die PAS sei rückständig, von der UMNO weiterhin gehegt und gepflegt. Während des Wahlkampfes im Jahr 1986 beispielsweise war die Medienberichterstattung über Oppositionsparteien einschließlich der PAS häufig verzerrt. Die PAS wurde als gefährliche Partei mit fanatischen Anführern dargestellt, die mittels Gewalt und Umsturz in Malaysia einen islamischen Staat errichten wolle. Unterdessen trieb die UMNO ihr eigenes »Islamisierungsprogramm« voran, das mit beeindruckender wirtschaftlicher Entwicklung einherging (Noor 2004: 409). Der Schwerpunkt der PAS auf islamische Themen in den 1980er Jahren kostete die Partei außerdem ihren Rückhalt bei Nichtmalaien. All diese Faktoren zusammen führten dazu, dass die PAS 1986 nur einen einzigen Sitz (Kelantan) im Parlament bekam.

Es war unübersehbar, dass die PAS nichtmalaiische Gemeinden für sich gewinnen musste, wenn sie bei Wahlen erfolgreicher abschneiden wollte (ebd.: 525). Die Wirtschaftskrise von 1997 und die spektakuläre Absetzung sowie die anschließende Verhaftung und Gefängnisstrafe des damaligen Vizepremiers Anwar Ibrahim im Jahre 1998 ließ die Wählerstimmen für die PAS sprunghaft ansteigen (Sidel 2007: 40). Plötzlich wurde sie zu einer möglichen Alternative zur UMNO, die nunmehr zerstritten war und sich Vorwürfen der Korruption ausgesetzt sah. Die PAS begann gezielt um die Gunst nichtmalaiischer Wähler/innen zu werben, und in ihre islamischen Reden mischten sich wohltemperierte Töne bezüglich Demokratie und Menschenrechte (Noor 2004: 622).

1999 bildete die PAS eine Koalition mit drei weiteren muslimischen Oppositionsparteien, die unter dem Namen *Barisan Alternatif* (BA, Alternative Front) bekannt sind. Sie milderte ihre islamische Tonart noch mehr und gewann die Stimmen nichtmalaiischer Wähler/innen mit dem Versprechen allen Bürgerinnen und Bürgern gleiche Rechte zu geben und sich für Transparenz einzusetzen sowie die Regierung zur Rechenschaft zu ziehen (Stark 2004: 58).

Bei der Wahl von 1999 führte die neue Allianz mit der BA dazu, dass die PAS die Anzahl ihrer Sitze im Parlament vervierfachte, in Kelantan und Terengganu an die Macht kam und beinahe auch noch in Kedah gesiegt hätte (ebd.: 41). Die Democratic Action Party (DAP), ein weiterer Bestandteil der BA, erlitt allerdings empfindliche Verluste, und der damalige Parteivorsitzende Lim Kit Siang verlor seinen Sitz im Parlament. Die Parteispitze der PAS äußerte sich enttäuscht und verärgert über nichtmuslimische Wähler/innen, weil diese die Oppositionskoalition nicht unterstützt hatten (Noor 2004: 641–642). Einige Parteiführer der PAS riefen sogar zum Boykott sämtlicher chinesischer und indischer Unternehmen auf, die der BN – der Regierungskoalition um UMNO – den Rücken gestärkt hatten (ebd.: 642).

Diese Entwicklungen veranlassten den damaligen Vizevorsitzenden der PAS und neuen Ministerpräsidenten von Terengganu, Abdul Hadi Awang, wieder islamische Töne anzuschlagen, und er kündigte an, die PAS werde in ganz Malaysia einen islamischen Staat errichten, wenn sie landesweit an die Macht käme (Othman 2008: 48).

Sowohl die UMNO als auch die PAS sind sogar zu unterschiedlichen Zeiten das Risiko eingegangen, ihre Koalitionspartner wegen der Frage zu verprellen, welche Stellung der Islam in Malaysia einnimmt. Dies hat sie allerdings nicht davon abgehalten, einander im Hinblick auf ihre islamische Gesinnung zu »überbieten«, auf Kosten von Verfassungsgrundsätzen, Zivilrecht, religiöser Toleranz, Gleichberechtigung der Geschlechter und Nationsbildung (Rahim 2013: 8).

Dies zeigt sich auch an der Debatte um die Einführung von *hudud*, die in der politischen Landschaft immer wieder aufflammt und deutlich macht, dass die PAS unerschütterlich an einer Islamisierung festhält, während die UMNO immer wieder Anläufe unternimmt, muslimische Wähler/innen für sich zu gewinnen. Unterdessen beobachten die anderen Parteien skeptisch und ängstlich das politische »Fußballspiel«, bei dem der Spielball die Islamisierung des Rechts ist.

Hudud als Spielball der Politik

Konkrete Vorschläge zur Einführung von *hudud* in Malaysia wurden erstmals von Fadzil Noor in einer Rede im Jahre 1991 unterbreitet (Liew 2007: 125). Nachdem die PAS an die Macht gewählt worden war, machte sie sich daran, ihre Vision islamischen Rechts für Malaysia in die Tat umzusetzen. Ein Komitee aus PAS-Parteiführern, Anwälten und *ulama* legte den Entwurf für ein Scharia-Strafgesetz (II) von 1993 (Kelantan) (*Sharia Criminal Code [II] Bill of 1993 [Kelantan]*) vor, der am 25. November 1993 einstimmig vom Landtag in Kelantan angenommen wurde (Noor 2004: 500; Othman 1994: 147). Zu den 36 Landtagsabgeordneten, die für den Entwurf stimmten, gehörten 34 Mitglieder der PAS und zwei der *Barisan Nasional* (Othman 1994: 147).

Hooker (2003: 81) bemerkt, dass es sich bei dem Strafgesetz um einen Versuch handelt, »individuelle Verpflichtungen gegenüber Gott in eine gesellschaftliche Pflicht zu verwandeln, der vom Staat Geltung verschafft wird«. Es erlässt für den Bundesstaat Kelantan einen Gesetzeskorpus, der – wie erwähnt – unter anderem *hudud*-, *qisas*[17]- und *ta'azir*[18]-Vergehen sowie die entsprechenden Strafen beinhaltet. Am umstrittensten sind hierbei die *hudud*-Strafen.[19] Sie sehen für bestimmte Vergehen wie etwa Ehebruch, bewaffneten Raub und Abtrünnigkeit vom Glauben drastische Strafen vor, darunter Auspeitschen, die Amputation von Gliedmaßen, Steinigung und Kreuzigung. Als das Strafgesetz in Kelantan erlassen wurde, gab es – um Harding (2002: 175) zu zitieren – »einen allgemeinen Aufschrei des Entsetzens, und zwar nicht nur von Anwälten und nichtmuslimischen Gruppen und politischen Parteien, sondern auch von muslimischen Gruppen.« Kritik an dem Gesetz hagelte es von nichtmuslimischen NGOs, Frauengrup-

---

17 *Qisas*: Arabisch *qisas*, wörtlich »Vergeltung«, bezieht sich auf Verbrechen, bei denen Vergeltung als angemessene Strafe gilt, so etwa Mord oder absichtliche Körperverletzung.
18 *Ta'azir*: Arabisch *ta'zir*, Ermessensstrafen für von Muslimen begangene Verbrechen, die nicht im Koran erwähnt werden, sodass die Richter das Strafmaß für den Delinquenten oder die Delinquentin nach eigenem Ermessen festlegen dürfen.
19 Eine knappe Zusammenfassung hierzu findet sich bei Othman 1994: 147.

pen, der malaysischen Bundesregierung und sogar vom Sultan von Kelantan (Noor 2004: 615).

2002 erließ eine andere PAS-Regierung ein nahezu identisches Strafgesetz in Terengganu, einem anderen Bundesstaat im Norden, in dem sie damals an der Macht war. Der entsprechende Gesetzesentwurf wurde im Landtag von Terengganu am 7. Juli 2002 einstimmig angenommen und im September gleichen Jahres vom Sultan als Scharia-Strafgesetz (*Hudud* und *Qisas*) (Nr. 4) von 2002 (Terengganu) (*Syariah Criminal Offences [Hudud and Qisas] Act [No. 4] of 2002 [Terengganu]*) genehmigt. Anfänglich befürwortete Hadi Awang die schnelle Einführung dieses Strafgesetzes und erklärte, das Gesetz würde Ende des Jahres amtlich bekannt gegeben (*New Straits Times* 2002a). Im Dezember hatte er jedoch seine Meinung geändert und sagte, es gebe »keine unmittelbaren Pläne«, das Gesetz in Kraft zu setzen (*New Strait Times* 2002b).

Beide Strafgesetze sind vom Standpunkt der Glaubenslehre[20] sowie in verfassungsrechtlicher[21] und politischer Hinsicht kritisiert worden. Harding (2002: 175) zufolge konnte die UMNO

---

20 Im Hinblick auf die Glaubenslehre war das Hauptargument von Kritikern und Kritikerinnen wie Norani Othman (1994: 149–150), dass die Gesetze das Ergebnis einer selektiven Auswahl aus dem *fiqh* (Arabisch: islamische Rechtslehre) seien und daher eine bestimmte Interpretation verträten. Die Gesetze wurden jedoch so dargestellt, als handele es sich bei ihnen um eine verbindliche Wiedergabe der heiligen Schriften. Hashim Kamali (1995, 1998) hat eine detailliertere kritische Würdigung der Gesetze von Kelantan und Terengganu vorgelegt und vertritt die Ansicht, sie seien auf jeden Fall nicht mit dem *ijma'* vereinbar und widersprächen in einigen Fällen den heiligen Schriften.
21 Es war von vornherein klar, dass die Strafgesetze für Kelantan und Terengganu nicht in Kraft treten würden, wenn die malaysische Bundesregierung keine Änderungen an der Bundesverfassung vornahm (Kamali 1995: 7). Zum einen überschneiden sich die Strafgesetze mit dem Bundesstrafgesetz (Nr. 574) von 1936, überarbeitet 2006 (*Penal Code [No. 574] of 1936, rev. ed. 2006*), da einige im neuen Strafgesetz behandelte Verbrechen bereits per Bundesgesetz als Straftaten gelten – so etwa Diebstahl, Raub, Tötungsdelikte, Vergewaltigung, Körperverletzung und »Verbrechen wider die Natur«. Diese Überschneidung wirft das Problem der Doppelbestrafung auf, die laut Artikel 72 der Bundesverfassung verboten ist (Kamali 1995: 11). Die Strafgesetze versuchen das Problem unzufriedenstellend dadurch zu lösen, dass sie bestimmen, eine gemäß eines der Strafgesetze verurteilte Person dürfe nicht gemäß Bundesstrafgesetzes von 1936 noch einmal vor Gericht gestellt werden (siehe beispielsweise Paragraf 61 des Strafgesetzes für Kelantan). Allerdings ist unklar, wie die Rechtsordnung eines Bundesstaates einen Prozess gemäß Bundesgesetzen verhindern sollte, vor allem, wenn das Landesrecht seine verfassungsmäßigen Zuständigkeitsgrenzen überschreitet und sich Machtbefugnisse anmaßt, die allein der Bundesregierung zustehen, worauf weiter unten noch eingegangen wird (Kamali 1995: 12). Außerdem überschreiten die Strafgesetze den im Neunten An-

»sich nicht für das *hudud*-Strafrecht stark machen, ohne großen Druck auf die BN-Koalition auszuüben, die immerhin interethnisch und interreligiös ist, und ohne die nichtmuslimischen Minderheiten zu verschrecken, auf deren Unterstützung sie zunehmend angewiesen ist. Andererseits konnte sie sich aber auch nicht gegen die *hudud*-Gesetze aussprechen, denn dann hätte sie vor Muslimen als so unislamisch dagestanden, wie sie der PAS zufolge angeblich ist.«

Die UMNO hat es daher vermieden, sich gegen die Einführung von Scharia auszusprechen. Stattdessen hat sie beharrlich den Einwand vorgebracht, die von der PAS in den Gesetzen vertretene Interpretation des *hudud*-Rechtes sei nicht im Einklang mit der islamischen Lehre. Die UMNO wirft der PAS vor, bei der Erstellung der Gesetze eher von politischen als von religiösen Motiven geleitet zu sein (wobei sich beide Motive natürlich keineswegs gegenseitig ausschließen). So erklärte 1993 der damalige Premierminister Mahathir, dass »die Regierung nicht tatenlos zusehen wird, wie die PAS Grausamkeiten an der Bevölkerung Kelantans verübt und beispielsweise Kriminellen Gliedmaßen abhackt«, und versprach, dass »die Regierung gegen die von der PAS angeführte Regierung von Kelantan vorgehen wird, wenn diese die von der PAS entworfenen Hudud-Gesetze in Kraft setzt.«[22]

Auf Kritik am mangelnden Engagement der UMNO für den malaysischen Islam angesprochen fügte der Premierminister hinzu, die meisten Mitgliedsstaaten der Organization of Islamic Conference (OIC) würden das *hudud*-Recht nicht umsetzen und dennoch als islamisch gelten (Liew 2007: 113). Daraufhin erklärte der damalige Ministerpräsident von Kelan-

---

hang der malaysischen Bundesverfassung festgelegten Zuständigkeitsbereich der Scharia-Gerichte; dort werden die islamischen Streitgegenstände aufgezählt, für die diese Gerichte zuständig sind. Die Rechtssachen, deren Verhandlung den Bundesstaaten vorbehalten ist, beschränken sich im Großen und Ganzen auf Familienrecht, Treuhandverhältnisse und religiöse Vergehen. In den Strafgesetzen kommen aber auch Vergehen vor, die nicht im Neunten Anhang aufgezählt sind, beispielsweise Diebstahl. Auch in Zusammenhang mit der Bestrafung kommen Probleme auf. Das Gesetz zur strafrechtlichen Gerichtsbarkeit der Scharia-Gerichte, Nr. 355 von 1965 (*Syariah Courts [Criminal Jurisdiction] Act [No. 355] of 1965*) gestattet diesen Gerichten die Verhängung von Haftstrafen bis zu drei Jahren, Geldbußen von bis zu MYR 5.000, Auspeitschung mit höchstens sechs Hieben oder eine Kombination aus diesen Strafen (Paragraf 2). Dass Strafen wie Tod und Amputation dieses Maß übersteigen ist offenkundig. Wenn das Gesetz zur strafrechtlichen Gerichtsbarkeit der Scharia Gerichte, Nr. 355 von 1965 (*Syariah Courts [Criminal Jurisdiction] Act [No. 355] of 1965*) nicht novelliert wird, können die in den Strafgesetzen vorgesehenen Scharia-Gerichte die *hudud*-Strafen nicht verhängen, obwohl diese Gesetze ursprünglich genau hierfür geschaffen wurden.

22 Mahathir, zitiert in Kamali 1998: 207.

tan, die PAS »erfülle eine vom Islam auferlegte Pflicht«, und es »wäre eine schwere Sünde«, wenn das Strafgesetz in Kelantan nicht in Kraft gesetzt würde.[23] Er ließ sich sogar zu der Behauptung hinreißen, dass »Muslime, welche die Gesetze ablehnen, als *murtad*[24] angesehen würden.«[25] Im Mai 1994 bekräftigte Mahathir, dass seine Regierung der PAS niemals gestatten werde, das *hudud*-Recht über Kelantan zu verhängen, zumindest nicht in der im PAS-Strafgesetz vorgesehenen Form. In einem Brief an Nik Aziz schrieb Mahathir im Juli desselben Jahres:

»Nachdem die Regierung eine Reihe unabhängiger Experten aus dem Bereich des islamischen Rechts zu Rate gezogen hat, ist sie nicht davon überzeugt, dass der vorgeschlagene Vollzug islamischen Strafrechts durch die Landesregierung von Kelantan im Geiste und im Sinne des Gesetzes ist, wie es gemäß der Weisheit des Propheten Mohammed und seiner Gefährten einst vollzogen wurde.«

Und er fuhr fort:

»Die Zentralregierung hat keinerlei Absicht, mit der PAS zusammenzuarbeiten, da diese beabsichtigt, nur um der Politik willen Unrecht zu begehen und diejenigen für sich zu gewinnen, die sich von ihrer Redekunst haben blenden lassen. Die Regierung von Malaysia, die stets die Lehren und Werte des Islam verteidigt hat, kann der PAS-Landesregierung nicht gestatten, ein Gesetz umzusetzen, das gegen die rechtlichen Kernprinzipien des Islam verstößt. Sollte die PAS-Landesregierung darauf bestehen, Gesetzen Geltung zu verschaffen, die sie sich selber ausgedacht hat und die eindeutig den im Islam verwurzelten Rechtsgrundsätzen widersprechen, so wird die Zentralregierung im Gegenzug sämtliche erforderlichen Maßnahmen ergreifen, um den guten Namen und das Ansehen des Islam und seiner Anhänger zu verteidigen.« (der ins Englische übersetze Brief wird zitiert in Othman 1994: 170–170)

Dies führte zu einem politischen Stillstand, welcher der PAS politisch sehr gelegen kam, da sie dadurch ihre islamische Legitimation bekräftigen und das Ansehen der UMNO bei konservativen Musliminnen und Muslimen untergraben konnte. Zugleich geriet sie dadurch nicht in die »Verlegenheit, tatsächlich Hände und Füße abhacken sowie Menschen auspeitschen und öffentlich steinigen zu müssen« (Noor 2004: 727). Möglicherweise wusste die PAS ganz genau, dass die Strafgesetze so niemals in Kraft treten würden und dass es sich bei der Verabschiedung der Gesetze ebenso sehr

---

23 Mahathir, zitiert in Kamali 1998: 205.
24 Arabisch: *murtadd*, Glaubensabtrünnige.
25 Der Ministerpräsident von Kelantan, zitiert in Kamali 1998: 205.

um einen politischen Schachzug wie um einen ernst gemeinten Versuch handelte, *hudud* in Malaysia einzuführen.

Das Thema, ob *hudud* angewendet werden sollte, gleicht einem Vabanque-Spiel. Im Großen und Ganzen setzt sich die PAS allerdings beharrlich dafür ein, diese Gesetze einzuführen und anzuwenden. 2008 erklärte Husam Musa, der damalige Vizevorsitzende der PAS, die Partei werde sich weiterhin für die Anwendung von *hudud* einsetzen, wenn sie auf nationaler Ebene an die Macht käme (Firoz 2009). Der damalige Vorsitzende der DAP, Karpal Singh, entgegnete daraufhin, die DAP werde die Pakatan-Rakyat-Koalition verlassen, wenn die PAS jemals *hudud*-Gesetze einführe (*The Star* 2009). Darauf erwiderte wiederum der damalige Vizevorsitzende der PAS, Nasharuddin Mat Isa, Karpal Singh äußere wohl lediglich seine private Ansicht; die DAP werde die Pakatan Rakyat keineswegs verlassen, wenn die PAS – sollte sie landesweit an die Macht kommen – *hudud*-Gesetze einführen würde (ebd.). Der damalige Bündnischef von Pakatan Rakyat, Anwar Ibrahim, versuchte das Problem dadurch zu überspielen, dass er erklärte, wenn die Pakatan Rakyat in Malaysia an die Macht käme, würde die Einführung von *hudud*-Gesetzen »mit der Koalition diskutiert« werden und sie würden in jedem Falle nicht auf Nichtmuslime angewendet (ebd.)

Seither ist die Diskussion über *hudud* erneut aufgeflammt und nahm 2014 eine überraschende Wende, als am 27. März der damals am Premierministerium für islamische Angelegenheiten zuständige Minister Jamil Khir Baharom erklärte, die UMNO/BN in der malaysischen Bundesregierung sei bereit, mit der PAS bei der Einführung von *hudud*-Gesetzen in Kelantan zusammenzuarbeiten. Anfangs nahm die PAS dieses Angebot an und wollte von einem Parlamentsabgeordneten einen Gesetzesentwurf einbringen lassen (Lim Kit Sang 2015). Dr. Dzulkefly Ahmad, der Geschäftsführer des PAS Research Center, schrieb in einem offenen Brief in *The Malay Mail Online*: »Es geht tatsächlich wieder los, und zwar mit noch mehr Nachdruck.« Die ersten Reaktionen beschrieb er als »äußerst negativ und bestürzend«, gerade so, als habe die PAS eine »Atombombe« abgeworfen (Ahmad 2014).

In 2016 wurde tatsächlich ein Versuch gemacht, die notwendigen Gesetzesänderungen durchzuführen um *hudud* einzuführen. Die Diskussion des Gesetzesentwurfes *(Private Member's Bill Syariah Courts [Criminal Jurisdiction] [Amendment] Act 2016)* im Parlament wurde jedoch auf 2017 verschoben. Es überrascht daher kaum, dass beide Parteien einen Rückzieher gemacht und die *hudud*-Agenda trotz aller politischen Rhetorik erst einmal wieder zum Stocken gekommen ist.

Die jüngste clevere Vorgehensweise der UMNO bezüglich *hudud* zeigt, dass das Rennen, welche Partei am »islamischsten« ist, zwischen UMNO und PAS auch in Zukunft weitergehen wird. Die Legitimität jeder regierenden Partei wird immer davon abhängen, ob sie Vorstellungen in der Bevölkerung bezüglich der Gesetze für Musliminnen und Muslime in Malaysia beeinflussen und aufrechterhalten kann. Im nächsten Abschnitt geht es darum, wie diese Gesetze bei Einführung und Umsetzung seitens der Judikative ausgelegt werden.

Islam, Recht und Judikative in Malaysia

Innerhalb des gesetzlichen – und teilweise politischen – Rahmens ist die Judikative stark in die Gestaltung des Verhältnisses zwischen Islam, Recht und Staat involviert. Sie befasst sich regelmäßig mit Themen, die dieses Verhältnis betreffen, sei es die übergreifende Frage, welche Art von Staat die Verfassung vorsieht, oder die spezifischere Frage, wie das Verhältnis zwischen den unterschiedlichen Gesetzen und Rechtssystemen – säkular und religiös – in diesem pluralistischen Rechtssystem konstruiert wird.

Der Islam als Staatsreligion

Auf Grund von Artikel 3 stellt sich die Frage, was genau es bedeutet, wenn der Islam Staatsreligion ist. 1998 befasste sich das oberste Gericht des Landes (der damalige Supreme Court, heute der Federal Court) mit dieser Frage. In dem Präzedenzfall *Che Omar bin Che Soh v Public Prosecutor*[26] untersuchte das Gericht die malaysische Rechtsgeschichte während der britischen Kolonialherrschaft und kam zu dem Schluss, dass die Scharia nur in bestimmten Rechtsbereichen, meistens im Personalstatut, von Muslimen anwendbar sei.[27]

Tun Hj Mohammed Salleh bin Abas, der damalige Lord President des Gerichts, der 1988 – wohl verfassungswidrig – aus seinem Amt entfernt

---

26 *Che Omar bin Che Soh v Public Prosecutor* [1988] 2 MLJ 55.
27 *Che Omar bin Che Soh v Public Prosecutor* [1988] 2 MLJ 55, 56.

wurde, weil er leidenschaftlich und prinzipientreu für die Unabhängigkeit der Rechtsprechung sowie für Verfassungsstaatlichkeit eingetreten war, vertrat die Auffassung, sein Gericht habe keine Wahl gehabt, als sich für Säkularismus auszusprechen:[28]

»Wir müssen aber unsere persönlichen Gefühle beiseitelassen, denn beim Recht in diesem Lande handelt es sich auch heute immer noch um säkulares Recht, in dem Moralvorstellungen, die vom Recht nicht anerkannt sind, keinen Rechtsstatus genießen. Vielleicht sollte dies in anderen Foren oder in Seminaren thematisiert werden, und vielleicht auch von Politikern und im Parlament. Bis es Änderungen im Recht und im System gibt, können wir nur so weitermachen wie jetzt.«[29]

Man könnte den letzten Satz der Entscheidung, »bis es Änderungen im Recht und im System gibt«, unter Umständen als unverhohlene Aufforderung verstehen, das System zu ändern, sofern der entsprechende politische Wille besteht. Und tatsächlich versuchte Tun Hj Mohammed Salleh bin Abbas als rechtlicher Berater der PAS – und in dieser Funktion vor allem bezüglich der *hudud*-Gesetze – genau das umzusetzen, was er vorgeschlagen hatte: das System dadurch zu ändern, dass das Recht zum Erlass von Gesetzen benutzt wird, welche die Religiosität regeln, dieses Mal auf Kosten des Säkularismus.

In einer jüngeren Entscheidung nahm der malaysische Federal Court eine andere Haltung ein. Ezra Zaid war gemäß Paragraf 16 des Scharia-Strafgesetzes (Selangor) 1995 (*Syariah Criminal Offences [Selangor] Enactment 1995*) angeklagt. Dieser Paragraf verbietet jeder Person, ein Buch, ein Dokument oder eine andere Aufzeichnung zu veröffentlichen, in der etwas steht, das dem islamischen Recht zuwiderläuft. Bei dem Werk, um das es in dem Verfahren ging, handelte es sich um die Bahasa-Malaysia-Version des verbotenen Buches *Allah, Liberty and Love*. Das Scharia-Gericht von Selangor war der Ansicht, das Buch verstoße gegen die Glaubenssätze des Islam. Zaid berief sich unter anderem auf einen Verstoß gegen Artikel 10 der Verfassung, der Meinungsfreiheit garantiert. Eine fünfköpfige Kammer wies seine Beschwerde einstimmig ab, da Artikel 10

»in Einklang mit Artikel 3(1) bezüglich des Islam als Staatsreligion, Artikel 74(2) bezüglich der im Neunten Anhang festgelegten Befugnis des Staates, Landesge-

---

28 Eine Zusammenfassung dieser Ereignisse findet sich bei Sinnadurai 2007.
29 *Che Omar bin Che Soh v Public Prosecutor* [1988] 2 MLJ 55, 57.

setze zu erlassen, und Artikel 121(1)(a) bezüglich der Scharia-Gerichte auszulegen ist.«[30]

Das Gericht kam daher zu dem Schluss:

»[...] Berücksichtigt man die Bundesverfassung insgesamt, so hatten die Autoren der Verfassung fraglos die Absicht, auch eine Anwendung islamischer Personalstatuten auf Muslime in diesem Lande zu gestatten.«[31]

Dieses Urteil lässt erkennen, dass manche Richter/innen inzwischen das islamische Recht über die Bundesverfassung Malaysias stellen. Ähnlich uneinheitlich ist die Herangehensweise an die Frage, welches Gericht für bestimmte Angelegenheiten zuständig ist. In dem oben erwähnten Fall war dies nur eine Nebensache, aber auch dort vertrat das Gericht die Auffassung, die Angelegenheit falle in den Zuständigkeitsbereich der Scharia-Gerichte. Der nächste Abschnitt befasst sich daher eingehender mit dem Thema Rechtsprechung in einem pluralistischen System.

Das Verhältnis zwischen den unterschiedlichen Rechtssystemen

Aufgrund der besonderen Stellung des Islam besitzt Malaysia ein aus mehreren Gerichtsbarkeiten bestehendes Rechtssystem, in dem säkulares und nichtsäkulares Recht sowie entsprechende rechtliche Zuständigkeitsbereiche Seite an Seite existieren. Das Verhältnis zwischen diesen beiden Rechtssystemen und die Grenzen zwischen ihren jeweiligen Zuständigkeitsbereichen lassen sich schwer umreißen. Grundsätzlich werden im malaysischen Kontext Rechtssachen entweder als der islamischen oder der nichtreligiösen Rechtssphäre zugehörig klassifiziert und fallen daher jeweils ausschließlich in einen dieser Zuständigkeitsbereiche. Für gewöhnlich wird dieses Nebeneinanderbestehen durch imaginäre Grenzen definiert, die klar definieren sollen, was zum Bereich des islamischen Rechts und was zur nichtreligiösen Rechtssphäre gehört. Dieses Nebeneinander ist hinsichtlich der Frage ziemlich spannungsgeladen, welches Recht übergeordnet ist, das säkulare oder das religiöse, und welches Rechtssystem in welchen Angelegenheiten zu Entscheidungen ermächtigt ist.

---

30 Entscheidung zitiert in Yatim 2015.
31 Entscheidung zitiert in Yatim 2015.

Tatsächlich geht es zwischen den beiden Rechtssystemen regelmäßig und bisweilen kontrovers um Fragen wie überschneidende Gerichtsbarkeiten und Rechtsaufsicht. Clarke (2009: 24) bemerkt dazu:

»Solche pluralistischen Theorien des Nebeneinanderbestehens spiegeln nicht die in der wirklichen Welt existierenden Auswirkungen von Hegemonie, bei denen rivalisierende Auffassungen von Recht in rivalisierenden moralischen Persönlichkeitsvorstellungen oder in Religiositäten verankert sind, die andere Bräuche fortwährend prägen und sich während dieses Prozesses verändern.«

1988 führte die Änderung zu Artikel 121(1A) der Bundesverfassung Malaysias zu einer Neuaufteilung der Zuständigkeitsbereiche zwischen den zivilen Gerichten (dem heutigen Court of Appeal und dem Federal Court) und den Scharia-Gerichten. In dem Zusatzartikel heißt es, dass

»die in Absatz (1) genannten Gerichte, also der Civil High Court von Malaya und Borneo sowie die niederen Gerichte, nicht die Gerichtsbarkeit über Angelegenheiten haben, die im Zuständigkeitsbereich der Scharia-Gerichte liegen.«

Islamische Gerichte wurden aufgewertet; waren sie zuvor untergeordnet, so erhielten sie nunmehr einen gleichwertigen Platz im Rechtssystem. Der Artikel sollte den »Zivilgerichten untersagen, konkurrierende Gerichtsbarkeit in Rechtssachen auszuüben, die innerhalb des Zuständigkeitsbereiches der Scharia-Gerichte liegen« (Mohamad/Aziz/ Chin Oy Sim 2009: 67). Außerdem soll er prozessführende Parteien davon abhalten, beim High Court Berufung gegen Urteile der Scharia-Gerichte einzulegen.[32] Dieser Artikel wich von dem aus der Kolonialzeit übernommenen Modell des islamischen Rechts für zuständige Justizbehörden ab, welches den säkularen Gerichten das letzte Wort überließ. Horowitz (1994: 236) stellt zusammenfassend fest, diese Änderungen seien ein Versuch, »zwei *parallel existierende, relativ autonome* Systeme« zu schaffen (Hervorhebung durch die Verfasserin).

Die Vorstellung, man könne die Rechtsprechung zwischen diesen beiden autonomen, parallel zueinander existierenden Rechtssystemen ohne nennenswerte Überschneidungen aufteilen, ist allerdings wohl irrig. Artikel 121(1A) und die daraus resultierende Schaffung eines rechtlichen Parallelsystems haben es seit Erlass der Zusatzartikel im Jahr 1988 vielmehr schwierig gemacht, Grenzen zwischen den gerichtlichen Zuständigkeitsbereichen zu ziehen. Die Anwendung und Auslegung von Artikel 121(1A)

---

[32] *Sukma Darmawan Sasmitaat Madja v Ketua Pengarah Penjara Malaysia* [1999] 2 MLJ 241, 245.

der malaysischen Bundesverfassung hat Zweifel daran aufgeworfen, wie autonom oder getrennt diese Zuständigkeitsbereiche sind oder sein können. Dieser Artikel hat seither ständig zu Problemen bei seiner Anwendung und Auslegung geführt. Die Gerichte stehen permanent vor folgenden Fragen:

1. Wie soll der Zuständigkeitsbereich der Scharia-Gerichte definiert werden?
2. Welchen Geltungsbereich hat Artikel 121(1A)?
3. Sollte in Fällen, in denen Nichtmuslime involviert sind oder in denen es um elementare, verfassungsrechtlich garantierte Freiheiten geht, vor den zivilen Gerichten verhandelt werden?

Die einzelnen High Courts in Malaysia sind mit diesen Fragen zu unterschiedlichen Zeiten verschieden umgegangen.[33] Ihr Ansatz basierte entweder auf dem verlangten Rechtsmittel,[34] auf dem Streitgegenstand – unter Berücksichtigung der expliziten[35] oder impliziten Zuständigkeit[36] – oder

---

33 Eine Übersicht über diese unterschiedlichen Entscheidungen gibt Thio 2007.
34 Der malaysische Federal Court benutzte den Ansatz des verlangten Rechtsmittels 1992 in seiner Entscheidung im Fall *Majlis Agama Islam Pulau Pinang v Isa Abdul Rahman* [1992] 2 MLJ 244, um die Gerichtsbarkeit festzustellen. Beide Parteien waren Muslime, und der Streitgegenstand war in diesem Falle *wakaf* (ein islamisches Vermächtnis für wohltätige Zwecke). Dadurch fiel er unmittelbar in den Zuständigkeitsbereich der Scharia-Gerichte. Eine Partei wollte jedoch einen Unterlassungsbescheid erwirken. Da im Verwaltungsrecht für muslimisches Recht (Penang) Nr. 3 von 1959 (*Administration of Muslim Law Act [Penang] No 3 of 1959*) vor Scharia-Gerichten keine Unterlassungsbescheide vorgesehen sind, wurde die Angelegenheit zu einem Fall für die Zivilgerichte, da Unterlassungsbescheide gemäß dem Gesetz für konkrete Beschwerdebegehren Nr. 137 von 1959 (*Specific Relief Act No. 137 of 1959*) und den Regeln des High Court 1980 (*Rules of the High Court 1980*) nur vom High Court erlassen werden dürfen. 1996 wurde allerdings im Fall *Lim Chan Seng v Pengarah Jabatan Agama Islam Pulau Pinang* [1996] 3 CLJ 231 darauf hingewiesen, dass dieser Ansatz anfällig für Missbrauch sei, da Parteien versuchen könnten, die Verhandlung eines Falles vor einem Scharia-Gericht zu verhindern, indem sie ein Rechtsmittel wählen, das im Scharia-Gerichtssystem nicht zur Verfügung stehe. Seither wird die Herangehensweise über das eingelegte Rechtsmittel nicht mehr angewendet.
35 Anfangs wurde dem Ansatz über die explizite sachliche Zuständigkeit mit der Begründung der Vorzug gegeben, der Zusatz zu Artikel 121 (1A) der Bundesverfassung übertrage nicht automatisch Zuständigkeit auf die Scharia-Gerichte, gleichgültig, ob die betreffende Rechtssache auf der Bundesstaatenliste des Neunten Anhangs steht oder nicht. So wurde beispielsweise in dem Fall *Shaik Zolkaffily bin Shaik Natar & Ors v Majlis Agama Islam Pulau Penang* [1997] 3 MLJ 281 verfahren.
36 Die früheren Ansätze, bei denen das eingelegte Rechtsmittel und die ausdrückliche Zuständigkeit des Gerichts berücksichtigt wurden, werden offenbar von den malaysi-

der Religionszugehörigkeit der involvierten Parteien. Allen diesen Ansätzen ist gemein, dass sorgsam auf die imaginären Grenzen zwischen den Zuständigkeitsbereichen der Gerichte geachtet wurde. Die säkularen Gerichte versuchten anfangs, so viele Rechtsprechungsbefugnisse wie möglich zu behalten, mussten sich aber in jüngerer Zeit den Vorwurf gefallen lassen, sie würden den Rückzug antreten. Faruqi (2007) schreibt dazu:

»Beim kleinsten Anflug islamischer Rechtsprechung überlassen unsere obersten Gerichte das Feld den Scharia-Gerichten, selbst dann, wenn es um verfassungsrechtliche Fragen von enormer Tragweite geht wenn eine der Parteien kein Moslem ist.«

Aber diese Grenzen sind nicht absolut; sie sind durchlässig und verschieben sich je nach Rechtsprechung der oberen Gerichte. Das zeigt sich am Beispiel der Konversion von Kindern. In manchen Fällen versuchen die säkularen Gerichte, sich ihre Rechtsprechungsbefugnisse wieder zurück zu erkämpfen.

---

schen High Courts nicht mehr befürwortet. 1999 bediente sich beispielsweise der Bundesgerichtshof Federal Court im Fall *Soon Singh a/l Bikar Singh v Pertubuhan Kebajikan Islam Malaysia (PERKIM) Kedah & Anor* [1999] 1 MLJ 489 des Ansatzes der impliziten sachlichen Zuständigkeit und erklärte, dass »die Zuständigkeit der Scharia-Gerichte für den Übertritt vom Islam zu einer anderen Religion zwar im Landesrecht mancher Bundesstaaten nicht vorgesehen ist, sich aber implizit aufgrund von Verordnungen in dieses Recht hineinlesen lässt, die sich auf den Übertritt zum Islam beziehen. Da Angelegenheiten, die sich auf den Übertritt zum Islam beziehen, in den Zuständigkeitsbereich des Scharia-Gerichts fallen, ergibt sich implizit zwangsläufig, dass auch der Übertritt vom Islam zu einem anderen Glauben in den Zuständigkeitsbereich desselben Gerichts fällt.« 2006 interpretierte der High Court (Federal Territories) in seiner Entscheidung im Fall *Kaliammal Sinnasamy v Pengarah Jabatan Agama Islam Wilayah Persekutuan & Yang Lain* (auch bekannt als der Fall Moorty) Artikel 121 (1A) der Bundesverfassung so, dass dabei die bislang breitestmögliche Auslegung der Zuständigkeit von Scharia-Gerichten herauskam. Das Gericht erweiterte den Ansatz der impliziten sachlichen Zuständigkeit und verfügte, die säkularen Gerichte seien nicht für islamische Angelegenheiten zuständig, selbst dann nicht, wenn es in einem Fall um einen/einer Nichtmuslim/in gehe, und einem/einer Nichtmuslim/in stünden im bürgerlichen Recht keinerlei Rechtsmittel zu, wenn die Scharia-Gerichte bereits eine Entscheidung gefällt hätten: *Kaliammal Sinnasamy v Pengarah Jabatan Agama Islam Wilayah Persekutuan & Yang Lain* [2006] 1 CLJ 753.

Fälle von Konversion in den unterschiedlichen Rechtssystemen

Fälle von Glaubensübertritt haben in Malaysia erhebliche öffentliche,[37] wissenschaftliche[38] und politische Aufmerksamkeit erregt. Diese Fälle berühren den Kern der Frage, welches rechtliche und politische System, islamisch oder nichtreligiös, in Malaysia maßgeblich ist oder überhaupt (und von wem) gewünscht wird. Außerdem geht es dabei darum, unterschiedliche Rechte miteinander in Einklang zu bringen, die entweder in der Bundesverfassung verankert oder durch internationale Menschenrechtsgesetze geschützt sind, sowie um die Frage, ob diese Rechte Vorrang vor dem islamischen Recht haben. In solchen Fällen berufen sich Klageparteien für gewöhnlich auf in der Bundesverfassung garantierte Freiheiten gemäß den Artikeln 12(3) und (4) (Glaubensfreiheit), 8(1) und (2) (Gleichheit vor dem Gesetz), 3, 5(1) und 11 (Recht auf Leben und Freiheit). Zu den internationalen Menschenrechten, auf die sich Parteien berufen, gehören die Artikel 3, 18, 26 und 29 der Allgemeinen Erklärung der Menschenrechte (*Universal Declaration of Human Rights*); Artikel 8(1) und (2) sowie 18 und 30 der UN-Kinderrechtskonvention (*Convention of the Rights of the Child*); Artikel 5(b) und 16(1) des Übereinkommen zur Beseitigung jeder Form von Diskriminierung der Frau (*Committee on the Elimination of All Forms of Discrimination against Women*, CEDAW); und allgemeine Prinzipien des Naturrechts. Welche politische und internationale Aufmerksamkeit dieses Thema auf sich gezogen hat, wird unter anderem daran deutlich, dass das Komitee zur Beseitigung jeder Form von Diskriminierung der Frau (2006: Paragraf 13) bezüglich des Berichtes über Malaysia anmerkte, es sei

---

37 So bildete beispielsweise eine Koalition aus zahlreichen Nichtregierungsorganisationen die sogenannte »Artikel-11-Organisation«, benannt nach der Bestimmung in der Bundesverfassung, die Religionsfreiheit vorsieht. Zur Koalition gehörten unter anderem die All Women's Action Society, die Bar Council Malaysia, die Catholic Lawyers' Society, die Malaysian Civil Liberties Society, das Protem-Komitee, das Malaysian Consultative Council of Buddhism, Christianity, Hinduism, Sikhism and Taoism, HAKAM, die Sisters in Islam, die Suara Rakyat Malaysia, das Vivekananda Youth Movement Seremban, die Women's Aid Organisation und das Women's Development Collective. Die ursprüngliche Website unter <www.article11.org> scheint nicht mehr zu funktionieren, aber man hat unter <www.petitiononline.com/> noch Zugriff auf die Artikel-11-Petition, in der darauf gepocht wird, dass die säkulare Bundesverfassung über islamischem Recht steht. Dort sind auch Unterzeichnerinnen und Unterzeichner der Petition aufgelistet.

38 Siehe beispielsweise Faruqi 2007; Shuaib 2007: 246 und Whiting 2008: 223.

»besorgt über das Bestehen des dualen Rechtssystems aus Zivilrecht und mehreren Versionen von Scharia-Recht, weil dies dazu führt, dass Frauen weiterhin diskriminiert werden, vor allem in den Bereichen des Ehe- und Familienrechtes. Das Komitee ist auch besorgt über die restriktive Interpretation des Scharia-Rechts durch die regierende Partei, was sich unter anderem in den unlängst erlassenen Änderungen 2005 des Islamischen Familienrechtes (*Islamic Family Law [Federal Territories] Amendment Act 2005*) manifestiert, die sich nachteilig auf die Rechte muslimischer Frauen auswirken. Darüber hinaus ist das Komitee besorgt über die fehlende Eindeutigkeit im Rechtssystem, vor allem im Hinblick darauf, ob Zivilrecht oder Scharia-Recht auf die Ehen nichtmuslimischer Frauen anzuwenden ist, deren Männer zum Islam konvertieren.«

Dies lässt sich an vier Fällen verdeutlichen, dem 2003–2004 entschiedenen Fall *Shamala*, dem 2007 entschiedenen Fall *Subashini* sowie den jüngsten Fällen *Indira Gandhi* und *S. Deepa*. In den jüngsten Fällen wurde eine Veränderung in der Rechtsprechung der säkularen Gerichte kurzfristig deutlich.

In all diesen Fällen waren die Parteien zivilrechtlich verheiratet; die Ehemänner waren zum Islam übergetreten und beantragten nun vor den Scharia-Gerichten die Aufhebung der Ehe. Vor allem aber hatten alle diese Ehemänner ihre Kinder ohne Einwilligung ihrer Frauen zum Islam übertreten lassen und beantragten nun das Sorgerecht. Die Ehefrauen gingen vor die Zivilgerichte und verlangten eine gerichtliche Entscheidung über die Auflösung der Ehe sowie über die Konversion der Kinder zum Islam und das Sorgerecht. Der Entschluss der Frauen, vor den höheren zivilrechtlichen Instanzen zu klagen, stieß bei den Männern auf erheblichen Widerstand. Sie wollten die Fälle lieber im Scharia-Gerichtssystem lassen, wahrscheinlich, weil sie sich von diesen Gerichten mehr Verständnis für die von ihnen erhobenen Ansprüche erhofften. Shamalas Ehemann legte Berufung gegen das Urteil des High Court ein. Das Gericht lehnte diese jedoch ab und sprach Shamala das vorläufige Sorgerecht für die Kinder zu.[39] Inzwischen hatte ihr Mann beim Scharia High Court in Selangor das Sorgerecht für die Kinder beantragt und mittels eines *hadanah*-Beschlusses auch erhalten. Der High Court äußerte sich hierzu und vertrat die Auffassung, dass

»der am 8. Mai 2003 erlassene Scharia-*hadana*-Beschluss, in welchem das Sorgerecht für die beiden Kinder dem Angeklagten zugesprochen wird, für die Klägerin als Nichtmuslimin nicht bindend ist. Der Scharia High Court in Selangor war

---

[39] *Shamala Sathiyaseelan v Dr Jeyaganesh C Mogarajah* [2003] 6 MLJ 515.

rechtlich nicht befugt, der nichtmuslimischen Klägerin den Beschluss aufzuerlegen.«

Schließlich entschied der High Court auch über den Übertritt der Kinder zum Islam. Er erklärte die einseitig durch einen Elternteil veranlasste Konversion für rechtsgültig[40] und sprach der Mutter das Sorgerecht und dem Vater Besuchsrecht zu.[41] Allerdings warnte er Shamala ausdrücklich davor, ihre Kinder hinsichtlich ihrer Religion in irgendeiner Weise zu beeinflussen; sie habe zu respektieren, dass diese jetzt Muslime seien.

Shamala legte Berufung ein und ersuchte den Federal Court um Aufhebung der Entscheidungen des High Courts.[42] 2010 wurde ihre Berufung wegen Nichterscheinens vor Gericht abgewiesen, denn sie war 2004 mit ihren Kindern aus dem Land geflohen. Im November 2011 entließ Shamala ihre Anwälte, wodurch letztlich das Verfahren abgeschlossen wurde.

Im Fall Subashini war die Ehefrau vor den Zivilgerichten noch erfolgloser. Subashini erhielt ein Schreiben des Scharia High Court (Kuala Lumpur) vom 14. Juli 2006, in dem ihr mitgeteilt wurde, dass ihr Mann vor dem Scharia-Gericht Schritte hinsichtlich des Sorgerechts für den älteren Sohn unternommen habe. Daraufhin stellte sie beim High Court in Kuala Lum-

---

40 *Shamala Sathiyaseelan v Dr Jeyaganesh C Mogarajah* [2004] 2 MLJ 648.
41 *Shamala Sathiyaseelan v Dr Jeyaganesh Mogarajah* [2004] 3 CLJ 516.
42 Der Bundesgerichtshof wurde spezifisch um Entscheidungen in folgenden Angelegenheiten ersucht:
   (1) Welches Gericht, die Scharia-Gerichte oder der High Court, ist vor dem Hintergrund von Artikel 121 (1A) der malaysischen Bundesverfassung die übergeordnete Behörde, wenn es um eine Sorgerechtsentscheidung bezüglich Kindern geht?
   (2) Welche Rechtsmittel sind vor dem High Court in Fällen zulässig, wenn ein Glaubensübertritt durch Kinder von einem Elternteil ohne Zustimmung des anderen veranlasst wird?
   (3) Ist Paragraf 19(b) des Gesetzes für die Verwaltung des islamischen Rechts (Federal Territories) Nr. 505 von 1993 (*Administration of Islamic Law [Federal Territories] Act No 505 of 1993*) ultra vires (eine Überschreitung) von Artikel 12(4) der Bundesverfassung (bezüglich des Rechtes von Eltern oder Vormund, die Religionszugehörigkeit von Kindern unter 18 Jahren zu bestimmen) und Artikel 8 der Bundesverfassung, in dem es um Gleichberechtigung geht?
   (4) Ist derselbe Paragraf im Landesrecht unvereinbar mit dem Bundesrecht, nämlich Paragraf 5(1) des Vormundschaftsgesetzes für Minderjährige Nr. 351 von 1961 (*Guardianship of Infants Act No 351 of 1961*), und daher ungültig?
   (5) Sind die Scharia-Gerichte dafür zuständig, über die Rechtsgültigkeit des Übertritts eines Minderjährigen zum Islam zu entscheiden, nachdem dieser vom *Registrar of Muallafs* (dem für frisch konvertierte Muslime zuständigen Urkundsbeamten) eingetragen worden ist?

pur einen Antrag auf Unterlassung gegen ihren Ehemann, der vor den Scharia-Gerichten um Scheidung ersuchte und die Kinder zum Islam übertreten lassen wollte. Zunächst erließ der High Court eine solche Verfügung, nachdem er in der Sache nur die Ehefrau angehört hatte. Nachdem im weiteren Verlauf des Verfahrens beide Parteien angehört worden waren, lehnte der High Court eine Verlängerung der zuvor gewährten Unterlassungsverfügung ab. Stattdessen gewährte er der Ehefrau eine einstweilige Verfügung – eine sogenannte *Erinford Injunction*[43] – bis zur Anhörung in einem beim Berufungsgericht anhängigen Berufungsverfahren. Der Court of Appeal bekräftigte diese Entscheidung, hob die *Erinford Injunction* auf[44] und befand in einer zwei-zu-eins-Entscheidung, dass ein Zivilgericht einem zum Islam übergetretenen Mann nicht verbieten könne, vor den Scharia-Gerichten die Scheidung von seiner nichtmuslimischen Frau zu beantragen oder gerichtliche Schritte hinsichtlich des Sorgerechts für die Kinder zu unternehmen.[45] In seinem Urteil äußerte sich Richter Suriyadi JCA dahingehend, Subashini habe »vor Gericht ihren großen Auftritt haben wollen«. Außerdem kritisierte er sie wie folgt:

»Die Berufungsklägerin [Subashini] wollte, dass sich das Zivilgericht mit ihren Problemen befasst, und versuchte uns daher davon zu überzeugen, ein Zivilgericht sei zuständig und in der Lage, ihre Rechtssache zu verhandeln, obwohl diese voller islamischer Aspekte und untrennbar mit dem Islam verknüpft ist. Kurzum: Die Berufungsklägerin wollte, dass das Zivilgericht sich anmaßt, die Aufgaben und Pflichten des Scharia-Gerichts zu erfüllen, obwohl der Beklagte das Recht der Wahl hatte, *ganz zu schweigen davon, dass er seine Entscheidung bereits getroffen hatte.*«[46] (Hervorhebung im Original.)

Zwar hatte der Ehemann seine Wahl getroffen, aber diese hatte erhebliche Auswirkungen auf seine Frau, eine Nichtmuslimin, vor allem bezüglich ihrer grundlegenden Freiheiten und verfassungsmäßig garantierten Rechte. Es überrascht daher nicht, dass sie beim Federal Court Berufung gegen die Nichtzulassung ihres Antrags auf einstweilige Verfügung gegen ihren Ehemann durch den High Court einlegte. Außerdem beantragte sie den Erlass einer *Erinford Injunction* bis zur Entscheidung des Court of Appeal bezüglich der Berufung und anschließend bis zur Entscheidung beim Federal Court bezüglich der dortigen Berufung. Der Federal Court wies ihre

---

43 *Subashini Rajasingham v Saravanan Thangathoray & Ors* [2007] 2 MLJ 798.
44 *Subashini Rajasingham v Saravanan Thangathoray & Ors* [2007] 4 MLJ 97.
45 *Subashini Rajasingham v Saravanan Thangathoray & Ors* [2007] 4 MLJ 97.
46 *Subashini Rajasingham v Saravanan Thangathoray & Ors* [2007] 2 MLJ 705, 738–739.

Berufung aufgrund eines früheren Verfahrensfehlers mit der Begründung zurück, ihr Antrag auf Auflösung der Ehe und Scheidungsfolgeentscheidungen (beispielsweise hinsichtlich des Sorgerechts für die Kinder) sei zu früh gestellt worden und erfülle nicht die Voraussetzungen des Paragrafen 51(1) des Rechtsreformgesetzes (Eheschließung und Scheidung), Nr. 164 von 1976 (*Law Reform [Marriage and Divorce] Act) No 164 of 1976*). Der brisanteste Teil der Entscheidung war aber wohl die Feststellung des Gerichts, die Formulierung in Artikel 12(1) und (2) der Bundesverfassung bedeute, dass ein Elternteil ein Kind ohne Zustimmung des anderen den Glauben wechseln lassen dürfe.[47]

In den jüngeren Fällen Indira Gandhi und S. Deepa erklärten sich die High Courts für zuständig und entschieden zu Gunsten der Klägerinnen. Die Zuständigkeit der High Courts richtet sich nach Gebietsgrenzen, da jeder Bundesstaat innerhalb von Malaysias föderalem Rechtssystem einen eigenen High Court hat. Daher konnten High Courts von den Präzedenzfällen abweichen, die andere High Courts geschaffen hatten.

Indira Gandhi und K Patmanathan (der sich nach seinem Übertritt zum Islam Muhammad Riduan bin Abdullah nannte) heirateten am 10. April 1983 standesamtlich. Damals waren sie beide Hindus. 2009 begann die Ehe zu zerbrechen, und im März jenes Jahres verließ K Patmanathan/Muhammad Riduan bin Adbullah die Familie und nahm das jüngste Kind mit. Daraufhin erstattete Indira Gandhi Anzeige bei der Polizei, wo ihr mitgeteilt wurde, dass ihr Mann zum Islam übergetreten sei. Nachdem sie dies erfahren hatte, stellte Indira Gandhi beim High Court des Bundesstaates Perak in Ipoh einen Antrag in einem einseitigen Verfahren. Sie verlangte das vorläufige Sorgerecht für ihre Kinder, eine einstweilige Verfügung gegen ihren Ehemann, um ihn daran zu hindern, die Kinder aus ihrer Obhut zu nehmen, sowie einen Beschluss zur Herausgabe des jüngsten Kindes an sie. Unterdessen hatte Muhammad Riduan angeblich die Kinder ohne Zustimmung der Mutter zum Islam übertreten lassen; die Kinder waren noch nicht einmal anwesend, als er diese Konversion amtlich eintragen ließ. Auch er klagte auf Sorge, Betreuung und Vormundschaft für die Kinder, und zwar am 3. April 2009 vor dem Shariah High Court, welches seiner Klage stattgab.

Am 18. Juli 2010 hob der High Court in Ipoh die Entscheidung des Scharia High Court auf, ungeachtet hartnäckiger Einwände des General-

---

47 *Subashini Rajasingham v Saravanan Thangathoray & Ors* [2008] 2 CLJ 1.

staatsanwalts. Daraufhin beantragte der Ehemann die Zulassung der Revision zum Federal Court, sein Antrag wurde am 16. April 2012 vom Court of Appeal abgelehnt, da er nicht fristgerecht eingereicht worden war. Zwar gewann Indira Gandhi den Sorgerechtsstreit, aber ihr Ehemann gab ihr die jüngste Tochter nicht zurück. Sie beantragte auch eine richterliche Prüfung der Rechtsgültigkeit des Übertritts ihrer drei Töchter zum Islam und eine Nichtigkeitserklärung dieses Übertritts.

Im Urteil des High Court im Fall *Indira Gandhi a/p Mutho v Pengarah Jabatan Agama Islam*[48] stellte der Judicial Commisioner Lee Swee Seng fest, dass Indira Gandhi vor den Scharia-Gerichten keinen gültigen gesetzlichen Status habe, »selbst dann nicht, wenn die Scharia-Gerichte dies zulassen würden«, und dass nur übergeordnete Zivilgerichte befugt seien, in Fällen mit grundlegenden Verfassungsrechten zu entscheiden. Daher wies der Richter die vorangegangenen Einwände ab, das Zivilgericht sei nicht zuständig. Da es um Grundrechte ging, entschied Lee Swee Sen JC zu Gunsten Indira Gandhis. Im Berufungsverfahren gegen die Entscheidung des High Court wurde das Urteil Anfang 2016 vom Court of Appeal aufgehoben mit der Begründung, allein die Scharia-Gerichte seien für Übertritte zum Islam zuständig.[49] Indira beschloss daraufhin, die Zulassung einer Revision beim malaysischen Federal Court zu beantragen, wo der Fall gegenwärtig noch anhängig ist (*The Malay Mail Online* 2016).

S. Deepa, eine mit N. Viran (der sich nach seinem Übertritt zum Islam Izwan Abdullah nannte) verheiratete Angestellte, gab an, ihr Mann habe vor seiner Konversion im April 2013 sechzehn Monate lang nicht für ihren Unterhalt und den der gemeinsamen Kinder gesorgt. Als sie von der Konversion ihres Mannes erfuhr, berichtete man ihr auch vom Übertritt ihrer Kinder zum Islam, der ohne ihre Zustimmung und ohne ihr Wissen erfolgt war (Dahalan 2015). Wie in den oben beschriebenen Fällen wurden sowohl vor einem Zivilgericht als auch vor einem Scharia-Gericht Verfahren eingeleitet. Das Scharia-Gericht sprach dem Vater das Sorgerecht zu, der High Court hingegen der Mutter (Sipilan 2014). Izwan Abdullah legte gegen das Urteil des High Court Berufung ein. Außerdem befolgte er die Anordnung des Scharia-Gerichtes und nahm seinen Sohn in Obhut, den er sich angeblich im Haus der Mutter »schnappte«, weil er befürchtete, die

---

[48] *Indira Gandhi a/p Mutho v Pengarah Jabatan Agama Islam* [2013] 5 MLJ 552. Eine ausführliche Erörterung dieses Falles und insbesondere auch der Argumente, die für ein Abweichen von früherer Rechtsprechung ins Feld geführt wurden, findet sich bei Steiner 2013.

[49] *Pathmanathan Krishnan v Indira Gandhi Mutho* [2016] 1 CLJ 911.

Mutter könne »sie [die Kinder] gegen den Islam aufhetzen«.[50] Daraufhin tauchte S. Deepa mit ihrer Tochter unter, weil sie Angst hatte, auch dieses Kind könne ihr weggenommen werden (Singh 2014). Der Fall S. Deepa ging bis vor den Federal Court, und am 10. Februar 2016 gab dieses oberste Gericht Malaysias sein Urteil bekannt.[51] Das Gericht musste über zwei Fragen entscheiden. Wie in den bereits beschriebenen Fällen musste es zunächst die Frage beantworten, ob es allein befugt war, in Fällen zu entscheiden, in denen es um das Sorgerecht für Kinder geht. Der Federal Court machte unmissverständlich klar, dass Entscheidungen in Fällen, in denen es um das Sorgerecht für Kinder geht, tatsächlich von Zivilgerichten zu fällen sind.

Bezüglich der nächsten Frage äußerte sich der Federal Court jedoch weniger eindeutig. Es ging im Wesentlichen um die Untätigkeit der Polizei bei der Vollstreckung des zivilgerichtlichen Urteils, in dem das Sorgerecht der Mutter zugesprochen worden war. Der Federal Court vertrat die Auffassung, der Beschluss der Zivilgerichte, die Kinder der Mutter zuzuführen, sei aufgrund der Sorgerechtsentscheidung der Scharia-Gerichte fehlerhaft. Im Wesentlichen wurde die Entscheidung des High Court gerügt, diesen Beschluss zu erlassen; auch wenn die Scharia-Gerichte nicht dafür zuständig seien, solch eine Entscheidung zu fällen, bleibe sie doch so lange rechtsgültig, bis sie aufgehoben werde.[52] Die zur Sache gehörende Frage, wer dafür zuständig ist, solch eine Entscheidung aufzuheben, ließ das Gericht unbeantwortet.

Die beiden jüngsten Fälle Indira Gandhi und S. Deepa illustrieren die weitreichenden Folgen von Rechtsstreitigkeiten bei Scheidungen; es geht dabei um weit mehr als die Frage, welches Gericht in solchen Fällen für die Verhandlung zuständig ist. In beiden Fällen wusste die Polizei nicht, welchen Gerichtsbeschluss sie vollstrecken sollte, den der Scharia-Gerichte oder das Urteil der Zivilgerichte. Die Weigerung der Polizei, einen der beiden Beschlüsse umzusetzen, wurde heftig kritisiert.[53] Die Polizei ver-

---

50 Das ist vor dem Hintergrund ein interessanter Kommentar, dass S. Deepas Mutter anlässlich ihrer Wiederverheiratung 2009 zum Islam übertrat, ebenso wie Geschwister von Deepa, und dass die Mutter sagte, Deepa habe »unsere Entscheidung, den Islam anzunehmen, niemals in Frage gestellt« (Singh 2014).
51 *Viran Nagapan v Deepa Subramaniam* [2016] 3 CLJ 505.
52 Ebd. 508.
53 Siehe beispielsweise Women's Aid Organisation, »Stop adding hurdles for Deepa« (2014),

suchte, einen Fuß in die Scharia-Gerichte zu bekommen, und wollte außerdem nach der Berufung in den Zivilverfahren von Indira und Deepa als Prozesspartei zugelassen werden, um Klarheit darüber zu bekommen, ob sie die Beschlüsse der Zivilgerichte umsetzen sollte (*The Malay Mail Online* 2014; Catholic Lawyers Society Malaysia 2014). Im Fall Indira Gandhi wurde der entsprechende Antrag abgelehnt, weil ihr Mann der Missachtung des Gerichts für schuldig befunden worden war (*Malaysiakini* 2014a). Im Fall S. Deepa wurde dem Antrag der Polizei auf Nebenintervention jedoch stattgegeben, ohne dass S. Deepas Rechtsbeistand Einwände erhob (*Malaysiakini* 2014b), weil über den ihrem Ex-Mann gegenüber erhobenen Vorwurf der Missachtung des Gerichts nicht endgültig entschieden war, die »Anordnung des Vollstreckungsaufschubs nur für die Polizei galt und Izwan immer noch verpflichtet ist, das Kind der Mutter zurückzugeben.« (Tariq 2014)

Offenbar ist diese Art von Rechtsstreitigkeiten keineswegs passé. Judicial Commisioner Lee Swee Seng sah dies in einem Nachtrag zum Urteil voraus:

»Dieses Urteil stellt für niemanden einen Sieg dar, sondern ist nur eine weitere Episode im ständigen Ringen aller Bürger um ein dynamisches Gleichgewicht in einem Land, in dem es so unterschiedliche ethnische Gruppen gibt; es geht darum, in einer alles andere als homogenen Gesellschaft nach Frieden zu streben, einander Raum zu geben, wenn es um religiöse Empfindlichkeiten geht, Toleranz und Respekt für unsere Nächsten bei der Suche nach Wahrheit und Sachverhalten zu üben.«

Angesichts des rechtlichen Schwebezustands, der durch diese Gerichtsentscheidungen entstanden ist, kann man sich der Frage nicht erwehren, ob der politische Wille besteht, diesem Zwiespalt ein Ende zu setzen, klare und einheitliche rechtliche Vorschriften darüber zu erlassen, wie viele Elternteile beim Übertritt eines minderjährigen Kindes zu einem anderen Glauben ihre Zustimmung geben müssen. Tatsächlich gab es 2009 einen Erlass des Bundeskabinetts, demzufolge Kinder nicht ohne Zustimmung beider Eltern von ihrem ursprünglichen Glauben zu einem anderen übertreten dürfen (Malaysian Bar 2009). Allerdings erfolgte darauf keine Reaktion der Gesetzgeber, weder auf der Landesebene[54] noch auf der Bundes-

---

<http://www.wao.org.my/news_details.php?nid=331&ntitle=Stop+adding+hurdles+for+Deepa> (letzter Zugriff am 25.09.2014); *Malaysiakini* 2014a.

54 Bei religiösen Angelegenheiten geht es in Malaysia immer auch um Föderalismus, denn die Bundesstaaten haben in Angelegenheiten, die den Islam betreffen, ihre Autonomie

ebene.⁵⁵ Stattdessen wurde im Bundesparlament 2013 ein Gesetzesentwurf für die Verwaltung des Islamischen Rechts (D.R. 1/2013) *(Adminis-tration of the Religion of Islam [Federal Territories] Bill [D.R.1/2013])* eingebracht. Dieser Gesetzesentwurf sah eine Änderung des Paragrafen 107(b) vor und hätte festgelegt, dass beim Übertritt von Kindern unter 18 Jahren zum Islam die Zustimmung eines Elternteils ausreicht. Zur Begründung wurde vorgetragen, dieser Zusatz würde die Gesetzgebung mit der Bundesverfassung sowie mit früheren Entscheidungen der Zivilgerichte in Einklang bringen (siehe Sivanandam/Cheng 2013), insbesondere mit denjenigen in den Fällen Subashini und Shamal. Der Entwurf wurde einige Monate lang ausführlich in Politik und Öffentlichkeit diskutiert, dann zog ihn der damalige Minister für islamische Angelegenheiten, Datuk Seri Jamil Khir Baharom, zurück, der ihn zuvor eingebracht hatte (Astro Awani 2013). Das Kabinett war über den Gesetzesentwurf geteilter Meinung, und einige Minister – Datuk Seri G. Palanivel (und sein Stellvertreter Datuk Seri Dr. S. Subramaniam), Datuk Paul Low Seng und Datuk Seri Nazri Ali – sprachen sich öffentlich dagegen aus *(The Star* 2013). Verbände und Vereine wie der Malaysian Consultative Council of Buddhism, Christianity, Hinduism, Sikhism and Taoism sowie die Sisters in Islam organisierten öffentliche Proteste gegen den Entwurf. Sogar berufsständische Organisationen wie die malaysische Anwaltskammer kritisierten den vorgeschlagenen Zusatz als verfassungswidrig (Malaysian Bar 2013).

---

bewahrt. Die Regierungen der Bundesstaaten erhielten gemäß des Neunten Anhangs der Bundesverfassung, Liste II, das Legislativrecht in islamischen Angelegenheiten. Deshalb hätten nur die einzelnen Bundesstaaten Änderungen in den jeweiligen Landesgesetzen zur Rechtsprechung in islamischen Angelegenheiten vornehmen und klarstellen können, dass bei einem Glaubensübertritt die Zustimmung beider Elternteile erforderlich ist.

55 Hätte sich die staatliche Legislative dafür entschieden, diesem Vorschlag der Exekutive zu folgen, dann hätte sie Bundesgesetze novellieren können, so etwa die Gesetzesreform zu Ehe und Scheidung, Nr. 164 von 1976 *(Law Reform [Marriage and Divorce] Act No 164 of 1976)* (was allerdings nicht die Frage klären würde, ob Zivilgerichte für Fragen des Glaubensübertritts zuständig sind). Die Legislative hätte sogar darüber hinausgehen und die Bundesverfassung ändern können, um klarzustellen, dass die Zustimmung beider Elternteile erforderlich ist. Beides scheint allerdings eher unwahrscheinlich.

Zusammenfassung

Angesichts der gegenwärtigen politischen, gesellschaftlichen und religiösen Stimmung in Malaysia ist es unwahrscheinlich, dass hinsichtlich der Rolle, die der Islam in Malaysia spielt, ein Konsens gefunden wird. Klar ist jedoch, dass die Standpunkte derjenigen, die für Säkularismus eintreten, und der Befürworter einer stärkeren Rolle des Islam sich immer mehr verfestigt haben. Das zeigt sich unter anderem daran, dass kürzlich das Gesetz gegen Staatsgefährdung (*Sedition Act*) dazu benutzt wurde, Kritik nicht nur am politischen Regime sondern auch am Islam zu ersticken. Malaysia wird sich entscheiden müssen, ob es die »neue« Richtung einer zunehmenden Islamisierung des Rechts einschlagen will. Das Land wird sich auch die Frage stellen müssen, was dies für die Übereinkunft bedeutet, die bei der Unabhängigkeit zwischen den unterschiedlichen ethnischen Gruppen und Religionen in der Bundesverfassung geschlossen wurde. Offenbar hat es kaum Fortschritte gegeben, seit Harding (2002: 154) schrieb, in der Wechselbeziehung »zwischen dem malaysischen Staat, zunehmender Islamisierung und einer auf althergebrachten Vorstellungen über konstitutionelle Regierung basierenden Verfassung« sei eine »synkretistische, kreative und friedliche Lösung des Problems von Islam und Konstitutionalismus […] mit politischen Schwierigkeiten und intellektuellen Wirren befrachtet.« Angesichts der Gegebenheiten in Malaysia wird das »politische Fußballspiel« (Harding 2002: 154) zwischen Recht und rechtlichen Ideologien weitergehen: Islamische Rechtstraditionen, der Staat und die malaiische Identität sind dort seit der Kolonialzeit miteinander verwoben, Malaiinnen und Malaien bilden die Hälfte der Bevölkerung und die »Islamität« des Staates ist ein aktuelles politisches Thema, welches Auswirkungen auf ethnische Aspekte hat.

Literatur

Ahmad, D. (2014), »An Open Letter on Hudud«, in: *The Malay Mail Online*, 20.05.2014.

Alagesh, T.N. (2014), »Nation must combat liberalism«, in: *New Straits Times*, 14.05.2014.

Astro Awani (2013), »Cabinet Agrees to Retract the Administration of the Religion of Islam (Federal Territories) Bill 2013«, 5.07.2013.

Bakar, A. (1981), »Islamic Revivalism and the Political Process in Malaysia«, in: *Asian Survey* 21(10), S. 1040.
Berlin, I. (2002), *Liberty: Incorporating Four Essays on Liberty*, Oxford.
Bernama (2007), »Malaysia Not Secular State, Says Najib«, 17.07.2007.
Boo Su-Lyn (2013), »Chinese Businessmen Say Boycott on Community's Products ›Racist‹, Will Hurt Economy«, in: *The Malaysian Insider*, 19.05.2013.
Camroux, D. (1996), »State Responses to Islamic Resurgence in Malaysia: Accommodation, Co-Option, and Confrontation«, in: *Asian Survey* 36(9), S. 852.
Case, W./Liew, Chin Tong (2006), »How Committed is PAS to Democracy and How Do We Know It?«, in: *Contemporary Southeast Asia* 28(3), S. 385.
Catholic Lawyers Society Malaysia (2014), »Two Judges Recuse Themselves From Contentious Interfaith Custody Case«, 31.07.2014.
Chin, J. (2004), »Exigency or Expediency? Contextualising Political Islam and the PAS Challenge in Malaysian Politics«, in: *Third World Quarterly* 25(2), S. 359.
Clarke, K. M. (2009), *Fictions of Justice: The International Criminal Court and the Challenge of Legal Pluralism in Sub-Saharan Africa*, Cambridge.
Committee on the Elimination of Discrimination against Women (2006), »Concluding Comments of the Committee on the Elimination of Discrimination against Women: Malaysia«, CEDAW/C/MYS/CO/2.
Dahalan, Z. (2015), »Woman Decries Children's Conversion to Islam«, in: *Free Malaysia Today*, 08.06.2015.
Faruqi, S. S. (2007), »Operating at the Periphery«, in: *The Star*, 14.11.2007.
Firoz, G. N. F. (2009), »Handling Adversity, Diversity and Identity«, in: *The Straits Times*, 17.03.2009.
Hamayotsu, K. (2002), »Islam and Nation Building in Southeast Asia: Malaysia and Indonesia in Comparative Perspective«, in: *Pacific Affairs* 75(3), S. 353.
Harding, A. (2002), »The Keris, the Crescent and the Blind Goddess: The State, Islam and the Constitution in Malaysia«, in: *Singapore Journal of International and Comparative Law* 6, S. 154.
Hooker, M. B. (2003), »Submission to Allah? The Kelantan Syariah Criminal Code (II) 1993«, in: V. Hooker und N. Othman (Hg.), *Malaysia: Islam, Society and Politics*. Singapore, S. 80–100.
— (1984), *Islamic Law in Southeast Asia*, Oxford.
— (1978), *A Concise Legal History of South-East Asia*, Oxford.
Horowitz, D. (1994), »The Qur'an and the Common Law: Islamic Law Reform and the Theory of Legal Change: Part 1«, in: *American Journal of Comparative Law* 42, S. 233.
— (1985), *Ethnic Conflict*, Berkley.
Ibrahim, Ahmad (1985), »The Position of Islam in the Constitution of Malaysia«, in: A. Ibrahim, S. Siddique und Y. Hussain (Hg.), *Readings on Islam in Southeast Asia*, Singapur.
Ibrahim, Ahmad/Joneh, A. (1987), *The Malaysian Legal System*, Kuala Lumpur.

Kamali, M. H. (1998), »Punishment in Islamic Law: A Critique of the Hudud Bill of Kelantan, Malaysia«, in: *Arab Law Quarterly* 13(3), S. 203.
— (1995), *Punishment in Islamic Law: An Enquiry into the Hudud Bill of Kelantan*, Petaling Jaya.
Kessler, C. (2010a), »What Social Contract?«, in: *The Malaysian Insider*, 6.09.2010.
— (2010b), »Syariah: ›The Law of the Land‹?«, in: *The Malaysian Insider*, 21.09.2010.
Liew, C. T. (2007), »PAS Politics – Defining an Islamic State«, in: T. Gomez (Hg.), *Politics in Malaysia*, Oxon/New York, NY, S. 107–137.
Lijphart, A. (1977), *Democracy in Plural Societies: A Comparative Exploration*, New Haven, CT.
Lim Kit Siang (2015), »The Hudud ›Plot‹ Will Destroy Malaysia«, in: *Malaysiakini*, 11.04.2015.
Mahathir bin Mohamed (2002), »Malaysia Is a Fundamental State«, in: CNNcom, 18.06.2002.
Malaysiakini (2014a), »IGP Ordered to Get Child Back or Answer to Court«, 10.09.2014.
— (2014b), »IGP and AG Allowed to Intervene in Deepa's case«, 10.09.2014.
Malaysian Bar (2013), »Press Release: Unilateral Conversion of Minor Children are Unconstitutional«, http://www.malaysianbar.org.my/press_statements/press_release_unilateral_conversions_of_minor_children_are_unconstitutional_.html.
Malhi A. (2015), »Malaysia's Flashpoint«, in: *Inside Story*, 25.09.2015.
Mauzy, D. (1983/84), »The Mahathir Administration in Malaysia: Discipline through Islam«, in: *Pacific Affairs* 56(4), S. 617.
Mill, J. S. (1861), *Considerations on Representative Government*, o. O.: The Floating Press.
Mohamad, M./Aziz, Z./Sim, Chin Oy (2009), »Private Lives, Public Contention: Muslim-Non-Muslim Family Disputes in Malaysia«, in: G. W. Jones, H. L. Chee und Maznah Mohamad (Hg.), *Muslim-Non-Muslim Marriage: Political and Cultural Contestations in Southeast Asia*, Singapore, S. 59–101.
New Straits Times (2002a), »Sultan Approves Terengganu's Syariah Laws«, 20.09.2002.
— (2002b), »Terengganu Delays Hudud Enforcement«, 11.12.2002.
Noor, Farish A. (2004), I*slam Embedded – The Historical Development of the Pan-Malaysian Islamic Party PAS (1951–2003)*, Kuala Lumpur.
Othman, N. (2008), »Rights and Gender Justice: Women, Islamization & the Shari'a in Malaysia Since the 1980s«, in: N. Othman, M. Puthucheary und C. Kessler (Hg.), *Sharing the Nation: Faith, Difference, Power and the State 50 years after Merdeka*, Kuala Lumpur, S. 29–58.
— (1994), »Hudud Law or Islamic Modernity?«, in: Norani Othman (Hg.), *Shari'a Law and the Modern Nation-State: A Malaysian Symposium*, Kuala Lumpur, S. 148–149.

Rahim, L. Z. (2013), »Introduction: The Spirit of Wasatiyyah Democracy«, in: L. Z. Rahim (Hg.), *Muslim Secular Democracy: Voices from Within*, New York, NY, S. 1–27.

Shankar, M. (2010), »Common Sense and the Law«, in: *The Star*, 22.11.2010.

Shuaib, F. S. (2007), »Parallel Court Systems and Conversion of One Spouse to Islam: A Case Commentary on Saravanan Thangathoray v Subashini Rajasingam and Another Appeal«, in: *The Law Review*, S. 246–261.

Sidel, J. T. (2007), *The Islamist Threat in Southeast Asia: A Reassessment*, Washington, WA.

Singh, S. (2014), »Muslim Convert Explains Why He Took Son Away«, in: *The Star*, 13.04.2014.

Sinnadurai, V. (2007), »The 1988 Judiciary Crisis and its Aftermath«, in: A. Harding und H. P. Lee (Hg.), *Constitutional Landmarks in Malaysia: The First Fifty Years 1957–2007*, Kuala Lumpur.

Sipilan J. (2014), »Hindu Mum Gains Custody of Children in Latest Conversion Tussle«, in: *The Malay Mail Online*, 07.04.2014.

Sivanandam, H./Cheng, D. (2013), »Fierce Debate on Conversion of Minors to Islam«, in: *The Sun Daily*, 3.07.2013.

Stark, J. (2004), »Constructing an Islamic Model in Two Malaysian States: PAS Rule in Kelantan and Terengganu«, in: *Sojourn* 19(1), S. 51.

Steiner, K. (2013), »The Case Continues? The High Courts in Malaysia and Unilateral Conversion of a Child to Islam by One Parent«, in: *Australian Journal of Asian Law* 14(2), S. 1–15.

Tariq, Q. (2014), »Court of Appeal Allows AG's Chambers to Act as Intervener in Deepa Custody Case«, in: *The Star*, 10.09.2014.

The Malay Mail Online (2016), » M. Indira Gandhi's Application for Leave to Appeal over the Conversion of Her Three Children to Islam«, 26.02.2016.

— (2014), »Cops Win Freeze on Shariah Court Order in Seremban Custody Row«, 30.06.2014.

— (2013), »Ministers Voice Concern Over Proposed Child Conversion Legislation«, 4.07.2013.

— (2009), »DAP Against Hudud Laws«, 15.01.2009.

Thio, L.-A. (2007), »Jurisdictional Imbroglio: Civil and Religious Courts, Turf Wars and Article 121(1A) of the Federal Constitution«, in: A. Harding und H. P. Lee (Hg.), *Constitutional Landmarks in Malaysia*, Kuala Lumpur.

von der Mehden, F. R. (2013), »Islam and Politics in Southeast Asia«, in: J. L. Esposito und E. E-D. Shahin (Hg.), *The Oxford Handbook of Islam and Politics*, Oxford, S. 340–351.

— (1963), »Religion and Politics in Malaysia«, in: *Asian Survey* 3, S. 609.

Whiting, A. (2010), »Secularism, the Islamic State and the Malaysian Legal Profession«, in: *Asian Journal of Comparative Law* 5(1), S. 1.

— (2008), »Desecularising Malaysian Law?«, in: S. Biddulph und P. Nicholson (Hg.), *Examining Practice, Interrogating Theory: Comparative Legal Studies in Asia*. Boston, MA, S. 223–266.
Women's Aid Organisation (2014), »Stop Adding Hurdles for Deepa«, http://www.wao.org.my/news_details.php?nid=331&ntitle=Stop+adding+hurdles+for+Deepa>
Wu Min Aun (1990), *The Malaysian Legal System*, Malaysia.
Yatim, H. (2015), »Ezra Zaid Must Face Syariah Court, Rules Apex Court«, in: *Malaysiakini*, 28.09.2015.
Zachariah, E. (2015), »Say Sorry or We'll Sue, DAP Muslims Tell Pahang Religious Council Over Aidiladha Sermon«, in: *The Malay Mail Online*, 26.09.2015.

Die staatliche Verfolgung von »Magiern« in Brunei Darussalam und Saudi-Arabien

Ondřej Beránek und Dominik M. Müller

»Uqtulu kulla sahir wa sahira«
[Richtet jeden Magier und jede Magierin hin!]
Ibn Abdulwahhab 2008: 78.

»Islam menentang keras perbuatan sihir dan tukang sihir«
[Der Islam ist entschieden gegen Magie und Magier.]
Pelita Brunei 2014a, offizielle Regierungszeitung von Brunei Darussala

Einleitung

Einer kürzlich erschienenen Veröffentlichung des Pew Reseach Center über muslimische Glaubensvorstellungen zufolge gab in den Ländern, in denen die Daten erhoben wurden, mindestens die Hälfte der Musliminnen und Muslime an, dass Dschinn tatsächlich existieren und es auch den »bösen Blick« wirklich gebe. An Zauberei, Magie und Hexerei[1] glaubten zwischen 20 und 90 Prozent der Befragten (Pew Research Center 2012). Das zeigt, welche zentrale Bedeutung der Glaube an übernatürliche Mächte für beträchtliche Teile der Bevölkerung in heutigen muslimischen Gesellschaften hat. Wie wir sehen werden, prägen solche Vorstellungen in einigen Ländern auch die Regierungspolitik sowie die Gesetzgebung. Magie – im Sinne der Ausübung von Schadenszauber – gilt für gewöhnlich als unislamisch. Einige muslimische Regierungen haben strenge Gesetze gegen Magie erlassen, wobei sich diese Gesetze allerdings in ihrem lokalspezifischen Kontext sowie in ihrer diskursiven und soziokulturellen Einbettung

---

1 In der Geschichte der Ethnologie und anderer Fächer wurden Begriffe wie Hexerei, Zauberei und Magie ausführlich, jedoch recht widersprüchlich definiert. In den arabischen und malaiischen Sprachen gibt es ebenfalls sehr viele nebeneinander existierende Bezeichnungen dafür. Die Autoren sind sich dieser begrifflichen und terminologischen Komplexität bewusst, haben sich aber dafür entschieden, aus pragmatischen Gründen im vorliegenden Beitrag nicht näher darauf einzugehen. Wir werden diese Bezeichnungen abwechselnd sowohl für Menschen verwenden, die versuchen, die Wirklichkeit zu unterschiedlichsten Zwecken durch übernatürliche Mittel zu beeinflussen, als auch für Personen, denen solche Praktiken nachgesagt oder vorgeworfen werden.

erheblich voneinander unterscheiden. Zu diesen Regierungen zählen auch diejenigen von Saudi-Arabien und Brunei Darussalam, um die es im vorliegenden Beitrag geht. In den drastischsten Fällen kann der Vorwurf der Magie *de jure* lange Freiheitsstrafen oder sogar die Todesstrafe nach sich ziehen, was *de facto* auch bereits vorgekommen ist. In Saudi-Arabien hat diese Rechtspraxis eine lange Tradition. In jüngster Zeit hat das Land diesbezüglich Gesellschaft vom selbsternannten »Islamischen Staat im Irak und der Levante« (*Da'ish*) bekommen, der in Syrien, im Irak und in Libyen mehrere Menschen öffentlich köpfen ließ, die der Ausübung von Magie bezichtigt wurden.[2] Der vorliegende Beitrag beleuchtet die Stellung von Magie in der Geschichte des Islam und orthodoxe religiöse Ansichten darüber; vor allem aber geht es um die mit Politik und Legitimierung zusammenhängenden Gründe, aus denen einige Regierungen – insbesondere in Saudi-Arabien und Brunei – zu strafrechtlichen Maßnahmen gegenüber Menschen gegriffen haben, die solche Praktiken vermeintlich oder tatsächlich ausüben. Diese heutigen Reaktionen in Saudi-Arabien und Brunei haben Parallelen in der europäischen Geschichte. Auch dort gingen politische Akteure unter Berufung auf höhere Mächte mit Worten und Taten gegen Magie vor, und zwar trotz aller Unterschiede aus teils ähnlichen Motiven: Es ging um religiöse und politische Selbstlegitimierung und Inszenierungen weltlicher Macht.

Anhand einer Betrachtung aktueller politischer Maßnahmen gegen Magie in Brunei und Saudi-Arabien werden einige ideologische Parallelen deutlich, die es zwischen diesen beiden kulturell und religiös ansonsten recht verschiedenen Ländern gibt. Zu den Gemeinsamkeiten in diesem Vergleichsrahmen mit geringer Variationsbreite (»limited variation«) gehört, dass beide Länder von ihren jeweiligen Regierungen als »islamische Staaten« dargestellt werden, dass staatlich geförderte islamische Einrichtungen in beiden Ländern großen Einfluss ausüben und dass beide seit langer Zeit absolute Monarchien sind: Der Stammbaum der Königsfamilie von Brunei reicht offiziell bis ins 14. Jahrhundert zurück, als der erste Sultan zum Islam konvertierte; die Familie Al Saud kam in der Mitte des 18.

---

[2] Al-Arabiya News 2014; LiveLeak 2014. Mindestens eine der hingerichteten Personen war höchstwahrscheinlich Mitglied des Sufi-Ordens der Naqshbandiyya. Die Hinrichtung war daher nicht nur die grausame Vergegenwärtigung einer strikten »Moral«, sondern auch ein wirksames Mittel, sich der inneren Opposition zu entledigen. Weitere Fälle kamen 2015 und 2016 hinzu, siehe DailyNews 2015; BBC News 2015; Newsweek Europe 2016. Von weiteren Enthauptungen angeblicher Magier berichtet Human Rights Watch 2016: 18.

Jahrhunderts an die Macht, wobei das Königreich Saudi-Arabien allerdings erst 1932 gegründet wurde. Während aber die Region, in der das heutige Saudi-Arabien liegt, schon lange von arabischen Kulturtraditionen und deren vielen durch regionale politische Entwicklungen und theologische Diskurse ausgelösten Veränderungen geprägt ist, befindet sich das »Malaiische Islamische Sultanat« (*Melayu Islam Beraja*) von Brunei weit entfernt vom »islamischen Kerngebiet«, nämlich in Südostasien. Der Malaiische Archipel, in dem Brunei liegt, war lange dafür bekannt, dass sich dort der Islam mit lokalem kulturellem Brauchtum und Einflüssen vieler Lokalreligionen vermischte. Allerdings fassten ab der späten Kolonialzeit im frühen 20. Jahrhundert zunehmend auch orthodoxe islamische Strömungen Fuß, die im Zuge der Wellen transnationalen Wiedererstarkens des Islam seit den frühen 1980er Jahren auch im Bereich staatlicher Religionspolitik immer mehr an Einfluss gewannen. Außerdem ist das Sultanat Brunei eine multireligiöse und multiethnische Gesellschaft, während fast sämtliche Bewohner/innen Saudi-Arabiens Muslime und ethnische Araber sind, mit Ausnahme einer kleinen Minderheit von »Afro-Arabern«. Ein zusätzlicher großer Unterschied besteht hinsichtlich der offiziellen islamischen Rechtsschulen (*madhahib*), in den beiden Ländern: Brunei folgt der Sunni-Shafi'i-Rechtsschule, wohingegen die saudischen Religionsgelehrten eher der Hanbali-Schule des Sunna-Islam anhängen. Auch die gesellschaftliche Stellung und Rechte von Frauen und die Behandlung von Minderheiten sind in den beiden Ländern sehr unterschiedlich. Ungeachtet dieser und vieler anderer Unterschiede geben sich die heutigen Regierungen beider Länder gleichermaßen besorgt über »Magie« als gesellschaftliches Problem, und Menschen, die der Ausübung von Magie bezichtigt werden, sind religiös begründeter Verfolgung durch Staatsbehörden ausgesetzt. Durch die Bekämpfung von Magie und die Kriminalisierung sonstigen Verhaltens, das angeblich von den Normen des Staatsislam abweicht, wollen die Machthaber in beiden Ländern ihre selbst definierte Rolle als Hüter der »wahren Lehre« (*aqida*) wahrnehmen, deren Pflicht darin besteht, das islamische Prinzip »gebiete das Gute und verbiete das Schlechte« (Arabisch: *al-amru bil-ma'ruf wan-nahy 'ani l-munkar*; Malaiisch: *amar makruf dan nahi mungkar*) umzusetzen. Durch die Publikmachung von Maßnahmen gegen Magie kann die Obrigkeit unter Beweis stellen, dass der Staat seinen entsprechenden Verpflichtungen nachkommt. Zugleich dienen solche politischen Botschaften Regierungen, die keine demokratische Legitimierung besitzen, aber auch als diskursives Mittel zur (Selbst-)Legitimierung. Anders ausgedrückt: Durch die Inszenierung von Maßnahmen gegen Magie können diese Staaten zugleich Rechtfertigungsnarrative (Forst/Günther 2011) für ihre politische Herrschaft und das Normensystem inszenieren, auf dem diese Herrschaft basiert. Alternative Glaubenssysteme und normative Ansprüche werden systematisch unterdrückt, so etwa Ausprägungen eines volkstümlichen Islam, der von der offiziellen Staatsdoktrin abweicht und daher den Anspruch des Staates auf Rechtfertigungshegemonie (Forst 2014: 106) in Frage stellen könnte. Durch institutionelle Inszenierungen der »Echtheit« übernatürlicher dämonischer Kräfte sowie durch die Zurschaustellung der eigenen Entschlossenheit und Fähigkeit, diese Kräfte zu bekämpfen und in Schach zu halten, unterstreichen die religiösen Akteure innerhalb der Staatsapparate von Brunei und Saudi-Arabien das Selbstverständnis ihrer Regierungen als entschieden anti-säkulare Institutionen, die von einer höheren Macht auferlegte Pflichten erfüllen.

Bevor wir eingehender auf die Lage im heutigen Brunei und Saudi-Arabien zu sprechen kommen, möchten wir zunächst einen Überblick über die Stellung von Magie in der islamischen Geschichte geben, um das Thema in seinen historischen Kontext zu stellen. Es ist keineswegs so, dass islamisch geprägte Kultur und Magie sich gegenseitig ausschließen. Die bunte Welt des Islam war niemals ohne Magie. Wahrsagerei, Hexerei sowie der Glaube an Geister, Dämonen und Magie und die Verwendung von Talismanen und Amuletten waren immer weit verbreitet. Manche früheren Beobachter des Islam wie etwa S. M. Zwemer (1867–1952) vertraten sogar die Ansicht, dass

»die Religion der einfachen Leute von Tanger bis Teheran heutzutage immer noch auf hunderten eigentümlicher Vorstellungen beruht [...]. Das Ausmaß, in dem die muslimische Psychologie von Hexerei, Magie, Zaubersprüchen und Glücksbringern bestimmt wird, erschließt sich nur denen, die am tiefsten in das Leben der Bevölkerung vorgedrungen sind.«

Zwemer war außerdem der Ansicht, dass

»Aberglaube nicht nur bei der überwiegenden Mehrzahl der Muslime vorkommt, wie aus Büchern über Magie, dem allgegenwärtigen Verkauf von Amuletten, Glücksbringern, Talismanen, magischen Quadraten und der Ausübung von Geomantie ersichtlich wird; diese Praktiken entspringen auch fast immer unmittelbar den Quellensammlungen des Islam, nämlich dem Koran und den Überlieferungen, oder berufen sich zumindest zur Rechtfertigung auf diese.«

Ferner bemerkt er, dass

»Magie und Zauberei in keiner anderen monotheistischen Religion so verankert sind wie im Islam. Das ist einer der Hauptgründe dafür, dass sich der Islam in Zentralafrika und bei den Malaien im Niederländischen Archipel ausgebreitet hat.« (Zwemer 1939: viii–ix)

Scharfe Reaktionen auf solche Praktiken gibt es selbstverständlich nicht nur im Islam. Vor allem Europa hat eine lange Geschichte von Verfolgungen und Hinrichtungen in Zusammenhang mit Hexerei als Verbrechen, und volkstümliche Bräuche, und Vorstellungen im Bereich der Magie existieren noch heute in vielen Regionen Europas. Dabei finden sich auffallende Ähnlichkeiten mit muslimischen Gesellschaften, so etwa in vielen christlich geprägten Teilen Südeuropas bezüglich des »bösen Blicks« und den Schutzmaßnahmen gegen ihn. In Europa bildete sich der Glaube an Hexen allmählich im Verlauf von etwa drei Jahrhunderten heraus und führte zur Entstehung eines komplexen Hexereibegriffs (vgl. die maßgebliche Studie von Hansen 1900). Der Höhepunkt der Hexenjagden fiel in die Zeit zwischen 1560 und 1630, wobei die erbittertsten und grausamsten Verfolgungen sich wohl in den deutschen Städten Bamberg, Ellwangen und Würzburg nebst Umgebung sowie im französischen Herzogtum Lothringen abspielten. Im 17. und 18. Jahrhundert ging die Zahl der Beschuldigten stetig zurück. Die letzte amtlich verfügte Hinrichtung wegen Hexerei fand in Europa im Jahre 1782 statt, danach galt Hexerei offiziell nicht mehr als Verbrechen.[3] Allerdings waren Presseberichte über Hexerei und Magie auch im 19. Jahrhundert immer noch häufig (siehe Davies 2001), und es gab auch in ganz Europa gelegentlich Zwischenfälle, die mit diesen Praktiken zusammenhingen. In den ersten Jahrzehnten des 20. Jahrhunderts schwand der Volksglaube an traditionelle Magie immer mehr (siehe Schöck 1978 und Hauschild 1979, 2002). In anderen Teilen der Welt ging die Hexenverfolgung jedoch weiter und nahm manchmal sogar zu. Das war insbesondere in Afrika in der zweiten Hälfte des 20. Jahrhunderts der Fall, oft in Verbindung mit der Einführung christlicher Vorstellungen und Versuchen des Staates, Magie mit sämtlichen verfügbaren Mitteln – einschließlich des Justizsystems – einzudämmen. Diese Maßnahmen brachten Hexendoktoren hervor, die als Sachverständige vor Gericht auftraten, wodurch nicht nur der Unterschied zwischen Ankläger und Angeklagtem verschwamm, sondern letztlich auch derjenige zwischen Irdischem und Übernatürlichem (vgl. Fisiy 1998).

---

3 Aus einigen Teilen Europas gibt es allerdings Berichte über Hexenverfolgungen noch in der zweiten Hälfte des 20. Jahrhunderts. Siehe beispielsweise Schiffmann 2001.

Bevor wir näher darauf eingehen, wie zwei heutige muslimische Gesellschaften, nämlich Saudi-Arabien und Brunei, immer noch gegen Zauberei vorgehen, wird im folgenden Abschnitt ein Überblick über das Thema Magie im islamgeschichtlichen und theologischen Kontext gegeben.

Magie im Islam: Zwischen »unklar«, »erlaubt« und »verboten«

Bei einem Vergleich der aus Europa oder der afrikanischen Vergangenheit bekannten Bereiche von Magie und Wahrsagung bzw. Magie und Hexerei mit den entsprechenden Konzepten im Islam wäre es natürlich naiv, die jeweiligen Praktiken einfach gleichzusetzen. Im Islam bezieht sich der Begriff »Magie« auf ein breites Spektrum von Handlungen mit unterschiedlichen Ausprägungen und Techniken. Die Sphäre der Magie umfasste im Islam traditionell Amulette, Talismane, Buchstabenmagie, Zauberei, die Deutung von Buchstaben und Zahlen, Astrologie, Besessenheit und Exorzismus, *zar* (Rituale zur spirituellen Reinigung), Prophetische Medizin sowie viele andere Bereiche und Praktiken (vgl. Savage-Smith 2004). Innerhalb des Genres der Prophetischen Medizin bzw. des Heilens mittels des Koran, das allgemein dem Bereich islamischer Normativitätsdiskurse (die intern höchst heterogen und umstritten sind) zugerechnet wird, unterscheidet man zwischen schwarzer Magie (Arabisch: *sihr*, Malaiisch: *sihir*), die verboten ist, und weißer Magie (Arabisch und Malaiisch: *ruqya*, einschließlich Exorzieren der von Dschinn besessenen Körper oder Orte), die für gewöhnlich als zulässig gilt oder sogar empfohlen wird.

An den Stellen im Koran, wo von Magie die Rede ist, findet sich keine eindeutige Definition davon; vor allem aber fehlt es an einer abschließenden Stellungnahme, ob sie zu erlauben oder zu missbilligen sei.[4] Der Koran verurteilt in erster Linie diejenigen, die Magiern erlauben, Einfluss auf sie auszuüben. In den klassischen Büchern über die Scharia wird Magie im Vergleich zu vielen anderen Themen auffällig selten erwähnt. Nach Aussagen islamischer Quellen bezüglich Fragen der Magie muss man daher – wie in vielen anderen Fällen auch – in den prophetischen Traditionen (*hadith*) suchen. In den Hadithen finden sich wesentlich argwöhnischere Ansichten über Magie als im Koran. Es ist davon die Rede, dass »Vielgötterei und

---

[4] Im Koran verweist die Wurzel *s-h-r* gemeinhin auf Magie. Sie kommt 58-mal in 25 Suren vor. Vgl. insbesondere Hamès 2007.

Magie« sündhafte Taten seien, und sowohl der böse Blick als auch Magie gelten als »Tatsachen« (*Sahih al-Bukhari*, »Kitab al-tibb«, Kapitel 35 und 36). Außerdem verknüpfen manche Hadithe Medizin und Magie bzw. nehmen keine Trennung vor oder thematisieren diese nicht, da die Trennung zwischen Medizin und Magie letztlich eine Entwicklung der Moderne ist. Das hierzu berühmteste *hadith* erzählt die Geschichte, wie Mohammed mittels eines unter einem Stein in einer Zisterne versteckten Talismans verzaubert wurde, sodass seine Manneskraft versiegte. Mohammed musste tagelang leiden, bis Gott ihm die Ursache seiner Krankheit und den Ort offenbarte, an welchem die Quelle des Übels verborgen lag.[5]

Selbst diese Quellen und einschlägige Schriften späterer Theologen konnten allerdings nicht verhindern, dass sich im Islam verschiedene Strömungen herausbildeten, die den Glauben an Magie bejahten und pflegten. Im Islam des Mittelalters reichte das Spektrum der Reaktionen auf Magie von einer kompletten Leugnung ihrer Existenz aus rationalen Gründen (zum Beispiel durch Vertreter der Mu'tazila) über eine Ablehnung und Verurteilung solcher Praktiken als unislamisch und gefährlich (zum Beispiel bei al-Ghazali und Ibn Khaldoun) bis hin zu der Auffassung, sie sei ein elementarer Teil des Glaubenssystems (bei den Ikhwan al-Safa[6] und andere).

Einige Theologen wie etwa al-Baqillani (gest. 1013) vertreten die Ansicht, der Unterschied zwischen Wundern und Magie bestehe darin, dass einzig Gott Macht über erstere habe und sie daher nicht im Bereich des Menschenmöglichen lägen. Andererseits bekräftigt al-Baqillani aber auch, dass es sich beim Glauben an Magie um etwas Reales handele. Außerdem erwähnt er, dass Ausübende der Magie gelegentlich umgebracht worden seien, man aber einen nicht-muslimischen Magier nicht töten solle, da dies auch der Prophet Mohammed nicht getan habe (Al-Baqillani 1958: 86). Neben all diesen Varianten hat sich auch starker Widerstand gegen Magie geregt, vor allem im legalistischen Islam, wofür Hodgson den Begriff »Frömmigkeit im Geiste der Scharia« (»*shari'ah*-minded piety«) geprägt hat (Hodgson 1974: 350–351). Der einzige Unterschied besteht in den Strafen,

---

5 Siehe Sahih al-Bukhari, »Kitab bad' al-khalq«, Kapitel 19, »Kitab al-tibb«, Kapitel 47, 49, 50.

6 Die Ikhwan al-Safa (dt. Brüder der Reinheit) waren Verfasser einer berühmten Enzyklopädie der Wissenschaften, welche größtenteils im 10. Jahrhundert und hauptsächlich unter dem Einfluss der isma'ilitischen Ausprägung des schiitischen Islams geschrieben wurde.

die den Ausübenden auferlegt werden. Die wohl strengste Maßnahme – nämlich Hinrichtung – wurde schon früh von dem sunnitischen persischen Theologen Fakhr al-Din al-Razi (1149–1209) propagiert (Al-Razi 1890). Ibn Qayyim (1292–1350) schreibt, hinter Magie stecke der Teufel (Ibn Qayyim al-Jawziyya 1972: 234), während Ibn Kathir (gest. 1383) zufolge diejenigen, die Magie lernen wollen, vom Teufel dazu angestiftet werden, wobei er sich auf das Beispiel Salomons im Koran bezieht (2:101–124) (Ibn Kathir 1969).

Vor allem im Zuge der Reformbewegungen des 18. und 19. Jahrhunderts wurde Magie – zumindest von manchen Reformern – zunehmend als regelrechtes Verbrechen gesehen. Wer sie ausübte, wurde zum Ungläubigen und verdiente als Bestrafung den Tod. Schwarze Magie führte man auf dämonische Mächte und Bitten um deren Hilfe zurück. So führt *sihr* zu *shirk* (Idolatrie) und ist deshalb gleichbedeutend mit Unglauben (*kufr*), den Allah nicht vergibt. Solche Deutungstendenzen zeigten sich beispielsweise klar in den Schriften und im Handeln der Bewegungen auf dem Gebiet des heutigen Nigeria, die auf Usman dan Fodio zurückgingen. Aber es war der namensgebende Gründer des Wahhabismus, Muhammad ibn Abdulwahhab (1703–1792), der maßgeblich zur Herausbildung der heute immer noch ausgeprägten radikal magiefeindlichen Haltung beigetragen hat. Vor dem Aufkommen des Wahhabismus waren in Arabien verschiedene Arten der Magie und Wahrsagerei weitverbreitet. Ibn Abdulwahhabs Biograph Ibn Bishr schrieb:

»Die sesshaften Leute kamen zu den beduinischen Magiern und baten um Medizin zur Heilung ihrer Krankheiten. Ihnen wurde gesagt: ›Bringt dies oder das Opfer an diesem oder jenem Ort dar, esst einen Teil davon und werft soundso viel weg. Nennt nicht den Namen Allahs. Wenn es Allahs Wille ist, wirst du vielleicht wieder gesund.‹« (zitiert nach Vassiliev 1998: 71–72)

Diese Praktiken verurteilte Ibn Abdulwahhab scharf. Sein *Kitab al-tawhid* dient dazu, das Konzept des *tawhid* (der Einheit Gottes) unmissverständlich darzulegen. Dieses Konzept wird gleich zu Anfang seines Buches durch ein Koranzitat zusammengefasst (51:56): »Und Ich habe die Djinn und Menschen nur dazu erschaffen, dass sie Mir dienen.« In Kapitel 24, das schlicht mit »Magie« übertitelt ist und auf verschiedene *hadith*-Sammlungen zurückgreift (Muslim, al-Bukhari), zählt Ibn Abdulwahhab die Magie zu den sieben »verabscheuungswürdigsten Sünden« (*mubiqat*), die Muslime auf keinen Fall begehen dürfen. In Kapitel 27 mit dem Titel »Zaubersprüche« (*mushra*) zitiert Ibn Abdulwahhab den Propheten Mohammed, der den Wunsch nach Heilung durch Zaubersprüche als »Teufelswerk« bezeichnete. Natürlich kommt Ibn Abdulwahhabs kurze Behandlung des Themas Magie in punkto Ausführlichkeit und Systematik nicht an die berühmte Abhandlung *Directorium Inquisitorum* heran, deren Verfasser Nicholas Eymrich (gest. 1399) auf 800 Seiten Hexerei sowie Methoden zur Entlarvung von Hexen beschreibt. Dennoch wurde auch Ibn Abdulwahhabs Buch, das viele Neuauflagen erlebte, weite Verbreitung fand und Gegenstand ausführlicher Kommentare war, zum Leitfaden bei der Verfolgung von Magiern.

Ein populärer heutiger Exeget der Schriften Ibn Abdulwahhabs ist der an der Islamischen Universität Medina in Saudi-Arabien ausgebildete Salafi Bilal Philips, ein Kanadier jamaikanischer Abstammung. Für ihn »steht der Glaube an Glücksbringer, Amulette und Talismane im Widerspruch zum wahren Glauben an Allahs [Herrschaft].« (Philips 2005: 72f.) Außerdem öffne der Brauch, Miniaturkorane herzustellen, die dann in Medaillons getragen werden, *shirk* Tür und Tor. Philips zufolge ist es auf diese Sorge um mögliche Häresie zurückzuführen, dass der Islam entschieden gegen Wahrsagerei ist und nicht mit denjenigen in Verbindung gebracht werden will, die diese ausüben. Wer zu Wahrsagern geht und an deren Fähigkeit glaubt, das Unsichtbare zu sehen und die Zukunft zu kennen, ist Philips zufolge ebenfalls ein Ungläubiger (ebd.: 101, 102). Dasselbe gilt für Menschen, die Astrologen aufsuchen und sich deren Vorhersagen anhören, Käufer astrologischer Bücher und Leser von Horoskopen (ebd.: 111–112). Philips zufolge lässt sich Magie als »scheinbare Kontrolle oder Vorhersicht natürlicher Kräfte durch die rituelle Beschwörung übernatürlicher Mächte« definieren sowie »den Glauben, der Mensch könne die Natur durch verschiedene Rituale, Formeln und Handlungen beeinflussen« (ebd.: 115). Allerdings erkennt der Islam – so Philips – an, dass manche Aspekte von Magie real sind, denn »überall auf der Welt gibt es Leute, die echte Magie praktizieren, weil sie Kontakt mit den *Shayatin* (den bösen Dschinn) haben«. Hinter unterschiedlichen Phänomenen (Spukhäuser, Voodoo, Besessenheit von Dämonen, Sprechen in Zungen, Levitation, Zurücklegen riesiger Entfernung in Sekundenbruchteilen sowie dem Hervorzaubern von Essen oder Geld aus dem Nichts) steckt »die verborgene und finstere Welt der Dschinn« (ebd.: 116-117, 121-122). Die islamischen Regeln für den Umgang mit Magie sind für Philips klar:

»Weil sowohl die Ausübung als auch das Erlernen von Magie im Islam als *kufr* (Unglaube) gelten, sieht die Scharia (das islamische Recht bzw. im theologischen

Wortverständnis die Quelle ihrer Normativität) ein sehr strenges Urteil für alle vor, die dabei erwischt werden. Die Strafe für jeden, der bei der Ausübung von Magie ertappt wird und keine Reue zeigt, ist der Tod.«

Im Falle eines derartigen orthodoxen Islam dienen die strengen Regeln bezüglich Magiern also dazu, »die schwächeren Mitglieder der Gesellschaft davor zu bewahren, *shirk* zu begehen, [...] weil sie Magiern göttliche Eigenschaften zusprechen, die allein Allah vorbehalten sind« (ebd.: 131). Magie wird hier also nicht verboten, weil sie der Moderne zuwiderläuft und die Welt durch eine säkularisierte Rationalität »entzaubert« worden wäre, sondern weil sie etwas Reales und Gefährliches ist.

Saudi-Arabien: Die Frevelhaftigkeit von Magie

Historisch gesehen verdanken wir unser Wissen über Magie auf der arabischen Halbinsel fast ausschließlich Dokumenten aus der Feder christlicher Missionare sowie den Werken von Reisenden oder politischen Ratgebern.[7] Diesen Dokumenten zufolge wurde Magie in Saudi-Arabien traditionell vor allem von Frauen ausgeübt. Man sagte ihnen nach, sie könnten Krankheiten sowohl verursachen als auch heilen. Meist handelte es sich dabei um ältere Frauen, verwitwet oder ledig, und diese waren für gewöhnlich vom Lande, Beduininnen, arm, Angehörige eines ausgestoßenen, gesellschaftlich niedrigstehenden Stammes (Sulubba) oder afrikanischer Herkunft (Doumato 2000: 161; vgl. Musil 1928: 406-407). Ein besonders gefragter Aspekt ihrer Künste war Liebeszauber und die Zubereitung von Giften und Liebestränken.

Zumindest für den Nadschd gibt es aus den späten 1920er und frühen 1930er Jahren Berichte über mehrere Hexenjagden, hinter denen die *ulama* (Islamgelehrten) aus Riad und der Ikhwan[8] steckten. Dicksons Bericht zufolge wurde beispielsweise um 1929 »eine berühmte Erfinderin von Zaubersprüchen aus dem Stamm der Utaiba, die im ganzen Nadschd und Nordostarabien bekannt war, vom Sheikh der Utaiba, Sultan ibn Humaid, umgebracht«. Wahba zufolge wurde eine andere ältere Frau aus derselben

---

[7] Die beiden aufschlussreichsten Berichte von Autoren, die sich für Zaubereigeschichten interessierten, sind Wahba 1964 und Dickson 1951.

[8] Die Ikhwan (dt. Brüder) waren eifrige Stammeskrieger, die Ibn Saud zur Eroberung eines Großteils der Arabischen Halbinsel verhalfen.

Gegend um die Bauernsiedlung al-Ghatghat von Ibn Bijad (gest. 1934), dem Anführer der Ikhwan-Bewegung, hingerichtet. Zuvor hatte dieser, wie es sich gehört, die *ulama* konsultiert (Wahba 1964: 43–44). Doumato (2000) zufolge ergeben diese Hinrichtungen wegen Magie im Kontext der damaligen Zeit absolut Sinn; die saudischen Herrscher benutzten nämlich den wahhabitischen Islam als Instrument für Eroberungen und zugleich zur Mobilisierung, um die Loyalität der Nomaden zu gewinnen, die sich dort vor Kurzem niedergelassen hatten und zum Islam konvertiert waren. Auch der künftige König, Ibn Saud, soll zur Zielscheibe eines Zaubers geworden sein. Die Ehefrau von Amir Ajlan, dem raschidischen Gouverneur von Riad, wollte sich an Ibn Saud dafür rächen, dass er ihren Mann umgebracht hatte. Also machte sie für ihn ein Kissen, das einen Zauber entfalten und töten konnte. In diesem Falle wirkte die Magie allerdings nicht (Dickson 1951: 534). Vielleicht ermunterte dieser Zwischenfall den saudischen Emir aber dazu, die Politisierung von Hexenjagden weiter zu betreiben und zu intensivieren; man fühlt sich ein wenig an das Verhalten von König Jakob VI. von Schottland erinnert, der glaubte, eine Gruppe von Hexen habe ein Komplott geschmiedet, um ihn umzubringen.

Auch für die jüngere Zeit gibt es wenige Quellenbelege, und nicht zuletzt deshalb ist Verfolgung wegen des Vorwurfs der Hexerei schwer nachzuweisen. Dass verschiedene volkstümliche Bräuche einschließlich des Glaubens an Magie nicht völlig ausgemerzt wurden bezeugt beispielsweise Katakura (1977), die in den späten 1960er Jahren Feldforschung in einer Beduinensiedlung in Wadi Fatima im westlichen Saudi-Arabien durchführte. Sie berichtet, dass Regierungsbehörden Bräuche verboten, die mit Magie zusammenhingen, und dass auch die örtlichen Zentren für soziale Entwicklung sehr von solchen Praktiken abrieten. In den betreffenden Fällen ging es für gewöhnlich um die Rolle meist männlicher Ausübender von Magie, die beispielsweise einen Miniaturkoran in einem Lederbeutel um den Hals trugen, da sie glaubten, dies würde Unheil von ihnen abwenden.

Was die jüngste Vergangenheit angeht, so stammen die uns vorliegenden Informationen vor allem aus örtlichen Zeitungen, deren Berichterstattung allerdings kaum unabhängig ist. Dank der Berichte von Organisationen wie Human Rights Watch verfügen wir aber über detailliertere Angaben über Magie in Saudi-Arabien (Human Rights Watch 1997; vgl. Behringer 2007: 218). So wurde zum Beispiel im Jahre 1995 eine Hinrichtung wegen Magie vollstreckt. Der Vorfall fiel in eine Zeit, als die Rechtgläubigkeit der Königsfamilie von politischen Dissidenten, welche die religiöse Legitimation der Monarchie und den damit zusammenhängenden Machtanspruch ins Wanken bringen wollten, öffentlich in Frage gestellt wurde. Zum Zeitpunkt der Hinrichtung waren die saudischen Zeitungen voller Artikel, in denen das Wesen der Magie erläutert wurde. Ibn Baz, der damalige Großmufti, erließ eine *fatwa*, in der er verkündete: »Da die Zahl der Zauberer in jüngster Zeit zugenommen hat, hielt ich es für angebracht, deutlich auf die Gefahr hinzuweisen, die sie für den Islam und die Muslime darstellen« (zitiert nach Doumato 2000: 265–266, Anm. 57). Der Innenminister und Bruder des Königs, Prinz Nayif, forderte »gemeinsame Anstrengungen von staatlichen Organen, Islamgelehrten und Bürgern im Kampf gegen Zauberer. Dies ist eine wichtige Angelegenheit, da sie unseren Glauben und unsere Gesundheit betrifft«. Außerdem warnte er »jeden, einschließlich Bürgern, anderen Ortsansässigen und Besuchern davor, Zauberei zu praktizieren«, und fügte hinzu: »Die vor kurzem erfolgte Hinrichtung eines Zauberers im Königreich zeigt die Entschlossenheit der Regierung, gegen diese Freveltaten vorzugehen.« (ebd.) Man hielt die Hinrichtung eines »Namenlosen« allem Anschein nach für ein wirksames Mittel, um zu zeigen, dass das Regime für Rechtgläubigkeit eintritt, und um die Vorrangstellung islamischer »Rechtsprechung« unter Beweis zu stellen. Später wurde ein eritreischer Staatsbürger der Magie angeklagt, nachdem die Strafverfolger sein persönliches ledergebundenes Telefonbuch zum »Talisman« erklärt hatten. Das Gericht verurteilte ihn zu 20 Monaten Gefängnis und 300 Peitschenhieben. Außerdem gab es den Fall einer saudischen Staatsangehörigen, Fawza Falih. Sie war offenbar Analphabetin und wurde 2006 der Magie für schuldig befunden. Die Vollstreckung ihrer Todesstrafe wurde zwar aufgeschoben, jedoch verstarb sie aufgrund gesundheitlicher Probleme im Gefängnis. 2007 wurde in Riad ein ägyptischer Staatsbürger hingerichtet; ihm wurde vorgeworfen, er habe ein Ehepaar durch Magie auseinanderbringen wollen (zu anderen Einzelfällen siehe Human Rights Watch 1997 oder Behringer 2007: 218).

In den letzten Jahrzehnten richtete sich die Verfolgung von Menschen, die Magie ausübten, für gewöhnlich gegen Ausländer. Die meisten Angeklagten stammten aus den Kreisen afrikanischer oder südostasiatischer Gastarbeiter; es waren vor allem Dienstmädchen. Es ist nicht ungewöhnlich, dass saudische Männer aus Angst vor einer Anzeige wegen sexueller Belästigung ihre Dienstmädchen beschuldigen, sie mit einem Zauber belegt zu haben, dem sie hilflos ausgeliefert gewesen seien. Für die Dienstmädchen bedeutet das Peitschenhiebe oder Gefängnis. Wie bereits oben erwähnt und in Einklang mit Hexenjagdtraditionen in anderen regionalen Kontexten sind die Opfer für gewöhnlich Frauen. Das geht Hand in Hand mit der großen Bedeutung, die dem »Ideal« der muslimischen Frau beigemessen wird. Sie »hält sich von all dem närrischen Aberglauben und den unsinnigen Mythen fern, die in den Köpfen unwissender und ungebildeter Frauen herumspuken«, und sie

»glaubt, dass das Befragen von Sehern, Wahrsagern, Magiern und anderen Verbreitern von Aberglauben und Mythen sowie das Befolgen ihrer Ratschläge zu den größten Sünden zählt, welche die guten Taten des Gläubigen zunichtemachen und ihm oder ihr im Jenseits ein schlimmes Schicksal bescheren.« (Al-Hashimi 2005: 150)

Aufgrund der Magieprozesse bat Human Rights Watch im März 2008 einen hochrangigen Beamten des Justizministeriums, sich zur Definition des Verbrechens der Hexerei in Saudi-Arabien und zu den Beweismitteln zu äußern, die ein Gericht zur Feststellung eines solchen Verbrechens benötigt. Der Beamte räumte ein, dass es keine rechtliche Definition gibt, und konnte keine Angaben dazu machen, welche beweiserheblichen Tatsachen bei derartigen Prozessen vorgelegt werden müssen. In Saudi-Arabien gibt es kein Strafgesetzbuch, sodass Richter in nahezu sämtlichen Fällen nach eigenem Ermessen Handlungen als kriminell einstufen und entsprechende Strafen verhängen dürfen (Jacobs 2013). Allein im Jahre 2009 sollen hundert Menschen in der Provinz Mekka wegen Ausübung von Magie bestraft worden sein. Das in Saudi-Arabien für den Kampf gegen Magie zuständige Gremium ist das Komitee zur Wahrung der Tugend und zur Verhinderung der Lasterhaftigkeit (*Hay'at al-amr bi'l-ma'ruf wa'l-nahy 'an al-munkar*). Im Jahre 2009 wurde unter der Aufsicht dieses Komitees eine spezielle Polizeieinheit zur Jagd auf Hexen gegründet, die den Auftrag erhielt, die Öffentlichkeit über den schädlichen Einfluss der Magie und Ermittlungen gegen Hexen aufzuklären. Die Einheit gegen Hexerei ist rechtlich befugt, magische Formeln aus dem Koran zu verwenden, um die Wirkung von Schadenszauber aufzuheben. Außerdem ließ das Komitee eine Hotline einrichten; die Bürger sind aufgefordert, über diese Hotline den örtlichen Behörden Fälle von Magie zu melden. In den letzten Jahren hat das Komitee außerdem saudische Fernsehsender mit Videos beliefert, in denen die Verhaftung von Magiern zu sehen ist (Perlmutter 2013; Jacobs 2013).

Vorgehen gegen »Magie« im heutigen Südostasien: Der Fall Brunei Darussalam

Außer im Nahen Osten ist institutionalisiertes Vorgehen gegen Magie, dessen Rechtfertigungsnarrative auf die Scharia Bezug nehmen, besonders explizit im heutigen Rechtssystem und in der staatlichen Islambürokratie Brunei Darussalams verankert. Im malaiischen Sprachraum Südostasiens – wozu auch Indonesien, Malaysia und Singapur gehören – haben Praktiken der »schwarzen Magie« (mal. *ilmu hitam/sihir*), übernatürliche Heil- und Manipulationsmethoden sowie der Glaube an Geister und andere unsichtbare Mächte eine lange Geschichte und sind trotz weitreichender gesellschaftlicher Veränderungen in lokalen Gesellschaften weiterhin fest verwurzelt. Muslimische malaiische Magier und Heiler (*bomoh, pawang, dukun, orang pandai/pemandai*) waren in der ganzen Region traditionell zentrale Persönlichkeiten im Dorfleben (Peletz 1988; Skeat 1900). Obwohl manche Beobachter erwarteten, dass sie im Zuge von Modernisierung und Urbanisierung verschwinden würden, gehört die malaiische Magie mitnichten der Vergangenheit an. In sämtlichen Gesellschaftsschichten ist es immer noch gang und gäbe, den Rat von *bomoh* einzuholen, und zwar sowohl in den hypermodernen urbanen Räumen von Singapur und Kuala Lumpur als auch in den Vorstädten und in den ländlicheren Gegenden. In Singapur beispielsweise bieten viele auf das Übernatürliche spezialisierte Fachleute mittlerweile ihre Dienste in den für das Land charakteristischen modernen Wohnblocks des Housing Development Board (HDB) an. Malaiische Magier legen Wert auf die Feststellung, dass ihre Arbeit im Wesentlichen auf dem Islam gründet, und verwenden bei ihren Behandlungen und Ritualen Koranverse und islamische Symbole. Allerdings werfen muslimische Akteure, die den lokalen Islam gerne »reinigen« möchten, vielen dieser Magier unislamischen »Aberglauben« vor (Malaiisch: *khurafat*). Malaiische Magier wiederum sehen sich unter Rechtfertigungsdruck und betonen daher den »unzweifelhaft islamischen Charakter« ihrer Tätigkeit noch stärker. Dieses Phänomen wurde bereits 1900 in Skeats Monographie *Malay Magic* (Skeat 1900: xiv) beschrieben. Viele Jahre später bekam diese Entwicklung im Zuge der Wellen politischer und soziokultureller Islamisierung (»Wiedererstarken des Islam«, Malaiisch: *kebangkitan Islam*), die während der vergangenen drei Jahrzehnte zu verzeichnen waren, eine neue Dimension. Staatliche religiöse Institutionen werden zunehmend von orthodoxen, reformorientierten islamischen Akteuren dominiert; daher hat der Kampf um eine

»Reinigung« der muslimischen Kultur von »vor-« oder »unislamischen« Elementen wie etwa der Magie mancherorts inzwischen Einzug in die Sphäre der Staatspolitik gehalten, während gleichzeitig Behauptungen und Praktiken des Magischen jedoch manchmal auch Teil des lokalen Wettbewerbs sind (zu Indonesien siehe Herriman 2012; Bubandt 2014). Im Falle von Brunei schließen die politischen Maßnahmen der Magiebekämpfung inzwischen auch eine als Scharia-Recht präsentierte Gesetzgebung ein. Angesichts dieses normativen Drucks betonen viele Ausübende von Magie und deren Kunden die »Scharia-Konformität« ihrer Tätigkeit mehr als jemals zuvor.

Brunei nimmt in Südostasien insofern eine Sonderstellung ein, als das kleine Sultanat mit nur 420.000 Einwohnern das einzige Land ist, in dem es seit Jahrzehnten keinerlei organisierte weltliche oder religiöse Opposition gibt und das seit seiner Unabhängigkeit im Jahre 1984 von der Staatsführung als »islamischer Staat« tituliert wird, ungeachtet der Tatsache, dass im Justizsystem Zivilrecht nach britischem Vorbild und institutionell britischkolonial beeinflusstes Scharia-Recht nebeneinander bestehen (Human Rights Resource Centre 2015; Müller 2015). An der Spitze des politischen Systems in Brunei steht Haji Hassanal Bolkiah, ein absoluter Monarch, der in Personalunion Premierminister, Verteidigungsminister, Finanzminister, Außen- und Handelsminister sowie »Oberhaupt des Islam« im Lande ist. Es existiert in Brunei daher im Wesentlichen keine Gewaltenteilung. Es gibt kein Parlament und keine allgemeinen Wahlen, ganz zu schweigen von einer Presse oder Medien, die es wagen, die Aussagen und Taten der Regierungsmitglieder in irgendeiner Weise in Frage zu stellen. Ein ausgeklügeltes System sozialer Kontrolle und Disziplinierung in sämtlichen Bereichen, materielle Anreize und systematische Indoktrinierung sorgen dafür, dass öffentlich keinerlei abweichende Meinung zu Fragen des Islam oder anderen politischen Themen geäußert wird. Die Regierung des Sultans und ihre staatlich geförderten islamischen Institutionen beanspruchen für sich die alleinige Definitionshoheit bezüglich des Islam, und nur Personen, die von der islamischen Bürokratie entsprechende Genehmigungen erhalten, dürfen sich öffentlich in Wort und Schrift über Dinge äußern, die mit dem Islam zusammenhängen (Human Rights Resource Centre 2015). In einer solchen hochgradig autoritären diskursiven Konstellation stellen »unkontrollierte« Personen wie die traditionellen *bomoh*, die übernatürliche Dienste anbieten, eine Bedrohung für das Monopol der herrschenden Ordnung auf die Regelung menschlicher Interaktionen mit der Welt des Übernatürlichen dar. Nach einer 2014 begonnenen und gegenwärtig weiterhin stattfindenden Justizreform bietet die Scharia-Gesetzgebung des Sultanats jetzt eine Grundlage für die Verfolgung von Magiern und malaiischen Heilern, die sich des Übernatürlichen bedienen. Bevor wir dieses gesetzliche Rahmenwerk eingehender beschreiben und erläutern, wie es die Verfolgung von Magiern ermöglicht, möchten wir es in seinen Kontext stellen und hierzu die politische Islamisierung Bruneis und deren geschichtlichen Verlauf skizzieren. Dabei ist vor allem zu berücksichtigen, dass die Verhältnisse in Brunei durch soziokulturelle und historische Zusammenhänge geprägt sind, die sich in vielerlei Hinsicht von denjenigen in Saudi-Arabien unterscheiden.

Seit dem 14. Jahrhundert wird Brunei von muslimischen Sultanen regiert, die ihre Macht im Rahmen zweier nebeneinander existierender Rechtssysteme ausübten: dem Gewohnheitsrecht sowie teilweise auch einem von der Scharia abgeleiteten Recht, *Hukum Resam* und *Hukum Kanun Brunei* (bei letzterem handelt es sich um eine schriftliche Gesetzessammlung, die dem international besser bekannten *Hukum Kanun Melaka* ähnelt). Das vorkoloniale Gesetz in Brunei war zwar nur wenig kodifiziert und von eher hybrider Natur und beinhaltete auch Bräuche und Strafen, die mit den islamischen Quellen wenig zu tun hatten (lebhaft beschrieben im *Boxer Codex* aus dem späten 16. Jahrhundert); Quellen aus der Kolonialzeit berichten jedoch, dass Dieben gelegentlich die Hände abgehackt wurden, eine Praxis, die vermutlich von islamischen Rechtsquellen oder Praktiken inspiriert war (Othman 1996: 99–100). Inwieweit man von einer vorkolonialen Scharia-Gesetzgebung sprechen kann, ist allerdings eine umstrittene Frage. Die Gelehrten im Dienste der heutigen Regierung beharren darauf, dass das Sultanat in vorkolonialer Zeit mehr oder weniger »komplett« islamisch regiert wurde, während kritische (und durchweg ausländische) Beobachter solche Behauptungen (und die nationale Ideologie insgesamt) anzweifeln; ihnen zufolge handelt es sich dabei um politisch motivierte Versuche, eine Version der Geschichte zu konstruieren, die dem Regime als Selbstlegitimierung dient (Braighlinn [Pseudonym] 1991). Aber selbst wenn nur einige der Scharia entlehnte Elemente zu einem eher synkretistischen und sehr veränderlichen Normensystem gehörten und sogar die Scharia im Laufe der Zeit sehr unterschiedlich interpretiert wurde, so sind als islamisch betrachtete Normen doch seit Jahrhunderten ein integraler Bestandteil von Gesellschaft und Gesetzgebung im Sultanat (Black 2002). Die Zeit der britischen Indirekten Herrschaft (1888-1959/1984[9]) markierte einen Wendepunkt. Einerseits zwangen die britischen Berater die Monarchie, die Anwendbarkeit islamischen Rechts größtenteils auf das Familien- und Familienstandrecht zu beschränken, und führten zugleich ein duales Rechtssystem ein, in dem Gesetzbücher und Gerichte nach britischem Vorbild Seite an Seite mit islamisch geprägten existierten. Andererseits förderten aber die kolonialen »Berater« eine zuvor noch nie dagewesene Kodifizierung und Institutionalisierung der Scharia; dies begann mit dem Mohammadan Laws Enactment (1912) und setzte sich mit zahlreichen weiteren Gesetzen und der Gründung von Institutionen fort (Mansurnoor 2009b; Lindsey/Steiner 2012). Dieser Prozess erinnert an die Erfindung bürokratisierter Formen »kolonialer Scharia« in anderen kolonialen Kontexten. Zwar hatten die britischen Berater eine Modernisierung der islamischen Verwaltung im Sinn – also eine systematische Differenzierung, Kodifizierung und Bürokratisierung –, aber die Sultane und ihre Islamgelehrten (*ulama*) machten sich Bruneis begrenzte Autonomie in islamischen Angelegenheiten zunutze, um ihre Macht zu festigen und deren Rechtmäßigkeit zu untermauern. Nachdem das Land zunächst die teilweise (1959) und schließlich die vollständige Unabhängigkeit (1984) erlangt hatte, wurde die während der Kolonialherrschaft eingerichtete Scharia-Bürokratie zur institutionellen Grundlage für weitere politische Islamisierung. Diese wurde von oben verfügt, unter formaler »Zustimmung« durch Sultan Hassanal Bolkiah und beruhend auf den »Ratschlägen« seiner *ulama*, die durch ihre Beteiligung an diesem Prozess immer mächtiger wurden.

Bruneis Staatsideologie heißt *Melayu Islam Beraja*, was laut offizieller Übersetzung »Malaiische islamische Monarchie« bedeutet; im lokalen Diskurskontext wird sie häufig kurz »MIB« genannt. Sie privilegiert die malaiische muslimische Mehrheitsbevölkerung, da sie drei Kernelemente (M = ethnische/kulturelle malaiische Überlegenheit, I = Islam, B = Monarchie) als Pfeiler der von der Regierung vorgeschriebenen nationalen Identität definiert. Nichtmuslime und Nichtmalaien werden strukturell benachteiligt, gelten aber trotzdem als geschützte Minderheiten. Die MIB wurde erstmals 1984 ausgerufen, aber im offiziellen Diskurs wird es so dargestellt, als stehe dieses Kürzel für eine jahrhundertealte Tradition. Die Ausweitung des Scharia-Rechts nach der Kolonialzeit diente der absoluten Monarchie zur

---

9 Brunei wurde 1888 britisches Protektorat, danach stand es von 1906 bis 1959 unter britischer Verwaltung. Von 1959 bis zur vollständigen Unabhängigkeit 1894 war Brunei bezüglich seiner Inlandsangelegenheiten weitgehend autonom.

Stabilisierung ihrer sakralisierten Macht und war zugleich in Einklang mit einem zunehmenden allgemeinen Trend in Richtung (neo-)konservativer Frömmigkeit im malaiischen Archipel (zur selektiven Verortung dieses Trends in Brunei siehe Mansurnoor 2009a). Besonders nach Ende der 1980er Jahre räumte die Regierung ihrer »Verpflichtung, das islamische (Rechts-)System zum effektivsten System des Landes zu machen« immer mehr Priorität ein und weitete die Zuständigkeit der Scharia-Gerichte Stück für Stück aus (Black 2002). Im Jahre 1990 verkündete der Sultan, alle Gesetze einschließlich des britisch inspirierten *civil law* sollten »in Einklang mit dem Islam gebracht werden« (Brunei Darussalam Newsletter 1990: 1). Ein *ulama*-Komitee beriet ihn, wie er dieses Ziel am besten erreichen könnte. 1991 wurden Verkauf und Konsum von Alkohol verboten, 1992 der Verkauf von Schweinefleisch. Obligatorischer Islamunterricht wurde auf sämtlichen Ebenen intensiviert, von der Grundschule bis zur Universität, und das Gleiche galt für die symbolische Rolle des Islam im öffentlichen und politischen Bereich. Die Interpretation des Staatsislam im Sultanat selbst wurde zunehmend orthodox und exklusivistisch und wandte sich gegen angebliche kulturelle Verunreinigungen der reinen sunnitischen Lehre. An diesem Prozess waren die staatlichen *muftis* und für das Ministerium für religiöse Angelegenheiten tätige Akteure maßgeblich beteiligt; aber auch allgemeine Tendenzen zu Veränderungen bei Interpretationen des Islam in Brunei und im malaiischen Archipel insgesamt spielten eine Rolle.

Übernatürliche Bedrohungen und das Aufkommen der »Glaubenskontrollbehörde«

Als die Staatsgeistlichen die Säuberung der malaiischen Kultur von »unislamischer« Verunreinigung (Ibrahim 2003: 173) in Angriff nahmen, wurden in ihren Augen die einst kulturell völlig normalen und weitverbreiteten magischen Praktiken von *bomoh* zunehmend zu einem religiösen Problem, das heißt, zu einem Verstoß gegen »Gottes Gesetz«. In einem Interview mit einem der Verfasser aus dem Jahr 2014 erzählte ein hochrangiger Religionsbeamter, wie 1986 ein spezifischer Vorfall zur Gründung einer Institution geführt hatte, die »Abweichungen« vom Staatsislam – einschließlich »Aberglauben« (*khurafat*) – überwachen und dagegen vorgehen sollte (Interview von Dominik Müller mit Beamten der Glaubenskontrollbehörde,

Bandar Seri Begawan, 18. Oktober 2014). Von einem Kind in einem Dorf in Tutong hieß es, dass es unter Geisterbesessenheit (*kerasukan*) leide. Das kam – und kommt noch heute – im malaiischen Archipel häufig vor (Ong 1987; Peletz 1988). Etwas ungewöhnlich war aber, dass das Kind – von dem man glaubte, es stünde unter dem Einfluss von Dschinn und/oder *sihir* – »jede Frage richtig beantwortete«. Das weckte das Interesse der Leute, und bald bildete sich eine Menschenschlange vor dem Haus. Islamische Beamte wurden darauf aufmerksam und beschlossen, Gegenmaßnahmen in die Wege zu leiten. Zum einen wurde der übliche Exorzismus, den früher normalerweise *bomoh* durchführten, zur ausschließlichen Angelegenheit »richtiger«, also staatlich zugelassener Islamgelehrter (*ulama*) erklärt. Außerdem erging der Beschluss, eine Spezialeinheit einzurichten. Über die Jahre wurde diese mehrmals umbenannt (zum Beispiel 1994 in *Unit Kawalan Aqidah dan Syariah*, Einheit für Glaubenslehre und Scharia-Überwachung) und umstrukturiert und gewann an Macht (zum Beispiel durch Ergänzung um eine »Untersuchungseinheit« im Jahre 2001). Schließlich erhielt sie den Namen »Glaubenskontrollbehörde« (*Bahagian Kawalan Aqidah*). Im Oktober 2014 erzählte der Leiter der Glaubenskontrollbehörde dem Autor von Plänen, diese demnächst in eine größere religiöse Strafverfolgungsbehörde zu integrieren – als Teil einer breiter angelegten Reform und Ausdehnung der Scharia-Justiz im Land.

Die Glaubenskontrollbehörde ist dem Amt für Scharia-Angelegenheiten (Syariah Affairs Department, *Jabatan Hal Ehwal Syariah*) unterstellt, das wiederum zum Ministerium für religiöse Angelegenheiten gehört. Sie ermittelt gegen Personen, die verdächtigt werden, als »abweichend« eingestufte und daher verbotene Ausprägungen des Islam auszuüben (zum Beispiel Bahai, Ahmadiyyah, al-Arqam), aber auch in Fällen schwarzer Magie (*ilmu hitam*, *sihir*), Zwiesprache mit Geistern/Dämonen, Wahrsagerei, der Verwendung von Talismanen, Mantras und verwandten Praktiken (die sämtlich seit dem 19. Jahrhundert in Quellen über malaiisches Brauchtum als allgegenwärtig geschildert werden). 2014 waren die Aufgaben der Behörde auf Untereinheiten aufgeteilt, die für abweichendes Verhalten in Zusammenhang mit Geistern (*ilmu kerohanian*), »Bomoh*ismus*« (*perbomohan*), Aberglauben, Sufi-Orden sowie »Abweichungen von der Doktrin und vergleichende Religion« (*penyelewengan aqidah dan perbandingan ugama*) zuständig waren. Unterstützt wurden sie von Einheiten für »Einsätze«, »Überwachung« und »Aufklärung«. Wie in Saudi-Arabien wirbt die Behörde für ein nationales und regionales Netzwerk von 24-Stunden-»Hotlines«, das die

Bürger nutzen sollen; hierbei werden zur Werbung unter anderem professionell gestaltete Farbbroschüren eingesetzt. Außerdem gibt es eine Dauerausstellung von konfiszierten Materialien, die mit »schwarzer Magie« zu tun haben. Aus der Fülle aufschlussreicher Exponate seien hier nur einige herausgegriffen: Fotos eines Grabes, in dem Bilder von »Opfern« schwarzer Magie begraben (und von den Beamten nach einem Hinweis aus der Bevölkerung aufgefunden) worden waren, Schutz-Fingerringe, magische Steine, Talismane und der Thron eines verhafteten *bomoh*; der Thron war mit gelbem Stoff bezogen, eine Farbe, die der malaiischen Tradition zufolge als königlich gilt. Solche gelben Stoffe werden häufig bei traditionellen magischen Praktiken benutzt (bestätigt durch Beobachtungen des Verfassers). Eine weitere Dauerausstellung im Gebäude des Ministeriums für religiöse Angelegenheiten zeigt unter anderem mit Zaubersprüchen beschriftete Essschalen, die in Restaurants zur Ankurbelung der Einnahmen verwendet wurden, eine der mit einem Zauberspruch beschrifteten Flaschen, die man über Türen anbringt, um böse Geister von seinem Heim fernzuhalten, ein Hemd, das seinen Träger angeblich unverwundbar macht, sowie ein schwarzes Pulver, von dem man unsichtbar werden soll. Ein Beamter, der einen der Verfasser durch diese Ausstellung führte, erklärte, dass das Wirken der schwarzen Magie nach Ansicht des Ministeriums unleugbar in den Bereich der Realität gehöre. Er betonte zwar, dass *manche* der ausgestellten Dinge für billigen Schwindel verwendet würden (unter anderem bei Sexualdelikten), hob aber in anderen Fällen hervor, dass er unerschütterlich an solche Magie glaube, und erzählte sogar entsprechende Begebenheiten aus seinem eigenen Leben. Sämtliche Exponate wurden von den ausgebildeten Islambeamten des Ministeriums durch Rezitieren von Gebeten aus dem Koran »gereinigt«. Allerdings räumte der Beamte ein, dass keiner der Mitarbeiter des Ministeriums jemals nachts den »Schwarzmagie«-Raum beträte, weil nach der Abenddämmerung manchmal unerklärliche Geräusche darin zu hören seien. Außerdem erzählte er dem Verfasser, ein hochrangiger *'alim* habe mit einem beschlagnahmten Schutztalisman einen »kontrollierten Versuch« vorgenommen und festgestellt, dass dieser »tatsächlich funktionierte«. Er fügte hinzu, dass man solche Versuche normalerweise auf keinen Fall durchführen solle, weil jeglicher Kontakt mit dämonischen Mächten negative Auswirkungen auf das Wohlergehen eines Menschen im Dies- und Jenseits habe. Die Ausstellungen würden also der Aufklärung der Öffentlichkeit und deren Schutz vor Zauberei und Betrug dienen. Zum Beweis für den Erfolg besserer »islamischer Aufklärung« führten die Beamten an, dass die meisten *bomoh* heutzutage Ausländer seien, meist aus Indonesien und Malaysia, wohingegen die einheimischen *bomoh* immer weniger und immer älter würden, und es keine »nächste Generation« gebe, die in ihre Fußstapfen träte. In der Mitte des vergangenen Jahrzehnts gab es etwa 30 bis 60 Verhaftungen pro Jahr (Human Rights Resource Centre 2015: 67). In späteren Jahren verzeichneten die jährlichen Statistiken, die dem Verfasser zur Verfügung gestellt wurden, niedrigere Zahlen.

Auf der anderen Seite sprach der Verfasser mit den teils hoch gebildeten Mitgliedern einer Gruppe, die von der Glaubenskontrollbehörde als abweichend eingestufte übernatürliche Heilungsverfahren anwendet und durchaus auch jüngere Mitglieder hat. Nach Ansicht der Mitglieder dieser Gruppe handelt es sich bei ihren Praktiken jedoch um weiße Magie. Sie verwenden dafür den neutralen Begriff *ilmu* (Malaiisch: Wissen) und beteuern, diese Magie basiere völlig auf dem Islam. Ein weibliches Mitglied erzählte, wie sie wochenlang auf bestimmte Speisen und Aktivitäten verzichtet hatte, woraufhin eine Gruppe Dschinn in ihrem Zimmer aufgetaucht sei, ganz wie es der Leiter (*cikgu*, wörtlich: Lehrer) der Gruppe vorausgesagt hatte. Zwar brach sie persönlich das Experiment ab, aber die Vorstellung, man könne zu Dschinn und anderen Geistern (*hantu*) eine persönliche Beziehung aufbauen, ist in Brunei weit verbreitet. Diese werden dann zu »Schutzgeistern« und in manchen Familien von einer Generation zur nächsten weitergegeben. Es bestehe allerdings die Gefahr – fügte die Frau unter Berufung auf den *cikgu* hinzu – dass man glaube, »seinen« Dschinn zu beherrschen, während in Wirklichkeit der Dschinn seinen Besitzer beherrscht. Anhänger des *cikgu* aus seinem engsten Kreis erzählten dem Verfasser von seiner jahrzehntelang unter Beweis gestellten Fähigkeit zu heilen und Exorzismen durchzuführen. Außerdem hätten sie einmal gesehen, wie plötzlich eine große Frucht in seiner Hand erschien, scheinbar aus dem Nichts; deren Samen hatte die Gesprächspartnerin des Verfassers – eine Frau mit Universitätsbildung – nach eigenen Angaben gepflanzt, worauf ein Baum daraus gewachsen sei. Bei einer anderen Gelegenheit habe der *cikgu* eine Thunfischdose geöffnet, in der sich lebende Fische befunden hätten. Der Leiter wurde allerdings nicht als *bomoh* eingestuft, sondern als *orang pandai* (wörtlich: Mensch mit besonderem Geschick/Wissen), da die Bezeichnung *bomoh* heutzutage einen abwertenden, delegitimierenden Beigeschmack hat. Bei den häufigen Behandlungen von Patienten unterschiedlicher Herkunft – darunter Mitglieder der obersten

Gesellschaftsschichten – ist die Gruppe sehr vor Überwachung durch die Regierung auf der Hut; die Mitglieder glauben, dass sie schon wiederholt beschattet worden sind. Dass ihnen bislang nichts passiert ist, führen sie zum einen auf ihre Strategie zurück, sich bedeckt zu halten, im Geheimen zu wirken und »ausschließlich auf der Basis des Koran« zu handeln. Zum anderen spielen dabei aber auch persönliche Netzwerke mit Angehörigen höchster Kreise der Staatselite eine Rolle, die, so hieß es, zu den regelmäßigen Besuchern des *cikgu* gehören.

Eine Frau aus der Gruppe berichtete außerdem von ihren früheren Kontakten zu einem *bomoh*, der seinen Kundinnen und Kunden ausdrücklich »schwarze Magie« angeboten habe. So will sie mit eigenen Augen gesehen haben, wie er Fotos von Opfern in eine Flasche steckte und diese dann entweder vergrub oder in einem Baum deponierte, um bei den Opfern bestimmte Wirkungen hervorzurufen. Fotografische Belege für ähnliche Praktiken in Brunei sah der Verfasser in einer der oben erwähnten Ausstellungen. Typische Opfer – dies bestätigten auch andere Gesprächspartner/innen – sind Konkurrenten im Beruf, Kollegen oder Menschen, die mit einem Liebeszauber belegt werden (um Liebesbeziehungen entweder herbeizuführen oder zu zerstören). 2015 zeigte ein weiterer Gesprächspartner dem Verfasser Fotos einer Voodoo-Puppe, auf die ein malaiischer Name geschrieben war. Sie war angeblich dazu benutzt worden, mit schwarzer Magie gegen einen ganz bestimmten Regierungsbeamten vorzugehen, und war damals in den sozialen Medien Bruneis allgegenwärtig.

Genau diese Art traditioneller Glaubensvorstellungen und Praktiken versuchen die regierungseigenen Geistlichen auszumerzen. Eine von mehreren Maßnahmen der Behörden war die Gründung eines von der Regierung formell anerkannten Zentrums für Heilung und Exorzismus (*Darusysyifa' Warrafahah*), in dem zertifizierte (das heißt, vom Staat kontrollierte) islamische Heiler Exorzismen durchführen, die – anders als bei der von dem *cikgu* geleiteten Gruppe – von den Behörden offiziell als »nicht abweichend« anerkannt sind. Wie ein leitender Vertreter des Zentrums dem Verfasser erzählte, haben einige ehemalige *bomoh* das standardisierte Ausbildungsprogramm der *Darusysyifa* durchlaufen, um sich von ihren früheren »abergläubischen« Methoden zu läutern, und führen seitdem islamische Heilungen (*syifa/ruqya*) in Einklang mit der Staats-Scharia durch (vgl. Müller 2015).

»Vorbild« oder »bedrohliche Abweichung«? Ambivalente Bezüge zu
Saudi-Arabien

Bis vor kurzem ruhte die Arbeit der Glaubenskontrollbehörde in manchen
Teilen nicht auf soliden rechtlichen Grundlagen und spielte sich daher in
einer »Grauzone« ab, wie uns die Beamten in unserem Interview im Oktober 2014 erklärten. In der Praxis ergaben sich daraus für die Einsätze der
Behörde allerdings keine Probleme, weil die Bürger in Brunei normalerweise die Politik der Regierung nicht in Frage stellen oder Staatsdiener vor
Gericht bringen, am allerwenigsten in Fällen, in denen es um den Islam
geht. Die von der Behörde durchgeführten Überwachungsaktivitäten und
Verhaftungen waren schon immer von den bestehenden Gesetzen gedeckt;
aber ihr »Beratungs«-Programm (*kaunseling*) zur »Umerziehung« von Personen, die zu Abweichlern erklärt werden, zum »wahren Islam« (entsprechend der regierungseigenen Definition) hat nur aufgrund »freiwilliger«
Teilnahme und des hierzu ausgeübten sanften Drucks funktioniert. Ein
Beamter erzählte dem Verfasser frei heraus, dass man Personen mit Briefen »einlade« oder anderweitig mit ihnen Kontakt aufnehme. Daraufhin
kämen sie für gewöhnlich zur Beratung, »weil sie Angst haben« und nicht
aufgrund gerichtlicher Verfügungen oder spezifischer rechtlicher Bestimmungen. Diese Struktur sowie der Gesetzesrahmen insgesamt ändern sich
aber gegenwärtig in Zusammenhang mit der schrittweisen Inkraftsetzung
des Scharia-Strafgesetzbeschlusses 2013 (Syariah Penal Code Order 2013,
Perintah Kanun Hukuman Jenayah Syariah 2013, im Folgenden: SPCO), einem
islamischen Strafgesetzbuch, das erstmals *hudud-* und *qisas*-Strafen im postkolonialen Brunei einführt (siehe Human Rights Resource Centre 2015:
53ff.; Müller 2015; das Gesetz soll in drei Stufen in Kraft treten, von denen
die erste 2014 umgesetzt wurde).

Der SPCO enthält neue Regelungen, die eine »solidere« Grundlage für
die Verfolgung von Magiern bieten, wie es Beamte der Glaubensüberwachungsbehörde in einem von Dominik Müller am 18. Oktober 2014 in
Bandar Seri Begawan durchgeführten Interview ausdrückten. Wie oben
erwähnt fand eine Verfolgung durch islamische Regierungsbeamte schon
vorher statt, aber in der neuen Gesetzgebung finden sich nun mehrere
Definitionen von »Vergehen«, die mit Magie zu tun haben, sowie Spezifizierungen entsprechender Strafen. Artikel 208 schreibt vor, dass jede Person, die »schwarze Magie« nachweislich entweder ausgeübt oder Werbung
dafür gemacht hat, zu bis zu fünf Jahren Gefängnis und einer Geldbuße

von bis zu 20.000 Brunei-Dollar (14.000 US-Dollar) verurteilt und darüber hinaus gezwungen werden kann, sich einer »Beratung« zu unterziehen (Artikel 208). »Beratung« gab es zwar schon vorher, sie wurde aber in Gesetzestexten nicht erwähnt. Außerdem kann jeder Muslim, der »behauptet, er oder eine andere Person wüssten von einem Ereignis oder einem Sachverhalt, der jenseits menschlichen Verständnisses und Wissens liegt« und somit gegen die islamische Lehre verstößt, zu 40 Hieben verurteilt werden, und »das Gericht soll ihm auferlegen, Reue zu zeigen« (Artikel 206[b]). In Artikel 216 wird verfügt, dass Muslime, die »eine Person, einen Ort, die Natur, einen Gegenstand, ein Ding oder ein Tier auf irgendeine Weise anbeten« und somit gegen islamisches Recht verstoßen, zu zwei Jahren Gefängnis, einer Geldstrafe und »Beratung« verurteilt werden können. Zu diesen Verstößen zählt etwa die Behauptung, dass Gegenstände oder Tiere über besondere Kräfte verfügen, »den Wohlstand vermehren«, »Krankheiten heilen« oder »Glück bringen«. Die Höchststrafe für versuchten Mord durch »schwarze Magie« beträgt zehn Jahre Gefängnis, eine Geldbuße in Höhe von 40.000 Brunei-Dollar (27.485 US-Dollar) oder beides (Artikel 153). Es bleibt abzuwarten, wie diese neuen Regelungen in der Praxis von den Gerichten und Strafverfolgungsbehörden umgesetzt werden. Die Behörden haben unlängst (Anti-)»Magie-Workshops« (*bengkel sihir*) mit hochrangigen Vertretern der Scharia-Gerichtsbarkeit veranstaltet, um über die Umsetzung der neuen Gesetze gegen Magie zu diskutieren (Pelita Brunei 2014b).

Beim Erstellen der Gesetzesentwürfe holten sich die Behörden Rat bei der Regierung von Saudi-Arabien sowie anderen Regierungen, die Erfahrung mit *hudud-/qisas*-Gesetzen haben. Delegationen des bruneiischen Ministeriums für religiöse Angelegenheiten, so etwa eine achtzehnköpfige Gruppe im Februar 2014, besuchten Saudi-Arabien, um sich über die dortige Durchsetzung islamischen Strafrechts sowie die dazugehörigen Justizbehörden zu informieren. Saudi-Arabien wurde vom bruneiischen Ministerium öffentlich als »führendes« Vorbild für eine »erfolgreiche Umsetzung« islamischen Strafrechts gepriesen (zitiert nach Human Rights Resource Centre 2015: 85). Diese Ehre wurde keinem anderen Land zuteil. Der saudische Botschafter in Brunei wiederum unterbreitete das Angebot, diese Zusammenarbeit zu intensivieren; beispielsweise könnte Saudi-Arabien künftig die Scharia-Richter und Justizbeamten aus Brunei ausbilden (Brunei Times 2015b).

Es wäre allerdings irreführend, von einer »Saudisierung« der Situation in Brunei zu sprechen. Zwar spielt ein solcher Austausch von Menschen und Wissen mit Saudi-Arabien bei der Erstellung von Gesetzesentwürfen eine nicht zu unterschätzende Rolle, es gibt dabei aber deutliche Grenzen und unterschwellige Spannungen. Auffällig ist vor allem, dass Magier anders als in Saudi-Arabien nicht zum Tode verurteilt werden dürfen, obwohl das Gesetz die Hinrichtung grundsätzlich als Höchststrafe für andere Verbrechen (zum Beispiel Abfall vom Glauben und Ehebruch) vorsieht (eine ausführliche Analyse findet sich in Human Rights Resource Centre 2015: 53 ff.). Außerdem sind weder vor noch nach der Reform »Magier« in Brunei zu empfindlichen Haftstrafen verurteilt worden. Entsprechend dem bruneiischen Ansatz eines »weichen Autoritarismus« (vgl. Turner 2015, wo dieses Konzept auf Singapur angewendet wird) werden sie auch heute noch nur kurz in Haft genommen und dann »gebeten«, sich regelmäßiger »Beratung« zu unterziehen; *de facto* duldet diese »Bitte« allerdings keinen Widerspruch. Manche Personen standen anschließend zwar weiterhin unter Überwachung, aber die Fälle wurden normalerweise außergerichtlich geregelt. Dies unterscheidet sich von dem wesentlich aggressiveren Autoritarismus, der in Saudi-Arabien praktiziert wird. Ideologische Ausrichtung, wachsende Orthodoxie und Bestrebungen, drastische *hudud*-Gesetze zu erlassen, mögen zwar zunehmend saudisch geprägt wirken; gegenwärtig geht es in Bruneis Kampf gegen die Magie aber eher um symbolische und »erzieherische« Maßnahmen als um »finale Lösungen mit dem Schwert« nach saudischem Vorbild.

Eine weitere Unstimmigkeit besteht darin, dass die bruneiische Regierung zwar lobende Worte für Saudi-Arabiens Vorgehensweise in Sachen Strafrecht fand und rechtlich die Möglichkeit geschaffen hat, bestimmte Scharia-Strafen (mehr oder weniger) nach saudischem Vorbild zu vollstrecken, aber strikt gegen *unkontrollierte* saudische Einflüsse ist. Die höchsten religiösen Eliten Bruneis erhalten ihre Ausbildung traditionell an der Al-Azhar-Universität in Ägypten oder anderen renommierten islamischen Einrichtungen im Ausland. Für Saudi-Arabien gibt es demgegenüber keine entsprechenden Regierungsstipendien, wie der Autor vom Leiter der Glaubensüberwachungsbehörde erfuhr (Interview mit Beamten der Glaubensüberwachungsbehörde, Bandar Seri Begawan, 18. Oktober 2014). Bürger Bruneis, die beschließen, dort auf eigene Kosten zu studieren, werden nach ihrer Rückkehr überwacht. Auf die Frage, ob der Wahhabismus als »abweichend« (*sesat*) gelte, hieß es, das Problem sei im Falle Saudi-Arabiens nicht so sehr theologischer Natur; es gehe vor allem um eine Bedrohung der »Sicherheit«. Etwas anders verhält es sich beim Schia-Islam, der in punkto Glaubenslehre öffentlich für hochgradig »abweichend« erklärt *und* als Bedrohung der Sicherheit gesehen wird (ebd.). Andererseits haben manche Religionsbeamten auch schon öffentlich die Meinung geäußert, »wahhabitische« Ideologien seien »abweichend«. In einer Auflistung des Islamischen Da'wah-Zentrums anlässlich einer Fortbildungsveranstaltung für Angestellte des öffentlichen Dienstes ist von »wahhabitischen, schiitischen, liberalen, batinitischen und anderen abweichenden Lehren« die Rede (Borneo Bulletin 2014). Zweck der zweitätigen Veranstaltung war

»eine weitere qualitative Verbesserung der Zensur von veröffentlichtem Material, das irreführende Informationen enthält. Dabei geht es vor allem um Veröffentlichungen, die Einsichten in Wahhabismus, Liberalismus und andere Irrlehren gewähren.« (ebd.)

In einem anderen Fall wurden bruneiische Studierende in Großbritannien vor den »Gefahren« »wahhabitisch-salafistischen« Gedankenguts gewarnt, wie auch vor anderen »abweichenden« Lehren (»liberaler Islam«, »Schia«) (Pelita Brunei 2014c). Zwei kürzlich erschienene Bücher warnen ebenfalls vor »abweichenden Lehren«. Eines davon trägt den Titel *Mengenali Aliran Syi'ah dan Mazhab Ahlul Bait* (»Die Schia und die Rechtsschule der Ahlul Bait identifizieren«), das andere heißt *Mengenali Puak Wahabiyah* (»Die Wahhabiyah identifizieren«). Veröffentlicht wurden beide von einer regierungseigenen Bildungseinrichtung (Brunei Times 2015a).

Die ambivalente Haltung der bruneiischen Regierung gegenüber saudischer Ideologie zeigte sich auch darin, dass 2014 eine geplante Vortragsreihe abgesagt wurde, nachdem es Gerüchte gegeben hatte, der eingeladene Gastredner – der in Kanada geborene, aber in Saudi-Arabien ausgebildete Sheikh Daood Butt – verbreite »wahhabitische« Lehrmeinungen. Der Islamische Religionsrat von Brunei, verfassungsrechtlich die höchste islamische Obrigkeit nach dem Sultan, verfügte eine Absage der Vorträge. Nach einer »Untersuchung« kam der Rat zu dem Schluss, der Redner sei zwar kein »Wahhabit« (gemäß einer eher vagen bruneiischen Definition dieses Begriffs), die Absage sei aber dennoch erforderlich, um öffentlichen Kontroversen vorzubeugen. Angesichts der eben skizzierten Widersprüche und ambivalenten Haltung scheint die selektive Ablehnung von »Wahhabismus« auf alle Fälle nicht primär religiös oder ideologisch begründet, sondern hat viel eher mit dem Wunsch des bruneiischen Staates nach totaler allgegenwärtiger Kontrolle zu tun.

Selbst wenn saudisch geprägte Ideologie nicht unmittelbar und vorbehaltlos übernommen wird, so scheint der wahhabitische Drang zu kultureller »Reinigung«, gepaart mit einer rechtlichen Durchsetzung der allerstrengsten Interpretationen der Scharia, die Herangehensweise der bruneiischen Obrigkeit an islamisches Regieren zumindest indirekt zu beeinflussen. Besonders hervorzuheben ist in Zusammenhang mit dem Thema dieses Beitrags, dass beide Staaten in ihrer Politik institutionalisierte Auffassungen über die tatsächliche Existenz von Magie vertreten und der Ansicht sind, der Staatsapparat müsse gegen Magier vorgehen, um seine Bürger vor den von übernatürlichen Mächten ausgehenden Kräften zu schützen. Da es sich bei beiden Staaten um absolute Monarchien handelt, deren Rechtmäßigkeit nicht auf Wahlen oder parlamentarischen Systemen, sondern auf Gottes angeblichem Willen beruht, dienen ihre Versuche, sämtliche »unregulierten« gesellschaftlichen Aktivitäten – einschließlich Magie – zu kontrollieren, machtpolitischen Zwecken und der Selbstlegitimation. Der staatlich geförderte Kampf gegen Magie mag daher seine Wurzeln durchaus in aufrichtigen religiösen Überzeugungen der verantwortlichen Religionsbeamten und der Bevölkerung insgesamt haben. Er ist aber auch Ausdruck des anti-säkularen Selbstverständnisses der beiden politischen Systeme, in denen er verankert ist, ungeachtet der vielen Unterschiede im Einzelnen. Zugleich eignen sich Magier sehr gut als »konstitutive Andere« oder gar als Sündenböcke: Sie tragen zur Konstitution des politischen Entwurfs einer reinen, islamischen, von göttlich legitimierten Herrschern regierten Gesellschaft bei. Diese wird als inneren (teils unsichtbaren) Bedrohungen ausgesetzt dargestellt, denen zum Schutz des irdischen und geistlichen Wohles der Nation gemeinsam entgegengetreten werden muss.

Zusammenfassung

Politisch motiviertes Vorgehen gegen Magie und die öffentliche Inszenierung dieser Politik in Saudi-Arabien und Brunei werden dazu eingesetzt, den allmächtigen Staat als Hüter der öffentlichen Moral darzustellen (»das Gute gebieten und das Schlechte verbieten«). Zugleich sollen dadurch die wachsende Rechtsmacht des Staates und seine Selbstdarstellung als anti-säkulare, übernatürlich legitimierte Macht zur Schau gestellt werden, die in göttlichem Auftrag zum Wohle der Interessen der Staatsbürger wirkt – und zwar sowohl im Diesseits als auch im Jenseits. So dient der Kampf der Religionsbehörden gegen Magie auch als Mittel der Legitimierung für den Staat und dessen »islamischen« Charakter, ungeachtet der Tatsache, dass es zwischen den beiden Ländern viele Unterschiede in der Definition der jeweiligen Staatsdoktrin und deren gesellschaftlicher und kultureller Verankerung gibt. Zwar sind solche staatlich geförderten Maßnahmen gegen Magie und entsprechende Diskurse in spezifischen empirischen Kontexten einzigartig, aber sie sind nicht beispiellos, denn mehrere Historiker haben nachgewiesen, dass ganz ähnliche Mechanismen zu bestimmten Zeiten in der europäischen Geschichte wirksam gewesen sind.[10] Dort galt es als Pflicht des gottgefälligen Staates, sämtliche (sichtbaren und unsichtbaren) Feinde des wahren Glaubens auszulöschen, und Widerstand gegen Machthaber, die diesen Glauben nicht verteidigten, war gerechtfertigt. Zu ähnlichen Schlüssen war man bereits im 16. Jahrhundert gelangt, wie aus den Arbeiten von Jean Bodin ersichtlich wird. Er beschrieb die Hexenjagd als Mittel zur Stabilisierung der staatlichen Ordnung und hob gleichzeitig die Bedeutung und Mannhaftigkeit hervor, die mit dem Magistrat und somit dem Staat assoziiert wurde (Opitz 2008). Ob und inwieweit Staaten, die solche Macht zur Durchsetzung ihrer politischen Interessen strategisch inszenieren, tatsächlich über diese Macht verfügen, ist natürlich eine andere Frage.

Bei Vergleichen zwischen europäischen Fallbeispielen und solchen aus muslimischen Gesellschaften darf man nicht vergessen, dass es keine einheitlichen oder juristischen Definitionen von Magiern/Hexen und Magie/Hexerei gibt (dies zeigt beispielsweise Wyporska [2013] für Polen auf, vor allem in Kapitel 4). Verschiedene Gesetzbücher, päpstliche Bullen und kirchliche Erlässe enthalten zumeist eine Aufzählung biblischer Verse, die bei Rechtssachen herangezogen wurden (zum Beispiel Exodus 22,18: »Die Zauberinnen sollst du nicht am Leben lassen«[11]). Der Fall Europa ist außerdem aufschlussreich, weil er deutlich zeigt, dass Hexenjagden für gewöhnlich in Zeiten politischer Unsicherheit oder akuter Krisen stattfan-

---

10 Siehe zum Beispiel Kunze 1981, der die grausame Behandlung der Familie Pappenheimer in Bayern durch den bayerischen Herzog Maximilian I. im 16./17. Jahrhundert untersucht. Zur allgemeinen Debatte über die Funktionsweise von Gesetzen bei der Hexenverfolgung siehe Levack 2007. Zur Ansicht, dass Hexenjagden ein integraler Bestandteil von Prozessen der Staatsbildung und Versuche sind, Absolutismus zu etablieren, siehe auch Larner 1981.

11 *Die Bibel oder die ganze Heilige Schrift des Alten und Neuen Testaments nach der deutschen Übersetzung von Martin Luther*, Stuttgart 1970.

den sowie in Situationen, in denen Aufstände niedergeschlagen werden mussten (Levack 2008: 5). Ähnliche Erklärungen bieten sich für Saudi-Arabien an (und übrigens auch für den »Islamischen Staat«), jedoch nicht für Brunei. Im 18. Jahrhundert fühlte sich Ibn Abdulwahhab bemüßigt, den Volksglauben einschließlich der Magie zu unterdrücken und die neu eingeführte Rechtgläubigkeit klar zu umreißen. In den 1920er Jahren musste der saudische Herrscher seinem Bekenntnis zu dieser Rechtgläubigkeit neue Geltung verschaffen und mobilisierte hierfür den religiösen Eifer der wahhabitischen Ikhwan. Ganz ähnlich verhielt es sich im letzten Jahrzehnt des 20. Jahrhunderts und in den vergangenen Jahren. Das saudische Regime und das offizielle religiöse Establishment sahen sich einer starken Opposition und der Notwendigkeit gegenüber, ihrer Unersetzlichkeit Nachdruck zu verleihen. Auch die Ausbreitung des salafistischen Islam spielt in diesem Zusammenhang eine Rolle, da er eine standardisierte, einheitliche Form des Islam einführen und die in der lokalen religiösen Landschaft verwurzelten Bräuche der Vergessenheit anheimgeben will.

Die Inszenierung und Intensivierung von Maßnahmen gegen Magie in Brunei seit den 1980er Jahren lässt sich demgegenüber nicht durch politische Unsicherheit erklären, denn die politische Lage im Sultanat war und ist außerordentlich stabil. Die entsprechenden Aktivitäten lassen sich daher als Versuch interpretieren, die religiöse Selbstlegitimierung der herrschenden Ordnung auszubauen sowie – als Präventivmaßnahme – jede eventuelle künftige Opposition oder religiösen Dissens, der zu Opposition führen könnte, im Keim zu ersticken. Andererseits könnte es sich hierbei aber auch um eine Auswirkung handeln und nicht um die eigentlichen Beweggründe. Letztere beinhalten zweifellos auch tiefsitzende Überzeugungen und Glaubenssysteme von Religionsbeamten und politischen Entscheidungsträgern, die gleichzeitig in der malaiischen Gesellschaft in und außerhalb von Brunei weit verbreitet sind. In beiden Fällen gilt Magie als etwas Reales; aber der Staat und seine Behörden beanspruchen die Alleinberechtigung, das Phänomen zu reglementieren und ihm entgegenzuwirken. Es ist offensichtlich, dass die Regierungen von Brunei und Saudi-Arabien vollständige Kontrolle über gesellschaftliche Diskurse anstreben, insbesondere wenn diese mit dem Islam zusammenhängen. Die Auslöschung von Magie und magischen kulturellen Praktiken ist einer von mehreren Bereichen, in denen der Anspruch dieser Regierungen auf allumfassende Macht und ihre Berufung auf von Gott auferlegte, transzendentale politische Pflichten im öffentlichen Diskurs Ausdruck findet.

Literatur

Al-Arabiyah News (2014), »ISIS in Iraq Beheads Man it Accuses of ›Sorcery‹«, 19.12.2014, http://english.alarabiya.net/en/News/middle-east/2014/12/19/ISIS-in-Iraq-beheads-man-it-accuses-of-sorcery-.html (letzter Zugriff am 16.11.2015).

Al-Baqillani (1958), *Kitab al-bayan: 'an al-farq bayna al-mu'jizat wa'l-karamat wa'l-hiyal wa'l-kihana wa'l-sihr wa'l-niranjat*, Beirut.

Al-Hashimi, Muhammad Ali (2005), *The Ideal Muslimah*, Riad.

Al-Razi (1890), *Mafatih al-ghayb: al-mushtahar bi'l-Tafsir al-kabir*, Bd. 1, Istanbul, S. 637–658.

BBC News (2015), »Islamic State ›Beheads Women for Sorcery‹ in Syria«, 30.06.2015, www.bbc.com/news/world-middle-east-33329300 (letzter Zugriff am 16.11.2015).

Behringer, Wolfgang (2007), *Witches and Witch-Hunts*, Cambridge.

Black, Ann (2002), »ADR in Brunei Darussalam: The Meeting of Three Traditions«, in: *ADR Bulletin* 4(8), S. 107–109.

Borneo Bulletin (2014), »65 Attend Talk on Ahli Sunnah Wal Jama'ah«, 16.04.2014, http://newsupdate.brunei-online.com.bn/?p=201370 (letzter Zugriff am 26.11.2015).

Braighlinn (Pseudonym) (1991), *Ideological Innovation under Monarchy: Aspects of Legitimation Activity in Contemporary Brunei*, Amsterdam.

Brunei Darussalam Newsletter (1990), »Laws to be Brought in Line with Islam«, 60, 1.09.1990.

Brunei Times (2015a), »Da'wah Centre Publishes New Books«, 12.02.2015, http://www.bt.com.bn/news-national/2015/02/12/da'wah-centre-publishes-new-books (letzter Zugriff am 26.11.2015).

— (2015b), »Saudi Arabia May Help Brunei Train Syariah Judges, Other Judicial Officials«, 3.05.2014, http://www.bt.com.bn/frontpage-news-national/2014/05/03/saudi-arabia-may-help-brunei-train-syariah-judges-other-judicial (letzter Zugriff am 26.11.2015).

Bubandt, Nils (2014), *Democracy, Corruption and the Politics of Spirits in Contemporary Indonesia*, Abingdon.

DailyNews (2015), »Beheaded for Practicing ›Magic‹: ISIS Releases Its Latest Horrific Video as It Executes two ›Sorcerers‹ in Libya in Front of a Baying Crowd«, 7.12.2015, http://www.dailymail.co.uk/news/article-3349555/Beheaded-practicing-magic-ISIS-releases-latest-horrific-video-execute-two-sorcerers-Libya-baying-crowd.html#ixzz3tuf1ibtw (letzter Zugriff am 10.12.2015).

Davies, Owen (2001), »Newspapers and the Popular Belief in Witchcraft and Magic in the Modern Period«, in: *Journal of British Studies* 37(2), S. 138–165.

Dickson, Harold R. P. (1951), *The Arab of the Desert: A Glimpse into Badawin Life in Kuwait and Sau'di Arabia*, London.

Die Bibel oder die ganze Heilige Schrift des Alten und Neuen Testaments nach der deutschen Übersetzung von Martin Luther, Stuttgart 1970.

Doumato, Eleanor A. (2000), *Getting God's Ear: Women, Islam, and Healing in Saudi Arabia and the Gulf*, New York, NY.

Fisiy, Cyprian F. (1998), »Containing Occult Practices: Witchcraft Trials in Cameroon«, in: *African Studies Review* 41(3), S. 143–163.

Forst, Rainer (2014), *Justification and Critique: Towards a Critical Theory of Politics*, Cambridge.

Forst, Rainer/Günther, Klaus (2011), »Die Herausbildung Normativer Ordnungen. Zur Idee eines interdisziplinären Forschungsprogramms«, in: Rainer Forst und Klaus Günther (Hg), *Die Herausbildung Normativer Ordnungen: Interdisziplinäre Perspektiven*, Frankfurt, S. 11–30.

Hamès, Constant (2007), »La notion de magie dans Le Coran«, in: Constant Hamès (Hg.), *Coran et talismans: Textes et pratiques magiques en milieu musulman*, Paris, S. 37–42.

Hansen, Joseph (1900), *Zauberwahn, Inquisition und Hexenprozess im Mittelalter*, München.

Hauschild, Thomas (2002), *Magie und Macht in Italien*, Gifkendorf.

— (1979), *Der Böse Blick: Ideengeschichte und sozialpsychologische Untersuchungen*, Hamburg.

Herriman, Nicholas (2012), *The Entangled State: Sorcery, State Control, and Violence in Indonesia*, New Haven, CT.

Hodgson, Marshall G. S. (1974), *Venture of Islam*, Bd. 1, Chicago, IL.

Human Rights Resource Centre (2015), *Keeping the Faith: A Study of Freedom of Thought, Conscience, and Religion in ASEAN*, Jakarta.

Human Rights Watch (2016), »›We Feel We Are Cursed‹: Life Under ISIS in Syria«, https://www.hrw.org/sites/default/files/report_pdf/libya0516web_1.pdf (letzter Zugriff am 12.07.2016).

— (1997), »Saudi Arabia: Flawed Justice, the Execution of Abd al-Karim Mara'i al-Naqshabandi«, https://www.hrw.org/reports/1997/saudi/Saudi-04.htm (letzter Zugriff am 27.11.2015).

Ibn Abdulwahhab (2008), *Kitab al-tawhid*, Kairo.

Ibn Kathir (1969), *Tafsir al-Qur'an al-'azim*, Bd. 1, Beirut.

Ibn Qayyim al-Jawziyya (1972), *Bada'i' al-fawa'id*, Bd. 1, Kairo.

Ibrahim, Abdul Latif (2003), *Issues in Brunei Studies*, Bandar Seri Begawan.

Jacobs, Ryan (2013), »Saudi Arabia's War on Witchcraft«, in: *The Atlantic*, 19.08.2013.

Katakura, Motoko (1977), *Bedouin Village: A Study of a Saudi Arabian People in Transition*, Tokio.

Koran (2004), Arabisch-Deutsch, übersetzt und kommentiert von Adel Theodor Khoury. Gütersloh.

Kunze, Michael (1981), *Der Prozess Pappenheimer*, Elsbach.

Larner, Christina (1981), *Enemies of God: The Witch-hunt in Scotland*, Baltimore, MD.

Levack, Brian P. (2008), *Witch-Hunting in Scotland*, New York, NY.

— (2007), »Crime and the Law«, in: Jonathan Barry und Owen Davies (Hg.), *Witchcraft Historiography*, Houndmills, S. 146–163.
Lindsey, Timothy/Steiner, Kerstin (2012), *Islam, Law and the State in Southeast Asia: Malaysia and Brunei*, Bd. 3, London.
LiveLeak (2014), »Stone Age ISIS Beheaded two Syrian civilians for ›Sorcery‹«, in: *LiveLeak*, 14.01.2014, http://www.liveleak.com/view?i=91e_1421271841 (letzter Zugriff am 16.11.2015).
Mansurnoor, Iik Arifin (2009a), »Islam in Brunei Darussalam: Negotiating Islamic Revivalism and Religious Radicalism«, in: *Islamic Studies* 47(1), S. 65–97.
— (2009b), »Formulating and Implementing a Shari'a-Guided Legal System in Brunei Darussalam: Opportunity and Challenge«, in: *Sosiohumanika* 1(2), S. 219–248.
Müller, Dominik M. (2015), »Sharia Law and the Politics of ›Faith Control‹ in Brunei Darussalam: Dynamics of Socio-Legal Change in a Southeast Asian Sultanate«, in: *Internationales Asienforum* 46(3/4), S. 313–345.
Musil, Alois (1928), *The Manners and Customs of the Rwala Bedouins*, New York.
Newsweek Europe (2016), »ISIS Executes Dozens in Libya for Sorcery and Blasphemy«, 5.08.2016, http://europe.newsweek.com/isis-executes-dozens-opponents-libyas-sirte-sorcery-and-blasphemy-461026?rm=eu (letzter Zugriff am 12.07.2016).
Ong, Aihwa (1987), *Spirits of Resistance and Capitalist Discipline: Factory Women in Malaysia*, Albany, NY.
Opitz, Claudia (2008), »Der Magistrat als Hexenjäger: Hexenverfolgung und staatliche Ordnung bei Jean Bodin«, in: Johannes Dillinger u.a. (Hg.), *Hexenprozess und Staatsbildung*, Bielefeld, S. 41–58.
Othman, Mahmud Saedon (1996), *Perlaksanaan dan Pentadbiran Undang-Undang Islam di Negara Brunei Darussalam: Satu Tinjauan*, Bandar Seri Begawan.
Peletz, Michael (1988), »Poisoning, Sorcery, and Healing Rituals in Negeri Sembilan«, in: *Bijdragen Tot de Taal-, Land-, en Volkenkunde* 144(1), S. 132–164.
Pelita Brunei (2014a), »Perbuatan Sihir Dimurkai Allah Subhanahu Wata'ala«, 8.06.2014, http://pelitabrunei.gov.bn/component/k2/item/11358-perbuatan-sihir-dimurkai-allah-subhanahu-wata'ala (letzter Zugriff am 16.11.2015).
— (2014b), »Pengamal Sihir Boleh Dikenakan Tindakan Keras«, 4.06.2014, http://www.pelitabrunei.gov.bn/nasional/item/11274-pengamal-sihir-boleh-dikenakan-tindakan-keras (letzter Zugriff am 26.11.2015).
— (2014c), »Masyarakat Brunei di UK Hadiri Ceramah Keagamaan«, 14.05.2014, http://www.pelitabrunei.gov.bn/nasional/item/10804-masyarakat-brunei-di-uk-hadiri-ceramah-keagamaan (letzter Zugriff am 26.11.2015).
Perlmutter, Dawn (2013), »The Politics of Muslim Magic«, in: *Middle East Quarterly* 20(2), S. 73–80.
Pew Research Center (2012), »The World's Muslims: Unity and Diversity«, www.pewforum.org/2012/08/09/the-worlds-muslims-unity-and-diversity-4-other-beliefs-and-practices/#_ftn22 (letzter Zugriff am 24.11.2015).

Philips, Bilal (2005), *The Fundamentals of Tawheed*, Riad.
Savage-Smith, Emilie (2004) (Hg.), *Magic and Divination in Early Islam*, Aldershot.
Schiffmann, Aldona C. (2001), »The Witch and Crime: The Persecution of Witches in Twentieth-Century Poland«, in: Brian P. Levack (Hg.), *New Perspective on Witchcraft, Magic and Demonology*, London, S. 215–233.
Schöck, Inge (1978), *Hexenglaube in der Gegenwart: Empirische Untersuchungen in Südwestdeutschland*, Tübingen.
Skeat, Walter W. (1900), *Malay Magic: Being An Introduction to the Folklore And Popular Religion Of The Malay Peninsula*, London.
Turner, Bryan (2015), »Soft Authoritarianism, Social Diversity and Legal Pluralism: The Case of Singapore«, in: Adam Possamai, James T. Richardson und Bryan S. Turner (Hg.), *The Sociology of the Shari'a: Case Studies from Around the World*, Cham, S. 17-31.
Vassiliev, Alexei (1998), *The History of Saudi Arabia*, London.
Wahba, Hafiz (1964), *Arabian Days*, London.
Wyporska, Wanda (2013), *Witchcraft in Early Modern Poland, 1500–1800*, New York, NY.
Zwemer, Samuel M. (1939), *Studies in Popular Islam: A Collection of Papers Dealing with the Superstitions and Beliefs of the Common People*, London.

Normenkonflikte in einer Erstaufnahmeeinrichtung für Geflüchtete – Psychoanalytische Überlegungen aus dem Pilotprojekt STEP-BY-STEP

Marianne Leuzinger-Bohleber, Mariam Tahiri und Nora Hettich

Einleitung

Die Bereitschaft vieler Deutscher, Flüchtlinge willkommen zu heißen und sie spontan zu unterstützen, hat 2015 weltweit Erstaunen und Wertschätzung hervorgerufen. Doch erinnern gleichzeitig die fast täglichen Anschläge auf Flüchtlingsunterkünfte, PEGIDA und AfD, dass dies keineswegs selbstverständlich ist: Die Ängste sitzen tief, Fremde und Einwanderer bedrohen Wohlstand, Identität und ein demokratisches Zusammenleben. Slogans wie »Deutschland den Deutschen«, »deutsche Leitkultur« und »Sicherung der Außengrenzen« sind Indikatoren dafür, dass für breite Teile der Bevölkerung die Pluralität von Normen und Lebensweisen nicht mehr als Bereicherung, sondern als Bedrohung empfunden wird.

Viele psychoanalytische Arbeiten haben sich mit den unbewussten Wurzeln von Fremdenhass, Islamophobie, Antisemitismus, Rechtsradikalismus und Nationalismus befasst. Der Fremde eignet sich bekanntlich als Projektionsfläche, auf die Unerträgliches, Tabuisiertes und Abgespaltenes der eigenen Psyche gerichtet werden kann (vgl. dazu u.a. Parens 2015; Volkan 2015; Grunberger 1962). Wie Bohleber (2010) ausführt, werden besonders beim Antisemitismus – und paradoxerweise in analoger Form bei der Islamophobie – ubiquitäre unbewusste Phantasiesysteme ausagiert. So bedroht der/die Fremde das Phantasma der Reinheit, eine Verschmelzungsphantasie mit dem Primärobjekt, die nationalistischen Vorstellungen zugrunde liegt. In diesen Phantasien »verschmutzt« der Fremde durch sein Eindringen die »reine Idylle der Heimat«, das »Mutter – und Vaterland«, die Nation. Eine weitere archaische Phantasie beruht auf dem frühen Geschwisterneid: Der Fremde wird als gefräßiger, gieriger Eindringling erlebt, der Arbeitsplätze, Wohlstand und Sozialsysteme an sich reißt und »den Deutschen aussaugt«. Ihm werden unbewusst das eigene Scheitern, der

Verlust des Arbeitsplatzes und die Armut zugeschrieben (vgl. dazu auch Leuzinger-Bohleber 2009).

Schließlich konfrontieren uns viele Migranten und besonders Flüchtlinge mit dem Thema »Trauma«[1], mit extremen Erfahrungen, die das Selbst Todesangst, Hilflosigkeit und Ohnmacht aussetzen und derart überfluten, dass das Grundvertrauen in ein helfendes Objekt und ein aktives Selbst zusammenbrechen. Zu den ubiquitären Reaktionen auf die Wahrnehmung von Trauma und Traumatisierten gehört der biologisch angelegte Fluchtimpuls: Der Impuls, wegzuschauen, zu verleugnen und die Augen vor dem Unerträglichen zu verschließen. Diesem Impuls muss gegengesteuert werden, um sich traumatisierten Flüchtlingen und Migranten empathisch zuwenden zu können, was immer eine seelische Anstrengung bedeutet.

Wie diese wenigen Beispiele holzschnittartig illustrieren mögen, verfügt die Psychoanalyse als »Wissenschaft des Unbewussten« über ein spezifisches Wissen zu verdeckten, irrationalen Motiven in der Begegnung mit dem »Fremden«, das sie in die aktuellen, interdisziplinären Diskurse zum Umgang mit Migranten und Flüchtlingen einbringen kann.[2] Dies versucht das Sigmund-Freud-Institut (SFI) in enger Kooperation mit dem Anna-Freud-Institut (AFI) seit nun über 10 Jahren in verschiedenen Frühpräventionsprojekten. Vom letzten, zum Zeitpunkt noch laufenden Projekt »STEP-BY-STEP«, einem Pilotprojekt zur Unterstützung von Geflüchteten, soll im Folgenden kurz berichtet werden, da wir bei der Durchführung des Projektes seit Anfang 2016 in vielen Situationen mit Normenkonflikten zwischen den Geflüchteten und Deutschen, aber auch zwischen unterschiedlichen Gruppen von Geflüchteten konfrontiert sind. Im Rahmen

---

1 Wir verwenden hier, anlehnend an Bohleber (2010), einen engen Begriff von Trauma. Durch das Trauma, eine plötzliche, nicht vorausgesehene, extreme Erfahrung, meist verbunden mit Lebensbedrohung und Todesangst, wird der natürliche Reizschutz durchbrochen. Das Ich ist einem Gefühl extremer Ohnmacht und seiner Unfähigkeit ausgesetzt, die Situation kontrollieren oder bewältigen zu können. Es wird von Panik und extremen physiologischen Reaktionen überflutet. Diese Erfahrung führt zu einem psychischen und physiologischen Schockzustand. Die traumatische Erfahrung zerstört zudem das empathische Schutzschild, das das verinnerlichte Primärobjekt bildet, und zerstört das Vertrauen auf die kontinuierliche Präsenz guter Objekte und die Erwartbarkeit menschlicher Empathie. Im Trauma verstummt das innere gute Objekt als empathischer Vermittler zwischen Selbst und Umwelt.

2 Bei diesem Wissen geht es nicht nur um die unbewussten Determinanten von Fremdenangst etc. bei Angehörigen der Gastländer. Analoge Mechanismen sind auch bei verschiedenen Gruppen von Geflüchteten zu beobachten, wie im Folgenden diskutiert wird.

dieses Beitrags müssen wir uns auf einige exemplarische Beispiele und wenige Diskussionspunkte beschränken.

STEP-BY-STEP – Ein Pilotprojekt zur Unterstützung von Geflüchteten in der Erstaufnahmeeinrichtung »Michaelisdorf« in Darmstadt[3]

Die Erstaufnahmeeinrichtung »Michaelisdorf« wurde vom Deutschen Roten Kreuz Darmstadt in der akuten »Flüchtlingskrise« im August/September 2015 zuerst als Zeltstadt, anschließend in den Räumen einer ehemaligen Kaserne eingerichtet. Inzwischen wurden auf dem Gelände der Kaserne ein großes Thermozelt und neue, kleinere Häuser aufgebaut, die die Unterbringung in den ehemaligen Kasernengebäuden ergänzen. Je nach der Anzahl der ankommenden Flüchtlinge waren in den letzten Monaten zwischen 400 und 800 Personen dort untergebracht (oberste Kapazität: 1000 Plätze).

Aufgrund der jahrelangen und empirisch evaluierten Erfahrungen mit empirisch-psychoanalytischen Präventionsprojekten wurde das SFI im Oktober 2015 vom Hessischen Sozialministerium dazu aufgefordert, einen Forschungsantrag für ein Pilotprojekt zur Unterstützung von Flüchtlingen in der Erstaufnahmeeinrichtung »Michaelisdorf« in Darmstadt zu konzeptualisieren. Marianne Leuzinger-Bohleber (Sigmund-Freud-Institut, Frankfurt) und Sabine Andresen (Goethe-Universität Frankfurt)[4] stellten einen entsprechenden Antrag, der evaluiert und genehmigt wurde.

Die Durchführung des Projekts STEP-BY-STEP begann am 15. Januar 2016 (vgl. u.a. Presseerklärung des Sozialministeriums, Februar 2016). Die politisch Verantwortlichen wollten besonders vulnerable Gruppen von Geflüchteten (alleinreisende Mütter mit Kleinkindern, Familien, Schwangere sowie besonders traumatisierte Flüchtlinge), die Hessen zugeteilt wer-

---

3 Das folgende Kapitel wurde in einer anderen Version schon im Doppelheft der PSYCHE publiziert (vgl. Leuzinger-Bohleber/Rickmeyer/Lebiger-Vogel/Fritzemeyer/Tahiri/Hettich 2016; vgl. dazu auch Leuzinger-Bohleber/Lebiger-Vogel 2016).

4 Ich danke Sabine Andresen für die produktive Zusammenarbeit in diesem Projekt. Und freue mich auf weitere gemeinsame Publikationen. Der Schwerpunkt dieses Beitrags liegt auf den psychoanalytisch basierten Projektanteilen.

den, direkt in Darmstadt unterbringen.[5] Das Projekt STEP-BY-STEP bietet zusammen mit den Teams vor Ort eine erste professionelle Betreuung im Sinne von FIRST-STEPS, die anschließend durch weitere Schritte langfristig intensiviert werden kann, da diese Familien möglichst in Darmstadt selbst oder der näheren Umgebung dauerhaft untergebracht werden sollen.

Einige konzeptuelle Überlegungen und Zusammenfassungen der Angebote von STEP-BY-STEP

Migration und Flucht sind immer mit Aufbruch und Hoffnung auf ein besseres, sicheres (Über)leben verbunden. Mit der Flucht gehen aber auch viele Verlusterfahrungen und oft traumatische Erlebnisse einher. Im Rahmen des Modellprojektes STEP-BY-STEP werden die Menschen von Anfang möglichst individuell unterstützt und professionell betreut. Die Angebote von STEP-BY-STEP dienen dazu – in enger Kooperation mit den Fachleuten vor Ort –, den Flüchtlingen sichere Orientierungen, einen ersten Halt und verlässliche Beziehungserfahrungen zu ermöglichen, um Desintegrationsprozessen und Re-Traumatisierungen entgegenzuwirken. Im »Michaelisdorf« wird daher von allen professionellen und ehrenamtlichen Gruppen versucht, dem Gefühl der Entwurzelung der Geflüchteten, von Einsamkeit, Ohnmacht und Unsicherheit aktiv entgegenzuwirken. Strukturlose, passive Situationen eignen sich besonders, (unbewusste) Erinnerungen an traumatische Erfahrungen zu reaktivieren: Albträume, Flashbacks oder die Überflutung von Angst und Panik sind mögliche Folgen.

Daher wird durch transparente und verlässliche Alltagsstrukturen wie in einem Dorf[6] versucht, in der Erstaufnahmeeinrichtung ein erstes Gefühl

---

5 Bekanntlich kam es 2015 in verschiedenen Erstaufnahmeeinrichtungen zu Gewalt und sexuellen Übergriffen, vor allem weil oft mehrere hundert junge Männer mit nur wenigen Frauen und Familien in vorläufigen Unterkünften untergebracht waren. Um dies zu verhindern, sollten in Hessen junge Familien, alleinreisende Frauen und besonders vulnerable Geflüchtete gleich nach Darmstadt gebracht und dort professionell betreut werden.

6 Die Dorfmetapher wurde von Mitgliedern des Sozialteams im Michaelisdorf entwickelt und von STEP-BY-STEP aufgenommen, da die Bezeichnung »Erstaufnahme*lager*« in Deutschland zu Assoziationen während der NS-Zeit führen. Selbstverständlich sollte die Dorfmetapher keiner Harmonisierung Vorschub leisten: Auch eine Dorfgemeinschaft bietet bekanntlich kein Idyll.

der Gemeinschaft, eines ersten Ankommens und Aufgehobenseins zu vermitteln, was – wie viele Studien zeigen – nicht nur die eben erwähnte Gefahr von Reaktivierungen beziehungsweise Re-Traumatisierungen vermindert, sondern sich bestenfalls auch als hilfreich für die spätere Integrationsbereitschaft der Flüchtlinge erweist (vgl. u.a. Grinberg/Grinberg 1990).

Vereinfacht zusammengefasst soll das soziale Miteinander u.a. dadurch gestärkt werden, dass jeder Bewohner (jeden Alters) des »Michaelisdorfes« pro Tag ein (ca. zweistündiges) Angebot erhält, in dem er aktiv gefördert wird (»etwas bekommt«) und weitere zwei Stunden eine Eigenaktivität entfalten kann, in dem er persönlich eine Tätigkeit für das Dorf ausführt (»etwas gibt«).

Das Betreuungsteam vor Ort vermittelt daher den Neuankommenden den Projektansatz und die verschiedenen Angebote (anhand eines »Wochenplans« mit Piktogrammen) möglichst bald. Sie versuchen den Geflüchteten zu vermitteln, wie wichtig eine aktive Gestaltung des Alltags in der Einrichtung für die psychische und psychosoziale Befindlichkeit und die spätere Integration ist, auch wenn sie nicht lange in der Ersteinrichtung bleiben möchten beziehungsweise sollten.

STEP-BY-STEP im »Michaelisdorf«

»Das Pilotprojekt verfolgt folgende Ziele:

1. Unterstützung der (psychosozialen) Integration von Familien sowie die Förderung der (frühen) Entwicklung und dem Wohlbefinden von Kindern
2. Stärkung der resilienten Fähigkeiten von Kindern und Eltern
3. Verhinderung von Rückzug aus der »Dorfgemeinschaft« von Familien oder einzelnen Menschen durch Förderung der Teilhabe an der Gesellschaft mit spezifischer Unterstützung der (inneren und äußeren) Verbindung zur Herkunftskultur
4. Psychische und psychosoziale Betreuung von traumatisierten Familien mit dem Ziel der Bearbeitung von Akuttraumatisierungen und der Abmilderung der transgenerativen Weitergabe von Traumatisierungen
5. Hilfestellungen bei der Vernetzung von psychosozialen und institutionellen Unterstützungen von Familien »at-risk« sowohl in der Erstaufnahmeeinrichtung als auch nach dem Transfer in längerfristige

Unterbringungen (für besonders vulnerable Familien im Raum Darmstadt)
6. Förderung und Optimierung der Kooperationen und der Kommunikationsstruktur der im »Michaelisdorf« arbeitenden professionellen Teams und den ehrenamtlichen Helferinnen und Helfer
7. Gestaltung von kinderfreundlichen Räumen in der Einrichtung, damit die Kinder und Jugendlichen sich angenommen und aufgehoben fühlen
8. Vielfältige und anregende Angebote für Kinder und Jugendliche und Motivation zu Partizipation

Gerade für Kinder und Jugendliche ist es wichtig, dass sie auch schon die Erstaufnahmeeinrichtung als einen kinderfreundlichen Ort erleben. Sie sollen sich dort sicher fühlen und ihre Fähigkeiten einbringen. Ein solcher Ort muss gestaltet werden, und zwar durch Bildungs- und Freizeitangebote, durch Mitgestaltungsmöglichkeiten und durch Erwachsene, die aufgeschlossen sind. Das Projekt, an dem Studierende beteiligt sind, zielt auch darauf, möglichst Studierende von sozialen Berufen und junge Wissenschaftlerinnen und Wissenschaftler gut für die Arbeit mit geflüchteten Kindern, Jugendlichen und Familien zu befähigen.« (zitiert nach dem Handout des Ministeriums vom 27. Mai 1916)

Folgende Angebote wurden implementiert:

Kindergruppen und Gestaltung von »Child Friendly Spaces«

Die pädagogischen Angebote für Kinder des Teams der Goethe-Universität (Leitung: S. Andresen) zwischen 5 und 12 Jahren orientieren sich an den international erprobten Leitlinien zur Gestaltung und Etablierung so genannter »Child Friendly Spaces (CFS)« und verschränken diese mit den Prinzipien der sozialpädagogischen Kinder- und Jugendarbeit und der langen Tradition der aufsuchenden Sozialarbeit. Kinder haben ein »Recht auf den heutigen Tag« und benötigen von Anfang an anregende Angebote, zugewandte Erwachsene und sichere Räume. Die Angebote orientieren sich erstens an den Bedürfnissen und Interessen der Kinder (Partizipation), zweitens sind sie integrierend und drittens bieten sie vielfältige Lerngelegenheiten.

Psychoanalytisch orientierte ERSTE SCHRITTE Gruppen für Schwangere und Frauen mit Babys/Kleinkinder

Schwangeren und Müttern mit Kleinkindern werden zweistündige, wöchentliche Gruppen angeboten. Aktuelle Themen der frühen Elternschaft unter Migrationsbedingungen werden besprochen sowie Mutter-Kind-Interaktionen professionell und kultursensitiv gefördert (vgl. Zusammenfassung des ERSTE SCHRITTE Projekts in Leuzinger-Bohleber u.a. 2016: 959-966).

Geeignete Frauen aus dem Kreis der Flüchtlinge werden motiviert, als »Co-Betreuerinnen« an den Gruppen teilzunehmen (»etwas geben«).

Psychoanalytische Malgruppen für Kinder

Zusammen mit den Teams vor Ort (zum Beispiel der Leiterinnen der Kindergruppen) werden Kinder mit besonderem Bedarf in eine wöchentliche Malgruppe überwiesen, die von einer erfahrenen Kinderanalytikerin mit Unterstützung von mehreren Studierenden angeboten wird. Dort können sie ihre belastenden oder eventuell traumatischen Erfahrungen gestalten und den professionell geschulten Mitarbeiterinnen mitteilen. Viele Studien zeigen, dass es für die Verarbeitung von traumatischen Erfahrungen hilfreich ist, wenn die Kinder mit dem Erlebten nicht allein bleiben, sondern in einem geschützten Rahmen dosiert davon erzählen können (vgl. dazu u.a. Leuzinger-Bohleber 2009). Aus der Gruppe der geflüchteten Frauen wurden »Co-Leiterinnen« gesucht, die die Malarbeit unterstützen, eventuell dolmetschen etc. (»etwas geben«).

Abendprogramme für Erwachsene

SFI-Mitarbeiter bieten zusammen mit Mitarbeitern/innen des »MichaelisdDorfs« Gruppen zu unterschiedlichen Themen an (zum Beispiel zu Ernährungsfragen, Schlafproblemen, juristische Fragen im Zusammenhang mit Asylverfahren, Wertesysteme in Deutschland und in westlichen Demokratien, Erziehungsstile, Bildungssystem in Deutschland, Frauenrollen, Reflexion religiöser Vielfalt, Gefahr von Fundamentalismus, extremistischer Radikalisierung etc.). Dabei wird versucht, verschiedene Hilfsmittel zu benutzen, wie Filme, Fotomaterialien etc. Durch solche »Fortbildungsangebote« soll Vertrauen geschaffen werden, damit sich – im besten Falle – »Tür- und Angelgespräche« bis hin zu Gespräche über Gewalt und/oder

Prostitution, islamistischer Terrorismus etc. entwickeln können. Zudem werden, je nach Jahreszeiten, sportliche Aktivitäten angeboten. Gut bewährt hat sich zudem die gemeinsame Gestaltung des »Dorfes«: Gemeinsam wurden Blumen gepflanzt, ein Gemüsegarten angelegt etc.

Getrennt voneinander stattfindende, psychoanalytisch orientierte Gruppen für Mädchen und Jungen

Drei verschiedene psychoanalytisch orientierte Gruppen werden wöchentlich angeboten, die insbesondere auf die Interessenlage der Jugendlichen eingehen. Neben Studierenden der Universität Frankfurt und Mitarbeitern des SFI werden auch geeignete Väter und Mütter im »Dorf« gesucht, die bei der Gestaltung der Angebote helfen.

Psychoanalytische Abklärungen und Kriseninterventionen für Traumatisierte im Rahmen der therapeutisch/psychosomatischen Sprechstunde

Eine erfahrene Psychoanalytikerin des SFI bietet als Ergänzung zu den bereits bestehenden Beratungsangeboten von Ärzten (Gynäkologin, Allgemeinmediziner, Psychiater, Kinderarzt u.a.) und der Pro Familia oft zusammen mit einer Dolmetscherin und einem Mitglied des Sozialteams – wöchentlich Sprechstunden beziehungsweise Kriseninterventionen an. Diese ersten Kriseninterventionen dienen vor allem der psychoanalytischen Abklärung im Sinne eines ersten Screenings und einer Art Notfallhilfe. Sie bilden die Basis, um intensivere, längerfristige medizinische, psychotherapeutische und sozialpädagogische Unterstützungen für die Betroffenen zu planen, sobald sie im Raum Darmstadt dauerhaft untergebracht werden.

Psychoanalytische Supervision für das Betreuerteam im »Michaelisdorf«

Die konkrete Arbeit mit den Flüchtlingen sowie die sich ständig ändernde institutionelle Situation führen die Sozialbetreuung an die persönlichen Belastungsgrenzen. Regelmäßige Supervision (von erfahrenen Supervisoren von außen) für das gesamte Team erweist sich als ausgesprochen hilfreich, einmal um der drohenden Überforderung entgegenzuwirken und zum zweiten, um den professionellen Informationsfluss zu verbessern. Die verschiedenen im »Michaelisdorf« tätigen Berufsgruppen bekamen im Verlauf des Jahres 2016 separate Fachsupervisionen.

Wöchentliche Fallbesprechungen

Ebenfalls als sehr hilfreich hat sich die wöchentliche Fallbesprechung erwiesen. Vertreter aller Berufsgruppen (Verwaltung, Sozial- und Medizinteam, STEP-BY-STEP, Ehrenamtskoordinator) treffen sich, um Informati-onen bezüglich besonders akuter und dringender Situationen im Sinne des case-based-managements auszutauschen. Alle Berufsgruppen stehen unter der professionellen Schweigepflicht und berücksichtigen den Datenschutz.

Wissenschaftliche Begleitung

Das Pilotprojekt wird wissenschaftlich begleitet. Dabei geht es auch um die Frage, wie sich die Struktur und die Angebote in andere Einrichtungen übertragen lassen. Die wissenschaftliche Begleitung orientiert sich an dem Vorgehen einer formativen Evaluation. Zentral sind die genaue Dokumentation der Maßnahmen, ihrer Nutzung und »Wirkung«. Im Sommer 2016 wurde ein erster Zwischenbericht vorgelegt. Ende des Jahres wird der Abschlussbericht erstellt.

Zudem ist geplant, in Zusammenarbeit mit dem Sozioökonomischen Panel des Deutschen Instituts für Wirtschaftsforschung die Kurz- und Langzeitwirkung von STEP-BY-STEP für die Integration der Stichprobe besonders vulnerabler Geflüchteten, die im »Michaelisdorf« untergebracht wurden, mit anderen Stichproben von Geflüchteten zu vergleichen.

Normative Konflikte im Rahmen von STEP-BY-STEP: Einige Beispiele

Die Situation im »Michaelisdorf« änderte sich seit September 2015 ständig. Während es in den ersten Wochen und Monaten begreiflicherweise vor allem darum ging, im Sinne einer Notfallversorgung die ca. 800 Geflüchteten mit Nahrung, medizinisch und mit sicheren Unterkünften etc. zu versorgen, nahm in der zweiten Hälfte des Jahres die Anzahl der Untergebrachten stark ab (bis auf ca. 300-400 Geflüchtete). Die »Notfallversorgung« konnte daher mehr und mehr mit ersten Betreuungs- und Unterstützungsangeboten verbunden werden, um das Ankommen in Deutschland zu erleichtern.

STEP-BY-STEP konnte im Laufe des letzten Jahres sichtbar dazu beitragen, dass in der Unterkunft sichere und verlässliche Alltagsstrukturen geschaffen wurden. Dadurch wurde die eben erwähnte, vermehrte psychosoziale Unterstützung der einzelnen Geflüchteten möglich, verbunden mit dem Schaffen von Reflexionsräumen für die Professionellen und Ehrenamtlichen im Dorf.

Diese Veränderungen betrafen auch den Umgang mit den täglichen Konflikten unter den Geflüchteten, bestimmten Gruppen von Geflüchteten sowie Geflüchteten und den professionellen und ehrenamtlichen Teams. Sie konnten vermehrt für gemeinsame Reflexionsprozesse genutzt werden, die für alle Beteiligten die Chance eines vertieften Verstehens boten, bekanntlich eine Voraussetzung, um nicht nur den Alltag produktiver zu gestalten, sondern auch das Ankommen der Geflüchteten in Deutschland zu erleichtern. Oft drehten sich die Konflikte um unterschiedliche Normen und Ideale einzelner Geflüchteter oder Gruppen von Geflüchteten und Vertretern des Gastlandes. Dazu einige Beispiele:

Wem gehört das Michaelis-Dorf?

Wie erwähnt, gehörte es u.a. zu den Intentionen des Projektes, die Geflüchteten aus ihrer Situation der Passivität herauszuführen und sie zu motivieren, sich aktiv an der Gestaltung des Alltags im »Michaelisdorf« zu beteiligen (vgl. oben). Daher gestalteten Jugendliche selbst die Räume für ihr wöchentliches Treffen. Gleich zu Beginn dieser gemeinsamen Arbeiten malten syrische Jugendliche die deutsche und die syrische Flagge an die Wand ihres Raumes – mit der Folge, dass die afghanischen Jugendlichen nicht mehr zum Jugendtreff erschienen. Parallel dazu verschärften sich Gruppenkonflikte im Alltag: Die afghanischen Jugendlichen verweigerten syrischen Geflüchteten das Mitspielen im Fußball etc. Wochenlang versuchten die Mitarbeiter von STEP-BY-STEP, mit den Jugendlichen zu reflektieren, dass hier in Deutschland alle Geflüchteten die gleichen Rechte und Pflichten haben, und es in allen ethnischen Gruppen »bessere« und »schlechtere« Menschen, Freude und Feinde gebe. Doch für alle gälte hier in Deutschland das Grundgesetz.

Schließlich entwickelte sich die Idee, dass Fotos von den Einzelnen im Gruppenraum aufgehängt wurden, zum Teil mit ihren Handynummern um Kontakte zwischen den Jugendlichen auch nach dem Verlassen der Erstaufnahmeeinrichtung zu fördern. Das einzelne Individuum mit seinem unverwechselbaren Gesicht, seiner Persönlichkeit und seiner Geschichte war in den Fokus der Wahrnehmung und der gemeinsamen Gespräche gerückt. Die Nationalität spielte nicht mehr die entscheidende Rolle.

Gemeinsame Gespräche über solche Normenkonflikte können im besten Fall daraus resultierende Gewalterfahrungen eindämmen und einen ersten Reflexionsprozess zum Zusammentreffen unterschiedlicher Normen, Regeln und Idealvorstellungen zwischen den Herkunftsländern und dem Gastland initiieren.

Solche Reflexionsprozesse haben sich, wie Erfahrungen in STEP-BY-STEP zeigen, als hilfreich erwiesen, zum Beispiel für manche Jugendliche beziehungsweise Familien, die nach dem sogenannten Transfer in feste Unterkünften zusammen mit anderen Geflüchteten aus anderen Nationalitäten eine Wohnung teilen. Dadurch kommt es im tagtäglichen Zusammenleben immer wieder nicht nur zu persönlichen, sondern auch zu ethnischen Konflikten, falls diese nicht reflektiert werden können. Einige der betreuenden Sozialarbeiter erzählten, wie wichtig es für das Zusammenleben in diesen Einrichtungen ist, dass die Geflüchteten sich nicht zu sehr in ihre ethnischen Gruppen zurückziehen und sich gegen andere absetzen (vgl. die einleitend erwähnten unbewussten Determinanten solcher Gruppenkonflikte besonders in unsicheren Situationen, wie sie Geflüchtete oft monatelang aushalten müssen).

Dazu ein weiteres Beispiel: Ein Geflüchteter aus Afghanistan wurde in die psychosomatische Sprechstunde geschickt, weil er den Sozialarbeitern im »Michaelisdorf« durch zunehmend depressives Verhalten aufgefallen war. Erst im zweiten Gespräch mit einem Dolmetscher aus Afghanistan wagte er mir (MLB) anzuvertrauen, dass er befürchte, dass er wieder in sein Land zurückgeschickt werde, weil er bei der Ersterfassung in Gießen verschwiegen habe, dass er nicht nur eine Frau zurückgelassen habe, sondern zwei Frauen mit insgesamt 9 Kindern. Nach muslimischem Recht konnte er zwei Frauen heiraten: nach deutschen Recht ist dies nicht möglich. Juristisch scheint die Situation soweit eindeutig: Das Recht des Ursprungslands muss vom Gastland akzeptiert werden. Dennoch antizipierte Herr X. zu Recht viele normative Konflikte, die sich im Alltag aufgrund derart unterschiedlicher Rechtslagen und damit verbundener Konflikte ergeben werden.

Wer ist eine »gute Mutter«, wer »ein guter Vater«?

Bekanntlich bedeutet Migration immer einerseits ein Verlassen des eigenen Kulturraums und andererseits eine Konfrontation der dort (u.a. durch ödipale Identifizierungen[7]) erworbenen Normen und Werte mit den neuen, weitgehend unbekannten und vorwiegend vorbewusst oder unbewusst wahrgenommenen Regelsystemen des Einwanderungslandes. Da vor allem die frühe Elternschaft durch solche unbewussten Normen und Regeln geprägt ist, bewirkt eine Konfrontation mit den fremden, oft nur ungenügend verstandenen Vorstellungen der Gastkultur häufig schwere Verunsicherungen und Ängste (vgl. dazu Leuzinger-Bohleber/Lebiger-Vogel 2016). Durch eine empathisch begleitete Reflexion dieses Spannungsfeldes (zum Beispiel in den Jugendgruppen, vgl. oben) oder den ERSTE SCHRITTE Gruppen kann die Migrationserfahrung im Sinne einer »dritten Individuationsphase« (Akthar 2007) produktiv gestaltet werden.

In den ERSTE SCHRITTE Gruppen werden normativen Konflikte im Zusammenhang mit der frühen Elternschaft direkt beobachtbar. So irritierte es unsere Mitarbeiterinnen sowohl in den ERSTE SCHRITTE Gruppen in Frankfurt als auch im »Michaelisdorf« immer wieder, dass Mütter aus afrikanischen Kulturen ihre oft erst einige Wochen alten Babys in die Gruppe brachten, sie irgendjemanden in die Arme drückten und verschwanden. Erst in der Supervision konnte verstanden werden, dass sie mit diesem Verhalten lediglich das ausdrückten, was sie aufgrund ihrer kulturellen Herkunft als selbstverständlich empfanden. Babys werden in

---

[7] Wir können in diesem Rahmen nicht auf die Frage nach der Universalität psychoanalytischer Konzepte wie der ödipalen Phase eingehen. Bekanntlich haben schon die Zürcher Ethnopsychoanalytiker Paul Parin, Fritz Morgenthaler und Goldy Parin-Mattéy 1963, 1971, durch ihre Studien bei den Dogons und Agnis in Westafrika postuliert, dass die ödipale Phase insofern ubiquitär ist, als sie die entwicklungsspezifische Auseinandersetzung des ca. 4-jährigen Kindes mit Dreieckssituationen beschreibt: Aus heutiger Sicht kann ihrer These aus entwicklungspsychologischer Sicht zugestimmt werden: Etwa in diesem Alter erwirbt das Kind die Fähigkeit, sich in den mentalen Zustand seines Gegenübers einzufühlen, wie etwa der »Smartie-Test« zeigt. Dieser kognitive Entwicklungsschritt ist die Voraussetzung für die affektive Auseinandersetzung mit Eifersucht, Neid, Ausgeschlossenheit und Triumph in emotional wichtigen Dreieckssituationen (vgl. dazu u.a. Leuzinger-Bohleber 2009, Fußnote S. 57).

manchen dieser Kulturen weniger von der einzelnen Mutter als von einer ganzen Gruppe von Frauen und älteren Kindern betreut. Es bedurfte vieler kultursensibler Gespräche, um die Frauen zu sensibilisieren, dass in Deutschland ein solches Verhalten im Extremfall als eine Form der frühen Kindeswohlgefährdung beurteilt werden könnte.

Doch auch für die Mitarbeiterinnen und Mitarbeiter von STEP-BY-STEP bedarf es eines ständigen Reflexionsprozesses, da besonders die frühe Elternschaft eigene Normen und Ideale reaktiviert. Die Idealvorstellung einer »guten Mutter« beziehungsweise »eines guten Vaters« ist nicht nur abhängig vom Individuum, seinen elterlichen Fähigkeiten, seiner Persönlichkeit und seiner Geschichte, sondern auch im hohen Maße von der jeweiligen Kultur geprägt (vgl. dazu u.a. Leuzinger-Bohleber 2009, 2014).

Kulturspezifische Konflikte?

Wie die eben aufgeführten Beispiele zeigen, fehlt den professionellen und ehrenamtlichen Teams oft differenziertes Wissen, um kulturspezifische Konflikte zu erkennen und zu verstehen. Andererseits besteht die Gefahr, dass »Kultur« als eine Projektionsfläche für unverstandene Konflikte und Phantasien dient, die weniger mit unterschiedlichen Kulturen als mit allgemein menschlichen Konflikten in Zusammenhang stehen. Wie das folgende Beispiel illustrieren mag, fragen wir uns oft, ob manche Normenkonflikte eher mit dem Bildungsniveau oder dem Unterschied zwischen ländlichen und städtischen Bevölkerungsgruppen in Zusammenhang stehen als mit deren kulturellem Hintergrund.

So eskalierten die Konflikte zwischen einer Familie aus Syrien, die ihre Wohnung mit einer jungen Geflüchteten aus einem afrikanischen Land teilten. Sie waren zusammen untergebracht worden, weil sie der gleichen, muslimischen Religionsgemeinschaft angehörten. Die Konflikte entzündeten sich u.a. daran, dass die junge Afrikanerin ihren Geliebten bei sich in der Wohnung empfing, obschon sie ein Baby von einem anderen Vater hatte. Der Ehemann der Familie mit drei Kleinkindern, der aus einem kleinen Dorf aus Syrien geflüchtet war (beide Eltern waren Analphabeten), konnte es nicht ertragen, dass sich die junge Mutter vom Vater des Kindes getrennt hatte und eine neue sexuellen Beziehung eingegangen war. Das Verhalten seiner Mitbewohnerin verstieß gegen seine basalen moralischen Vorstellungen. Es kam zu offenen, aggressiven Auseinandersetzungen.

Solche normativen Konflikte stellen die Sozialarbeiter der Einrichtungen und andere dort Tätigen vor große Herausforderungen und werden oft in Supervisionen und Fortbildungen von Ethnologen, Sozialpädagogen, Kindheitsforschern und anderen Berufsgruppen thematisiert. Hat die Psychoanalyse, als Wissenschaft des Unbewussten, einen spezifischen Beitrag zum Verständnis solcher Konflikte beizutragen? Dazu abschließend einige wenige Anmerkungen.

Unbewusste Quellen normativer Konflikte: Einige psychoanalytische Anmerkungen

Die Psychoanalyse kann u.a. als eine spezifische Entwicklungspsychologie betrachtet werden, die in den hundert Jahren ihrer Geschichte ein breites Wissen zu frühen Determinanten menschlichen Denkens, Fühlens und Handelns gesammelt hat. Dazu gehört auch die Entwicklung des Überichs und des Ichideals, d.h. eines inneren, normativen Werteraums, der dem eigenen Handeln meist unbewusst zugrunde liegt und sich durch ein komplexes Ineinandergreifen individueller, familiärer und kulturspezifischer Faktoren entwickelt. Dieses Wissen sensibilisiert für die Bedeutung früher Elternschaft beziehungsweise die Langzeitfolgen von beschädigter Elternschaft durch Trauma, Flucht und Migration und der Gefahr der transgenerativen Weitergabe von schweren Belastungen und Traumatisierungen. Daher liegt der Schwerpunkt von STEP-BY-STEP und anderen Präventionsprojekten auf jungen Familien, Schwangeren und Kleinkindern. Bei diesen Präventionsangeboten geht es u.a. immer wieder um die Frage, ob es ubiquitäre, von allen Kulturen geteilte Entwicklungsprozesse gibt, die ein psychisch und sozial reifes, tolerantes, normatives Verhalten eher begünstigen, während andere dies möglicherweise erschweren. Von solchen, auf biologischen Ausstattungen des Menschen basierenden Gemeinsamkeiten, gehen alle präventiven Ansätze implizit oder explizit aus, da eine einigermaßen gelingende Integration in einer neuen Gesellschaft u.a. auf der psychischen Fähigkeit beruht, mit Pluralitäten und Differenzen produktiv umzugehen und sie nicht als Angriff auf das eigene Kernidentitätsgefühl zu erleben. Die Entwicklung eines stabilen Kernselbstgefühls basiert, darin sind sich alle heutigen, psychoanalytischen Entwicklungstheorien einig, auf den frühen Beziehungserfahrungen. Diese legen auch das

Fundament für die moralische Entwicklung. So schreibt einer der führenden psychoanalytischen Entwicklungs- und Präventionsforscher, Robert N. Emde (2012):

»Thus we can see that [...] poor educational achievement, and poor health are together outcomes of the early childhood adversity in a pathway mediated by cumulative stress physiology and then unhealthy risk behaviours. To bring attention to this perspective from current science, the American Academy of Paediatrics recently issued a position statement and a science background report documenting what they refer to as ›the biology of adversity‹ and the early developmental origins of both educational failures and adult disease.« (American Academy of Pediatrics 2012)

»The report also reviews how much we have learned about early inborn capacities and the extent to which brain growth relies on the necessary early experience that parenting interactions provide. In a turn-of-the-century National Research Council Institute of Medicine report in the US (Shonkoff & Phillips, 2000), knowledge from the sciences of early development was summarized with a statement ›All children are born wired for feelings and ready to learn‹, and evidence now converges that we can now add they are ›born wired for being social and ready for moral development‹.« (Emde 2011; Emde 2014: 6)

Die Stadien der moralischen Entwicklung wurden in einer andern Publikation ausführlich beschrieben (vgl. dazu Leuzinger-Bohleber/Lebiger-Vogel 2016; Emde 2014). Im Rahmen dieser Zusammenfassung greifen wir lediglich den Beitrag der neueren, psychoanalytischen Mentalisierungstheorien heraus, da sie gerade für das Thema dieses Bandes interessante neue Forschungsergebnisse zur Diskussion stellt. Sie stellen Weiterentwicklungen der empirisch-psychoanalytischen Bindungstheorie dar, die wie kaum ein anderer psychoanalytischer Ansatz eine Brücke zwischen der Psychoanalyse und der akademischen Psychologie geschlagen hat (vgl. dazu Leuzinger/Lebiger-Vogel 2016: 58ff.). Ebenfalls integriert in die Mentalisierungstheorien wurden die inzwischen breit rezipierten Ergebnisse der empirischen Säuglingsforschung von Daniel Stern u.a.

Mentalisierung ist ein Konzept, das ursprünglich von französischen Psychoanalytikern eingeführt wurde, die mit psychosomatischen Patienten arbeiteten. Diese beschrieben bei solchen Personen einen Mangel an Symbolisierungsfähigkeit von mentalen Zuständen, einen Mangel an Freiheit in der freien Assoziation und eine charakteristische Denkweise, die nahe an Körperempfindungen und primärprozesshaftem Denken ist. Oft hatten diese Patienten große soziale Probleme und waren sozial isoliert.

Fonagy und seine Mitarbeiter definieren Mentalisierung in der Folge einer philosophischen Tradition, die von Brentano (1973/1974), Dennett (1978) und anderen als eine Form von vorbewusster imaginativer mentaler Aktivität beschrieben wurde, weil menschliches Handeln in Begriffen von »intentionalen« Geisteszuständen gedeutet wird. Imaginativ deshalb, weil wir uns vorstellen müssen, was andere Menschen denken oder fühlen könnten. So spricht es für ein hohes Niveau der Mentalisierung, wenn wir in Rechnung stellen können, dass wir nicht wissen, was im Kopf des anderen wirklich vor sich geht. Dieselbe Art von imaginativem Sprung kann notwendig sein, um die mentalen Erlebnisse von anderen zu verstehen, besonders in Bezug auf emotional belastende Themen oder irrationale (möglicherweise unbewusst gelenkte) Reaktionen. Einige Philosophen vertraten die Auffassung, dass der psychische Determinismus (die Feststellung, dass menschliches Handeln vorwiegend durch »fremde«, unbewusste Wünschen und Vorstellungen bestimmt werde) Freuds größter Beitrag gewesen ist (Hopkins 1992; Wollheim 1999). Um diese Haltung anzunehmen, um zu verstehen, dass das Selbst und das des Anderen (des »Fremden«) einen Geist – »mind« – haben, benötigt der Einzelne ein symbolisches Repräsentationssystem von mentalen Zuständen. Obwohl Mentalisierung möglicherweise mit einer Anzahl von Hirnaktivierungen assoziiert ist, ist es üblicherweise verbunden mit Aktivierungen des mittleren präfrontalen Kortex – und möglicherweise des paracingulären Areals.

Die Fähigkeit zu mentalisieren ist keine biologische Gegebenheit, sondern bildet sich sukzessiv durch die Interaktion mit den wichtigsten Bezugspersonen heraus. Allerdings verstehen Fonagy und Target (2003) diese Fähigkeit nicht als ausschließlich kognitiven Prozess:

»Sie beginnt vielmehr mit der ›Entdeckung‹ von Affekten durch das Medium der primären Objektbeziehungen. Wir haben uns deshalb auf das Konzept der ›Affektregulierung‹ konzentriert, das in sehr vielen Bereichen der Entwicklungstheorie und Psychopathologie wichtig ist [...] Affektregulierung, das heißt die Fähigkeit, emotionale Zustände zu regulieren, hängt eng mit der Mentalisierung zusammen, die eine grundlegende Rolle für die Entfaltung eines Gewahrseins des eigenen Selbst und dessen Urheberschaft spielt. Wir verstehen die Affektregulierung als Vorspiel zur Mentalisierung; Gleichwohl wird ihre Beschaffenheit, sobald die Mentalisierung auftaucht, transformiert: Sie ermöglicht nicht nur die Anpassung von Affektzuständen, sondern erfüllt die tatsächlich basale Funktion der Regulierung des Selbst.« (Fonagy/Target 2003: 365)

Die Fähigkeit zur Affektregulation ist ein Anspruch, der den Geflüchteten im »Michaelisdorf« auf verschiedenen Ebenen abverlangt wird: auf der

Ebene ihrer eigenen Selbstwertregulation, im Umgang mit ihren Kindern unter den beengten Verhältnissen einer Erstaufnahmeeinrichtung, im Umgang mit anderen Geflüchteten und besonders mit andern Ethnien von Geflüchteten (vgl. Beispiel oben) sowie den ehrenamtlichen und professionellen Teams im »Dorf« und schließlich im Umgang mit den Behörden. Da das oft monatelange Warten auf die Bearbeitung des Asylantrags und die damit verbundenen Gefühle von Angst, Unsicherheit und Ohnmacht die erzwungene Passivität und fehlende Zukunftsperspektive – zusammen mit den erlittenen Traumatisierungen – vor allem die Männer immer wieder an ihre persönlichen Grenzen stoßen lässt, kann es zu Affektdurchbrüchen kommen, besonders den eigenen Kindern gegenüber. Viele präventive Maßnahmen versuchen, diese Gefahr zu mildern, Gleichzeitig sind Gespräche mit den professionellen und ehrenamtlichen Teams sowie den Mitarbeiterinnen von STEP-BY-STEP zu den normativen Konflikten entscheidend: Viele Syrer erzählen uns zum Beispiel, dass Körperstrafe in ihrer Kultur ein akzeptierter Teil der Kindererziehung ist, während dies hier nicht nur tabuisiert, sondern auch verboten ist und im Extremfall zu einer Inobhutnahme der Kinder wegen »Kindeswohlgefährdung« führen kann.

Die Kinderschutzgesetze sind eine politische Errungenschaft der westlichen Gesellschaften und basieren u.a. auf empirischen Forschungen der (psychoanalytischen) Entwicklungspsychologie. So betonen zum Beispiel die Experten auf dem Gebiet der Mentalisierungsforschung, wie wichtig die mütterliche Empathie und ein sicheres Bindungsverhalten ist, um die Entwicklung der Mentalisierungsfähigkeit beim Kind zu unterstützen. Die mentalisierende Selbstorganisation kann sich nur durch die Erforschung des mentalen Zustandes der feinfühligen Bezugsperson entwickeln, »denn sie ermöglicht dem Kind, in seiner Vorstellung von der psychischen Welt der Mutter ein Bild seiner selbst als Person mit Überzeugungen, Gefühlen und Intentionen zu finden [...]« (ebd.: 372). Gewalttätige Eltern erschweren, oder verunmöglichen sogar diese entscheidenden Entwicklungsprozesse.

Fonagy und Target formulieren einige Thesen zu diesen Entwicklungsprozessen:

»1. In der frühen Kindheit besteht das Charakteristikum der Reflexionsfunktion darin, dass innere Erfahrungen auf zweierlei Weise zur äußeren Situation in Beziehung gesetzt werden: (a) In einer ›ernsten‹ inneren Verfassung erwartet das Kind, dass seine eigene innere Welt und die Innenwelt anderer Personen der äußeren

Realität entsprechen; das subjektive Erleben wird häufig verzerrt, um es Informationen, die von außen kommen, anzupassen (Modus der psychischen Äquivalenz) [...] (b) Wenn das Kind in ein Spiel vertieft ist, weiß es, dass sein inneres Erleben die äußere Realität nicht zwangsläufig widerspiegelt [...]; es nimmt aber an, dass der innere Zustand keinerlei Beziehung zur Außenwelt aufweist und keinerlei Implikationen für sie hat (Als-ob-Modus).

2. Normalerweise beginnt das Kind etwa im Alter von vier Jahren, diese beiden Modi zu integrieren und gelangt so auf die Stufe der Mentalisierung – das heißt, es erwirbt den Reflexionsmodus –, auf der mentale Zustände als Repräsentationen wahrgenommen werden können. Es erkennt Zusammenhänge zwischen innerer und äußerer Realität und nimmt gleichzeitig wahr, dass sich Innen und Außen in mancherlei bedeutsamer Hinsicht voneinander unterscheiden – sie müssen nicht mehr entweder gleichgesetzt oder aber voneinander dissoziiert werden.

3. Die Mentalisierung taucht normalerweise auf, weil das Kind die Erfahrung machen kann, dass seine psychischen Zustände reflektiert werden [...] (im Spiel mit einem Elternteil oder einem Geschwister als Weiterentwicklung der komplexen frühen Spiegelungsprozesse in der Interaktion zwischen Mutter und Kind).

4. Diese Integration kann bei traumatisierten Kindern aufgrund der intensiven Gefühle und damit verbundener Konflikte scheitern, so dass Aspekte des Funktionierens im Als-ob-Modus der psychischen Äquivalenz gekennzeichnet sind [...].« (ebd.: 369-371)

So entwickelt sich Mentalisierung, sichere Bindung, aber auch die Fähigkeit, soziale Normen wahrzunehmen und sich nach ihnen zu richten in der Frühsozialisation. Unsichere Bindung kann als Identifizierung des Kindes mit der Abwehrhaltung der Mutter verstanden werden. Diese Mütter sind zum Beispiel nicht in der Lage, negative Affekte und Stress des Kindes zu spiegeln, weil sie sich selbst dadurch bedroht fühlen (vgl. dazu u.a. Schechter/Rusconi Serpa 2014). Vermutlich werden bei der Wahrnehmung solcher negativer Affekte Erinnerungen an eigene unerträgliche Erfahrungen geweckt, die daraufhin abgewehrt werden müssen. Daher kann die Nähe zur Mutter von diesen Kindern nur aufrechterhalten werden, wenn sie gleichzeitig ihre Reflexionsfähigkeit opfern. Im Gegensatz dazu werden verstrickte Mütter negative Affekte des Kindes in übertriebener Weise spiegeln oder mit eigenen Erfahrungen verwechseln, was auf das Kind fremd oder alarmierend wirkt. Bei beiden Formen der unsicheren Bindung werden die Kinder die Haltung der Bezugspersonen internalisieren. Die fehlende Synchronizität zwischen dem eigenen Affektzustand und jenem der Mutter wird dann zum Inhalt des Selbsterlebens.

Noch dramatischer sind die Auswirkungen früher Traumatisierungen auf die Entwicklung beziehungsweise Nichtentwicklung der Mentalisierungsfähigkeit und des sozialen Verhaltens. Fonagy (2008) berichtet von schwer traumatisierten Kindern und Jugendlichen, die er im Gefängnis interviewt beziehungsweise therapiert hat. Ihre Gewalttaten waren wesentlich dadurch mitbedingt, dass sie kaum die Fähigkeit zu mentalisieren ausgebildet hatten und sich daher zum Beispiel nicht in den physischen und psychischen Zustand ihrer Opfer einfühlen konnten. Er spricht von »violent attachment« beziehungsweise von *Bindungstrauma*. Die meisten der Jugendlichen im Gefängnis hatten schwere Traumatisierungen als Kinder erlebt. Fonagy stellt diese klinischen Beobachtungen in Zusammenhang mit Untersuchungen, die gezeigt haben, dass die Fähigkeit zur Mentalisierung bei den meisten Menschen, die ein schweres Trauma erfahren haben, unterentwickelt ist.

Die Gleichsetzung von innen und außen ist ein zweiter, entscheidender Aspekt. Der Zusammenbruch der Mentalisierung im Angesicht des Traumas zieht den Verlust des Bewusstseins der Beziehung zwischen innerer und äußerer Realität nach sich. Häufig weigern sich Überlebende von Traumata über ihre Erlebnisse nachzudenken, weil Nachdenken Wiedererleben bedeutet. Sie können deutlich psychische Äquivalenz auch in anderem Kontext zeigen. Aspekte psychischer Äquivalenz überschneiden sich mit Beschreibungen von paranoid-schizoiden Gedankenmustern, insbesondere von Wilfrid Bion in *Elements of Psychoanalysis* (Bion 1963) beschrieben und der symbolischen Gleichstellung, dargestellt von Hanna Segal (1957).

Auch auf diesem Hintergrund haben Affektdurchbrüche von geflüchteten Eltern ihren Kindern gegenüber, die u.a. durch die Kumulation von Überforderung, traumatischen Erfahrungen und extremen Belastungssituationen begünstigt werden, u.a. langfristige Folgen für die kindliche Entwicklung. Sie sollten daher durch klare Strukturen in den Erstaufnahmeeinrichtungen, präventive Maßnahmen sowie gegebenenfalls sozialpädagogische und therapeutische Interventionen verhindert oder mindestens abgemildert werden.

So wurde in der psychosomatischen Sprechstunde eine alleinreisende Mutter von zwei Kindern aus einem Balkanland vorgestellt, weil sie ihren Kindern gegenüber immer wieder mit Selbstmord drohte, aber auch mehrmals die Kontrolle verloren und sie schwer geschlagen hatte. Frau B. erzählte, dass sie allein mit ihren Kindern geflüchtet sei, weil ihr Mann nach einer gewaltsamen, öffentlichen Auseinandersetzung im Gefängnis saß. Gemeinsam mit einer Dolmetscherin und der Vertreterin des Sozialteams wurde versucht, Frau B. zu motivieren, trotz ihrer Verzweiflung an verschiedenen Aktivitäten im »Michaelisdorf« aktiv teilzunehmen, um die Parentifizierung ihrer Kinder abzumildern. Durch Kriseninterventionsgespräche wurde versucht, ihr einen haltenden Raum für ihre Verzweiflung zu bieten, in der Hoffnung, dadurch ihre mütterlichen Fähigkeiten wiederzubeleben und die Wahrscheinlichkeit von Affektdurchbrüchen zu minimieren.

Dissoziation von der Realität ist der dritte Aspekt der Phänomenologie von Bindungstraumata.[8] Fonagy sieht eine eingeschränkte Mentalisierungsfähigkeit von traumatisierten Menschen besonders bei dissoziativen Erlebnissen. Im dissoziativen Denken kann nichts mit etwas verbunden sein – das Prinzip des Als-ob-Modus, in welchem die Phantasie von der realen Welt abgeschnitten ist, erstreckt sich so weit, dass nichts einen Zusammenhang hat (Fonagy/Target 2003). Die zwanghafte Suche nach Sinn (hyperaktive Mentalisation) ist eine übliche Reaktion auf das Gefühl der Leere und der Trennung, welche den Als-ob-Modus erzeugt. Patienten berichten von »blanking-out«, »clamming-up« oder erinnern sich an ihre traumatischen Erlebnisse nur als Traum. Das charakteristischste Merkmal von Traumatisierung ist ein Schwanken zwischen psychischer Äquivalenz und Als-ob-Modus im Erleben der inneren Welt.

Infolge von Traumata bedeutet verbale Bestätigung wenig. Die Interaktion mit Anderen auf einem mentalen Level wird durch den Versuch ersetzt, Gedanken und Gefühle durch Handlung zu ersetzen, ein Mechanismus, der oft zu destruktiven sozialen Verhaltensweisen führt.

»Stuart beschreibt seine Gefühle darüber, dass er im Alter von elf Jahren ins Heim geschickt wurde, wie folgt: ›Ich versuchte, dass sie verstehen, dass ich aufgebracht war, so habe ich Dinge herumgeworfen, ich warf mein Bett aus dem Fenster, ich habe alle Fenster im Raum zerbrochen. Der einzige Weg, wie ich ihnen klar machen könnte, dass ich es nicht wollte.‹ Es sind nicht nur diejenigen, die besonders traumatisiert sind wie Stuart, die die physische Art und Weise des Ausdrucks überzeugender als Worte finden – Worte die auch alle bedeutungslos im Als-ob-Modus erlebt wurden. In Folge von Traumata brauchen wir alle eine physische Bestätigung von Sicherheit.« (Fonagy 2007: 6)

---

8 Der Als-ob Modus (*pretend mode*) ist, wie erwähnt, die entwicklungsgemäße Ergänzung zur psychischen Äquivalenz. Noch nicht dazu fähig, sich innere Erlebnisse als mental vorzustellen, sind die kindlichen Phantasien extrem weit von der äußeren Welt abgetrennt. Kleine Kinder können nicht gleichzeitig so tun als ob (auch wenn sie wissen, dass es nicht real ist) und sich mit der normalen Realität beschäftigen. Wenn man sie fragt, ob ihr vermeintliches Gewehr ein Gewehr oder ein Stock ist, verdirbt es das Spiel.

Wie diskutiert, geht Migration häufig mit traumatischen Erfahrungen einher, die zu einer sozialen Isolation der Familien führen bis hin zu der Gefahr eines hermetischen Abschlusses des Familiensystems. Wie aus der Missbrauchsforschung bekannt, wird dadurch die Wahrscheinlichkeit für jede Form des Missbrauchs strukturell erhöht. Bezogen auf die Entwicklung der Mentalisierungsfähigkeit hat dies schwerwiegende Folgen: Misshandlungen oder andere Traumatisierungen beeinträchtigen die Entwicklung von Mentalisierung und Reflexionsfähigkeit, weil Misshandlungen bewirken, dass das Kind von der brutalen Bezugsperson abgeschreckt wird und sich nicht mehr in den Zustand seines Gegenübers einfühlen will. Zweitens geht durch die Misshandlungen dem Kind die Fähigkeit zur Resilienz verloren, die eng mit der Fähigkeit in Zusammenhang steht, eine interpersonale Situation verstehen zu können. Auf diesem Hintergrund sind präventive Ansätze gerade in Erstaufnahmeeinrichtungen für Geflüchtete ausgesprochen wichtig.

Zusammenfassung

In diesem Beitrag wurden einige Erkenntnisse aus der psychoanalytischen Trauma- und Entwicklungsforschung zusammengefasst, die zeigen, dass die moralische Entwicklung nicht von der Entwicklung von Bindung, Affektregulation, Mentalisierungsfähigkeit und sozialer Wahrnehmung zu trennen ist und durch die frühen Beziehungserfahrungen geprägt wird. Bedingt durch Trauma, Flucht und Migration ist bei geflüchteten, traumatisierten Eltern die Gefahr erhöht, dass sie ihre elterlichen Fähigkeiten, vor allem ihre Fähigkeit, sich in zuverlässiger, voraussehbarer Weise in die Bedürfnisse ihrer Kleinkinder einzufühlen, teilweise oder sogar weitgehend verlieren. Daher versuchen Präventionsprogramme wie STEP-BY-STEP durch die Vermittlung klarer Alltagsstrukturen, aber auch durch ehrenamtliche und professionelle Begleitung und Unterstützung, die Geflüchteten in ihren elterlichen Aufgaben zu unterstützen. Wie anhand einiger Beispiele illustriert wurde, sind diese präventiven Angebote in STEP-BY-STEP verbunden mit dem Versuch, in psychoanalytischen Krisenintervention einen ersten Raum anzubieten, um die traumatischen Erfahrungen zu kommunizieren und – so gut es geht – in Bilder, Metaphern und Sprache zu fassen. Wir wissen aus der psychoanalytischen Traumaforschung wie wichtig solche »ersten Schritte« für Traumatisierte sind, auch um die ungebrochene Weitergabe der Traumatisierungen an die nächste Generation abzumildern oder im besten Falle sogar zu unterbrechen (vgl. Bohleber 2010; Leuzinger-Bohleber 2015). Selbstverständlich müssen sie durch »weitere Schritte« nach dem definitiven Angekommensein in Deutschland ergänzt werden. Wie erste Ergebnisse von STEP-BY-STEP zeigen, erweisen sich die präventiven Angebote für die Geflüchteten und ihre Kinder in vielen Fällen als hilfreich. Sie erleichtern erste Schritte der Integration. Daher bilden solche professionellen Unterstützungen eine unverzichtbare Ergänzung zu den ehrenamtlichen Angeboten. Sie sind vor allem Ausdruck eines gemeinsamen Engagements für die Geflüchteten, aber gleichzeitig motiviert durch die Sorge, dass ein inhumaner Umgang mit den Geflüchteten unabsehbare Kurz- und Spätfolgen für das Klima in unserer Gesellschaft haben wird und vielleicht sogar – im Sinne einer *self-fulfilling prophecy* – zur sozialen Desintegration und Gewalt beiträgt.

Die Gefahr einer sozialen Desintegration zieht sich wie ein zweites, latentes Thema durch unsere Ausführungen. Wie einleitend kurz erwähnt, besteht bei uns allen – den Angehörigen der Gastländer, aber auch bei den Geflüchteten selbst –, die Gefahr, dass in Zeiten individueller, institutioneller oder gesellschaftlicher Überforderungen regressive Prozesse in Gang gesetzt werden. Statt einer reifen Ebene seelischen Funktionierens, auf der »der/das Fremde« Neugier und Interesse weckt, als Ergänzung des Eigenen erlebt wird und Ambivalenzen ertragen und gemeinsam reflektiert werden, wird Zuflucht genommen zu primitiven, archaischen seelischen Modalitäten. Wie in frühen Entwicklungsphasen werden Komplexitäten reduziert: Ein vereinfachendes, präambivalentes »Schwarz-Weiß-Denken«, moralisch-fundamentalistische Unterscheidungen zwischen »Richtig« und »Falsch«, »Gläubigen« und »Ungläubigen«, »Reinen« und »Schmutzigen« beherrschen danach zunehmend das psychische Erleben. Primitive Abwehrmechanismen wie Spaltung, Projektion, projektive Identifizierung und archaische Omnipotenzphantasien werden wiederbelebt. Zudem werden die ubiquitären unbewussten Phantasien der Verschmelzung mit dem Primärobjekt, des archaischen Geschwisterneids sowie das Phantasma der Reinheit aktiviert und stimulieren unbewusst nationalistische, fremdenfeindliche, antisemitische beziehungsweise islamophobe Einstellungen. Der Anschluss an scheinbar homogene Gruppen, die analoge ideologische Ziele verfolgen (und zwar paradoxerweise sowohl in salafistisch-gewaltbereiten wie auch in rechtsradikalen Gruppen), bekommt unter Umständen nun eine gefährliche Attraktivität.

Westliche Demokratien sind, aus psychoanalytischer Sicht, angewiesen auf die Bereitschaft ihrer Bürger, die seelische Arbeit auf sich zu nehmen, auf einer reifen Ebene seelisch zu funktionieren und der Verführung zu widerstehen, zu seelischen und gesellschaftlichen Vereinfachungen Zuflucht zu nehmen. Sowohl im individuellen als auch im gesellschaftlichen Bereich sind reife Objektbeziehungen, Bindung, Affektregulation und Mentalisierungsfähigkeit gefragt, um sich in »den Fremden«, »den Anderen« einzufühlen, sich für ihn zu interessieren und sich in Dialoge und Kontroversen mit ihm einzulassen. Es bedeutet eine kontinuierliche seelische Anstrengung und Anforderung, den Fremden, seine Normvorstellungen, Ideale und kulturellen Prägungen als Bereicherung und nicht als Gefahr für das Eigene zu erleben.

Literatur

Akhtar, Salman (2007), *Immigration und Identität. Psychosoziale Aspekte und kulturübergreifende Therapie*, Gießen.
Bion, W. R. (1963), *Elements of Psycho-Analysis*, London.
Bohleber, W. (2010), *Destructiveness, intersubjectivity and trauma: The identity crisis of modern Psychoanalysis*, London.
Brentano, Franz Clemens (1974), *Psychologie vom empirischen Standpunkt*, Hamburg.
Dennett, Daniel C. (1978), *Brainstorms. Philosophical Essays on Mind and Psychology*, Harvester.
Emde, Robert N. (2014), »The prevention sciences of early development and challenging opportunities for psychoanalysis«, in: Robert N. Emde und Marianne Leuzinger-Bohleber (Hg.), *Early Parenting and Prevention of Disorder*, London, S. 3–10.
Fonagy, Peter (2008), »The mentalization-focused approach to social development«, in: Frederic N. Busch (Hg.), *Mentalization: Theoretical considerations, research findings, and clinical implications*, Mahwah, NY, S. 3–56.
— (2007), *Current Aspect of the Concept of Mentalization: Is it a psychoanalytic theory?* Presented at: Invited lecture at a conference on Mentalization – Playing with Reality organized by the Munich Association for Psychoanalysis, München.
Fonagy, Peter/Target, Mary (2003), *Frühe Bindung und psychische Entwicklung*. Beiträge aus der Psychoanalyse und Bindungsforschung, Gießen.
Grinberg, León/Grinberg, Rebeca (1990), *Psychoanalyse der Migration und des Exils*, Gießen.

Grunberger, B. (1962), »The anti-Semite and the Oedipus complex«, in: *Psyche* (6), S. 255–272.

Leuzinger-Bohleber, Marianne (2015), *Finding the Body in the Mind. Embodied Memories, Trauma, and Depression*, London.

— (2014), »Jede Kultur schafft sich unbewusst die Früherziehung, die sie braucht, aber auch jene, die sie verdient«, in: Klaus Ahlheim und Rose Ahlheim (Hg.), *Frühe Bildung – früher Zugriff?*, Hannover, S. 91–111.

— (2009), *Frühe Kindheit als Schicksal?: Trauma, Embodiment, soziale Desintegration; psychoanalytische Perspektiven*, Stuttgart.

Leuzinger-Bohleber, Marianne/Lebiger-Vogel, Judith (2016), *Migration, frühe Elternschaft und die Weitergabe von Traumatisierungen – Das Integrationsprojekt »ERSTE SCHRITTE«*, Stuttgart.

Leuzinger-Bohleber, Marianne/Rickmeyer, Constanze/Lebiger-Vogel, Judith/ Fritzemeyer, Korinna/Tahiri, Mariam/Hettich, Nora (2016), »Frühe Elternschaft bei traumatisierten Migranten und Geflüchteten und ihre transgenerativen Folgen – Psychoanalytische Überlegungen zur Prävention«, in: *Psyche* 70 (9), S. 949–976.

Parens, Henri (2015), »Bindung, Aggression und die Prävention bösartiger Vorurteile«, in: Karl Heinz Brisch, *Bindung, Angst und Aggression. Theorie, Therapie und Prävention*, Stuttgart.

Parin, Paul/Morgenthaler, Fritz/Parin-Matthey, Goldy (1971), *Fürchte deinen Nächsten wie dich selbst. Psychoanalyse und Gesellschaft am Modell der Agni in Westafrika*, Frankfurt a.M.

— (1963), *Die Weissen denken zuviel*, Zürich.

Tomasello, Michael (2010), *Warum wir kooperieren*, Frankfurt a.M.

Schechter, Daniel/Rusconi Serpa, Sandra (2014), »Understanding how traumatized mothers process their toddlers' affective communication under stress«, in: Robert N. Emde und Marianne Leuzinger-Bohleber (Hg.), *Early Parenting and Prevention of Disorder*, London, S. 91–118.

Segal, Hanna (1957), »Notes on symbol formation«, in: *Int J Psychoanal* 38, S. 319–397.

Suomi, Stephen (2011), »Trauma und Epigenetik«, in: Marianne Leuzinger-Bohleber und Rolf Haubl (Hg.), *Psychoanalyse: Interdisziplinär-International-Intergenerationell*, Göttingen, S. 295–315.

Volkan, Vamik D. (2015), »Großgruppenidentität, schweres Trauma und seine gesellschaftlichen und politischen Konsequenzen«, in: Susanne Walz-Pawlita, Beate Unruh und Bernhard Janta (Hg.), *Identitäten*, Gießen, S. 111–130.

Autorinnen und Autoren

Ondřej Beránek ist Leiter des Orientinstitutes an der Akademie der Wissenschaften der Republik Tschechien. Während seines Studiums der Arabistik und Islamwissenschaft verbrachte er viel Zeit an Forschungseinrichtungen in Tunesien und Saudi Arabien. Seine gegenwärtigen Forschungsschwerpunkte sind die zeitgenössische Geschichte des Mittleren Ostens, der Politische Islam und die Geschichte Saudi Arabiens, insbesondere die Auswirkungen des Arabischen Frühlings von 2011 und der moderne Salafismus. Zu seinen Veröffentlichungen gehören der in tschechischer Sprache erschienene Sammelband *Arab Revolutions: Democratic Challenges, Political Islam and Geopolitical Impacts* (Arabské revoluce: demokratické výzvy, politický islám a geopolitické dopady, 2013) und die Monografie *The Two Faces of Islamic Charity* (Dvojí tvář islámské charity, zusammen mit Pavel Tupek, 2008) sowie der auf Englisch veröffentlichte Band *Europe, the Middle East, and the Global War on Terror* (2012).

Nora Hettich ist wissenschaftliche Mitarbeiterin am Sigmund-Freud-Institut für Psychoanalyse und ihre Anwendungen (Frankfurt am Main) und arbeitete im Projekt STEP-BY-STEP, ein Pilotprojekt zur Unterstützung Geflüchteter in der Hessischen Erstaufnahmeeinrichtung »Michaelisdorf« in Darmstadt. In ihrer Promotion beschäftigt sie sich mit dem Themenkomplex »Trauma, Flucht und Migration«. Ihre weiteren Forschungsschwerpunkte sind Neuro-Psychoanalyse und Bindungsforschung. Zu ihren Publikationen gehören die Aufsätze »What can psychoanalysis contribute to the current refugee crisis? Preliminary reports from STEP-BY-STEP: A psychoanalytic pilot project for supporting refugees in a ›first reception camp‹ and crisis interventions with traumatized refugees« (*International Journal of Psychoanalysis*, 2016) und »Frühe Elternschaft bei traumatisierten Migranten und Geflüchteten und ihre transgenerativen Folgen – Psychoanalytische Überlegungen zur Prävention« (*Psyche*, 2016).

Marianne Leuzinger-Bohleber ist Direktorin des Sigmund-Freud-Instituts für Psychoanalyse und ihre Anwendungen (Frankfurt am Main). Ihre Schwerpunkte liegen in der Entwicklungspsychologie (insbesondere frühkindliche Entwicklung und Adoleszenz), Psychoanalyse und Präventionsarbeit, unter anderem bei potenziellen Desintegrationsstörungen wie ADHS in Kindertagesstätten. Ebenfalls arbeitet sie als Psychoanalytikerin mit traumatisierten Geflüchteten. Zu ihren Publikationen zählen *Frühe Kindheit als Schicksal? Trauma, Embodiment, Soziale Desintegration. Psychoanalytische Perspektiven.* Mit kinderanalytischen Fallberichten von Angelika Wolff und Rose Ahlheim (2009), *Finding the Body in the Mind – Embodied Memories, Trauma, and Depression* (2015) und *Psychoanalyse und Neurowissenschaften – Chancen – Grenzen – Kontroversen* (2015).

Elham Manea ist Privatdozentin am Institut für Politikwissenschaften und Internationale Beziehungen der Universität Zürich und unter anderem auch Beraterin für Regierungs- und Nichtregierungsorganisationen in den Bereichen Politik, Religion und Gender im Mittleren Osten. Ihre Forschungsschwerpunkte sind Politik auf der Arabischen Halbinsel, Demokratisierungsprozesse im Mittleren Osten sowie Gender und Islam. Zu ihren Publikationen zählen *Regional Politics in the Gulf: Saudi Arabia, Oman, Yemen* (2005), *The Arab State and Women's Rights. The Trap of Authoritarian Governance* (2011) und *Women and Shari'a Law: The Impact of Legal Pluralism in the UK* (2016).

Dominik Müller ist Leiter der Emmy-Noether-Nachwuchsforschergruppe »The Bureaucratization of Islam and its Socio-Legal Dimensions in Southeast Asia« in der Abteilung Recht und Ethnologie des Max-Planck-Instituts für ethnologische Forschung in Halle an der Saale und Mitglied der Jungen Akademie der Wissenschaften und der Literatur (Mainz). Seine Dissertation, die als beste Arbeit seines Faches im Jahre 2012 ausgezeichnet wurde, hat er 2014 bei Routledge Press unter dem Titel *Islam, Politics and Youth in Malaysia: The Pop-Islamist Reinvention of PAS* veröffentlicht. Wiederholt hat er Feldforschung in Südostasien durchgeführt, unter anderem in Brunei, Malaysia und Singapur. Zu seinen gegenwärtigen Forschungsschwerpunkten gehören Islam und Populärkultur in Südostasien (besonders in Brunei, Malaysia und Singapur), Scharia-Diskurse sowie Bürokratisierungsprozesse im Islam.

Alison Dundes Renteln ist Professorin für Political Science, Anthropology, Public Policy and Law an der Universität von Southern California Dornsife. Sie ist Expertin für kulturelle Rechte, insbesondere des Einsatzes der sogenannten »cultural defense« in Rechtsstreitigkeiten und hat hierzu die US-amerikanische Justiz in diversen Fragen beraten. Darüber hinaus liegen ihre Forschungsschwerpunkte in den Bereichen Menschenrechte, Verfassungsrecht, internationales Recht und vergleichende Rechtswissenschaften. Zu ihren wichtigsten Publikationen gehören die preisgekrönte Monografie *The Cultural Defense* (2004) und die Bände *Multicultural Jurisprudence: Comparative Perspectives on the Cultural Defense* (zusammen mit Marie-Claire Foblets, 2009), *Cultural Law: International, Comparative, and Indigenous* (zusammen mit J. Nafziger und R. Paterson, 2010) *und Global Bioethics and Human Rights* (zusammen mit W. Teays, 2014).

Mathias Rohe ist Inhaber des Lehrstuhls für Bürgerliches Recht, Internationales Privatrecht und Rechtsvergleichung am Institut für Deutsches und Internationales Privatrecht und Zivilverfahrensrecht der Universität Erlangen und Gründungsdirektor des Erlanger Zentrums für Islam und Recht in Europa (EZIRE). Zu seinen wissenschaftlichen Schwerpunkten zählen unter anderem die rechtliche Stellung des Islam in Deutschland und Europa und seine Entwicklung im europäischen Kontext sowie Islamisches Recht, insbesondere dessen Entwicklung in der Gegenwart. Zu seinen Monografien gehören *Der Islam in Deutschland. Eine Bestandsaufnahme* (2016), *Das Islamische Recht, Eine Einführung* (2013) und *Der Islam – Alltagskonflikte und Lösungen. Rechtliche Perspektiven* (2. Auflage 2001).

Susanne Schröter ist Professorin für Ethnologie an der Goethe-Universität Frankfurt, Leiterin des dortigen Forschungszentrums Globaler Islam und Principal Investigator im Frankfurter Exzellenzcluster »Die Herausbildung normativer Ordnungen«. In ihrer Forschung beschäftigt sie sich mit politischem Islam, islamischem Extremismus, Frauenbewegungen und feministischem Islam, der Transformation von Genderordnungen, Multikulturalität und Integration im Kontext der rezenten Flüchtlingswelle. Ihre neuste Monografie ist *Gott näher als der eigenen Halsschlagader – Fromme Muslime in Deutschland* (2016). Ebenfalls ist sie Herausgeberin der Bände *Geschlechtergerechtigkeit durch Demokratisierung? Transformationen und Restaurationen von Genderverhältnissen in der islamischen Welt* (2013) und *Gender and Islam in Southeast Asia. Negotiating Women's Rights, Islamic Piety and Sexual Orders* (2013).

Yüksel Sezgin ist Assistant Professor für Politikwissenschaften an der Maxwell School of Citizenship and Public Affairs, Syracuse University (New York, USA). Seine Forschungsschwerpunkte sind Rechtspluralismus, vergleichendes religiöses Recht (islamisches, jüdisches und hinduistisches Recht), Menschen- und Frauenrechte im Mittleren Osten, in Südasien und im sub-saharischen Afrika. Zu seinen Veröffentlichungen zählen die Monografien *Human Rights and Legal Pluralism* (2011) und *Human Rights under State-Enforced Religious Family Laws in Israel, Egypt, and India* (2013), für welches er 2014 den Gordon Hirabayashi Human Rights Book Award der American Sociological Association bekam. Sein neustes Projekt heißt *Making »Shari'a« and Democracy Work: The Regulation and Application of Muslim Family Laws in Non-Muslim Democracies* und widmet sich der Frage, wie säkulare Demokratien wie Israel, Indien, Griechenland und Ghana die Implementierung der Sharia unter demokratischen Rahmenbedingungen handhaben.

Rudolph Steinberg ist emeritierter Professor für Öffentliches Recht und war zwischen 2000 und 2008 der sechste Präsident der Johann Wolfgang Goethe-Universität (Frankfurt am Main). Nach seiner Emeritierung widmete er sich Fragen der Toleranz gegenüber religiösen Zeichen und Praktiken im öffentlichen Raum säkularer Demokratien. Hieraus entstanden ist seine neuste Monografie *Kopftuch und Burka. Laizität, Toleranz und religiöse Homogenität in Deutschland und Frankreich* (2015). Darüber hinaus ist er seit 2009 Träger des Hessischen Verdienstordens und hat 2012 die Ehrenplakette der Stadt Frankfurt am Main erhalten.

Kerstin Steiner ist Associate Professor an der Law School der La Trobe University sowie Associate am Asian Law Centre und dem Centre for Indonesian Islam, Law and Society, beide an der University of Melbourne in Australien. Ihre Forschungsschwerpunkte liegen im Vergleich unterschiedlicher Rechtssysteme in Südostasien, insbesondere mit Hinblick auf den Rechtspluralismus und die Handhabungen des islamischen Rechts. Ebenfalls hat sie zur Implementierung und Adaptierung internationalen Rechts (insbesondere Menschenrechte) im südostasiatischen Kontext gearbeitet. Sie ist Autorin zahlreicher Artikel und gefragte Expertin zu den juristischen, sozialen und wirtschaftlichen Auswirkungen des islamischen Rechts in Südostasien. Sie ist co-Autorin der Bände *Islam Law and the State in Singapore* und *Islam, Law and the State in Malaysia and Brunei* (beide mit Tim Lindsey, 2012).

Miriam Tahiri ist Diplom-Politologin und arbeitet im Projekt STEP-BY-STEP, ein Pilotprojekt zur Unterstützung Geflüchteter in der Hessischen Erstaufnahmeeinrichtung »Michaelisdorf« in Darmstadt. In ihrer in der Politikwissenschaft angesiedelten Promotion befasst sie sich mit der aktuellen Flüchtlingskrise und den dadurch entstehenden Herausforderungen für die Europäische Union. Sie ist Mitautorin mehrerer Fachartikel u.a. »Viele Kriegsflüchtlinge haben Schreckliches erlebt. In einer Darmstädter Erstaufnahmeeinrichtung läuft seit Jahresbeginn ein Pilotprojekt, das diesen traumatisierten Menschen hilft – ›STEP-BY-STEP‹« (*Projekt Psychotherapie*, 2016) und »Special Communication. What can psychoanalysis contribute to the current refugee crisis? Preliminary reports from STEP-BY-STEP: A psychoanalytic pilot project for supporting refugees in a ›first reception camp‹ and crisis interventions with traumatized refugees« (*International Journal of Psychoanalysis*, 2016).

Bassam Tibi war von 1973 bis zu seiner Emeritierung im Jahr 2009 Professor für Internationale Beziehungen an der Georg-August-Universität Göttingen und hatte weltweit zahlreiche Gastprofessuren inne. Im Jahre 1995 erhielt er das Bundesverdienstkreuz erster Klasse für seine Leistungen für ein besseres Verständnis des Islam in Deutschland. Durch eine Vielzahl an Buchveröffentlichungen und Medienauftritten wurde er auch einem breiten Publikum als Experte für die Arabische Welt und den Politischen Islam bekannt. Zu seinen rezentesten Büchern gehören *Islamische Zuwanderung. Die gescheiterte Integration* (2002), *Der neue Totalitarismus. Heiliger Krieg und westliche Sicherheit* (2004), *Die islamische Herausforderung. Religion und Politik im Europa des 21. Jahrhunderts* (3. Auflage 2008), *Islam: Die Lösung eines Zivilisationskonfliktes* (2009) und *Islam and Global Politics: Conflict and Cross-Civilizational Bridging* (2012).

Danksagungen

Einigen Beiträgen des Sammelbandes gingen Vorträge voraus, die auf der Konferenz »Islamism and the state. Contested normativities in the Muslim World« (2015) und der Ringvorlesung »Norm conflicts in pluralistic societies« (2015/16) im Rahmen des Exzellenzclusters »Herausbildung normativer Ordnungen« und des »Frankfurter Forschungszentrums Globaler Islam« an der Goethe-Universität Frankfurt veranstaltet wurden. Dem Exzellenzcluster, seinen Sprechern und den Mitarbeitern/innen der Geschäftsstelle sei an dieser Stelle herzlich für die kompetente und großzügige organisatorische und finanzielle Unterstützung der beiden Veranstaltungen und der Erstellung dieses Buches gedankt.

Ein herzliches Dankeschön geht außerdem an Dr. Doris Decker, Katja Rieck und Dr. Sabine Lang für schnelle, zuverlässige und gründliche Lektorats- und Übersetzungsarbeiten sowie an Dr. Isabell Trommer vom Campus Verlag für die exzellente Betreuung.